머리말

고용노동부의 NCS(국가직무능력표준)에 따른 국가 기술자격 개편 방침에 따라 전산회계운용사 실기시험이 개편되었습니다. 이에 2020년 개선된 NCS 능력단위를 기준으로 주요항목 및 세부항목을 수정하여 (주)더존비즈온의 NEW sPLUS(더존 Smart A) 실무교육 프로그램을 활용하여 수정하였습니다. 또한, 시험출제기준인 한국채택 국제회계기준(K-IFRS) 계정과목의 변경 시행함에 따라 이에 맞추어 수험자들이 충분한 실력을 발휘할 수 있도록 제작하였습니다.

본 서의 주요특징을 요약하면 다음과 같습니다.

첫째, 실기 프로그램의 프로세스에 어려움이 없도록 그 과정을 상세하게 설명하여 실무현장에서 활용할 수 있는 프로그램 운용과 실기시험에 충실하도록 하였습니다.

둘째, NCS(국가직무능력표준) 능력단위에 따른 실무수행 지식과 능력단위요소별 수행준거를 적용하였습니다.

셋째, 각 단원별 단계적 학습이 되도록 하기 위하여 수행예제를 통하여 실기시험에 충분히 대비하도록 하였습니다.

넷째, 거래에 대한 분개 부분을 알기 쉽도록 상세하게 설명하여 어려움 없이 문제해결 능력이 향상되도록 구성하였습니다.

다섯째, 연구문제를 통하여 실기시험 문제에 대한 해결방법을 자세히 설명 하였습니다.

여섯째, 모의문제는 실기 자격시험 유형에 맞추어 충분히 이해할 수 있도록 하였습니다.

일곱째, 연구문제 및 모의문제를 풀기 위한 데이터DB는 나눔클래스 웹하드(www.webhard.co.kr, ID:class1234, PW:1234)에서 다운로드를 하여 활용토록 하였습니다.

끝으로 본 서를 통하여 자격증 취득의 결실이 맺어지기를 진심으로 바라며 향후 미흡한 부분은 지속적으로 개선해 나갈 것을 약속드립니다.

2025년 1월
저자 드림

전산회계운용사 검정기준 및 종목개요

2023년 전산회계운용사 2급 실기

1. 검정기준

자격명칭	등급	검정기준
전산회계운용사	1급	4년제 대학 졸업수준의 재무회계, 원가회계 및 세무회계에 관한 지식을 갖추고 기업체 등의 회계실무자 또는 회계실무 책임자로서 회계 프로그램을 이용하여 회계 전반에 관한 업무를 수행할 수 있는 능력의 유무
	2급	전문대학 졸업수준의 회계원리와 원가회계에 관한 지식을 갖추고 기업체 등의 회계실무자 또는 회계실무 책임자로서 회계 프로그램을 이용하여 회계전반에 관한 업무를 수행할 수 있는 능력의 유무
	3급	고등학교 졸업수준의 회계원리에 관한 지식을 갖추고 기업체 등의 회계실무자로서 회계 프로그램을 이용하여 회계업무를 처리할 수 있는 능력의 유무

2. 시험과목별 문제수 및 제한시간

등급	검정방법	시험 과목	문제수(항)	제한시간(분)	출제방법
1급	필기시험	▶ 재무회계 ▶ 원가관리회계 ▶ 세무회계	20 20 20	80	객관식 4지선다형
	실기시험	▶ 회계시스템의 운용	10문제내외	100	컴퓨터 작업형
2급	필기시험	▶ 재무회계 ▶ 원가회계	20 20	60	객관식 4지선다형
	실기시험	▶ 회계시스템의 운용	5문제내외	80	컴퓨터 작업형
3급	필기시험	▶ 회계원리	25	40	객관식 4지선다형
	실기시험	▶ 회계시스템의 운용	4문제내외	60	컴퓨터 작업형

3. 합격결정기준

○ 필기 : 과목당 100점 만점에 매 과목 40점 이상, 전 과목 평균 60점 이상

○ 실기 : 100점 만점에 70점 이상

4. 응시자격 : 제한 없음

5. 시험 출제기준

○ [전산회계운용사 2급] 실기시험 출제기준

- ○ 직무분야 : 회계
- ○ 자격종목 : 전산회계운용사 2급
- ○ 적용기간 : 2025.1.1~2027.12.31
- ○ 직무내용 : 재무회계, 원가회계에 관한 지식을 갖추고 기업체 등의 회계중간관리자로서 회계정보시스템을 이용하여 회계전반에 관한 업무를 수행할 수 있는 능력의 유무
- ○ 실기검정방법 : 회계시스템 운용(5문제 내외)
- ○ 시험시간 : 80분

실기 과목명	주요항목 (능력단위)	세부항목 (능력단위요소)	세세항목 (수행준거)
회계시스템 운용	전표관리	1. 회계상 거래 인식하기	1.1 회계상 거래와 일상생활에서의 거래를 구분할 수 있다. 1.2 회계상 거래를 구성 요소별로 파악하여 거래의 결합관계를 차변 요소와 대변 요소로 구분할 수 있다 1.3 회계상 거래의 결합관계를 통해 거래 종류별로 구별할 수 있다. 1.4 거래의 이중성에 따라서 기입된 내용의 분석을 통해 대차평균의 원리를 파악할 수 있다.
		2. 전표 작성하기	2.1 회계상 거래를 현금거래 유무에 따라 사용되는 입금 전표, 출금 전표, 대체 전표로 구분할 수 있다. 2.2 현금의 수입 거래를 파악하여 입금 전표를 작성할 수 있다. 2.3 현금의 지출 거래를 파악하여 출금 전표를 작성할 수 있다. 2.4 현금의 수입과 지출이 없는 거래를 파악하여 대체 전표를 작성할 수 있다.
		3. 증빙서류 관리하기	3.1 발생한 거래에 따라 필요한 관련 서류 등을 확인하여 증빙여부를 검토할 수 있다. 3.2 발생한 거래에 따라 관련 규정을 준수하여 증빙서류를 구분·대조할 수 있다. 3.3 증빙서류 관련 규정에 따라 제증빙자료를 관리할 수 있다.
	자금관리	1. 현금시재 관리하기	1.1 회계 관련 규정에 따라 현금 입출금을 관리할 수 있다. 1.2 회계 관련 규정에 따라 소액현금 업무를 처리할 수 있다. 1.3 회계 관련 규정에 따라 입·출금 전표 및 현금출납부를 작성할 수 있다. 1.4 회계 관련 규정에 따라 현금 시재를 일치시키는 작업을 할 수 있다.
		2. 예금 관리하기	2.1 회계 관련 규정에 따라 예·적금 업무를 처리할 수 있다. 2.2 자금운용을 위한 예·적금 계좌를 예치기관별·종류별로 구분·관리할 수 있다. 2.3 은행 업무시간 종료 후 회계 관련 규정에 따라 은행잔고를 확인할 수 있다. 2.4 은행잔고의 차이 발생 시 그 원인을 규명할 수 있다.

실기 과목명	주요항목 (능력단위)	세부항목 (능력단위요소)	세세항목 (수행준거)
회계시스템 운용	자금관리	3. 법인카드 관리하기	3.1 회계 관련 규정에 따라 금융기관에 법인카드를 신청할 수 있다. 3.2 회계 관련 규정에 따라 법인카드 관리대장 작성 업무를 처리할 수 있다. 3.3 법인카드의 사용범위를 파악하고 결제일 이전에 대금이 정산될 수 있도록 회계처리할 수 있다.
		4. 어음·수표 관리하기	4.1 관련 규정에 따라 수령한 어음·수표의 예치 업무를 할 수 있다. 4.2 관련 규정에 따라 어음·수표를 발행·수령할 때 회계처리할 수 있다. 4.3 관련 규정에 따라 어음관리대장에 기록하여 관리할 수 있다. 4.4 관련 규정에 따라 어음·수표의 분실 처리 업무를 할 수 있다.
	결산처리	1. 결산준비하기	1.1 회계의 순환과정을 파악할 수 있다. 1.2 회계 관련 규정에 따라 시산표를 작성할 수 있다. 1.3 회계 관련 규정에 따라 재고조사표를 작성할 수 있다. 1.4 회계 관련 규정에 따라 정산표를 작성할 수 있다.
		2. 결산분개하기	2.1 손익 관련 결산분개를 할 수 있다. 2.2 자산·부채계정에 관한 결산정리사항을 분개할 수 있다. 2.3 손익 계정을 집합계정에 대체할 수 있다.
		3. 장부마감하기	3.1 회계 관련 규정에 따라 주요 장부를 마감할 수 있다. 3.2 회계 관련 규정에 따라 보조장부를 마감할 수 있다. 3.3 회계 관련 규정에 따라 각 장부의 오류를 수정할 수 있다. 3.4 자본거래를 파악하여 자본의 증감여부를 확인할 수 있다.
	재무제표 작성	1. 재무상태표 작성하기	1.1 자산을 회계관련 규정에 맞게 회계처리할 수 있다. 1.2 부채를 회계관련 규정에 맞게 회계처리할 수 있다. 1.3 자본을 회계관련 규정에 맞게 회계처리할 수 있다. 1.4 재무상태표를 양식에 맞게 작성할 수 있다.
		2. 손익계산서 작성하기	2.1 수익을 회계관련 규정에 맞게 회계처리할 수 있다. 2.2 비용을 회계관련 규정에 맞게 회계처리할 수 있다. 2.3 손익계산서를 양식에 맞게 작성할 수 있다.
	회계정보 시스템 운용	1. 회계 관련 DB 마스터 관리하기	1.1 DB마스터 매뉴얼에 따라 계정과목 및 거래처를 관리할 수 있다. 1.2 DB마스터 매뉴얼에 따라 비유동자산의 변경 내용을 관리할 수 있다. 1.3 DB마스터 매뉴얼에 따라 개정된 회계 관련 규정을 적용하여 관리할 수 있다.

실기 과목명	주요항목 (능력단위)	세부항목 (능력단위요소)	세세항목 (수행준거)
회계시스템 운용	회계정보 시스템 운용	2. 회계프로그램 운용하기	2.1 회계프로그램 매뉴얼에 따라 프로그램 운용에 필요한 기초 정보를 처리할 수 있다. 2.2 회계프로그램 매뉴얼에 따라 정보 산출에 필요한 자료를 처리할 수 있다. 2.3 회계프로그램 매뉴얼에 따라 기간별·시점별로 작성한 각종 장부를 검색할 수 있다. 2.4 회계프로그램 매뉴얼에 따라 결산 작업 후 재무제표를 검색할 수 있다.
		3. 회계정보 산출하기	3.1 회계 관련 규정에 따라 회계정보를 활용하여 재무안정성을 판단할 수 있는 자료를 산출할 수 있다. 3.2 회계 관련 규정에 따라 회계정보를 활용하여 수익성과 위험도를 판단할 수 있는 자료를 산출할 수 있다. 3.3 경영진 요청 시 회계정보를 제공할 수 있다.
	원가계산	1. 원가요소 분류하기	1.1 회계 관련 규정에 따라 원가와 비용을 구분할 수 있다. 1.2 회계 관련 규정에 따라 제조원가의 계정흐름에 대해 분개할 수 있다. 1.3 회계 관련 규정에 따라 원가를 다양한 관점으로 분류할 수 있다.
		2. 원가배부하기	2.1 원가계산 대상에 따라 직접원가와 간접원가를 구분할 수 있다. 2.2 원가계산 대상에 따라 합리적인 원가배부기준을 적용할 수 있다. 2.3 보조부문의 개별원가와 공통원가를 집계할 수 있다. 2.4 보조부문의 개별원가와 공통원가를 배부할 수 있다.
		3. 원가계산하기	3.1 원가계산시스템의 종류에 따라 원가계산방법을 선택할 수 있다. 3.2 업종 특성에 따라 개별원가계산을 할 수 있다. 3.3 업종 특성에 따라 종합원가계산을 할 수 있다.

CONTENTS

Part 01
NEW sPLUS
재 무 회 계
실 무 수 행

제1장 기초정보 관리 실무 ··· 3

  제1절 프로그램의 설치와 데이터 관리 ································ 3
    1. 프로그램의 설치와 시작 ·· 3
    2. 데이터 백업 ·· 8
    3. 백업데이터 복구 ·· 10

  제2절 기초정보등록 ··· 11
    1. 회사등록 ·· 11
    2. 환경설정 ·· 14
    3. 거래처등록 ·· 15

제2장 전표 관리 실무 ·· 18

  제1절 전표 관리 ·· 18
    1. 전표의 종류 ·· 18
    2. 일반전표의 입력 방법 ·· 19
    3. 매입매출전표의 입력 방법 ···································· 21

  제2절 전표 작성하기 ·· 23
    (**NCS** 기준 능력단위 : 0203020101_20v4 전표관리
    능력단위요소 : 0203020101_20v4.2 전표 작성하기)
    1. 입금 전표 ·· 23
    2. 출금 전표 ·· 24
    3. 대체 전표 ·· 25

  제3절 증빙서류 관리하기 ··· 26
    (**NCS** 기준 능력단위 : 0203020101_20v4 전표관리
    능력단위요소 : 0203020101_20v4.3 증빙서류 관리하기)
    1. 거래명세서 관련 거래 ·· 26
    2. 세금계산서와 계산서 관련 거래 ··························· 28
    3. 신용카드 매출전표와 현금영수증 관련 거래 ········ 31
    4. 영수증 관련 거래 ·· 33

2025년 전산회계운용사 2급 실기

Part 01

NEW sPLUS
재 무 회 계
실 무 수 행

제3장 회계 정보시스템 운용(1) 실무 ············ 35

   제1절 기준 정보 관리 ····························· 35
      1. 부서/사원등록 ····························· 35
      2. 창고등록 ·································· 36
      3. 품목등록 ·································· 37

   제2절 회계 관련 DB 마스터 관리하기 ········· 38
      (NCS 기준 능력단위 : 0203020105_20v4 회계정보시스템운용
      능력단위요소 : 0203020105_20v4.1, 회계 관련 DB 마스터 관리하기)
      1. 계정과목 및 적요등록 ··················· 38
      2. 신규 거래처 등록 ······················· 40
      3. 고정자산 등록 ··························· 41

제4장 자금 관리 실무 ······························· 44

   제1절 현금시재 관리하기 ······················· 44
      (NCS 기준 능력단위 : 0203020102_20v4 자금관리
      능력단위요소 : 0203020102_20v4.1 현금시재 관리하기)
      1. 소액현금(전도금) 지급 거래 ·········· 44
      2. 소액현금 정산 거래 ····················· 46
      3. 입금 거래시 현금출납부 작성하기 ····· 47
      4. 출금 거래시 현금출납부 작성하기 ····· 48

   제2절 예금 관리하기 ···························· 49
      (NCS 기준 능력단위 : 0203020102_20v4 자금관리
      능력단위요소 : 0203020102_20v4.2 예금 관리하기)
      1. 예금의 입금 거래 ······················· 49
      2. 예금의 지출(송금)거래 ················ 50
      3. 예금현황 관리 ··························· 51

   제3절 법인카드 관리하기 ······················· 52
      (NCS 기준 능력단위 : 0203020102_20v4 자금관리
      능력단위요소 : 0203020102_20v4.3 법인카드 관리하기)
      1. 법인(신용)카드 관리하기 ············· 52
      2. 법인(신용)카드 대금 결제하기 ········ 54

Part 01 NEW sPLUS 재무회계 실무수행

제4절 어음·수표 관리하기 ·················· 55

NCS 기준 능력단위 : 0203020102_20v4 자금관리
능력단위요소 : 0203020102_20v4.4 어음·수표 관리하기)

1. 당좌수표 거래 및 당좌예금현황 관리 ········· 55
2. 받을어음 거래 및 받을어음현황 관리 ········· 57
3. 지급어음 거래 및 지급어음현황 관리 ········· 59

제5장 회계 정보시스템 운용(2) 실무 ·················· 62

제1절 재고자산(상품) 관리 ·················· 62

NCS 기준 능력단위 : 0203020105_20v4 회계 정보시스템 운용
능력단위요소 : 0203020105_20v4.2 회계 프로그램 운용하기)

1. 상품 구매 관리 ·················· 62
2. 상품 판매 관리 ·················· 73

제2절 회계상 거래 계정 분류 및 전표 작성하기 ········· 87

NCS 기준 능력단위 : 0203020101_20v4 전표관리
능력단위요소 : 0203020101_20v4.1 회계상 거래 인식하기)

1. 자산의 거래 계정 분류 및 전표 작성하기 ······ 87
2. 부채의 거래 계정 분류 및 전표 작성하기 ··· 113
3. 자본의 거래 계정 분류 및 전표 작성하기 ··· 125
4. 수익의 거래 계정 분류 및 전표 작성하기 ··· 127
5. 비용의 거래 계정 분류 및 전표 작성하기 ··· 129

제3절 회계정보 산출하기 ·················· 141

NCS 기준 능력단위 : 0203020105_20v4 회계 정보시스템 운용
능력단위요소 : 0203020105_20v4.3 회계정보 산출하기)

1. 일/월계표 작성 및 회계정보 산출하기 ······ 141
2. 총계정 원장 작성 및 회계정보 산출하기 ··· 142
3. 현금출납장 작성 및 회계정보 산출하기 ······ 143
4. 계정별 원장 작성 및 회계정보 산출하기 ··· 144
5. 거래처 원장 작성 및 회계정보 산출하기 ··· 145
6. 부가가치세신고서 작성 및 회계정보 산출하기 ··· 146

Part 01
NEW sPLUS 재무회계 실무수행

제6장 결산 처리 실무 ················· **147**

    제1절 결산준비하기 ················· **147**
        (NCS 기준 능력단위 : 0203020104_20v4 결산 처리
        능력단위요소 : 0203020104_20v4.1 결산준비하기)

    제2절 결산분개 하기(수동결산) ················· **148**
        (NCS 기준 능력단위 : 0203020104_20v4 결산 처리
        능력단위요소 : 0203020104_20v4.2 결산분개하기)
      1. 유가증권의 평가 ················· 148
      2. 소모품의 정리 ················· 150
      3. 현금과부족의 정리 ················· 151
      4. 외화자산·외화부채의 평가 ················· 152
      5. 유형자산(토지)의 재평가 ················· 153
      6. 비용의 이연(차기분) ················· 154
      7. 비용의 예상(당기분) ················· 155
      8. 수익의 이연(차기분) ················· 156
      9. 수익의 예상(당기분) ················· 157
      10. 부가가치세 정리 분개 ················· 158

    제3절 장부마감하기(자동결산) ················· **160**
        (NCS 기준 능력단위 : 0203020104_20v4 결산 처리
        능력단위요소 : 0203020104_20v4.3 장부마감하기)
      1. 감가상각비 계상 ················· 161
      2. 대손충당금 설정 ················· 162
      3. 상품매출원가 계상 ················· 163

제7장 재무제표 작성 실무 ················· **167**

        (NCS 기준 능력단위 : 0203020111_20v2 재무제표 작성
        능력단위요소 : 0203020111_20v2.1 재무상태표 작성하기)
      1. 손익계산서 작성 및 조회하기 ················· 168
      2. 이익잉여금처분계산서 작성 및 조회하기 ··· 169
      3. 재무상태표 작성 및 조회하기 ················· 170
      4. K-IFRS 포괄손익계산서 작성 및 조회하기 ··· 171
      5. K-IFRS 재무상태표 작성 및 조회하기 ················· 172
      6. 합계잔액시산표 작성 및 조회하기 ················· 173

Part 02 NEW sPLUS 원가계산 실무수행

제1장 원가관련 프로세스 파악하기 ⋯⋯ 177

제1절 원가관련 프로세스 ⋯⋯ 177
1. 원가의 흐름 ⋯⋯ 177
2. 원가의 구성도 ⋯⋯ 178
3. 원가 계산 단계별 프로세스 ⋯⋯ 178

제2절 기준정보등록 ⋯⋯ 179
1. 회사등록 ⋯⋯ 179
2. 거래처등록 ⋯⋯ 181
3. 부서/사원등록 ⋯⋯ 182
4. 창고등록 ⋯⋯ 183
5. 품목등록 ⋯⋯ 184

제2장 원가요소 분류하기 ⋯⋯ 185

(NCS 기준 능력단위 : 0203020103_20v4 원가계산
능력단위요소 : 0203020103_20v4.1 원가요소 분류하기)

제1절 재료비 입력 ⋯⋯ 185
1. 입고입력 ⋯⋯ 185
2. 재고자산수불부 ⋯⋯ 188

제2절 노무비 입력 ⋯⋯ 189

제3절 제조경비 입력 ⋯⋯ 191

제3장 원가 배부하기 ⋯⋯ 193

(NCS 기준 능력단위 : 0203020103_20v4 원가계산
능력단위요소 : 0203020103_20v4.2 원가배부하기)

제1절 생산 관리 지시 ⋯⋯ 193
1. 작업지시서 등록 ⋯⋯ 193
2. 자재출고입력 ⋯⋯ 195
3. 생산입고입력 ⋯⋯ 196

Part 02

NEW sPLUS
원 가 계 산
실 무 수 행

　　　제2절 원가 배부 기준 등록 ································ 197
　　　　　1. 노무비 배부 기준 등록 ························· 197
　　　　　2. 보조 부문비 배부 기준 등록 ················· 198
　　　　　3. 작업진행율 등록 ·································· 199

제4장 원가 계산하기 ·· 200

(NCS 기준 능력단위 : 0203020103_20v4 원가계산
능력단위요소 : 0203020103_20v4.3 원가계산하기)

　　　제1절 기초 재공품 계산 ·································· 200
　　　제2절 직접 재료비 계산 ·································· 201
　　　제3절 직접 노무비 계산 ·································· 203
　　　제4절 제조 간접비 계산 ·································· 204
　　　제5절 완성품 원가계산 ···································· 205
　　　　　1. 완성품 원가계산 ·································· 205
　　　　　2. 단위당 제조원가 반영 ························· 206

제5장 원가 정보 산출하기 ·· 207

　　　제1절 원가 정보 반영(결산자료입력) ················ 207
　　　제2절 제조원가명세서 작성 및 산출 ················ 209

2025년 전산회계운용사 2급 실기

Part 03

전산회계
운용사
검정대비
실기시험
합격전략

제1장 집중! 실기시험 연구문제 분석 ·········· 211
  전산회계운용사 실기시험 연구문제 ·········· 212

제2장 적중! 실기시험 모의문제 ·········· 236
  제 1회 전산회계운용사 실기시험 모의문제 ·········· 236
  제 2회 전산회계운용사 실기시험 모의문제 ·········· 242
  제 3회 전산회계운용사 실기시험 모의문제 ·········· 248
  제 4회 전산회계운용사 실기시험 모의문제 ·········· 254
  제 5회 전산회계운용사 실기시험 모의문제 ·········· 260
  제 6회 전산회계운용사 실기시험 모의문제 ·········· 266
  제 7회 전산회계운용사 실기시험 모의문제 ·········· 272
  제 8회 전산회계운용사 실기시험 모의문제 ·········· 278
  제 9회 전산회계운용사 실기시험 모의문제 ·········· 284
  제10회 전산회계운용사 실기시험 모의문제 ·········· 290
  제11회 전산회계운용사 실기시험 모의문제 ·········· 296
  제12회 전산회계운용사 실기시험 모의문제 ·········· 302
  제13회 전산회계운용사 실기 시험 모의문제 ·········· 308
  제14회 전산회계운용사 실기시험 모의문제 ·········· 314
  제15회 전산회계운용사 실기시험 모의문제 ·········· 320

정답 및 풀이 ·········· 327

전산회계운용사 2급

NEW sPLUS
재무회계 실무 수행

NCS기준
대분류 : 02.경영·회계·사무
중분류 : 03.재무·회계
소분류 : 02.회계
세분류(직무명) : 회계·감사

제1장 기초정보 관리 실무
제2장 전표 관리 실무
제3장 회계정보시스템 운용(1) 실무
제4장 자금 관리 실무
제5장 회계정보시스템 운용(2) 실무
제6장 결산 처리 실무
제7장 재무제표 작성 실무

www.nanumclass.com

2025년 전산회계운용사 2급 실기

제1장 기초정보 관리 실무

제1절 프로그램의 설치와 데이터 관리

1 프로그램의 설치와 시작

1. 실기 프로그램(NEW sPLUS) 다운로드 방법

1) 대한상공회의소 자격평가사업단 홈페이지(http://license.korcham.net)에서 프로그램별 실행 파일 버전 확인

   · [고객센터] ⇒ [자료실] ⇒ [전체자료] ⇒ [2025년 전산회계운용사 실기 프로그램]을 클릭하여 New sPLUS 설치 파일명(zip파일) 또는 프로그램 버전을 확인한다.

2) 대한상공회의소 웹디스크(http://webdisk.korcham.net/sharing/nuAviyBbD)에서 프로그램 다운로드 하는 방법

   · [File Station폴더] ⇒ [1.전산회계운용사] ⇒ [3.실기모의고사] ⇒ [2025년 전산회계운용사 실기 2급 모의문제 및 프로그램]을 클릭하여 2025년 전산회계운용사_Splus.zip 파일을 다운 받아 압축풀기 후 SmartA_KCCI_.exe 파일을 실행하여 프로그램을 설치한다.

2. 프로그램의 설치시작

1) 프로그램의 설치 시작

   바탕화면에 다운받은 설치파일(SmartA_KCCI_.exe)을 더블 클릭하여 설치한다.

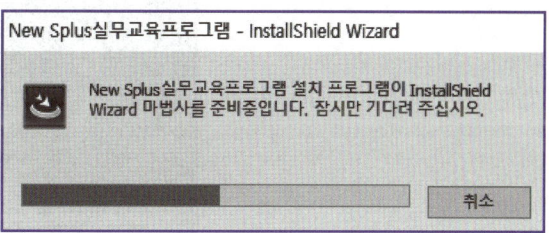

2) 사용권 계약동의

사용권 계약 및
개인 정보 수집 동의에
체크한 후 프로그램을
설치한다.

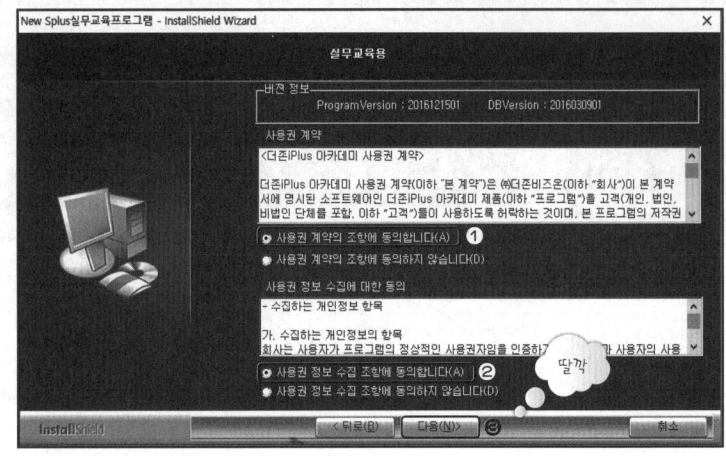

3) 프로그램 설치 경로 지정

프로그램과 데이터
설치 경로를 확인하고
[다음]을 클릭한다.

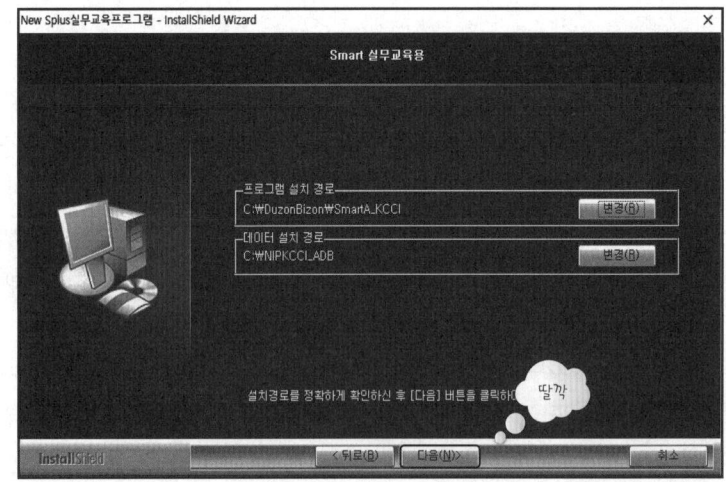

4) 설치 완료

[완료]를 클릭하여
프로그램 설치를
완료한다.

3. 프로그램의 시작

바탕 화면에 설치되어 있는 전산회계운용사 프로그램인 ' [아이콘] New sPLUS 실무교육 프로그램' 아이콘을 더블 클릭하여 실행시키면 다음과 같이 'New sPLUS(더존 Smart A) 실무교육 프로그램' 화면이 나타난다.

'New sPLUS(더존 Smart A) 실무교육 프로그램'을 설치한 후 처음으로 로그인하는 경우는 [회사등록]을 클릭하여 회사를 먼저 등록한 후 [검색(F2)]을 클릭하여 등록한 회사를 선택하여 로그인한다.

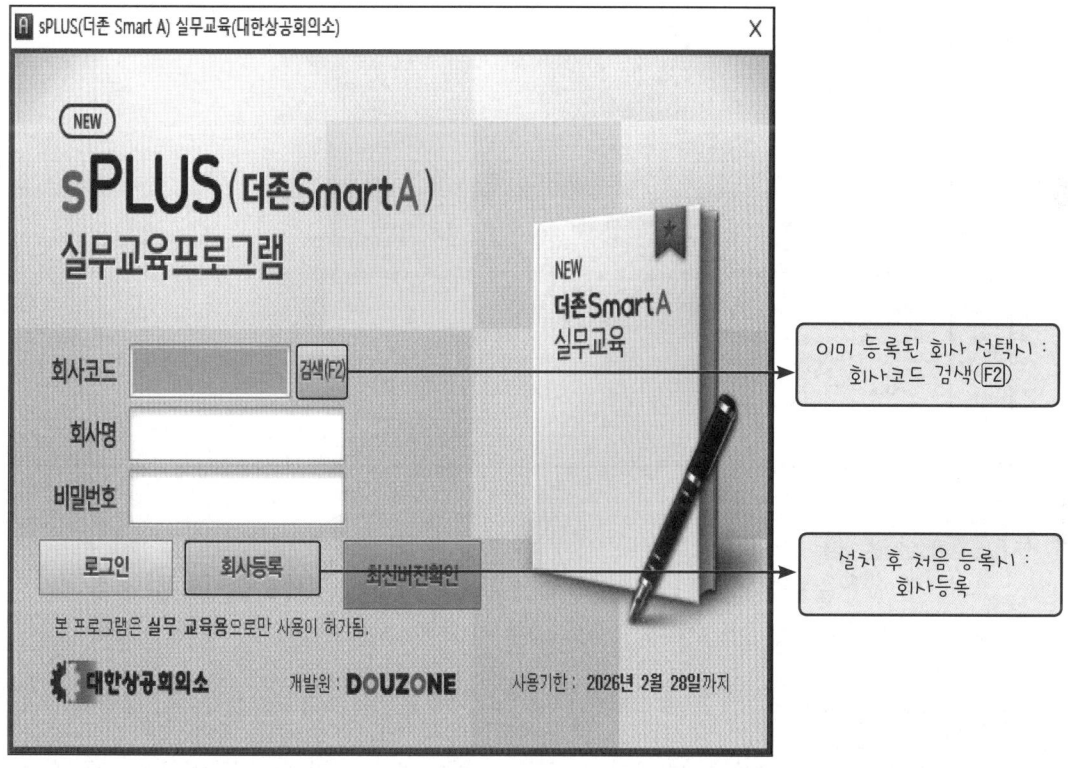

전산회계운용사 2급 범위

회계

1. **기초정보관리**

    프로그램 운용을 위한 회사의 기초자료를 입력하는 메뉴로 [회사등록], [거래처등록] 등 기초정보가 해당된다.

2. **전표입력/장부**

    [일반전표입력]과 [매입매출전표입력] 메뉴에서 거래 자료를 입력하며, 입력과 동시에 각종 장부에 반영되어 제 장부를 조회할 수 있다.

3. **고정자산등록**

    유형자산과 무형자산의 내용 등을 입력하여 감가상각비를 계산하고 관리하는 메뉴이다.

4. **결산/재무제표 I**

    결산과 관련된 [결산자료입력], [합계잔액시산표], [재무상태표], [손익계산서] 등으로 구성되어 있다.

물류관리

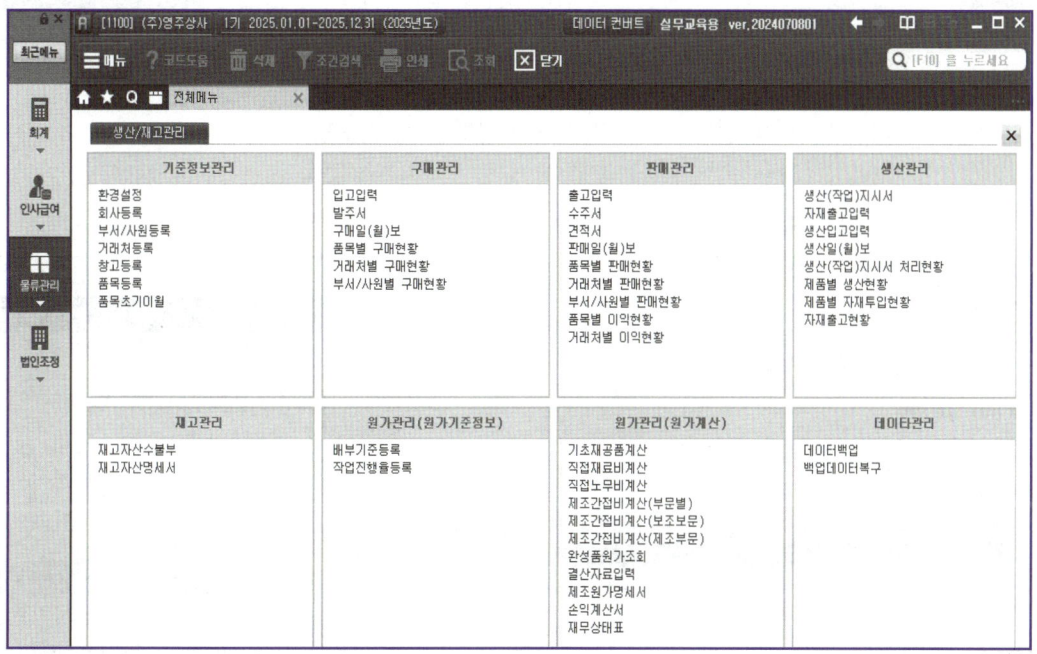

1. **기준정보관리** **구매관리** **판매관리**

   상품, 원재료 등의 입·출고관리를 위하여 [기준정보관리], [구매관리], [판매관리]을 통해 입력한다.

2. **재고관리**

   상품의 입고와 출고에 따른 [재고자산수불부]와 [재고자산명세서] 메뉴로 구성되어 있다. 또한, 제조업의 원가 계산시 원재료 등 재고자산의 투입액에 따른 재고평가를 [재고관리]에서 수행한다.

3. **생산관리** **원가관리(원가기준정보)** **원가관리(원가계산)**

   생산과정에 해당하는 [생산관리]에서 [생산(작업)지시서], [자재출고입력], [생산입고입력]을 수행한 후 원가계산을 위한 기준정보를 [원가관리(원가기준정보)] 메뉴에 배부기준 및 작업진행율을 입력하고, [원가관리(원가계산)] 메뉴에서 원가계산을 통해 완성품 원가를 산출한다. 또한, 계산된 원가를 [결산자료입력] 메뉴를 활용하여 기말재고를 결산에 반영한 다음 [전표추가]로 결산분개를 자동으로 생성시킨 후 [제조원가명세서] 등을 작성하여 원가정보를 제공할 수 있다.

2 데이터 백업

프로그램 네비 　회계 ➡ 데이터관리 ➡ 데이터백업

입력된 자료의 데이터를 별도의 저장장소에 저장하는 작업을 말한다.

① 백업할 회사의 [회계], [물류]를 체크(✔)하고 [백업하기]를 클릭한다.

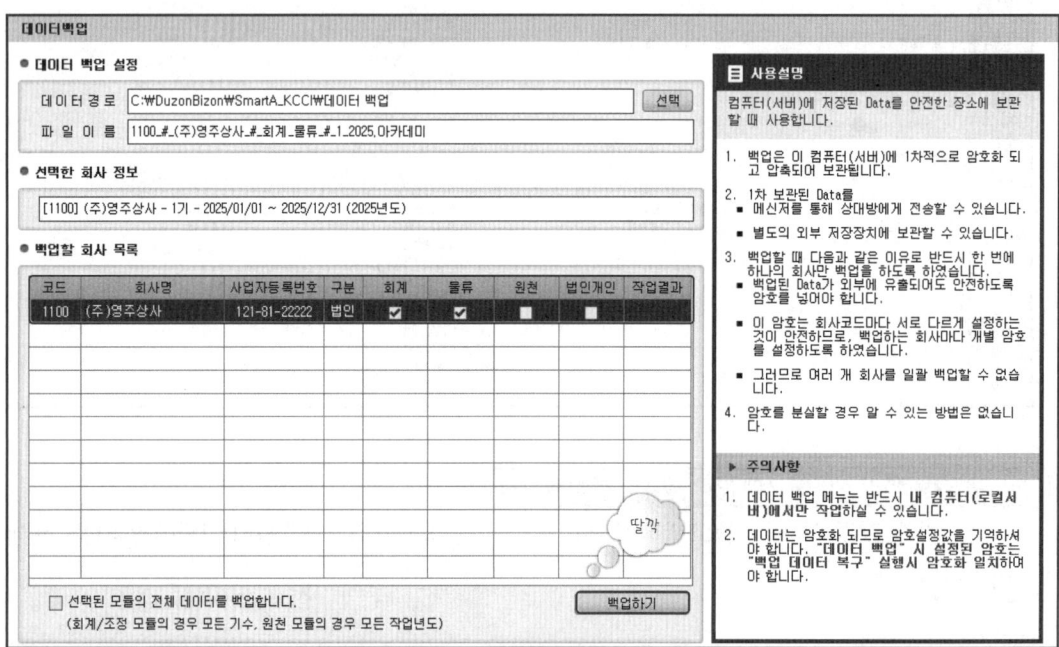

② 데이터 백업 화면에서 [예]를 클릭한다.
③ 컴퓨터의 로컬디스크 또는 외부 저장장치 등 저장할 폴더를 지정한 후 백업한다.

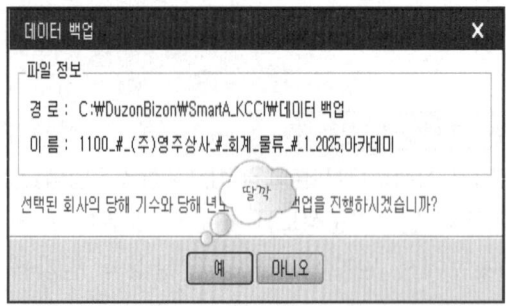 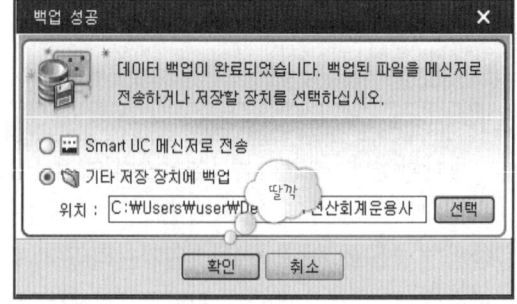

④ 백업이 완료되면 [작업결과]에 '성공'으로 표시된다.

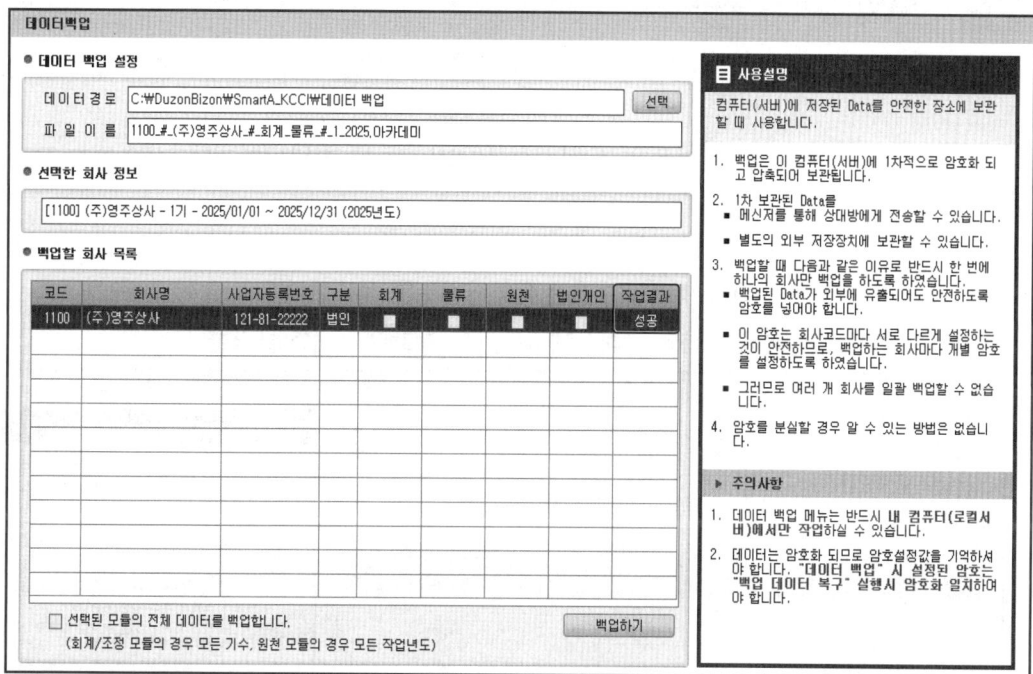

⑤ 데이터는 'C:₩DuzonBizon₩SmartA_KCCI₩데이터 백업' 폴더 또는 저장한 폴더안에 저장되어 있다.

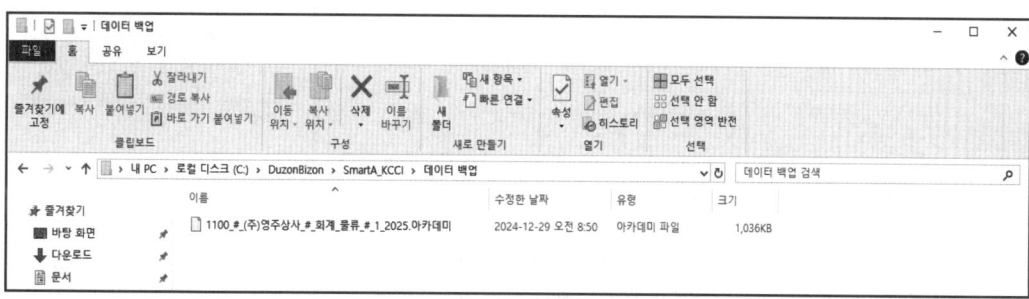

3 백업데이터 복구

프로그램 네비 | 회계 ➔ 데이터관리 ➔ 백업데이터복구

　외부저장장치(USB) 또는 컴퓨터의 로컬디스크(C:₩) 등에 백업되어 있는 데이터는 다음과 같은 순서로 복구한다.

① 데이터 복구 설정을 위하여 백업하였던 데이터경로를 선택한다.
② 백업할 회사를 선택하고 화면 아래쪽에 있는 복구하기 를 클릭한다.

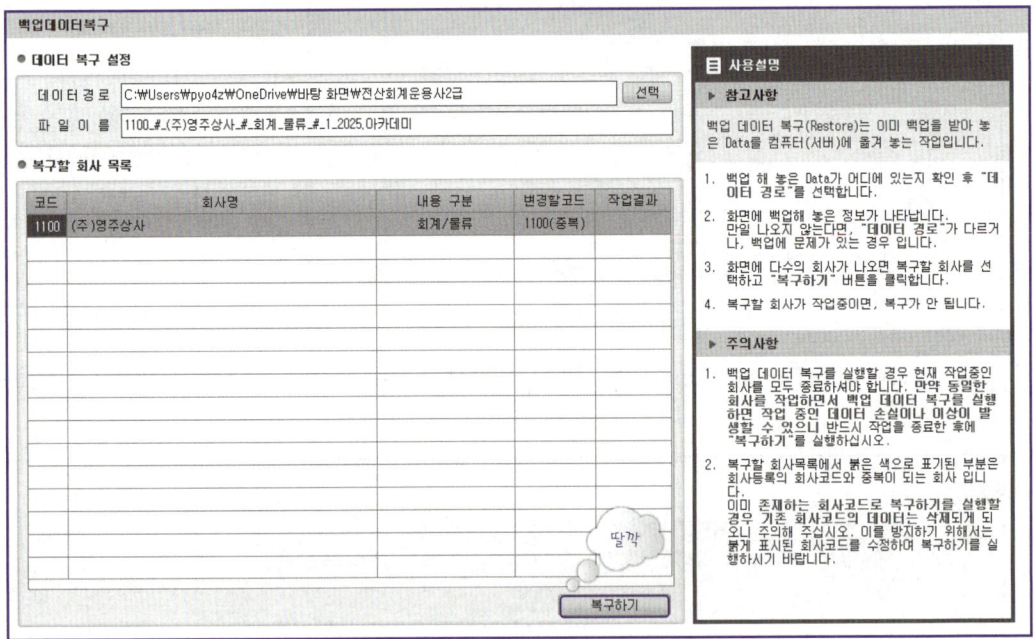

③ [데이터 복구] 화면에서 복구방법을 선택하고 [예]를 클릭한다.

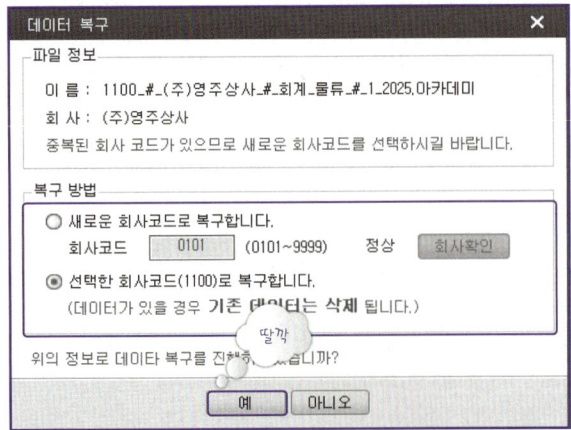

④ 작업결과에 성공으로 표시되면 상단의 [(주)영주상사]를 클릭하여 복구된 회사로 로그인한다.

제2절 기초정보등록

1 회사등록

NEW sPLUS 실무교육 프로그램을 운용하여 작업할 회사를 등록하는 메뉴로 시스템을 사용하기 위한 최초의 작업이며, 회사가 등록되어 있어야 등록된 회사의 회계, 물류관리 등의 작업을 할 수 있다.

회사의 사업자등록증을 참고로 하여 기본정보의 필수 기재사항(상호, 회계년도, 사업자번호, 대표자명, 사업장소재지, 업태, 종목 등)을 입력하고 저장한다.

주요항목별 입력 내용 및 방법

항목	입력 내용 및 방법
코 드	"0101~9999"번호 중 사용자가 원하는 숫자 4자리를 입력한다.
회사명	한글 15자, 영문 30자 이내로 입력한다.
구 분	법인사업자인 경우 "0", 개인(일반, 간이과세자)사업자인 경우 "1"을 선택한다.
사 용	로그인시 사용으로 선택된 회사만 조회가 가능하다.
기 수	회사의 나이에 해당되며 회계데이터를 기수(년도)별로 저장한다.
회계연도	당해연도 입력가능 범위*를 입력한다.
사업자등록번호	세금계산서 발급 및 전자신고 시 활용된다.(잘못 입력시 붉은색으로 표시됨)
법인등록번호 대표자주민번호	잘못 입력시 붉은색으로 표시되며, 세무신고시 중요한 체크사항이므로 틀리지 않도록 주의한다.
사업장 주소	사업장 주소 입력시 도움키를 선택한 경우 자동 작성된다. 또는 F2나 ?를 선택하여 도로명 주소나 지번주소로 검색을 한다. 검색된 주소를 선택하고 나머지 상세 주소를 입력한다.
사업장 세무서	F2나 ?를 선택하여 관할세무서 이름 두 글자를 입력하고 조회 후 선택하거나 사업장 주소 입력시 자동 작성된다. 각종 납부서상의 세무서 계좌번호와 연결되므로 필수 입력사항이다.
업종코드	부가가치세 전자신고에 수록되는 주업종코드를 입력한다.

* 회계기간 범위는 상법에 의하여 1년을 초과할 수 없다.

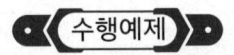 **수행예제**

(주)영주상사는 가방을 도매하는 내국법인으로, 중소기업(법인사업자)이다. 사업자등록증을 참고하여 기본사항을 등록하시오.(회사코드 : 1100, 회계연도 : 2025.1.1.~2025.12.31. 업종코드 : 513950)

사 업 자 등 록 증
(법인사업자)

등록번호: 121-81-22222

법인명(단체명): (주)영주상사
대　　표　　자: 연영주
개 업 년 월 일: 2025년 1월 1일
법인등록번호: 111111-1111112
사업장 소재지: 서울특별시 강남구 강남대로 276
　　　　　　　(도곡동)

사 업 의 종 류: 업태 도매 및 소매업　종목 가방
교 부 사 유: 신규

사업자단위과세 적용사업자여부: 여(　) 부(√)
전자세금계산서 전용 메일주소: youngju@bill36524.com

2025년 1월 2일

역삼 세무서장

※ 19.소유여부 : 1.자가

따라하기

프로그램 네비 | 회계 ➜ 기초정보관리 ➜ 회사등록

① 회사코드, 회사명, 구분, 사용여부를 등록한 다음 우측의 기본사항을 추가로 입력한다.
② 회계년도는 필수항목이며, 이후 입력되는 데이터작업에 영향을 미치므로 반드시 정확하게 입력한다.
③ [추가사항] Tab에서 담당자 E-Mail란에 전자세금계산서 전용 메일주소를 입력한다.
④ 마지막줄까지 입력한 후 Enter↵ 하면 회사코드 다음줄로 커서가 이동되면서 저장이 된다.

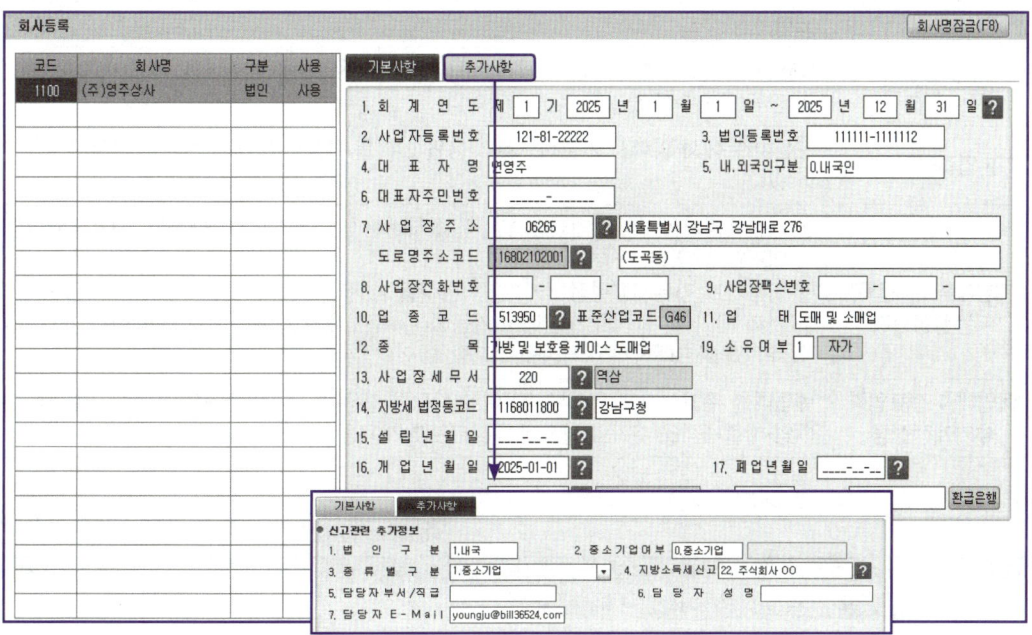

< 이후 모든 작업은 1100.(주)영주상사로 로그인하여 작업하기로 한다. >

2 환경설정

NEW sPLUS 실무교육 프로그램을 운용하여 작업할 기본회사의 시스템 환경을 설정하기 위한 메뉴이다. 시스템 전반에 걸쳐 영향을 미치므로 환경설정 수정시 다른 메뉴들은 종료하고 수정해야 한다.

주요항목별 입력 내용 및 방법

항 목	입력 내용 및 방법
계정과목코드체계	세목(5자리)을 사용할 경우 선택하며, 교육용에서는 세목미사용(3자리)로 설정되어 있다.
소수점관리	[매입매출전표입력] 및 [입·출고입력] 메뉴에서 사용되는 물류, 생산관리 시 수량, 단가 및 금액의 소수점 관리를 위한 항목이다.
기본입력언어 설정	모든 메뉴에서 입력시 기본적으로 적용될 언어를 설정하며, 기본값은 1. 한글로 설정되어 있다.
매입매출 전표입력 자동설정관리	① 기본계정설정 : 매입매출전표 입력시 자동분개 되는 매입·매출계정 코드이며 수정·입력할 수 있다. ② 신용카드 기본계정설정 : 카드입력방식을 1. 공급대가(부가세 포함), 2. 공급가액(부가세 제외)을 선택하여 입력이 가능하며, 카드 채권·채무는 자동분개 되는 카드매출채권과 카드매입채무 계정을 수정할 수 있다.
매입매출 전표입력 추가계정설정	매입매출 추가계정 사용여부를 1.여로 설정한 경우 매입매출전표 입력시 자동 분개되는 매입·매출계정을 추가로 설정된 계정코드로 사용할 수 있다.

프로그램 네비 회계 ➡ 기초정보관리 ➡ 환경설정

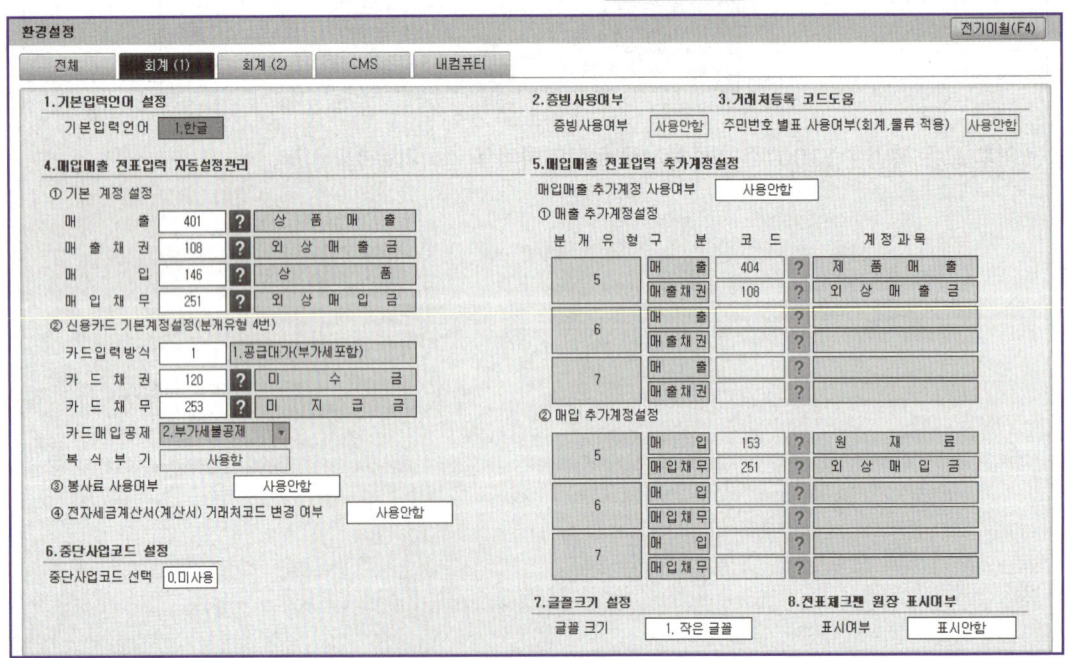

3 거래처 등록

각 계정에 따른 거래처별 원장이나 거래처 관련 출력자료를 위해 등록하는 메뉴이며, 기본적으로 일반거래처, 금융거래처, 카드거래처 등을 등록하여 관리한다.

주요항목별 입력 내용 및 방법

구 분	입력 내용 및 방법
일반거래처	거래처별 원장관리가 필요한 매입처와 매출처를 등록하여 관리한다.
금융거래처	금융기관과 연결되어 거래하고 있는 보통예금, 당좌예금, 정기예금, 정기적금 등의 정보를 등록하여 관리한다.
카드거래처	신용카드를 등록하는 경우 매출카드와 매입카드로 구분하여 입력한다. 매출카드는 가맹점번호, 매입카드는 신용카드번호를 등록하여 관리한다.

수행예제

[1] (주)영주상사의 일반거래처를 등록하시오. 단, 거래시작일은 2025.1.1.이다.

거래처명	거래처분류 (구분)	거래처 코드	대표자	사업자등록번호	업태/종목	메일주소
					주소	
(주)민영상사	매입처(일반)	1001	박민영	138-81-11117	제조, 도매/가방	my@naver.com
				서울특별시 서대문구 경기대로 23		
(주)호성물산	매입처(일반)	1002	안호성	121-81-53268	제조/가방	hs@naver.com
				서울특별시 구로구 디지털로33길 27		
(주)수정상사	매출처(일반)	2001	이수정	220-81-23912	도소매/가방	sj@bill36524.com
				서울특별시 강남구 압구정로 344		
(주)한국유통	매출처(일반)	2002	한국인	110-81-11313	도소매/가방	hk@bill36524.com
				서울특별시 금천구 독산루 7		
오피스상사	전체(일반)	3000	오지수	137-23-81245	도소매/전자제품외	
우리주유소	전체(일반)	3001	허유찬	107-35-21410	도소매/주유소	
엘지백화점	전체(일반)	3002	이가영	131-81-23418	도소매/잡화	
(주)송도자동차	전체(일반)	3003	기태영	113-81-21111	도소매/자동차	
대성학원	전체(일반)	3004	한대성	109-90-87815	교육서비스/학원	
김수현	전체(일반)	3100		830208-1182819		

[2] (주)영주상사의 금융거래처를 등록하시오.

[금융거래처]

거래처 코드	금융기관명	계좌번호	예금종류(구분)
98001	서울은행(보통)	844-21-125555	보통예금
98002	대한은행	232-01-235132	

[은행등록]

코드	금융기관명
001	국민은행
002	서울은행
003	대한은행

[3] (주)영주상사의 정기예금을 등록하시오.

금융기관명	거래처 코드	계좌개설점	계좌번호	예금종류(구분)	계약기간	이자율
국민은행 (정기예금)	98004	국민은행	456-12-236453	정기예금	2025.3.12~2026.3.12	연 3%

[4] (주)영주상사의 카드거래처를 등록하시오.

거래처코드	카드(사)명	카드(가맹점)번호	구분	결제(입금)계좌
99600	삼성카드	1234-2100-6543-2020	매입카드	서울은행 보통예금
99700	비씨카드사	131341410	매출카드	서울은행 보통예금

◉ 따라하기

`프로그램 네비` 회계 ➡ 기초정보관리 ➡ 거래처 등록

① 일반거래처 등록

거래처코드, 거래처명, 사업자등록번호, 대표자명, 구분(0. 전체, 1. 매출, 2. 매입 중 선택)을 입력하고 기본사항과 추가사항(담당자 이메일 주소)을 입력한다.

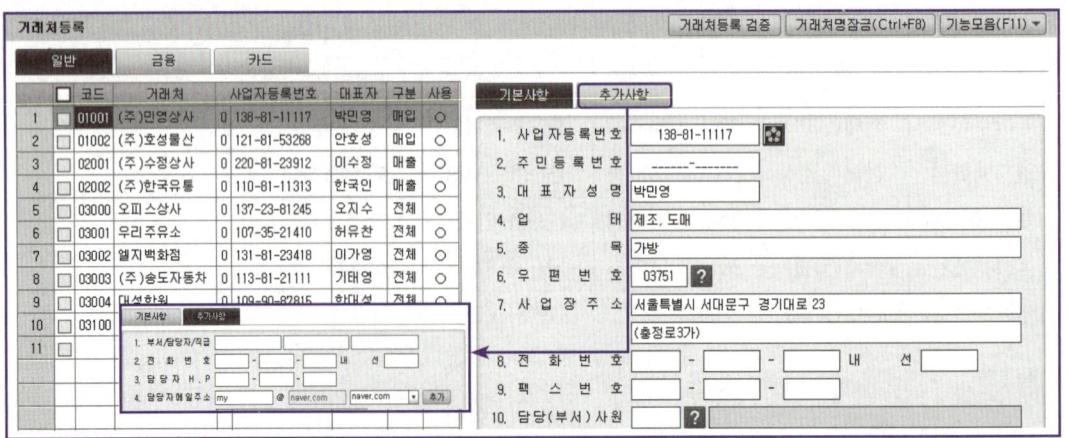

② **금융거래처 등록(일반)**

금융거래처코드, 금융기관명, 계좌번호, 구분(0.일반, 1.정기적금, 2.정기예금 중 선택)을 입력하고 기본사항을 입력한다. 은행등록은 상단의 [기능모음(F11)] ⇨ [은행등록]을 클릭하여 등록한다.

③ **금융거래처 등록(정기예금)**

금융거래처코드, 금융기관명, 계좌번호, 구분(2.정기예금)을 선택하여 기본사항을 입력한다.

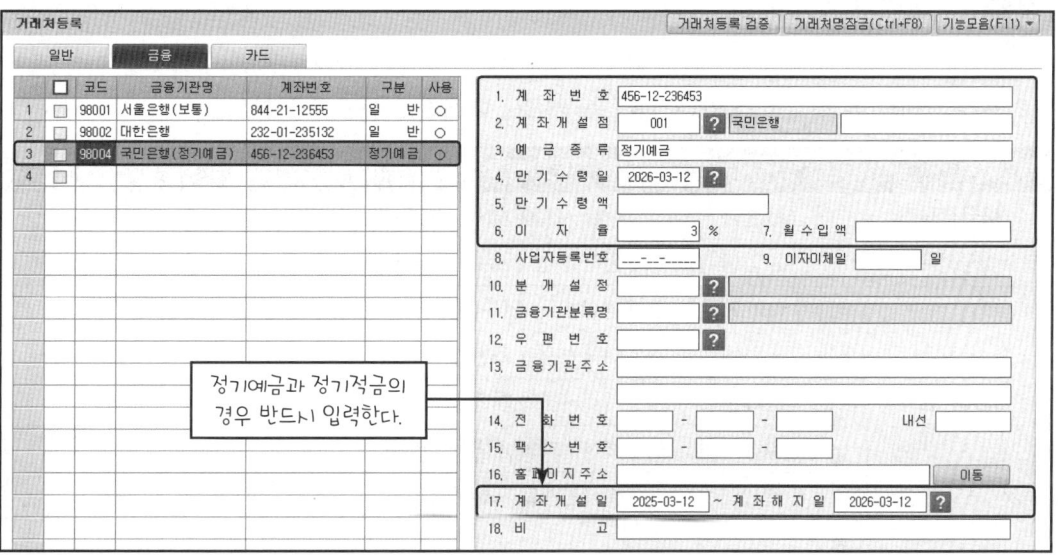

④ **카드거래처 등록**

카드거래처코드, 카드(사)명, 카드(가맹점)번호, 구분(0.매입, 1.매출 중 선택)을 입력하고 기본 사항을 입력한다.

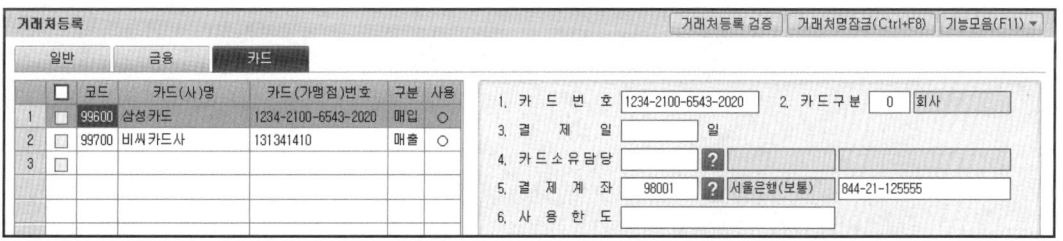

제2장 전표 관리 실무

제1절 전표 관리

기업에서 매일 발생하는 거래는 부가가치세 관련 거래와 부가가치세와 관련 없는 거래로 구분된다. 부가가치세 관련 거래는 **[매입매출전표입력]** 메뉴에 입력하며, 부가가치세와 관련 없는거래는 **[일반전표입력]** 메뉴에 입력하여 제 장부 및 재무제표에 자동으로 반영한다.

1 전표의 종류

전표는 거래의 유형에 따라 입금전표, 출금전표, 대체전표 등으로 구분된다.

유형	구분코드	입력내용
출금전표	1. 출금	현금 지출이 있는 출금거래를 입력한다.
입금전표	2. 입금	현금 수입이 있는 입금거래를 입력한다.
대체전표	현금 수입과 지출이 없는 경우 또는 일부(혼합거래)인 경우 대체거래를 입력한다.	
	3. 차변	대체거래의 차변을 입력한다.
	4. 대변	대체거래의 대변을 입력한다.
	5. 결산차변	결산분개의 차변을 입력한다.
	6. 결산대변	결산분개의 대변을 입력한다.

2 일반전표의 입력 방법

프로그램 네비 회계 ➡ 전표입력/장부 ➡ 일반전표입력

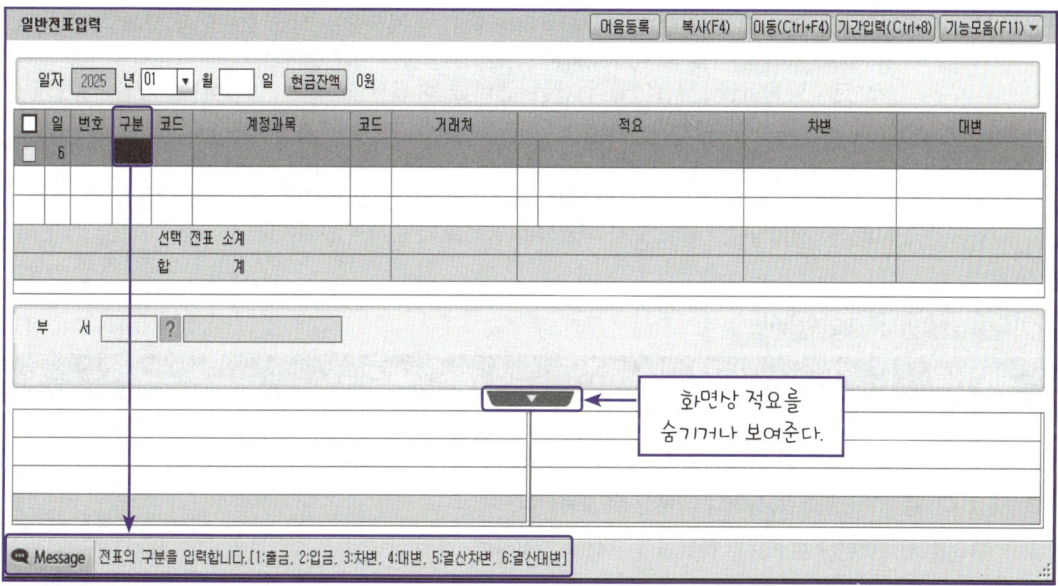

주요항목별 입력 내용 및 방법

항 목	입력 내용 및 방법
일	① 일자를 직접 입력하여 일일거래를 입력한다. ② 해당월만 입력 후 일자별 거래를 연속적으로 입력한다. ③ 기간입력 (Ctrl+8) 아이콘을 선택하여 기간(월)을 정하여 입력할 수 있다.
구 분	[1 : 출금, 2 : 입금, 3 : 차변, 4 : 대변, 5 : 결산차변, 6 : 결산대변] ① 현금전표 - 출금전표 : 1, 입금전표 : 2 ② 대체전표 - 차변 : 3, 대변 : 4 ③ 결산전표 - 결산차변 : 5, 결산대변 : 6 (결산대체분개시만 사용함)

코 드 와 계 정 과 목	1. 계정코드를 모를 경우 입력 방법
	  ① 코드란에 커서 위치시 F2 도움을 받아 원하는 계정을 부분 검색하여 Enter↵로 입력한다.
	  ② 코드란에 커서 위치시 계정과목명 앞 두 글자를 입력하여 Enter↵로 입력한다.
	2. 계정코드를 아는 경우 직접 계정코드를 입력한다.

코 드 와 거 래 처	1. 거래처코드를 모를 경우 입력 방법
	  ① 코드란에 커서 위치시 F2 도움을 받아 원하는 거래처를 부분 검색하여 선택 후 Enter↵ 한다. (사업자등록번호로도 검색이 가능하다.)
	  ② 코드란에 커서 위치시 '+'키를 치고 원하는 거래처를 입력하고 Enter↵ 한다.
	2. 신규거래처일 경우 입력 방법
	  코드란에 커서 위치 '+'키를 누른 후 거래처을 입력하고 Enter↵, 수정 ⇨ 세부항목을 눌러 기본사항을 입력 ⇨ 확인 ⇨ 등록한다.

항목	입력 내용 및 방법
적요	적요는 숫자 0, 1~8, F3중 해당번호를 선택 입력한다. ① 0 : 임의의 적요를 직접 입력하고자 할 때 선택한다. ② 1~8 : 화면 하단에 보여지는 내장적요로 해당번호를 선택 입력한다. 　　기 내장적요 외에 빈번하게 사용하는 적요의 경우에는 적요 코드도움 창에서 편집 ⇨ 적요편집(F3) 키를 눌러 기 등록된 적요를 수정 또는 추가할 수 있다. ③ F3 : 받을어음, 지급어음 등 자금관리를 하고자 할 경우 선택하며, 받을어음현황, 지급어음현황 등에 반영된다.
부서	① F2 도움을 받아 해당계정의 사용 부서 및 사원을 선택한다. 　　[부서/사원등록]이 선행되어야 하며, 사용 여부에서 '여'로 선택된 부서/사원만 반영된다. ② 거래처등록에서 담당 부서/사원을 선택했을 경우 자동 반영된다.

기능항목별 입력 내용 및 방법

기능 항목		입력 내용 및 방법
조 건 검 색		전표검색 시 사용한다. *조건을 설정하여 해당 조건에 맞는 데이터 검색이 가능하다.
복 사 / 이 동		전표를 복사하거나 이동할 때 사용한다.
기능모음 F11	구성순서	화면에 표시되는 항목이나 구성을 조정한다.
	화면구성	검색범위 및 입력순서를 지정한다. 자동분개설정 화면기준구성 - 기존에 입력된 과거 거래내용 기준으로 입력한다. 기초코드도움 화면기준구성 - 거래처코드, 계정과목코드, 적요코드를 기준으로 입력한다.
	어음등록	당좌 및 어음책 등록을 한다.(지급어음 입력 시 어음등록이 선행 되어야 한다)
	번호수정	전표번호를 수정하고자 할 때 사용한다.(기능키 F7)
	자금관리	계정과목 및 적요등록에서 관리항목으로 설정해준 항목(받을어음, 지급어음)에 대한 추가 자료 입력 시 자금관리를 하고자 할 경우 F3키나 [자금관리]키를 이용해서 자금관리를 입력할 수 있다.

3 매입매출전표의 입력 방법

프로그램 네비 　회계 ➡ 전표입력/장부 ➡ 매입매출전표입력

주요항목별 입력 내용 및 방법

항 목	입력 내용 및 방법
일	전표의 해당일자 2자리를 입력한다.
유 형	입력되는 매입·매출 자료의 유형코드 2자리를 입력한다. 유형은 크게 매출과 매입으로 구분되어 있으며, 유형코드에 따라 부가가치세신고서 등의 각 부가가치세 관련 부속서류에 자동 반영되므로 정확한 입력을 요한다.
수 량	물품 수량을 입력한다. (해당사항이 없을 경우 Enter↵키를 누르면 단가로 커서가 이동된다)
단 가	물품 단가를 입력한다. (해당사항이 없을 경우 Enter↵키를 누르면 공급가액으로 커서가 이동된다)
공급가액 및 부가가치세	수량, 단가를 입력한 경우는 공급가액, 부가가치세 모두 자동으로 입력되며, 공급가액을 직접 입력시 금액을 입력 후 Enter↵키를 치면 부가가치세(공급가액의 10%)가 자동으로 표시되며 환경설정에 따라 공급가액의 설사방법(질사, 올림, 빈올림)을 선택할 수 있다.
코 드 와 거 래 처 명	1. 거래처코드를 모를 경우 입력 방법 　① 코드란에 커서 위치시 F2 도움을 받아 원하는 거래처를 부분 검색하여 선택 후 Enter↵ 한다. (사업자등록번호로도 검색이 가능하다.) 　② 코드란에 커서 위치시 '+'키를 치고 원하는 거래처를 입력하고 Enter↵ 한다. 2. 신규거래처일 경우 입력 방법 　코드란에 커서 위치시 '+'키를 누른 후 거래처을 입력하고 Enter↵, 수정 ⇨ 세부항목을 눌러 기본사항을 입력 ⇨ 확인 ⇨ 등록한다.
전 자 세 금	전자세금계산서를 발급 및 수취여부를 체크한다. 0.삭제(종이세금계산서 또는 Bill36524.com으로 발급하면 입력하지 않는다), 1.전자입력(외부전자세금계산서(Bill36524외에서 발급)인 경우)

항목		입력 내용 및 방법
분개	0.분개 없음	분개를 생략하고자 할 때 선택한다. (부가가치세 신고관련 제반사항인 부가가치세신고서, 세금계산서합계표 등은 분개와 상관없이 작성된다)
	1.현금	전액 현금거래일 경우 선택한다. · 매출-부가가치세예수금과 기본계정으로 자동 분개된다. · 매입-부가가치세대급금과 기본계정으로 자동 분개된다. 　(부가가치세예수금과 부가가치세대급금을 제외한 계정과목은 수정 및 추가분개가 가능하다)
	2.외상	전액 외상거래(외상매출·매입금)일 경우 선택한다. 단, 외상거래일지라도 미수금, 미지급금의 경우는 '3.혼합'을 선택한다. · 매출-차변계정은 외상매출금으로, 대변계정은 부가가치세예수금과 기본계정으로 자동 분개된다. · 매입-대변계정은 외상매입금으로, 차변계정은 부가가치세대급금과 기본계정으로 자동 분개된다.
	3.혼합	상기 이외의 거래로서 다른 계정과목을 사용하고자 할때 선택한다. · 매출-대변계정은 부가가치세예수금과 기본계정으로 자동 분개되어 표기되며, 차변계정은 비워져 있으므로 사용자가 직접 입력한다. · 매입-차변계정은 부가가치세대급금과 기본계정으로 자동 분개되어 표기나며, 대변계정은 사용자가 직접 입력한다.
	4.카드	매출·매입시 신용카드로 결제하여 신용카드매출전표를 발급 또는 수취한 경우에 선택한다. · 매출-차변계정은 외상매출금(또는 미수금 등)으로 분개되며 거래처는 카드사가 자동반영된다. · 매입-대변계정은 미지급금으로 분개되며 거래처는 회사카드가 자동반영된다. 단, 환경설정에서 외상매출금, 미수금, 미지급금 등 계정과목은 신용카드 기본계정인 카드채권, 카드채무로 설정되어 있어야 한다.
적 요		별도의 적요를 입력하지 않으면 상단 품명란의 적요가 자동으로 입력된다.
관 리		[계정과목 및 적요등록] 메뉴에서 계정의 관리항목으로 지정된 항목만 조회(F3)가 가능하다.

유형별 입력자료

매출		매입		입력자료
코드	유형	코드	유형	
11	과세	51	과세	부가가치세가 10%인 세금계산서 발급 및 수취분
12	영세	52	영세	부가가치세가 0%인 영세율세금계산서(간접수출) 발급 및 수취분
13	면세	53	면세	면세분 계산서 발급 및 수취분
17	카과	57	카과	과세대상거래의 신용카드매출전표 발급 및 수취분
18	카면	58	카면	면세대상거래의 신용카드매출전표 발급 및 수취분
22	현과	61	현과	현금영수증에 의한 과세매출 및 과세매입분
23	현면	62	현면	현금영수증에 의한 면세매출 및 면세매입분

제2절 전표 작성하기

> **NCS** 기준 능력단위 : 0203020101_20v4 전표관리
> 능력단위요소 : 0203020101_20v4.2 전표 작성하기
> 수행준거 2.1 회계상 거래를 현금거래 유무에 따라 사용되는 입금 전표, 출금 전표, 대체 전표로 구분할 수 있다.
> 2.2 현금의 수입 거래를 파악하여 입금 전표를 작성할 수 있다.
> 2.3 현금의 지출 거래를 파악하여 출금 전표를 작성할 수 있다.
> 2.4 현금의 수입과 지출이 없는 거래를 파악하여 대체 전표를 작성할 수 있다.

1 입금 전표

현금의 수입이 있는 입금거래를 입력하는 전표로서 입금거래 차변 계정과목은 항상 현금이 되고, 전표에서는 입력이 생략되며 전표 아래의 분개내용은 차변에 현금 계정이 표시된다.

◀ 수행예제 ▶

다음 거래를 일반전표에 입력하시오. 단, 채권, 채무 및 금융 거래는 거래처코드를 입력한다.

1월 6일   주식 ₩200,000,000(보통주 40,000주, 액면가액 @₩5,000)을 발행하고 대금은 현금으로 투자받아 사업을 시작하다.

◉ 따라하기

날짜를 입력한 다음 구분란에서 2.입금을 선택하고 대변 계정과목을 입력한다.

1월 6일(일반전표입력)

구분	코드	계정과목	코드	거래처	적요	차변	대변
2(입금)	331	보통주자본금			설립자본금의 현금납입	현금	200,000,000
분개	(차) 현 금			200,000,000	(대) 보통주자본금	200,000,000	

☞ 법인기업의 자본금(보통주 자본금) : 주식수 40,000주 × 액면가액 ₩5,000 = ₩200,000,000

일반전표입력

일자 2025 년 01 월 06 일 현금잔액 200,000,000원

일	번호	구분	코드	계정과목	코드	거래처	적요	차변	대변
6	00001	입금	331	보통주자본금			04 설립자본금의 현금납입	현금	200,000,000

2 출금 전표

현금 지출이 있는 출금거래를 입력하는 전표로서 출금거래 대변 계정과목은 항상 현금이 되고, 전표에서는 입력이 생략되며 전표 아래의 분개내용은 대변에 현금 계정이 표시된다.

수행예제

다음 거래를 일반전표에 입력하시오. 단, 채권, 채무 및 금융 거래는 거래처코드를 입력한다.

1월 10일 보통예금(서울은행) 계좌에 현금 ₩150,000,000을 예입하다.

따라하기

날짜를 입력한 다음 구분란에서 1.출금을 선택하고 차변 계정과목을 입력한다.

1월 10일

구분	코드	계정과목	코드	거래처	적요	차변	대변
1(출금)	103	보통예금	98001	서울은행(보통)	보통예금 현금입금	150,000,000	현금
분개	(차)	보 통 예 금		150,000,000	(대) 현 금	150,000,000	

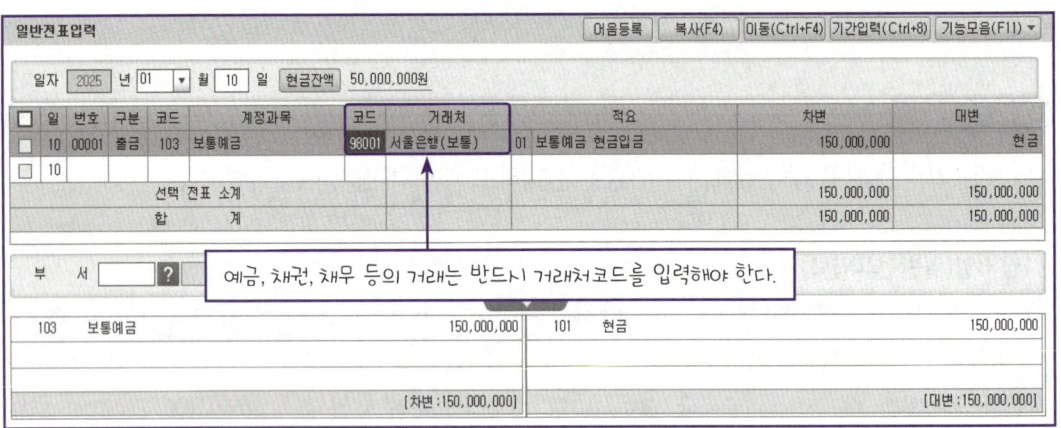

예금, 채권, 채무 등의 거래는 반드시 거래처코드를 입력해야 한다.

3 대체 전표

대체전표란 현금의 수입과 지출이 없는 거래를 입력하는 전표로서, 현금의 수입과 지출이 전혀 따르지 않는 전부 대체거래와 일부 현금의 수입과 지출이 있는 일부 대체거래를 입력한다.

수행예제

다음 거래를 일반전표에 입력하시오. 단, 채권, 채무 및 금융 거래는 거래처코드를 입력한다.

1월 12일   경아패션에서 종업원의 작업복과 모자를 구입하고, 대금 ₩855,000은 보통예금(서울은행) 계좌에서 인출하여 현금으로 지급하다.

따라하기

날짜를 입력한 다음 구분란에서 3.차변을 선택하고 차변 계정과목을 입력한 후 4.대변을 선택하고 대변 계정과목을 입력한다.

1월 12일

구분	코드	계정과목	코드	거래처	적요	차변	대변
3(차변)	811	복리후생비		경아패션	종업원의 작업복과 모자 구입	855,000	
4(대변)	103	보통예금	98001	서울은행(보통)	종업원의 작업복과 모자 구입		855,000
분개	(차) 복리후생비		855,000	(대) 보통예금		855,000	

☞ 종업원을 위해 지출된 비용은 '복리후생비' 계정으로 회계처리한다.

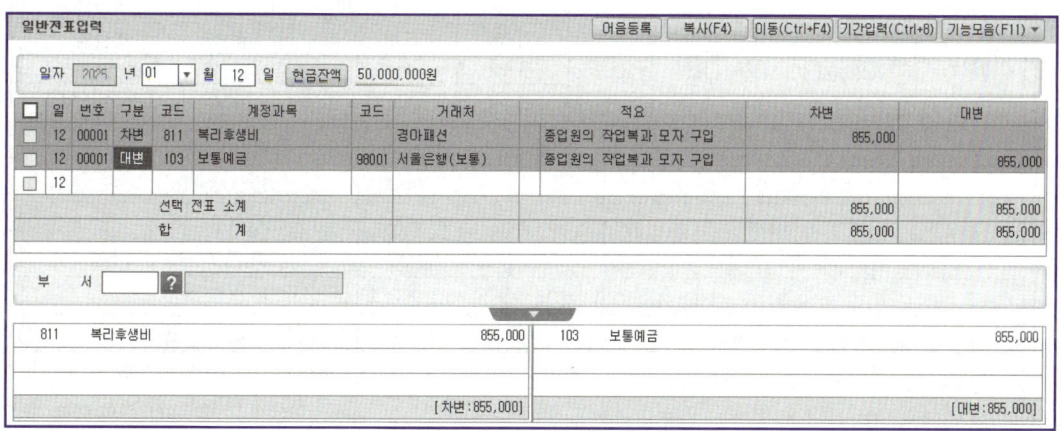

제3절 증빙서류 관리하기

NCS 기준 능력단위 : 0203020101_20v4 전표관리
능력단위요소 : 0203020101_20v4.3 증빙서류 관리하기
수행준거 3.1 발생한 거래에 따라 필요한 관련 서류 등을 확인하여 증빙여부를 검토할 수 있다.
3.2 발생한 거래에 따라 관련 규정을 준수하여 증빙서류를 구분·대조할 수 있다.
3.3 증빙서류 관련 규정에 따라 제증빙자료를 관리할 수 있다.

1 거래명세서 관련 거래

거래명세서란 공급하는 자(매출자)와 공급받는 자(매입자)의 인적사항, 거래일자, 거래내용, 공급가액, 세액, 비고 등이 기재된 명세서를 말한다. 사업자가 고정거래처(자주 거래하는 거래처)와 거래시 세금계산서나 계산서, 영수증으로는 거래내역을 상세히 기록할 수 없으므로 세부적인 거래내역이나 거래 사실을 뒷받침할 수 있도록 거래명세서를 작성하여 교부한다.

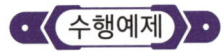

다음 거래를 일반전표에 입력하시오. 단, 채권, 채무 및 금융 거래는 거래처코드를 입력한다.

2월 10일   드림철물로부터 봄 맞이 대청소를 위해 청소용품을 현금으로 일괄 구매하고, 거래명세서를 수취하다. 단, 회사는 비용으로 처리한다.

거 래 명 세 서
(공급받는자 보관용)

(주)영주상사 귀하				등록번호	108-12-31257		
				상 호	드림철물	대 표	박경기
발행일	2025.02.10.	거래번호	001	업 태	도매 및 소매	종 목	철물외
				주 소	인천광역시 서구 봉오대로 136		
				전 화	032-1234-4321	팩 스	032-1234-4324

코드	품명	규격	수량	단가	금액	비고
1	다목적 청소카트		5	200,000	1,000,000	
2	초강력 기름때		5	40,000	200,000	
3	세정제		5	8,000	40,000	
4	손걸레		10	1,000	10,000	
총계					₩ 1,250,000	
결제계좌	은행명	계좌번호	예금주	담당자	휴대폰	010-1234-5678
					이메일	dream@naver.com

따라하기

2월 10일(일반전표입력)

구분	코드	계정과목	코드	거래처	적요	차변	대변
1(출금)	830	소모품비		드림철물	청소용품 구입	1,250,000	현금
분개	(차)	소 모 품 비		1,250,000	(대) 현 금	1,250,000	

☞ · 거래명세서는 정규영수증(세금계산서, 계산서, 신용카드 매출전표, 현금영수증 등)에 해당하지 않으므로 일반전표에 입력한다.
  · 청소용품을 구입하고 비용으로 처리한 경우 '소모품비' 계정으로 회계처리한다.

2 세금계산서와 계산서 관련 거래

세금계산서(또는 계산서)는 사업자가 재화 또는 용역을 공급할 시 부가가치세 거래징수 사실을 증명하기 위해 발급하는 영수증을 말한다. 세금계산서(또는 계산서)에는 공급자 등록번호와 성명, 명칭, 공급받는자의 등록번호, 공급가액, 부가가치세액 등을 기재한다.

수행예제

다음 거래를 매입매출전표에 입력하시오. 단, 채권, 채무 및 금융 거래는 거래처코드를 입력한다.

[1] 2월 12일 오피스상사에서 업무용 복합기 1대를 구입하고, 전자세금계산서를 발급받다. 대금은 보통예금(서울은행) 계좌에서 이체하여 지급하다.

전자세금계산서 (공급받는자 보관용)   승인번호 20250212XXXX0212

공급자					공급받는자				
등록번호	137-23-81245				등록번호	121-81-22222			
상호	오피스상사	성 명 (대표자)	오지수		상호	(주)영주상사	성 명 (대표자)	연영주	
사업장 주소	서울특별시 강남구 강남대로 251 (도곡동)				사업장 주소	서울특별시 강남구 강남대로 276 (도곡동)			
업태	도소매		종사업장번호		업태	도매 및 소매업		종사업장번호	
종목	전자제품외				종목	가방			
E-Mail	office@bill36524.com				E-Mail	youngju@bill36524.com			

작성일자	2025.02.12	공급가액	450,000	세액	45,000

비고							
월	일	품목명	규격	수량	단가	공급가액	세액	비고
2	12	복합기		1	450,000	450,000	45,000	

합계금액	현금	수표	어음	외상미수금	이 금액을 ● 영수 함 ○ 청구
495,000	495,000				

[2] 2월 13일 엘지백화점에서 매출거래처에 전달할 선물용품(사과)을 현금으로 구입하고 전자계산서를 발급받다.

전자계산서 (공급받는자 보관용)

승인번호: 20250213XXXX0213

공급자
- 등록번호: 131-81-23418
- 상호: 엘지백화점
- 성명(대표자): 이가영
- 사업장주소: 서울특별시 서초구 창원로 37-6 (잠원동)
- 업태: 도소매
- 종목: 잡화
- E-Mail: lg1004@gmail.com

공급받는자
- 등록번호: 121-81-22222
- 상호: (주)영주상사
- 성명(대표자): 연영주
- 사업장주소: 서울특별시 강남구 강남대로 276 (도곡동)
- 업태: 도매 및 소매업
- 종목: 가방
- E-Mail: youngju@bill36524.com

작성일자: 2025.02.13 공급가액: 300,000

월	일	품목명	규격	수량	단가	공급가액	비고
2	13	사과		10	30,000	300,000	

합계금액	현금	수표	어음	외상미수금	이 금액을	● 영수 / ○ 청구	함
300,000	300,000						

◉ 따라하기

1 2월 12일(매입매출전표입력)

거래유형	품명	공급가액	부가세	거래처	전자세금
51.과세	복합기	450,000	45,000	오피스상사	전자입력
분개유형	(차) 부가가치세대급금	45,000	(대) 보통예금		495,000
3.혼합	비품	450,000	(서울은행(보통))		

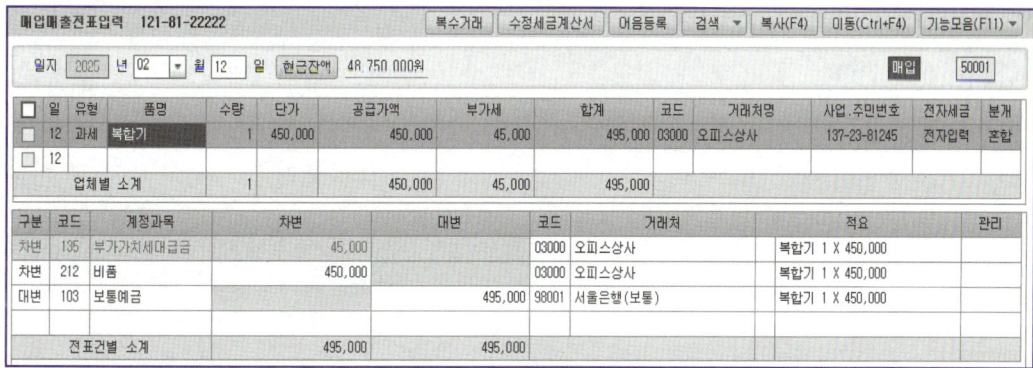

☞ 전자세금계산서를 수취한 경우 유형 51.과세를 선택하고 전자세금란 '1.전자입력'을 입력한다.
· 하단의 계정과목 중 '상품' 계정을 '비품' 계정으로 수정 입력하고, 대변계정에 '보통예금' 계정과 거래처코드(서울은행)를 입력한다.

2 2월 13일(매입매출전표입력)

거래유형	품명	공급가액	부가세	거래처	전자세금
53.면세	사과	300,000		엘지백화점	전자입력
분개유형 1.현금	(차) 접대비(기업업무추진비)	300,000	(대) 현금		300,000

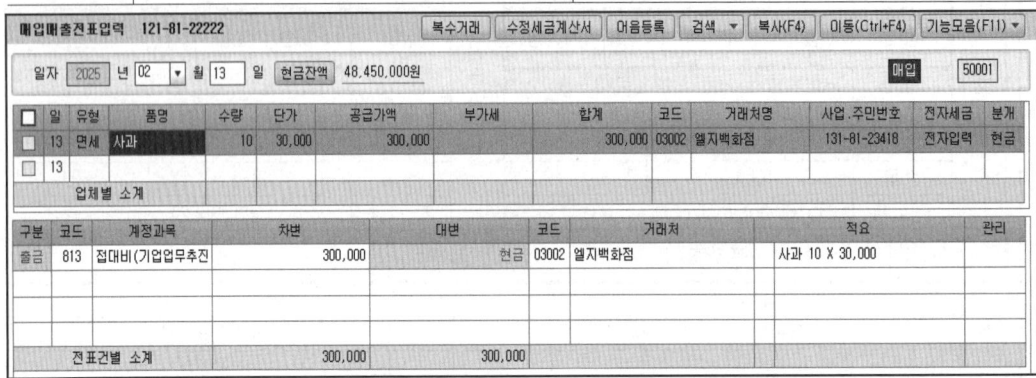

☞ · 전자계산서를 수취한 경우 유형 53.면세를 선택하고 전자세금란 '1.전자입력'을 입력한다.
 · 매출거래처에 접대할 목적으로 선물용품(면세품)을 구입한 경우 '접대비(기업업무추진비)' 계정으로 회계처리한다.

3 신용카드 매출전표와 현금영수증 관련 거래

주로 소비자를 대상으로 하는 사업자가 발급하는 영수증으로 상품이나 서비스를 구입한 경우 카드사가 교부한 카드를 제시하고 전표(신용카드매출전표)에 서명하여 발급받거나, 현금을 지출한 경우 현금영수증을 발급받는 거래를 말한다.

수행예제

다음 거래를 매입매출전표에 입력하시오. 단, 채권, 채무 및 금융 거래는 거래처코드를 입력한다.

[1] 2월 14일 엘지백화점에서 종업원 생일선물로 전달할 선물세트를 구입하고 대금은 법인카드(삼성카드)로 결제하면서 신용카드 매출전표를 발급받다.

```
            카드매출전표
---------------------------
카드종류 : 삼성카드
회원번호 : 1234-2100-****-2020
거래일시 : 2025.02.14. 11:40:56
거래유형 : 신용승인
매   출 :   340,000원
부 가 세 :    34,000원
합   계 :   374,000원
결제방법 : 일시불
승인번호 : 81972299
카 드 사 : 삼성카드사
===========================
가맹점명 : 엘지백화점
          - 이 하 생 략 -
```

[2] 2월 15일 우리주유소에서 난방용 등유를 현금으로 구입하고 현금영수증을 발급받다.

```
        ** 현금영수증 **
            (지출증빙용)
사업자등록번호 : 107-35-21410  허유찬
사업자명      : 우리주유소
단말기ID      : 123789(tel : 032-421-1233)
가맹점주소    : 서울특별시 강남구 강남대로
                251-1
현금영수증 회원번호
121-81-22222              (주)영주상사
승인번호      : 56124512   (PK)
거래일시      : 2025년 02월 15일 16시28분21초
---------------------------------
공급금액                      70,000원
부가세                         7,000원
총합계                        77,000원
---------------------------------
휴대전화, 카드번호 등록 http://현금영수증.kr
국세청문의(126)
    <<<<<<이용해 주셔서 감사합니다.>>>>>>
```

따라하기

① 2월 14일 (매입매출전표입력)

거래유형	품명	공급가액	부가세	거래처	전자세금
57.카과	선물세트	340,000	34,000	엘지백화점	
분개유형	(차) 부가가치세대급금	34,000	(대) 미지급금		374,000
4.카드	복리후생비	340,000	(삼성카드)		

☞ · 과세분 신용카드 매입인 경우 유형 57.카과를 선택하고 신용카드사 보조화면에서 (구매)신용카드를 선택, [확인]을 클릭한다.
· 공급가액란에 합계금액(공급대가=공급가액+부가가치세)을 입력하면 공급가액과 부가가치세가 자동으로 분리되어 입력된다.
· 분개란에서 4.카드를 선택하면 하단의 '미지급금' 계정의 거래처는 카드사가 자동으로 표기된다.
· 종업원을 위하여 지출한 비용은 '복리후생비' 계정으로 회계처리한다.

② 2월 15일

거래유형	품명	공급가액	부가세	거래처	전자세금
61.현과	난방용 등유	70,000	7,000	우리주유소	
분개유형	(차) 부가가치세대급금	7,000	(대) 현금		77,000
1.현금	수도광열비	70,000			

☞ · 과세분 현금영수증 매입인 경우 유형 61.현과를 선택하고 공급가액란에 합계금액(공급대가=공급가액+부가가치세)을 입력하면 공급가액과 부가가치세가 자동으로 분리되어 입력된다.
· 난방용 유류대는 '수도광열비' 계정으로 회계처리한다.

4 영수증 관련 거래

일반적인 간이영수증을 말하며, 대부분 영세한 사업자 등이 발급한다.

수행예제

다음 거래를 일반전표에 입력하시오. 단, 채권, 채무 및 금융 거래는 거래처코드를 입력한다.

[1] 2월 16일 영업부에서 사용할 상품 광고목적으로 향기타월에 수건을 제작하고, 간이영수증을 수취하다. 대금은 보통예금(서울은행) 계좌에서 인출하여 현금으로 지급하다.

NO.	영 수 증 (공급받는자용)		
	(주)영주상사		귀하
공급자	사업자등록번호	120-03-65477	
	상 호	향기타월	성명 조향아 (인)
	사업장소재지	서울시 동대문구 왕산로 20	
	업 태	도.소매	종목 타올외
작성일자	공급대가총액		비고
2025.2.16	₩ 450,000		
공 급 내 역			
월/일	품명	수량 단가	금액
2.16.	수건외		450,000
합 계		₩ 450,000	
위 금액을 영수(청구)함			

[2] 2월 16일 영희상회로부터 구내식당에서 사용할 농산물(쌀,야채)를 현금으로 구입하고 간이영수증을 수취하다.

영 수 증

2025/02/16

영희상회   02)403-4561
서울특별시 강남구 강남대로 110
128-90-12812

품명	수량	단가	금액
쌀, 야채			120,000원

합계 : 120,000원

감사합니다.

◉ 따라하기

1 2월16일(일반전표입력)

구분	코드	계정과목	코드	거래처	적요	차변	대변
3(차변)	833	광고선전비		향기타월	광고용 수건 제작비 지급	450,000	
4(대변)	103	보통예금	98001	서울은행(보통)	광고용 수건 제작비 지급		450,000
분개	(차)	광 고 선 전 비		450,000	(대) 보 통 예 금	450,000	

2 2월16일(일반전표입력)

구분	코드	계정과목	코드	거래처	적요	차변	대변
1(출금)	811	복리후생비		영희상회	농산물 구입비 지급	120,000	현금
분개	(차)	복 리 후 생 비		120,000	(대) 현 금	120,000	

일반전표입력						어음등록	복사(F4)	이동(Ctrl+F4)	기간입력(Ctrl+8)	기능모음(F11) ▼

일자 2025 년 02 ▼ 월 16 일 현금잔액 48,253,000원

□	일	번호	구분	코드	계정과목	코드	거래처	적요	차변	대변
□	16	00001	차변	833	광고선전비		향기타월	광고용 수건 제작비 지급	450,000	
□	16	00001	대변	103	보통예금	98001	서울은행(보통)	광고용 수건 제작비 지급		450,000
□	16	00002	출금	811	복리후생비		영희상회	농산물 구입비 지급	120,000	현금
□	16									

☞ 간이영수증은 정규영수증(세금계산서, 계산서, 신용카드 매출전표, 현금영수증 등)에 해당하지 않으므로 일반전표에 입력한다.

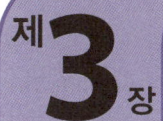

제3장 회계 정보시스템 운용(1) 실무

제1절 기준 정보 관리

1 부서/사원등록

회사의 각 조직을 부서명으로 등록하여 각종 입력 자료를 관리하고, 검색을 통하여 자료를 보다 쉽게 산출할 수 있는 사내조직의 등록이다.

◀ 수행예제 ▶

(주)영주상사의 부서를 등록하시오.

부서코드	부서명	제조/판관	부문구분	비고
10	관리부	판관	공통	
20	경리부	판관	공통	
30	영업부	판관	공통	

◉ 따라하기

프로그램 네비 물류관리 ➡ 기준정보관리 ➡ 부서/사원등록

부서코드와 부서명, 부서구분(1.부서), 제조/판관(2.판관), 부문구분(1.공통)을 선택하여 입력한다.

반드시 사용여부는 '여'로 되어야 **[일반전표입력]**, **[매입매출전표입력]**, **[입고입력]**, **[출고입력]** 메뉴 등에서 부서를 선택하여 사용이 가능하며, '부'로 되어 있는 경우 조회되지 않음을 주의한다.

	코드	부서명	부서구분	참조부서	제조/판관	부문구분	사용		코드	사원명	사용	입사년월일	E-Mail	연락처
	10	관리부	부서		판관	공통	여							
	20	경리부	부서		판관	공통	여							
	30	영업부	부서		판관	공통	여							

2 창고등록

판매 및 구매, 재고관리를 위하여 먼저 **[창고등록]**과 **[품목등록]**이 등록되어 있어야 하며, 상품 구매활동, 판매활동, 재고관리와 관련된 창고를 등록한다.

수행예제

(주)영주상사의 창고를 등록하시오.

창고코드	창고명	담당자	비고
10	상품창고	영업부	
20	반품창고	영업부	

따라하기

프로그램 네비 ▶ 물류관리 ➡ 기준정보관리 ➡ 창고등록

창고코드, 창고명, 담당자를 입력하고 [사용여부]란에서 '여'를 선택한다.

	코드	창고명	담당자	전화번호	내선	주소	코드	창고분류명	비고	사용여부
1	10	상품창고	3000 영업부							여
2	20	반품창고	3000 영업부							여
3										

3 품목등록

물류관리의 대상이 되는 상품의 품명 등을 등록하며 입고입력 및 출고입력 등 관련메뉴에서 기초 코드로 사용한다.

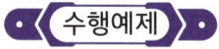 수행예제

(주)영주상사의 상품(품목)을 등록하시오.

품목종류(자산)	품목코드	품명	(상세)규격	기준단위	입·출고창고
상품	1000	여행용가방	10/30	EA	상품창고
상품	2000	노트북가방	10/10	EA	상품창고
상품	3000	학생용가방	10/20	EA	상품창고
상품	4000	사무용가방	20/10	EA	상품창고
상품	5000	유아용가방	20/20	EA	상품창고

◉ 따라하기

프로그램 네비 　물류관리 ➡ 기준정보관리 ➡ 품목등록

[전체]Tab 또는 [상품]Tab을 선택한 다음 품목코드와 품명, 규격을 입력하고, [세부사항]Tab에 단위와 입·출고창고를 입력한다.

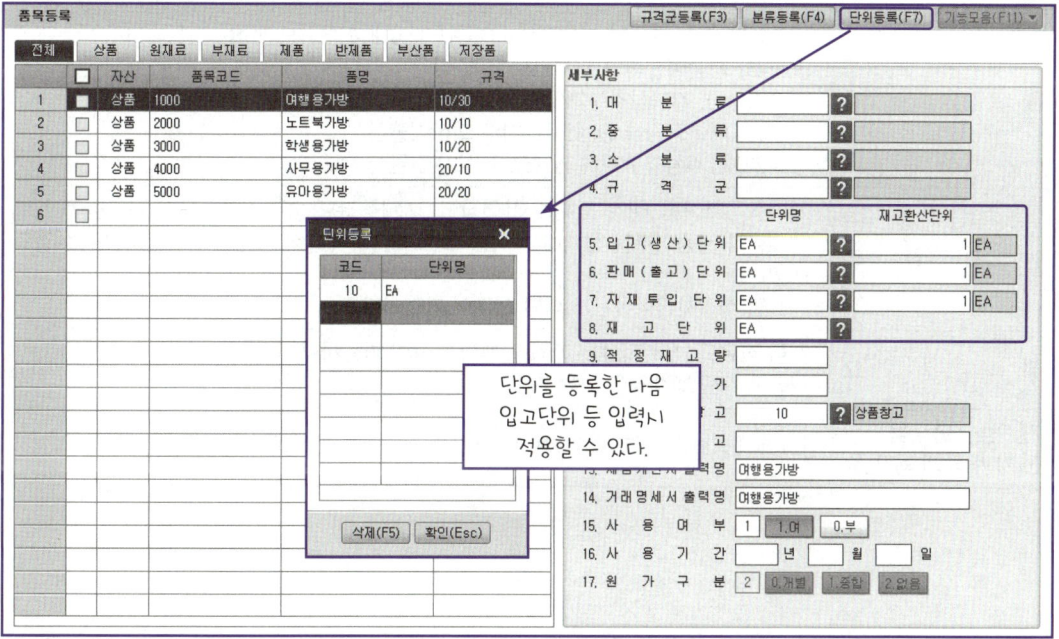

제2절 회계 관련 DB 마스터 관리하기

> **NCS** 기준 능력단위 : 0203020105_20v4 회계정보시스템운용
> 능력단위요소 : 0203020105_20v4.1 회계 관련 DB 마스터 관리하기
> 수행준거 1.1 DB마스터 매뉴얼에 따라 계정과목 및 거래처를 관리할 수 있다.
> 1.2 DB마스터 매뉴얼에 따라 비유동자산의 변경 내용을 관리할 수 있다.
> 1.3 DB마스터 매뉴얼에 따라 개정된 회계 관련 규정을 적용하여 관리할 수 있다.

1 계정과목 및 적요등록

NEW sPLUS 실무교육 프로그램에는 회사등록과 동시에 일반기업회계기준에 의한 기본계정과목이 등록되어 있다. 등록된 계정과목을 수정하거나 추가 등록하여 활용할 수 있으며, 자주 사용되는 적요는 수정 및 등록하여 전표입력 시 활용할 수 있다.

K-IFRS(한국채택 국제회계기준)에 의한 계정과목은 [K-IFRS 계정설정] 메뉴에서 설정이 가능하고, K-IFRS 재무제표를 조회할 수 있으며, 교육용은 기본계정이 등록되어 있다.

주요항목별 입력 내용 및 방법

항 목	입력 내용 및 방법
계 정 과 목	· 검은색 계정 과목명은 수정이 가능하다. · 붉은색 계정 과목명의 수정은 Ctrl + F1을 동시에 누르면 수정된다.
구 분	계정과목의 성격을 나타내며, 코드체계에 따라 구분 내용은 달라진다.
관 계	· 매출원가 대체 분개를 자동으로 하기 위한 상대계정을 선택하는 기능이다. 　ex) 451.상품매출원가 관계코드 : 146.상품 · 대손충당금, 감가상각누계액 등 차감계정을 설정하는 기능이다. 　ex) 109.대손충당금 관계코드 : 108.외상매출금 　ex) 203.감가상각누계액 관계코드 : 202.건물
관 리 항 목	· 관리항목란에서 F2로 조회해서 현장코드, 제품코드, 부서/사원코드, 자금항목 등의 관리항목 사용여부를 선택하는 기능이다.(계정과목별 관리항목이 기본적으로 설정되어있다) · 전표입력시 자금항목은 하나만 선택이 가능하다.
적 요	· 현금 적요와 대체 적요는 각각 50개씩 등록이 가능하다. · 붉은색 적요의 수정은 가능하나 삭제는 불가능하다.
기 능 모 음 ⇨ 전기계정과목이월	전기의 계정과목 및 등록된 적요를 복사하여 당기로 이월이 가능하다.

 **수행예제**

다음 자료에 의해 계정과목 및 적요를 추가 등록하시오.

[1] 138.전도금 계정을 '소액현금' 계정으로 수정하시오.
[2] '미지급금' 계정의 해당 적요를 등록하시오.

계정과목	계정구분	적 요
253.미지급금	3.일반	현금적요 9.법인 신용카드 대금 결제 대체적요 9.법인 신용카드 대금 결제

◎ **따라하기**

프로그램 네비 회계 ➡ 기초정보관리 ➡ 계정과목및적요등록

① 소액현금 계정의 수정 등록

② 미지급금 계정의 적요 추가 등록

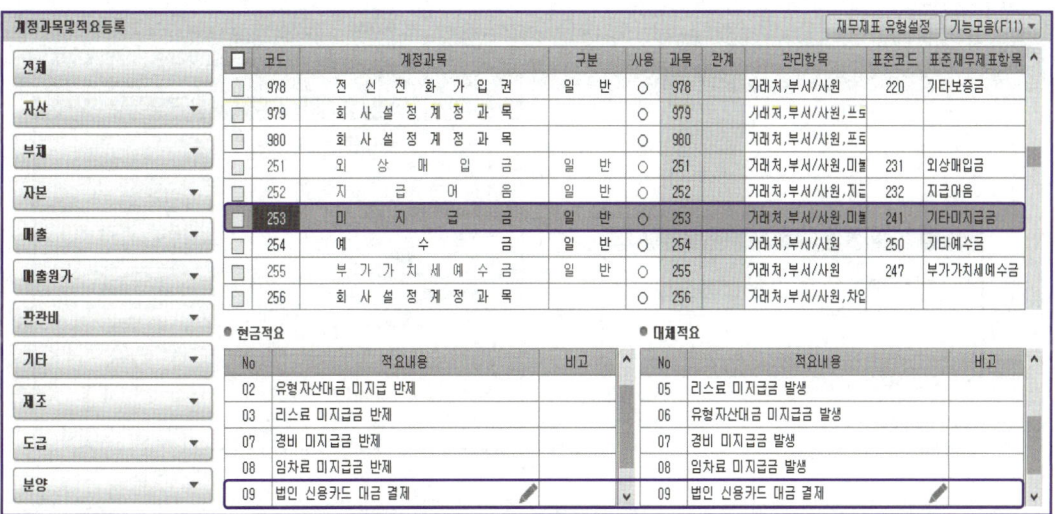

2 신규 거래처 등록

새로운 매입처나 매출처와 거래가 발생한 경우 신규 거래처를 등록하는 방법은 **[거래처등록]** 메뉴 또는 **[일반전표입력]**, **[매입매출전표입력]** 메뉴에서 등록할 수 있다.

◀◀ 수행예제 ▶▶

다음 거래를 일반전표에 입력하시오. 단, 채권, 채무 및 금융 거래는 거래처코드를 입력한다.

2월 17일   국민은행에 당좌거래를 개설하고 보통예금(서울은행) 계좌에서 ₩80,000,000을 인출하여 당좌예입하다. 단, 다음의 당좌예금 계좌를 등록하시오.

금융기관명	거래처코드	계좌개설점	예금종류	계좌번호
국민은행(당좌)	98003	국민은행	당좌예금	123-46-61213

◉ 따라하기

2월 17일(일반전표입력)

구분	코드	계정과목	코드	거래처	적요	차변	대변
3(차변)	102	당좌예금	98003	국민은행(당좌)	당좌거래개설당좌예입	80,000,000	
4(대변)	103	보통예금	98001	서울은행(보통)	당좌거래개설당좌예입		80,000,000
분개	(차)	당 좌 예 금		80,000,000	(대) 보 통 예 금	80,000,000	

☞ 신규거래처 등록 : 거래처코드란에서 '+'를 입력한 후 거래처명 '국민은행(당좌)'을 입력하고 [Enter↵]한 다음 [수정]을 이용하여 거래처내용을 입력한다.

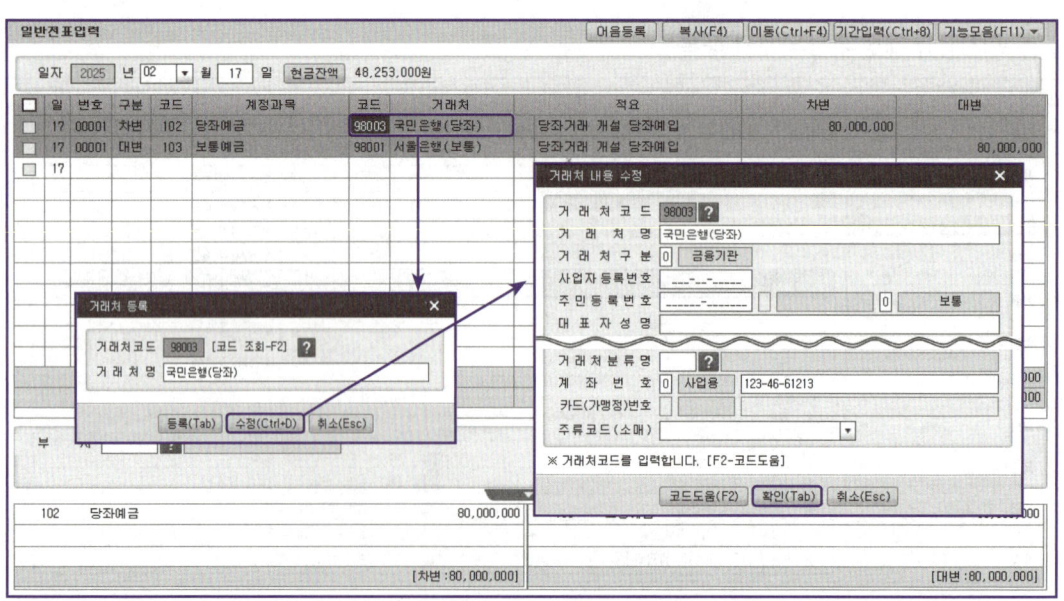

3 고정자산 등록

유형자산과 무형자산을 취득한 경우 고정자산을 자산별로 관리하고자 할 경우와 결산시 해당자산에 대하여 당기상각비를 계산하는 메뉴이다.

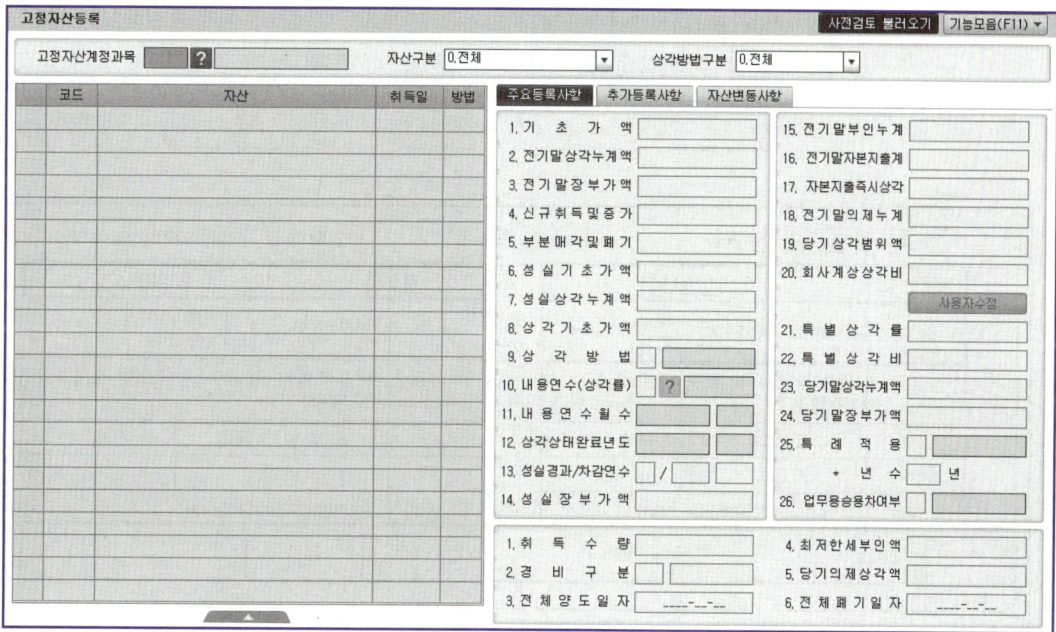

주요항목별 입력 내용 및 방법

항 목	입력 내용 및 방법
계 정 과 목	① 계정과목 3자리를 입력하거나, F2 또는 ? 클릭하여 등록할 계정과목을 선택한다. ② 과목을 입력하지 않고 Enter로 이동하면 전체과목으로 입력이 가능하다.
코 드	원하는 숫자 6자리까지 입력가능하다. (오른쪽버튼 클릭시 코드 정렬 변경가능)
자 산 명	한글 31자, 영문 50자 내외로 입력한다.
취 득 일	해당자산의 취득년월일을 입력한다.
기 초 가 액	유형자산은 취득가액, 무형자산은 장부가액을 입력한다.
전 기 말 상 각 누 계 액	위 입력된 기초가액과 전기말 상각누계액을 반영한다. (자동계산된 금액을 표시) 직접입력시 유형자산은 전기말까지의 감가상각누계액을 입력하고, 무형자산은 전년도까지 상각액을 입력한다.
신 규 취 득 및 증 가	당기 취득자산의 취득가액 또는 기 등록된 자산의 자본적 지출액을 입력한다.
상 각 방 법	0.정률법과 1.정액법 중 해당 번호를 선택한다.
내 용 연 수	해당자산의 내용연수를 F2 또는 ? 클릭하여 확인 후 입력한다. ⇨ 상각률이 자동계산되어 표시되며 당기상각범위액도 자동계산된다.
경 비 구 분	판매비와관리비 용도로 0 : 800번대 경비를 선택하여 결산에 반영한다.

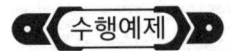

다음 거래를 매입매출전표에 입력하시오. 단, 채권, 채무 및 금융 거래는 거래처코드를 입력한다.

2월 20일   (주)송도자동차로부터 영업부에서 사용할 업무용 화물차 1대를 구입하고, 전자세금계산서를 발급받다. 대금은 보통예금(서울은행) 계좌에서 인출하여 현금으로 지급하다.

계정과목	자산코드	자산명	내용연수	상각방법
차량운반구	10001	화물차	5년	정률법

전자세금계산서 (공급받는자 보관용)

승인번호 20250220XXXX0220

	등록번호	113-81-21111				등록번호	121-81-22222		
공급자	상호	(주)송도자동차	성명(대표자)	기태영	공급받는자	상호	(주)영주상사	성명(대표자)	연영주
	사업장주소	인천광역시 남동구 문화로 59 (구월동)				사업장주소	서울특별시 강남구 강남대로 276 (도곡동)		
	업태	도소매	종사업장번호			업태	도매 및 소매업	종사업장번호	
	종목	자동차				종목	가방		
	E-Mail	songdo@bill36524.com				E-Mail	youngju@bill36524.com		

작성일자	2025.02.20	공급가액	10,000,000	세액	1,000,000
비고					

월	일	품목명	규격	수량	단가	공급가액	세액	비고
2	20	화물차		1	10,000,000	10,000,000	1,000,000	

합계금액	현금	수표	어음	외상미수금	이 금액을	● 영수 함 ○ 청구
11,000,000	11,000,000					

◉ 따라하기

2월 20일(매입매출전표입력)

거래유형	품명	공급가액	부가세	거래처	전자세금
51.과세	화물차	10,000,000	1,000,000	㈜송도자동차	전자입력
분개유형	(차) 부가가치세대급금	1,000,000	(대) 보통예금		11,000,000
3.혼합	차량운반구	10,000,000	(서울은행(보통))		

[고정자산 등록]

☞ · 당기에 취득한 유형자산은 4.신규 취득 및 증가란에 취득가액(₩10,000,000), 상각방법(0.정률법), 내용연수(5)를 입력한 다음 20.회사계상상각비(₩4,134,166)을 확인한다.
· 1.취득수량이 있는 경우 반드시 수량(1)을 입력하고 영업부 업무용 화물차인 경우 2.경비구분은 0.800번대를 선택하여 등록한다.

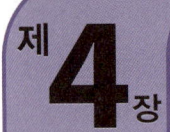

제4장 자금 관리 실무

제1절 현금시재 관리하기

> **NCS** 기준 능력단위 : 0203020102_20v4 자금관리
> 능력단위요소 : 0203020102_20v4.1 현금시재 관리하기
> 수행준거 1.1 회계 관련 규정에 따라 현금 입출금을 관리할 수 있다.
> 1.2 회계 관련 규정에 따라 소액현금 업무를 처리할 수 있다.
> 1.3 회계 관련 규정에 따라 입·출금전표 및 현금출납부를 작성할 수 있다.
> 1.4 회계 관련 규정에 따라 현금 시재를 일치시키는 작업을 할 수 있다.

1 소액현금(전도금) 지급 거래

 소액현금(petty cash)이란 주로 각 부서별로 부서장 재량 하에 소액의 일반관리비 등을 지출하기 위해서 경리부에서 각 부서로 일정액(소액현금)을 전도한 다음 정기적 또는 수시로 정산한 후 재 전도하는 일종의 업무추진비와 같은 성격의 현금관리시스템을 말한다.
 소액현금 지급거래는 부서별 지출에 대하여 사전 내부 품의서(지출결의서)에 대한 작성되어 지급되는 거래이다.

다음 거래를 일반전표에 입력하시오. 단, 채권, 채무 및 금융 거래는 거래처코드를 입력한다.

3월 2일   경리부에서 3월분 각 부서의 소액현금을 다음과 같이 현금으로 지급하다.

부서명	금액	비고
관리부	₩300,000	
영업부	₩400,000	

따라하기

3월 2일(일반전표입력)

구분	코드	계정과목	코드	거래처	적요	차변	대변	부서
3(차변)	138	소 액 현 금			소액현금지급	300,000		관리부
3(차변)	138	소 액 현 금			소액현금지급	400,000		영업부
4(대변)	101	현 금			소액현금지급		700,000	
분개	(차)	소 액 현 금 소 액 현 금			300,000 (대) 현 금 700,000 400,000			

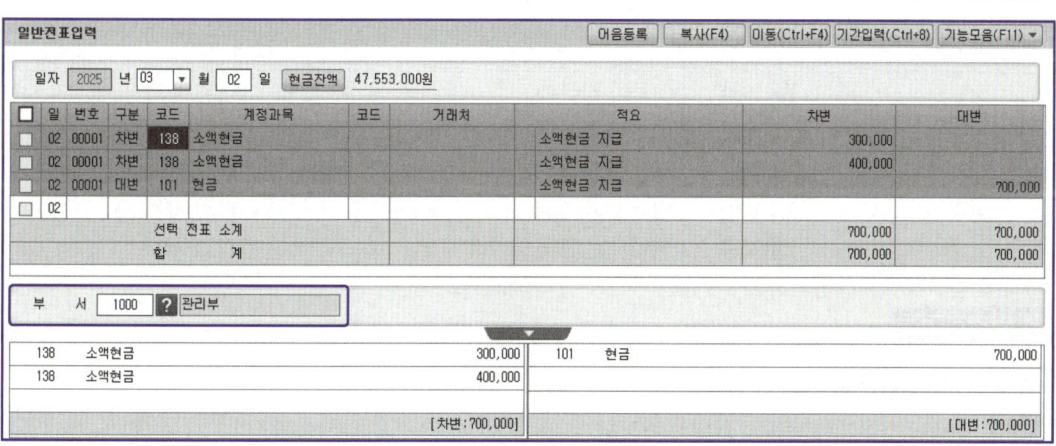

2 소액현금 정산 거래

소액현금을 부서별 경비로 사용한 내역을 정리하는 거래이다.

◀ 수행예제 ▶

다음 거래를 일반전표에 입력하시오. 단, 채권, 채무 및 금융 거래는 거래처코드를 입력한다.

3월 30일   경리부에서 각 부서의 소액현금 사용내역을 다음과 같이 받아 회계처리하다. 단, 경리부에서의 회계처리만 한다.

부서명	일자	사용내역	금액	비고
관리부	3월 10일	교육비 지급	₩158,000	
	3월 26일	야근식대 지급	₩98,000	
영업부	3월 5일	교통비 지급	₩23,000	
	3월 10일	명함 인쇄 대금 지급	₩120,000	
	3월 20일	영업사원 전체 회식비 지급	₩250,000	

◉ 따라하기

3월 30일(일반전표입력)

구분	코드	계정과목	코드	거래처	적요	차변	대변	부서명
3(차변)	825	교육훈련비			교육비 지급	158,000		관리부
3(차변)	811	복리후생비			야근식대 지급	98,000		관리부
3(차변)	812	여비교통비			교통비 지급	23,000		영업부
3(차변)	826	도서인쇄비			명함 인쇄 대금 지급	120,000		영업부
3(차변)	811	복리후생비			영업사원 전체 회식비 지급	250,000		영업부
4(대변)	138	소액현금			소액현금 정산		256,000	관리부
4(대변)	138	소액현금			소액현금 정산		393,000	영업부
분개	(차) 교육훈련비 158,000 복리후생비 98,000 여비교통비 23,000 도서인쇄비 120,000 복리후생비 250,000				(대) 소액현금 256,000 소액현금 393,000			

☞ 부서별로 정리하여 입력한다.

3 입금 거래시 현금출납부 작성하기

현금의 입금 거래시 작성된 전표에 따라 현금출납부를 작성할 수 있다.

수행예제

다음 거래를 일반전표에 입력하고, 3월분 현금출납부를 작성하시오. 단, 채권, 채무 및 금융 거래는 거래처코드를 입력한다.

3월 10일   보통예금(서울은행) 계좌에서 자기앞수표(NO. 시나23451213~22, 지급은행 : 서울은행) 정액권(₩100,000권) 10매를 인출하다.

따라하기

① 3월 10일(일반전표입력)

구분	코드	계정과목	코드	거래처	적요	차변	대변
2(입금)	103	보통예금	98001	서울은행(보통)	자기앞수표 10매 인출	현금	1,000,000
분개	(차) 현 금		1,000,000	(대) 보 통 예 금			1,000,000

② 3월분 현금출납부 작성 및 조회하기

프로그램 네비   회계 ➡ 전표입력/장부 ➡ 현금출납장

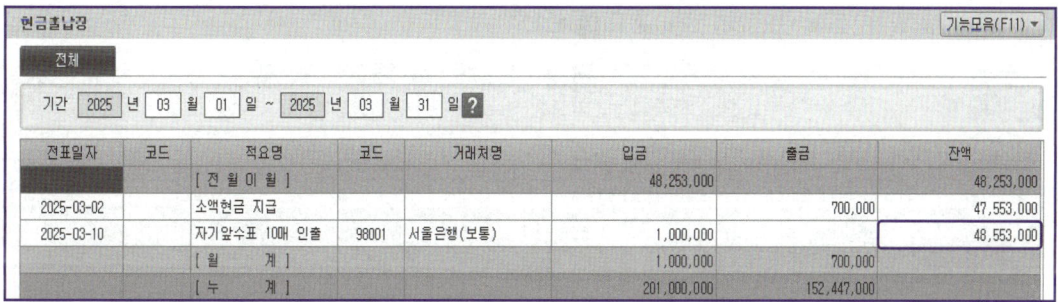

☞ [기능모음] → [집계옵션]을 선택하여 조회한다.

4. 출금 거래시 현금출납부 작성하기

현금의 출금 거래시 작성된 전표에 따라 현금출납부를 작성할 수 있다.

수행예제

다음 거래를 일반전표에 입력하고, 3월분 현금출납부를 작성하시오. 단, 채권, 채무 및 금융 거래는 거래처코드를 입력한다.

3월 11일   현금 ₩20,000,000을 당좌예금(국민은행) 계좌에 예입하다.

따라하기

1 3월 11일(일반전표입력)

구분	코드	계정과목	코드	거래처	적요	차변	대변
1(출금)	102	당좌예금	98003	국민은행(당좌)	당좌예금 현금입금	20,000,000	현금
분개	(차)	당 좌 예 금		20,000,000	(대) 현 금	20,000,000	

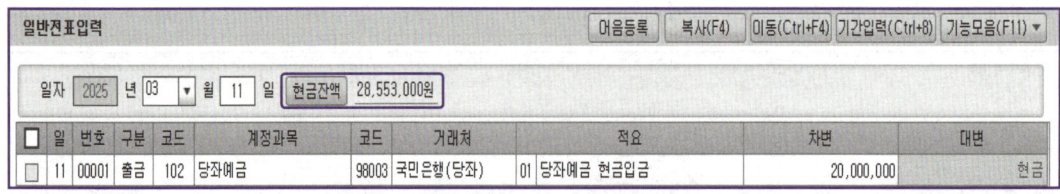

2 현금출납부 작성 및 조회하기

프로그램 네비 → 회계 → 전표입력/장부 → 현금출납장

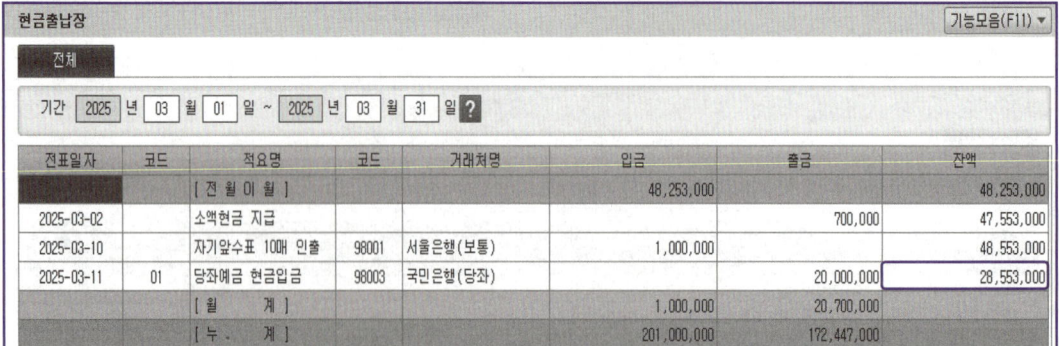

제2절 예금 관리하기

NCS 기준 능력단위 : 0203020102_20v4 자금관리
능력단위요소 : 0203020102_20v4.2 예금 관리하기
수행준거 2.1 회계 관련 규정에 따라 예·적금업무를 처리할 수 있다.
2.2 자금운용을 위한 예·적금 계좌를 예치기관별·종류별로 구분·관리할 수 있다.
2.3 은행 업무시간 종료 후 회계 관련 규정에 따라 은행잔고를 확인할 수 있다.
2.4 은행잔고의 차이 발생시 그 원인을 규명할 수 있다.

1 예금의 입금 거래

보통예금, 당좌예금 등 은행을 통하여 계좌에 입금을 하거나 거래처로부터 송금받는 거래를 말한다. 또한, 정기예금이나 정기적금을 가입하고 불입액을 입금하는 경우도 해당된다.

◆《 수행예제 》◆

다음 거래를 일반전표에 입력하시오. 단, 채권, 채무 및 금융 거래는 거래처코드를 입력한다.

3월 12일   국민은행에 만기가 1년인 정기예금에 가입하고, 현금 ₩10,000,000을 예입하다.

◉ 따라하기

3월 12일(일반전표입력)

구분	코드	계정과목	코드	거래처	적요	차변	대변
1(출금)	104	정 기 예 금	98004	국민은행(정기예금)	정기예금 현금입금	10,000,000	현 금
분개	(차)	정 기 예 금		10,000,000	(대) 현 금	10,000,000	

☞ 정기예금 가입시 만기가 1년 미만인 경우 '정기예금' 계정, 1년 이상인 경우 '장기성예금' 계정으로 회계처리한다.

일반전표입력							내용복 목사(F4) 이동(Ctrl+F4) 기간입력(Ctrl+8) 기능모음(F11)▼
일자 2025 년 03 ▼ 월 12 일 현금잔액 18,553,000원							
□	일	번호	구분	코드	계정과목	코드 거래처	적요	차변	대변
□	12	00001	출금	104	정기예금	98004 국민은행(정기예금)	01 정기예금 현금입금	10,000,000	현금

2 예금의 지출(송금)거래

보통예금, 당좌예금 등 은행을 통하여 계좌에서 인출하거나 거래처에 송금하는 거래를 말한다. 또한, 정기예금이나 정기적금이 만기 도래되어 원금과 이자가 발생하는 거래도 해당된다.

수행예제

다음 거래를 일반전표에 입력하시오. 단, 채권, 채무 및 금융 거래는 거래처코드를 입력한다.

3월 14일   보통예금(서울은행) 계좌에서 당좌예금(국민은행) 계좌로 인터넷뱅킹을 이용하여 이체하다.

보통예금 통장 거래 내역   서울은행

번호	날짜	내용	출금액	입금액	잔액	거래점
	계좌번호 844-21-125555 (주)영주상사					
1	20250314	국민은행	20,000,000		***	인터넷
이 하 생 략						

따라하기

3월 14일(일반전표입력)

구분	코드	계정과목	코드	거래처	적요	차변	대변
3(차변)	102	당 좌 예 금	98003	국민은행(당좌)	보통예금 당좌대체입금	20,000,000	
4(대변)	103	보 통 예 금	98001	서울은행(보통)	보통예금 당좌대체입금		20,000,000
분개	(차) 당 좌 예 금 20,000,000				(대) 보 통 예 금 20,000,000		

일반전표입력						어음등록 복사(F4) 이동(Ctrl+F4) 기간입력(Ctrl+8) 기능모음(F11) ▼	
일자 2025 년 03 ▼ 월 14 일 현금잔액 18,553,000원							
□ 일	번호	구분	코드	계정과목	코드	거래처	적요	차변	대변
□ 14	00001	차변	102	당좌예금	98003	국민은행(당좌)	07 보통예금 당좌대체입금	20,000,000	
□ 14	00001	대변	103	보통예금	98001	서울은행(보통)	보통예금 당좌대체입금		20,000,000

3 예금현황 관리

프로그램 네비 회계 ➡ 전표입력/장부 ➡ 계정별원장

예금의 현재 잔액과 내용을 한 눈에 볼 수 있다.

1 계정별원장 - 당좌예금현황 조회

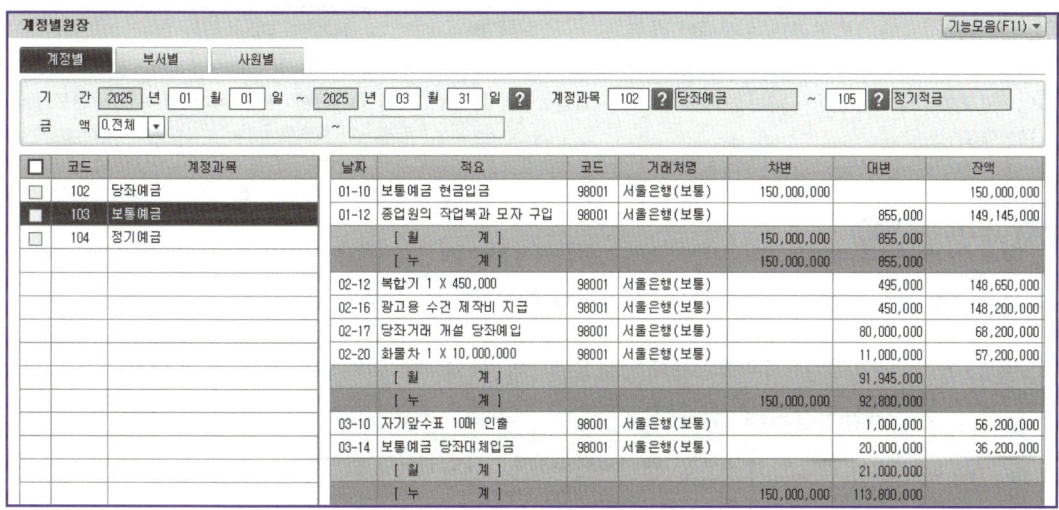

2 계정별원장 - 보통예금현황 조회

3 계정별원장 - 정기예금현황 조회

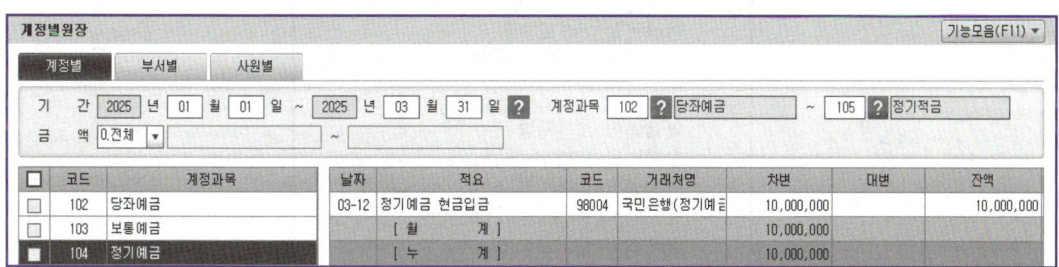

제3절 법인카드 관리하기

> **NCS** 기준 능력단위 : 0203020102_20v4 자금관리
> 능력단위요소 : 0203020102_20v4.3 법인카드 관리하기
> 수행준거 3.1 회계 관련 규정에 따라 금융기관에 법인카드를 신청할 수 있다.
> 3.2 회계 관련 규정에 따라 법인카드 관리대장 작성업무를 처리할 수 있다.
> 3.3 법인카드의 사용범위를 파악하고 결제일 이전에 대금이 정산될 수 있도록 회계처리할 수 있다.

1 법인(신용)카드 관리하기

신용(법인)카드란 은행이나 백화점 등에서 개인(법인)신상정보를 입력한 후 발급하는 플라스틱 식별카드로 상품의 매입·매출 또는 경비의 지출 등의 거래에 결제수단으로 이용되며, 결제시 신용카드 매출전표를 발급받는다. 신용(법인)카드의 사용은 외상거래와 동일하게 회계 처리한다.

거래 구분	차 변		대 변	
상품 매입시 법인카드로 결제한 경우	상품	×××	외상매입금	×××
소모품(경비) 구매시 법인카드로 결제한 경우	소모품(비)	×××	미지급금	×××

☞ 부가가치세 공제대상 거래(매입세액 공제가 가능한 거래)인 경우 [매입매출전표입력] 메뉴에 입력하고, 부가가치세 공제대상 이외의 거래(매입세액 불공제 대상 거래 - 접대비(기업업무추진비) 관련, 비영업용승용차 관련 등)인 경우 [일반전표입력] 메뉴에 입력한다.

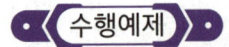

다음 거래를 매입매출전표에 입력하시오. 단, 채권, 채무 및 금융 거래는 거래처코드를 입력한다.

3월 15일 영업부 직원의 마케팅교육을 대성학원에 위탁의뢰하고 교육비를 법인카드(삼성카드)로 결제하다.

```
           카드매출전표
--------------------------------
카드종류 : 삼성카드
회원번호 : 1234-2100-****-2020
거래일시 : 2025.03.15. 15:40:03
거래유형 : 신용승인
매    출 :   300,000원

합    계 :   300,000원
결제방법 : 일시불
승인번호 : 12378945
카드사   : 삼성카드사
================================
가맹점명 : 대성학원
        - 이 하 생 략 -
```

◉ 따라하기

3월 15일(매입매출전표입력)

거래유형	품명	공급가액	부가세	거래처	전자세금
58.카면	교육비	300,000		대성학원	
분개유형 4.카드	(차) 교육훈련비	300,000	(대) 미지급금 (삼성카드)		300,000

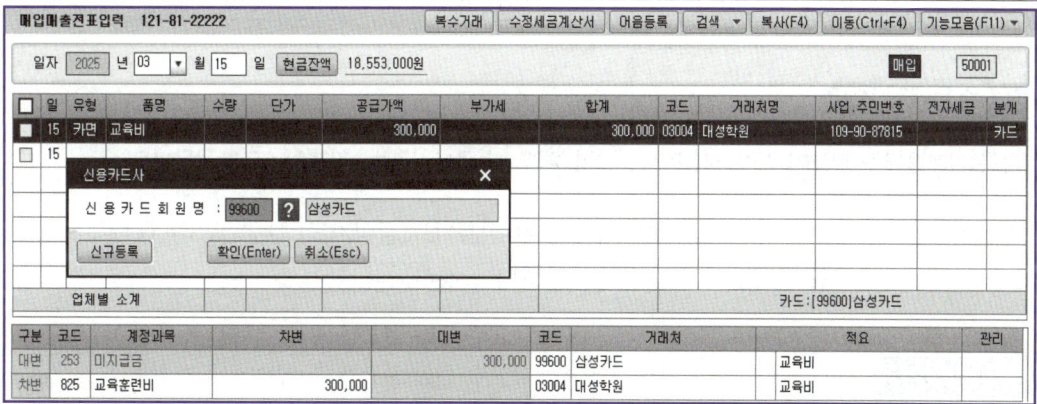

☞ · 학원의 교육비(면세)를 지출하고 신용카드 매출전표를 수취한 경우 유형 58.카면을 선택하고 신용카드사 보조화면에서 신용카드를 선택하고 [확인]을 클릭한다.
· 분개란에서 4.카드를 선택하면 하단의 '미지급금' 계정의 거래처는 카드사가 자동으로 표기되며, '상품' 계정은 '교육훈련비' 계정으로 수정 입력한다.

2 법인(신용)카드 대금 결제하기

법인(신용)카드로 매입한 경우 월별 카드사용내역과 거래처원장을 확인하여 대금을 결제한다.

거래 구분	차 변		대 변	
법인카드 사용(상품)대금 당좌예금 이체 지급시	외상매입금	×××	당좌예금	×××
법인카드 사용(경비)대금 보통예금 이체 지급시	미지급금	×××	보통예금	×××

수행예제

다음 거래를 일반전표에 입력하시오. 단, 채권, 채무 및 금융 거래는 거래처코드를 입력한다.

3월 20일　　3월에 청구(2월 경비 사용분)된 신용카드(삼성카드) 대금 ₩374,000이 보통예금(서울은행) 계좌에서 자동이체되어 정리되다.

따라하기

3월 20일(일반전표입력)

구분	코드	계정과목	코드	거래처	적요	차 변	대 변
3(차변)	253	미 지 급 금	99600	삼성카드	2월분 카드대금 결제	374,000	
4(대변)	103	보 통 예 금	98001	서울은행(보통)	2월분 카드대금 결제		374,000
분개	(차) 미　지　급　금　374,000　　　(대) 보　통　예　금　374,000						

제4절 어음·수표 관리하기

NCS 기준 능력단위 : 0203020102_20v4 자금관리
능력단위요소 : 0203020102_20v4.4 어음·수표 관리하기
수행준거 4.1 관련 규정에 따라 수령한 어음·수표의 예치업무를 할 수 있다.
4.2 관련 규정에 따라 어음·수표를 발행·수령할 때 회계처리할 수 있다.
4.3 관련 규정에 따라 어음관리대장에 기록하여 관리할 수 있다.
4.4 관련 규정에 따라 어음·수표의 분실 처리 업무를 할 수 있다.

1 당좌수표 거래 및 당좌예금현황 관리

당좌수표란 은행에 당좌예금을 가진 법인 또는 사업자가 은행을 지급인으로 하여 일정한 금액의 지급을 위탁하는 지급 위탁 증권을 말한다.

거래 구분	차 변		대 변	
당점이 당좌수표를 발행한 경우	해당과목	×××	당좌예금	×××
당점 발행 당좌수표를 회수한 경우	당좌예금	×××	해당과목	×××
동점 발행 당좌수표를 회수한 경우	현금	×××	해당과목	×××

수행예제

다음 거래를 일반전표에 입력하시오. 단, 채권, 채무 및 금융 거래는 거래처코드를 입력한다.

3월 22일 당좌수표(No.가나11223344, 은행명 : 국민은행)를 발행하여 현금 ₩3,000,000과 교환하다.

따라하기

① 3월 22일(일반전표입력)

구분	코드	계정과목	코드	거래처	적요	차 변	대 변
2(입금)	102	당 좌 예 금	98003	국민은행(당좌)	당좌수표(No.가나11223344) 발행 현금 교환	현 금	3,000,000
분개	(차) 현 금			3,000,000	(대) 당 좌 예 금	3,000,000	

☞ 당좌수표번호를 적요에 직접 입력한 방법을 선택하여 회계처리한 경우이다.

[당좌수표를 등록하여 처리하는 방법]

① 어음책 등록

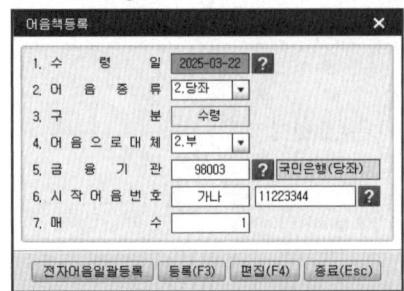

☞ 상단의 [어음등록] 또는 [기능모음(F11)]
⇨ [어음등록]을 선택하여 당좌수표를 등록한다.

② 3월 22일(일반전표입력)

구분	코드	계정과목	코드	거래처	적요	차변	대변
2(입금)	102	당 좌 예 금	98003	국민은행(당좌)	수표관리내역자동반영됨	현금	3,000,000
분개	(차)	현 금		3,000,000	(대) 당 좌 예 금	3,000,000	

☞ [자금관리(F3)]-[당좌예금관리] ⇒ 구분 2.당좌, 수표번호란에서 F2 조회한 후 발행할 수표를 선택하여 입력한다.

② 당좌예금현황(계정별원장)

프로그램 네비 　회계 ➜ 전표입력/장부 ➜ 계정별원장

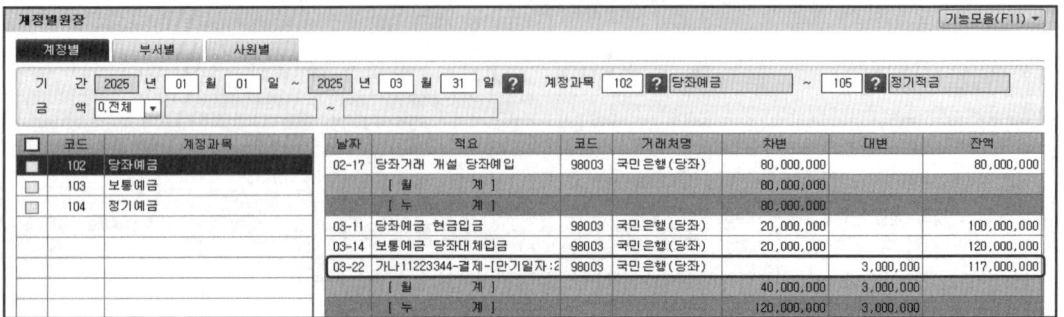

2 받을어음 거래 및 받을어음현황 관리

어음이란 일정금액을 일정한 장소(금융기관)에서 일정한 날짜(만기일)에 무조건 해당금액을 지급하는 것을 약속한 증서를 말한다. 약속어음을 상품의 판매대금이나 외상대금으로 받은 경우 '받을어음' 계정으로 입력하고 관련정보를 받을어음현황 등에 정리한다.

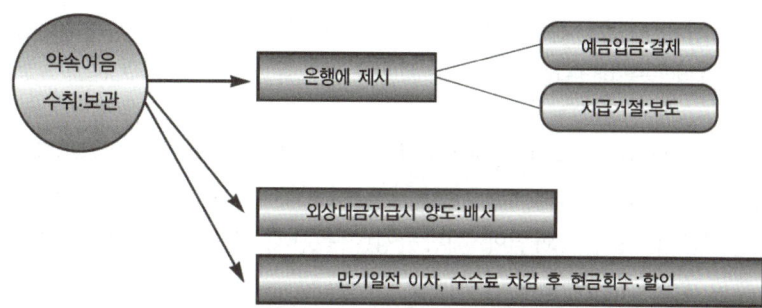

구분	거래 상황	회계 처리
보관	외상대금을 어음으로 회수한 경우	(차) 받을어음 ××× (대) 외상매출금 ×××
	상품 매출시 어음으로 수취한 경우	(차) 받을어음 ××× (대) 상품매출 ×××
결제	어음이 만기 추심되어 입금된 경우	(차) 당좌예금 ××× (대) 받을어음 ×××
부도	어음이 지급기일에 결제되지 않은 경우	(차) 부도어음과수표 ××× (대) 받을어음 ×××
배서	외상대금 지급을 위해 배서양도한 경우	(차) 외상매입금 ××× (대) 받을어음 ×××
할인	어음을 만기일전에 할인료와 수수료를 차감하고 할인한 경우(매각거래로 간주)	(차) 매출채권처분손실 ××× 당좌예금 ××× (대) 받을어음 ×××

☞ 차량운반구, 비품, 기계장치(일반적인 상거래외) 등을 매각하고 어음을 수취한 경우 '미수금' 계정으로 처리한다.

수행예제

다음 거래를 일반전표에 입력하시오. 단, 채권, 채무 및 금융 거래는 거래처코드를 입력한다.

3월 24일 (주)한국유통에 상품 ₩50,000,000을 매출하기로 하고 대금의 10% 계약금을 전자어음으로 수취하다.

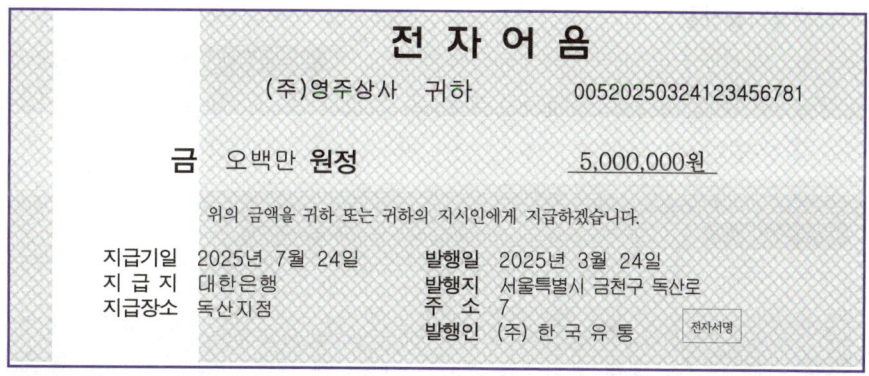

◉ 따라하기

1 3월 24일(일반전표입력)

구분	코드	계정과목	코드	거래처	적요	차변	대변
3(차변)	110	받을어음	02002	(주)한국유통	어음관리내역자동반영됨	5,000,000	
4(대변)	259	선수금	02002	(주)한국유통	상품매출 계약금 입금		5,000,000
분개	(차)	받을어음		5,000,000	(대) 선수금	5,000,000	

☞ 상품을 판매하기로 하고 계약금을 미리 받은 경우 '선수금' 계정으로 회계처리한다.

① 커서를 110. 받을어음 계정에 위치하고 F3 또는 상단의 [기능모음(F11)]에서 [자금관리]를 클릭한다.
② 하단의 받을어음 관리 입력화면에 해당사항(어음상태, 어음종류, 어음번호, 만기일 등)을 입력한다.
③ 적요란에 어음번호와 만기일자가 표시된다.

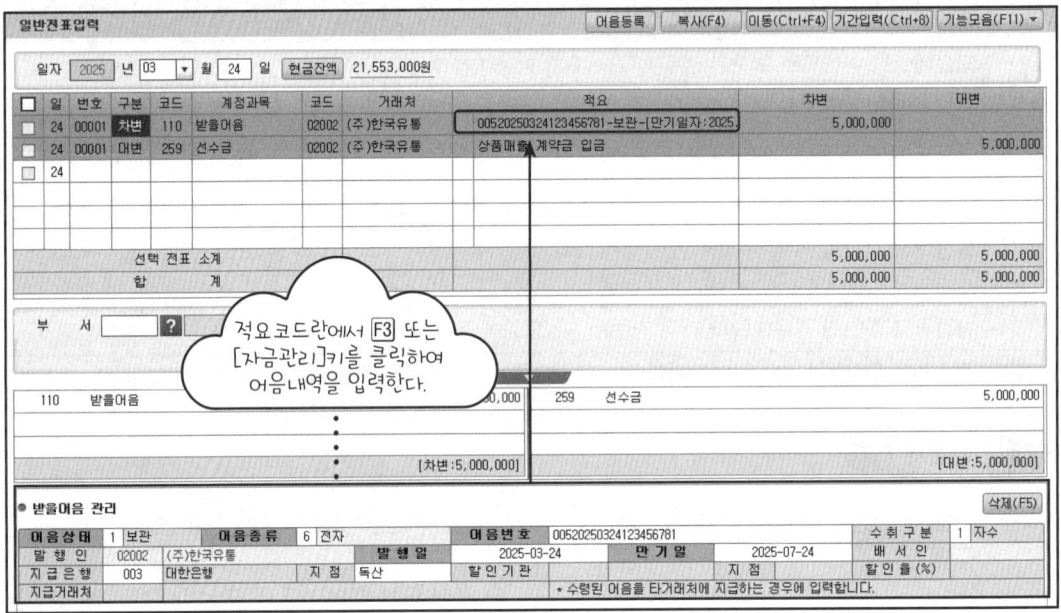

2 받을어음현황

프로그램 네비 회계 ➜ 전표입력/장부 ➜ 받을어음현황

상품 판매대금이나 외상대금으로 어음 수취시 보관, 할인, 배서, 만기, 부도 등의 현황을 조회할 수 있다.

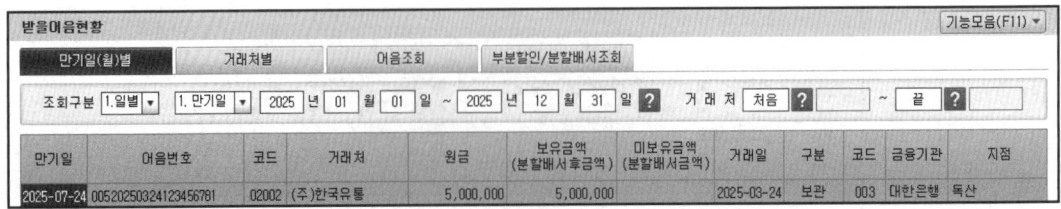

3 지급어음 거래 및 지급어음현황 관리

약속어음을 발행하여 상품의 구매대금이나 외상대금으로 지급하는 경우 '지급어음' 계정으로 입력하고 관련정보를 지급어음현황 등에 정리한다.

약속어음을 발행하기 위해 은행으로부터 교부받은 어음책을 먼저 등록하고, 어음의 발행내역은 [기능모음(F11)]에서 [자금관리]키를 이용하여 상세히 등록하여 지급어음현황에 반영한다.

구분	거래 상황	회계 처리			
발행	상품 매입시 어음을 발행한 경우	(차) 상품	×××	(대) 지급어음	×××
	외상대금을 어음으로 상환한 경우	(차) 외상매입금	×××	(대) 지급어음	×××
결제	어음이 만기 추심되어 지급된 경우	(차) 지급어음	×××	(대) 당좌예금	×××

☞ · 일반적인 상거래인 상품을 매입하고 어음을 발행한 경우 '지급어음' 계정
 · 비품(일반적인 상거래외) 등 구입시 어음을 발행한 경우 '미지급금' 계정
 · 금전 차입시 어음을 발행한 경우 '단기차입금' 계정

수행예제

다음 거래를 일반전표에 입력하시오. 단, 채권, 채무 및 금융 거래는 거래처코드를 입력한다.

[1] 3월 26일 국민은행(당좌)으로부터 교부 받은 어음책(하하87654321~하하87654330, 10매)을 등록하시오.

[2] 3월 26일 (주)민영상사로부터 상품을 매입하기로 하고, 계약금을 약속어음으로 발행하여 지급하다.

약 속 어 음

(주)민영상사 귀하   하하87654321

금 이백오십만 원정   2,500,000원

위의 금액을 귀하 또는 귀하의 지시인에게 지급하겠습니다.

지급기일 2025년 7월 30일   발행일 2025년 3월 26일
지 급 지 국민은행   발행지 서울특별시 강남구 강남대로
지급장소 강남지점   주 소 276
                            발행인 (주) 영 주 상 사

◉ 따라하기

1 어음책등록

① [일반전표입력] ⇨ [어음 등록] 또는 ⇨ [기능모음(F11)] ⇨ [어음 등록]을 선택한다.
② 어음책 등록 화면에 해당사항(1.수령일~7.매수)을 입력하여 등록한다.
③ [질의]메시지 (계속적으로 등록 하시겠습니까?)에서 [아니오]를 선택한다.

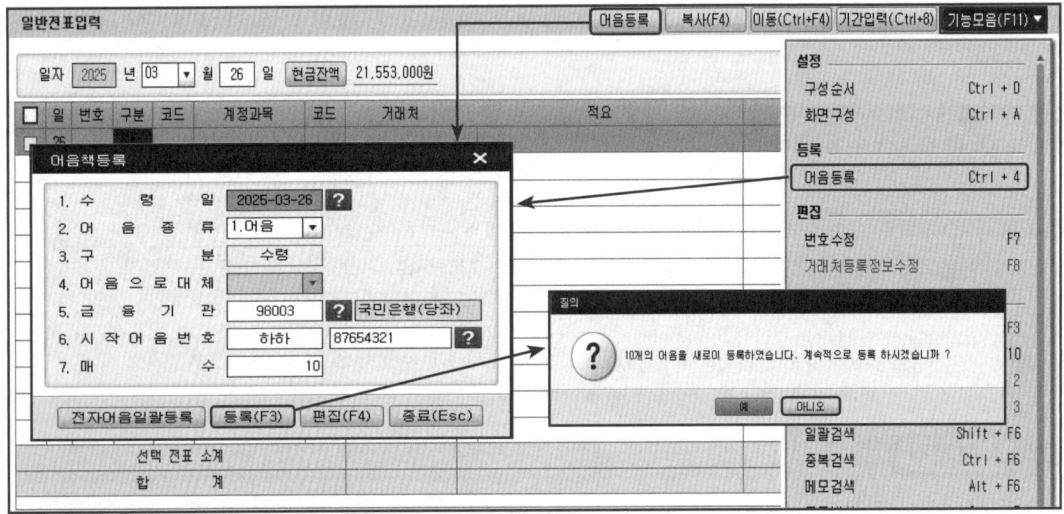

2 3월 26일(일반전표입력)

구분	코드	계정과목	코드	거래처	적 요	차 변	대 변
3(차변)	131	선 급 금	01001	(주)민영상사	상품대금 어음선지급	2,500,000	
4(대변)	252	지 급 어 음	01001	(주)민영상사	어음관리내역자동반영됨		2,500,000
분개	(차) 선 급 금 2,500,000				(대) 지 급 어 음 2,500,000		

☞ 상품대금(계약금)을 미리 지급한 경우 '선급금' 계정으로 회계처리한다.

① 커서를 252.지급어음 계정에 위치하고 F3 또는 상단의 [기능모음(F11)]에서 [자금관리]를 클릭한다.
② 하단의 지급어음 관리에서 어음번호란 F2를 누른 후 발행할 어음번호를 선택하고 입력 화면에 해당사항(만기일자 등)을 입력한다.
③ 적요란에 어음번호와 만기일자가 표시된다.

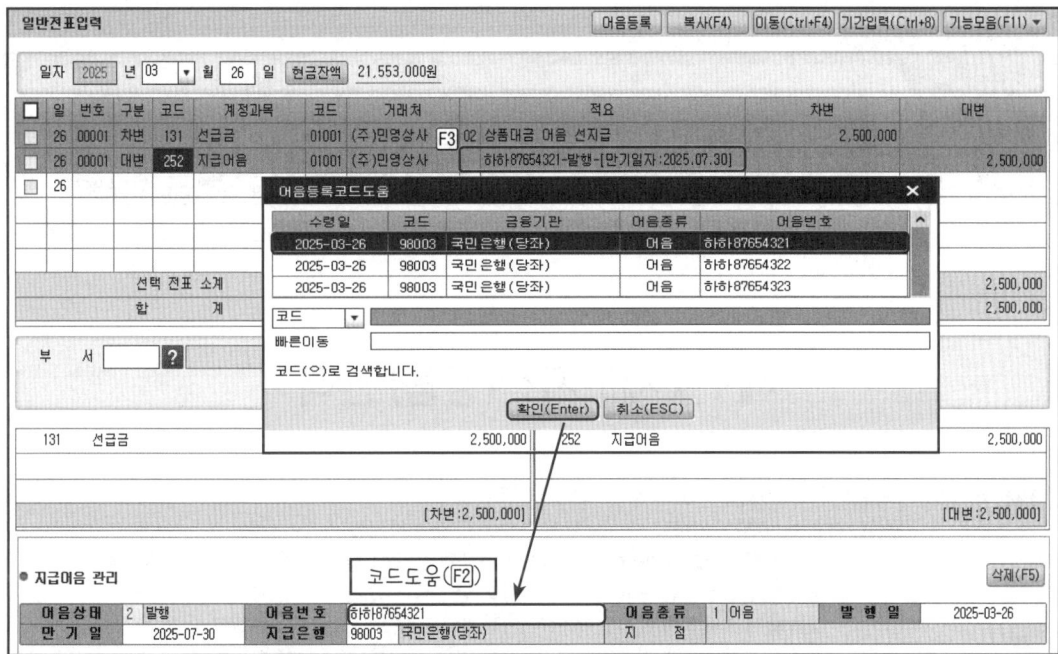

3 **지급어음현황**

프로그램 네비 회계 ➜ 전표입력/장부 ➜ 지급어음현황

상품 매입대금 지급시 발행된 약속어음의 발행과 결제 등의 현황을 조회할 수 있다.

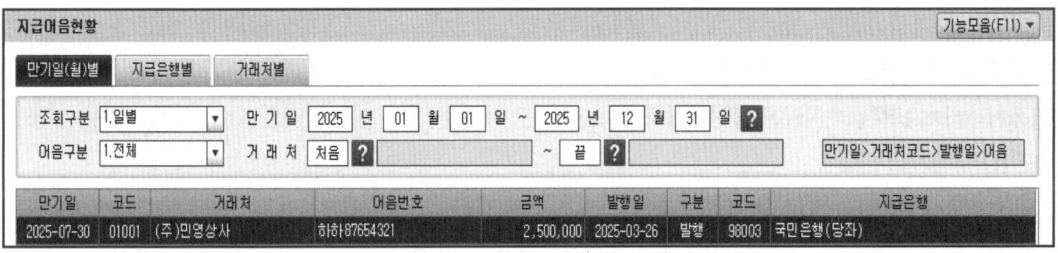

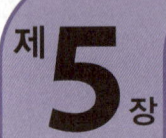

회계 정보시스템 운용(2) 실무

제1절 재고자산(상품) 관리

> **NCS** 기준 능력단위 : 0203020105_20v4 회계 정보시스템 운용
> 능력단위요소 : 0203020105_20v4.2 회계 프로그램 운용하기
> 수행준거 2.1 회계프로그램 매뉴얼에 따라 프로그램 운용에 필요한 기초 정보를 처리할 수 있다.
> 2.2 회계프로그램 매뉴얼에 따라 정보 산출에 필요한 자료를 처리할 수 있다.
> 2.3 회계프로그램 매뉴얼에 따라 기간별·시점별로 작성한 각종 장부를 검색할 수 있다.
> 2.4 회계프로그램 매뉴얼에 따라 결산 작업 후 재무제표를 검색할 수 있다.

1 상품 구매 관리

영업활동 대상이 되는 상품의 매입은 **[물류관리]**에서 입력하고, 입고정보를 **[회계]**로 전표를 전송한다. **[물류 관리]**의 **[입고입력]** 메뉴에서 입력하여 입·출고 수불관리 및 재고평가 등을 수행하고, 이를 전표처리하여 **[회계]**의 **[매입매출전표입력]** 메뉴로 전송하면 한번에 재고관리와 회계관리를 모두 수행할 수 있다.

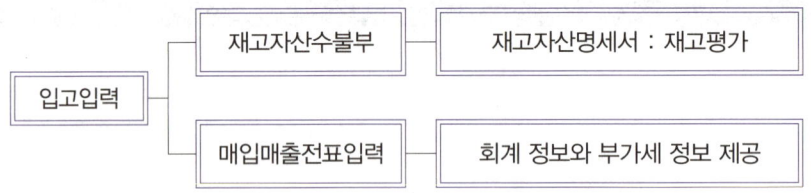

☞ 입고입력시 처리구분을 21.건별과세로 처리되는 부가가치세는 전표의 전송을 통하여 [매입매출전표입력] 메뉴의 '**부가가치세대급금**' 계정과 [부가가치세신고서] 메뉴의 매입세액으로 자동 반영된다.

1. 입고입력

상품 등 재고자산의 입고자료를 입력하면 **[재고자산수불부]** 등 재고관련 메뉴와 **[매입매출전표입력]** 메뉴에 관련정보를 전송한다.

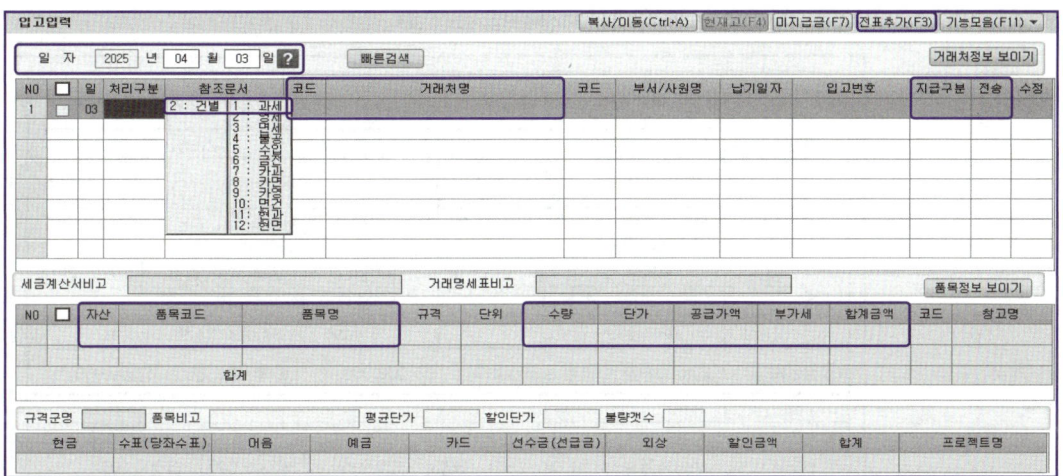

주요항목별 입력 내용 및 방법

항 목	입력 내용 및 방법
일 자	거래 일자를 입력한다.
처 리 구 분	· 건별처리의 매입과세 유형(1.과세~12.현면)을 선택한다. · 거래발생 즉시 세금계산서를 수취하는 경우는 '건별'로 처리하며, 부가가치세가 징수되는 거래인 경우 '1.과세'를 선택한다. · 일정기간 발생한 거래를 말일자 또는 특정한 날로 세금계산서를 합하여 수취한 경우는 '일괄'로 처리하며, 부가가치세가 징수되는 거래인 경우 '1.과세'를 선택한다.(교육용은 지원되지 않는다)
코드와 거래처명	1. 거래처코드를 모를 경우 입력 방법 　① 코드란에 커서 위치시 F2 도움 받아 원하는 거래처를 부분 검색하여 Enter↵로 입력한다.(사업자등록번호로도 검색이 가능하다.) 　② 코드란에 커서 위치시 '+'키를 치고 원하는 거래처를 입력하여 Enter↵ 한다. 2. 신규거래처일 경우 입력 방법 　코드란에 커서 위치시 '+'키를 치고 거래처를 입력하여 Enter↵, 수정 ⇨ 세부항목을 눌러 기본사항을 입력 ⇨ 확인 ⇨ 등록한다.
납기일자와 입고번호	상품 매입시 거래일자가 납기일자로 자동 생성되며, 입고번호도 자동 생성된다.
지 급 구 분	대금 지급방법(1.외상, 2.현금, 3.카드, 4.혼합 등)을 선택하여 입력한다.
자 산	재고자산의 종류(상품, 원재료, 부재료 등)을 선택하여 입력한다.
품목코드와 품 목 명	F2 또는 더블클릭하여 [물품코드도움]창에서 등록된 품목코드와 품목을 선택하여 입력한다.
수 량 과 단 가	매입수량과 매입단가를 입력한다.
공급가액과 부 가 세	수량과 단가를 입력하면 공급가액과 부가세는 자동으로 입력된다.

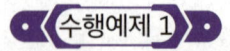

다음 거래를 매입매출전표에 입력하시오. 단, 채권, 채무 및 금융 거래는 거래처코드를 입력한다.

4월 3일   상품을 매입하고 전자세금계산서를 발급받다.

전자세금계산서 (공급받는자 보관용)							승인번호	20250403XXXX0403	
공급자	등록번호	138-81-11117			공급받는자	등록번호	121-81-22222		
	상호	(주)민영상사	성명(대표자)	박민영		상호	(주)영주상사	성명(대표자)	연영주
	사업장주소	서울특별시 서대문구 경기대로 23 (충정로3가)				사업장주소	서울특별시 강남구 강남대로 276 (도곡동)		
	업태	제조.도매	종사업장번호			업태	도매 및 소매업	종사업장번호	
	종목	가방				종목	가방		
	E-Mail	my@naver.com				E-Mail	youngju@bill36524.com		
작성일자	2025.04.03.		공급가액	75,000,000		세 액	7,500,000		
비고									

월	일	품목명	규격	수량	단가	공급가액	세액	비고
4	3	여행용가방		300	120,000	36,000,000	3,600,000	
4	3	노트북가방		300	80,000	24,000,000	2,400,000	
4	3	유아용가방		300	50,000	15,000,000	1,500,000	

합계금액	현금	수표	어음	외상미수금	이 금액을	○영수 ●청구	함
82,500,000				82,500,000			

◉ 따라하기

프로그램 네비   물류관리 ➡ 구매관리 ➡ 입고입력

1 입고입력

① 입고일자 4월 3일을 입력한다.
② [처리구분]에서 '2:건별', '1:과세'를 선택한다.
③ 거래처를 선택한 후 [지급구분]에서 '1.외상'을 선택한다.
④ 화면 하단의 [자산]에서 상품을 선택한다.
⑤ 품목코드란에서 F2를 눌러 [물품코드도움]창에서 '여행용가방'과 '노트북가방', '유아용가방'을 선택한다.
⑥ 수량과 단가를 입력한다.
⑦ 상단의 [전표추가]를 클릭하여 [확인]버튼을 누른 후 [전송]을 클릭하면 [전송]란에 '전송'으로 표시되면서 [매입매출전표입력] 메뉴에 전표가 전송된다.

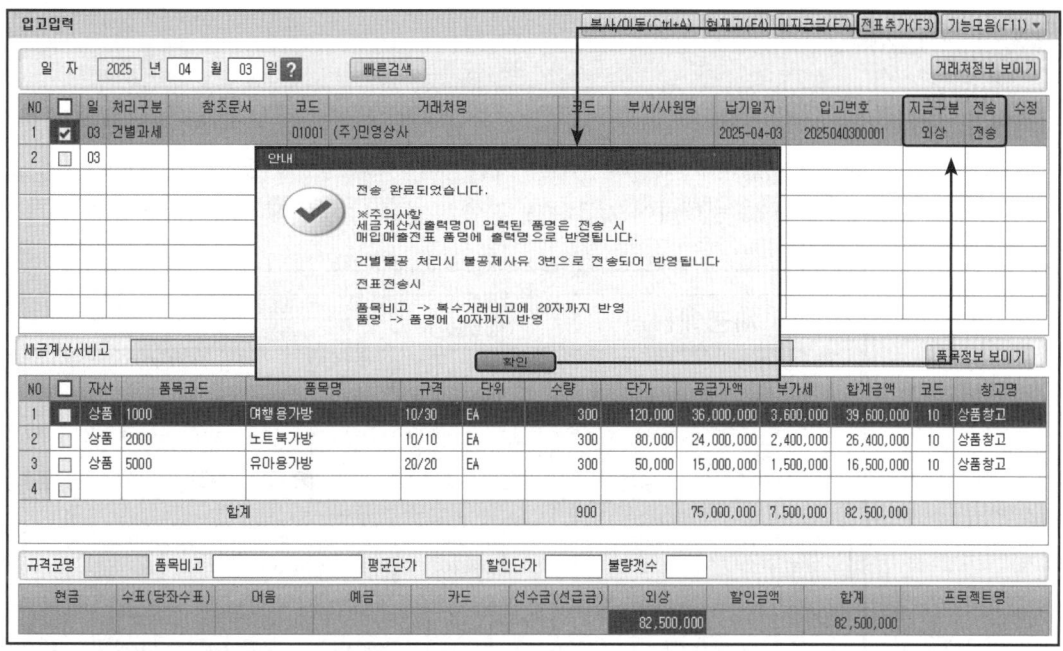

② [매입매출전표입력] 메뉴에 전송된 전표 화면

프로그램 네비 회계 ➡ 전표입력/장부 ➡ 매입매출전표입력

☞ 주의!! 상품 매입시 전자세금계산서를 발급받았으므로 전자세금란에 '1.전자입력'을 입력한다.

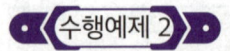

다음 거래를 매입매출전표에 입력하시오. 단, 채권, 채무 및 금융 거래는 거래처코드를 입력한다.

4월 5일 상품을 매입하고 세금계산서를 발급받다. 대금 중 ₩10,000,000은 당좌수표(국민은행)를 발행하여 지급하고, 잔액은 다음 달 말일에 지급하기로 하다.

세금계산서 (공급받자 보관용)						책번호	4 권 / 호
						일련번호	04-05
공급자	등록번호	121-81-53268		공급받는자	등록번호	121-81-22222	
	상호	(주)호성물산	성명(대표자) 안호성		상호	(주)영주상사	성명(대표자) 연영주
	사업장 주소	서울특별시 구로구 디지털로33길 27 (구로동, 삼성IT밸리)			사업장 주소	서울특별시 강남구 강남대로 276 (도곡동)	
	업태	제조	종사업장번호		업태	도매 및 소매업	종사업장번호
	종목	가방			종목	가방	
작성년월일	공란수	공급가액		세액		비고	
2025. 4. 5.	2	83,000,000		8,300,000			

비고							
월	일	품목명	규격	수량	단가	공급가액	세액	비고
4	5	여행용가방		200	140,000	14,000,000	2,800,000	
4	5	노트북가방		500	90,000	45,000,000	4,500,000	
4	5	사무용가방		100	100,000	10,000,000	1,000,000	

합계금액	현금	수표	어음	외상미수금	이 금액을	○ 영수 함
91,300,000		10,000,000		81,300,000		● 청구

◉ 따라하기

1 입고입력

① 입고일자 4월 5일을 입력한다.
② [처리구분]에서 '21:건별', '1:과세'를 선택한다.
③ 거래처를 선택한 후 [지급구분]에서 '4.혼합'을 선택한다.
④ 화면 하단의 [자산]에서 상품을 선택한다.
⑤ 품목코드란에서 F2를 눌러 [물품코드도움]창에서 '여행용가방'과 '노트북가방', '사무용가방'을 선택한다.
⑥ 수량과 단가를 입력한다.
⑦ 하단의 수표란에 '₩10,000,000'과 외상란에 '₩81,300,000'을 입력한다.
⑧ 상단의 [전표추가]를 클릭하여 [확인]버튼을 누른 후 [전송]을 클릭하면 [전송]란에 '전송'으로 표시되면서 [매입매출전표입력] 메뉴에 전표가 전송된다.

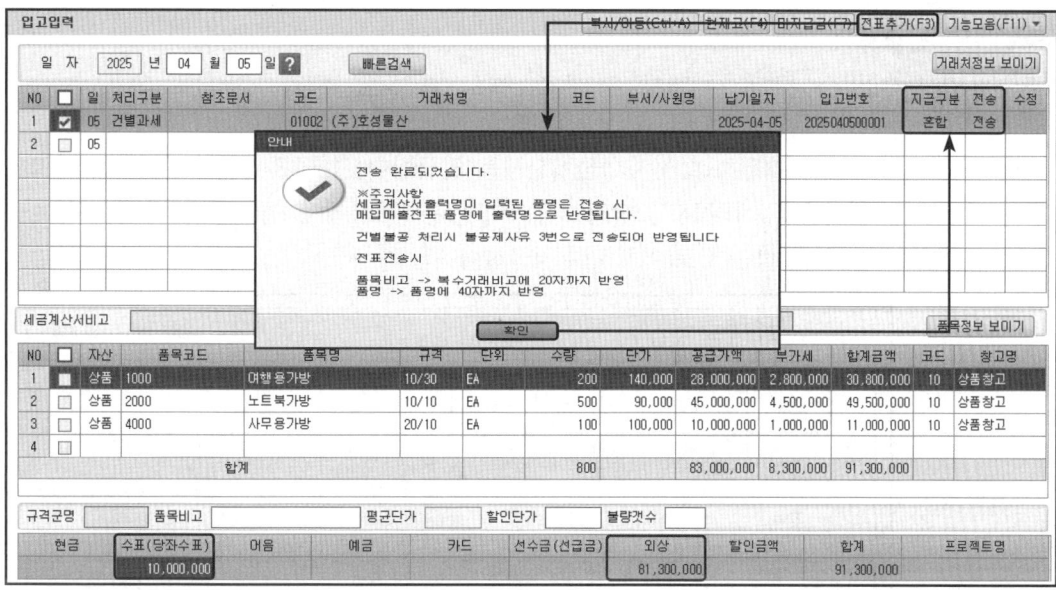

② [매입매출전표입력] 메뉴에 전송된 전표 화면

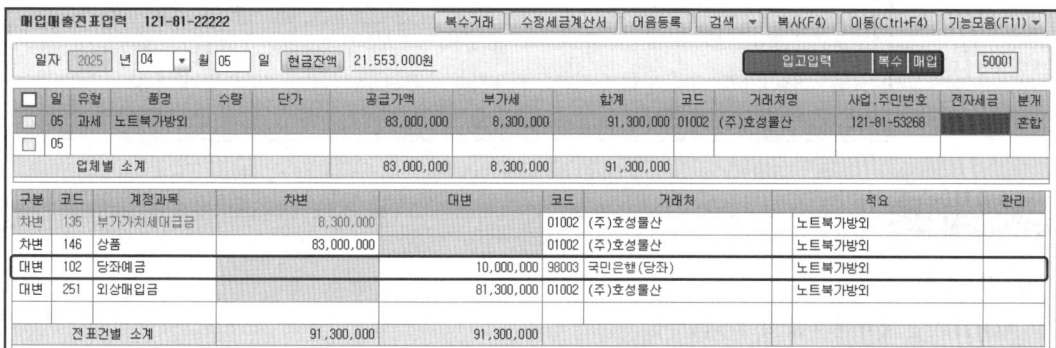

☞ ▷ 상품 매입시 종이세금계산서를 발급받았으므로 전자세금란은 빈공란으로 한다.
　▷ 하단 분개의 대변에 '당좌예금' 계정 거래처코드는 반드시 '국민은행(당좌)'로 수정 입력한다.

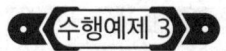

다음 거래를 매입매출전표에 입력하시오. 단, 채권, 채무 및 금융 거래는 거래처코드를 입력한다.

4월 7일   상품을 매입하고 전자세금계산서를 발급받다. 대금은 3월 26일 미리 지급한 계약금을 제외하고, 당좌예금(국민은행) 계좌에서 (주)민영상사의 보통예금 (외환은행) 계좌로 이체하여 지급하다.

전자세금계산서 (공급받는자 보관용)						승인번호	20250407XXXX0407	
공급자	등록번호	138-81-11117			공급받는자	등록번호	121-81-22222	
	상호	(주)민영상사	성명(대표자)	박민영		상호	(주)영주상사	성명(대표자)	연영주
	사업장주소	서울특별시 서대문구 경기대로 23 (충정로3가)				사업장주소	서울특별시 강남구 강남대로 276 (도곡동)	
	업태	제조.도매	종사업장번호			업태	도매 및 소매업	종사업장번호
	종목	가방				종목	가방	
	E-Mail	my@naver.com				E-Mail	youngju@bill36524.com	
작성일자	2025.04.07.	공급가액	25,000,000	세액	2,500,000			
비고								

월	일	품목명	규격	수량	단가	공급가액	세액	비고
4	7	여행용가방		100	110,000	11,000,000	1,100,000	
4	7	노트북가방		100	80,000	8,000,000	800,000	
4	7	학생용가방		100	60,000	6,000,000	600,000	

합계금액	현금	수표	어음	외상미수금	이 금액을	● 영수 / ○ 청구	함
27,500,000	27,500,000						

◉ 따라하기

1 입고입력

① 입고일자 4월 7일을 입력한다.
② [처리구분]에서 '21:건별', '1:과세'를 선택한다.
③ 거래처를 선택한 후 [지급구분]에서 '4.혼합'을 선택한다.
④ 화면 하단의 [자산]에서 상품을 선택한다.
⑤ 품목코드란에서 F2를 눌러 [물품코드도움]창에서 '여행용가방'과 '노트북가방', '학생용가방'을 선택한다.
⑥ 수량과 단가를 입력한다.
⑦ 3월 26일자 [일반전표입력] 메뉴를 조회하여 선급금 금액(₩2,500,000)을 확인한다.

⑧ 하단의 예금란에 '₩25,000,000'과 선수금(선급금)란에 '₩2,500,000'을 입력한다.
⑨ 상단의 [전표추가]를 클릭하여 [확인]버튼을 누른 후 [전송]을 클릭하면 [전송]란에 '전송'으로 표시되면서 [매입매출전표입력] 메뉴에 전표가 전송된다.

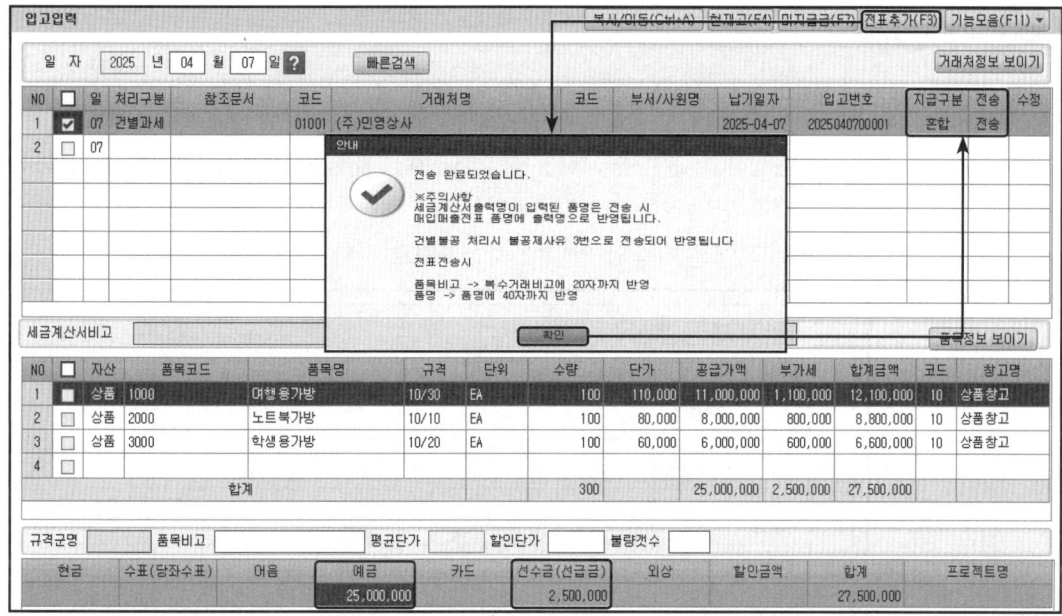

② [매입매출전표입력] 메뉴에 전송된 전표 화면

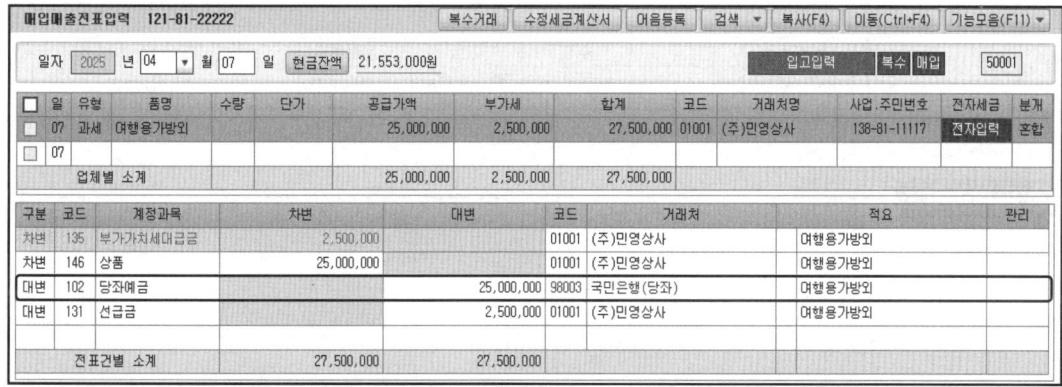

☞ ▷ 상품 매입시 전자세금계산서를 발급받았으므로 전자세금란은 '1.전자입력'을 입력한다.
　▷ 하단 분개의 대변에 '보통예금' 계정을 '당좌예금' 계정으로 거래처코드는 반드시 '국민은행(당좌)'로 수정 입력한다.

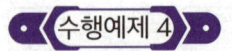

다음 거래를 매입매출전표에 입력하시오. 단, 채권, 채무 및 금융 거래는 거래처코드를 입력한다.

4월 10일   상품을 매입하고 전자세금계산서를 발급받다. 대금은 약속어음(어음번호 : 하하87654322, 만기일 : 2025년 8월 10일, 지급은행 : 국민은행)을 발행하여 지급하고, 잔액은 다음달 말일에 지급하기로 하다.

전자세금계산서
(공급받는자 보관용) 승인번호 20250410XXXX0410

공급자	등록번호	121-81-53268			공급받는자	등록번호	121-81-22222		
	상호	(주)호성물산	성명(대표자)	안호성		상호	(주)영주상사	성명(대표자)	연영주
	사업장주소	서울특별시 구로구 디지털로33길 27 (구로동, 삼성IT밸리)				사업장주소	서울특별시 강남구 강남대로 276 (도곡동)		
	업태	제조	종사업장번호			업태	도매 및 소매업	종사업장번호	
	종목	가방				종목	가방		
	E-Mail	hs@naver.com				E-Mail	youngju@bill36524.com		

작성일자	2025.04.10.	공급가액	45,000,000	세 액	4,500,000
비고					

월	일	품목명	규격	수량	단가	공급가액	세액	비고
4	10	여행용가방		200	120,000	24,000,000	2,400,000	
4	10	학생용가방		300	70,000	21,000,000	2,100,000	

합계금액	현금	수표	어음	외상미수금	이 금액을	○ 영수	함
49,500,000			30,000,000	19,500,000		● 청구	

◉ 따라하기

① 입고입력

① 입고일자 4월 10일을 입력한다.
② [처리구분]에서 '21.건별', '1:과세'를 선택한다.
③ 거래처를 선택한 후 [지급구분]에서 '4.혼합'을 선택한다.
④ 화면 하단의 [자산]에서 상품을 선택한다.
⑤ 품목코드란에서 F2를 눌러 [물품코드도움]창에서 '여행용가방'과 '학생용가방'을 선택한다.
⑥ 수량과 단가를 입력한다.
⑦ 하단의 어음란에 '₩30,000,000'과 외상란에 '₩19,500,000'을 입력한다.
⑧ 상단의 [전표추가]를 클릭하여 [확인] 버튼을 누른 후 [전송]을 클릭하면 [전송]란에 '전송'으로 표시되면서 [매입매출전표입력] 메뉴로 전표가 전송된다.

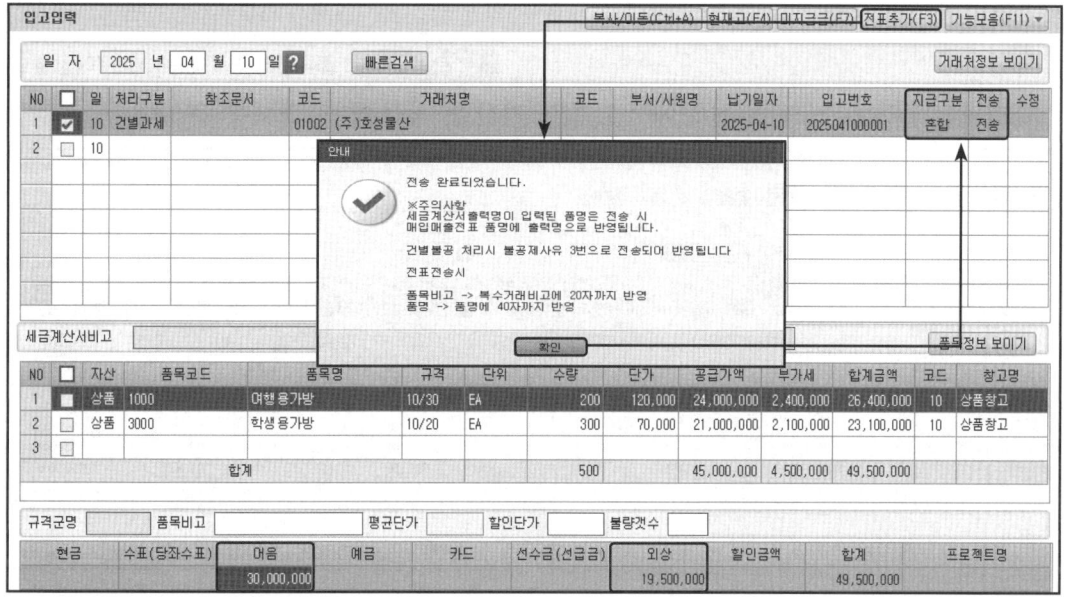

2 [매입매출전표입력] 메뉴에 전송된 전표 화면

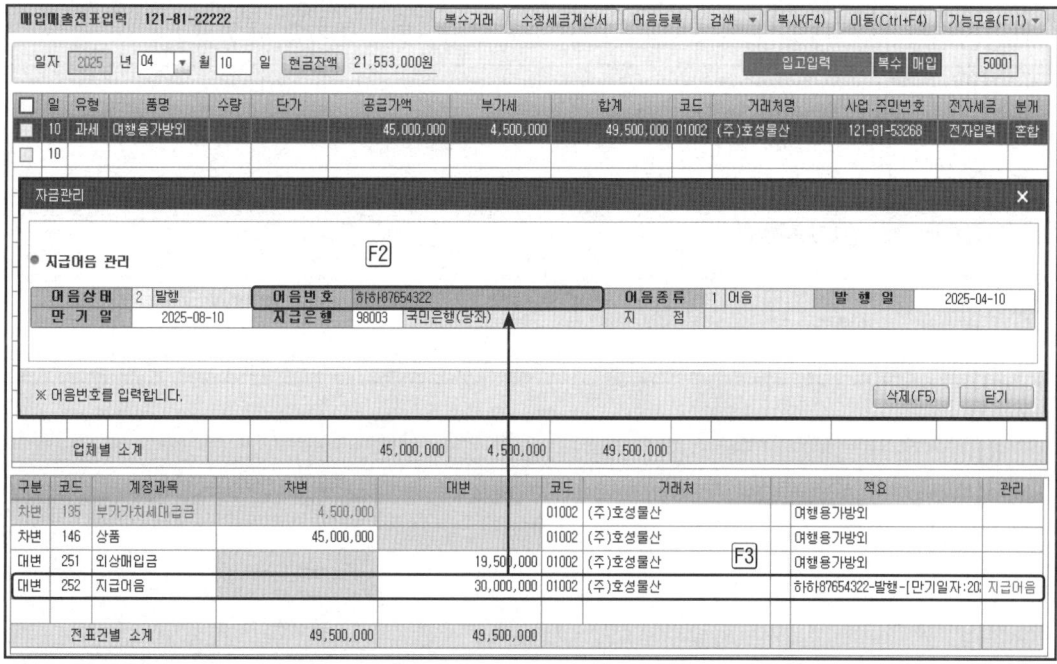

☞ ▷ 상품 매입시 전자세금계산서를 발급받았으므로 전자세금란은 '1.전자입력'을 입력한다.
▷ 하단 분개의 대변 '지급어음' 계정에서 F3 또는 [기능모음(F11)]의 [자금관리]키를 클릭하여 [지급어음관리] 화면에서 어음번호란 F2로 발행할 어음을 선택하고, 만기일을 입력한다.

2. 구매일(월)보 조회

프로그램 네비 ➡ 물류관리 ➡ 구매관리 ➡ 구매일(월)보

입고 처리된 정보는 구매일(월)보에서 일자별, 자산별, 거래처별로 조회할 수 있다.

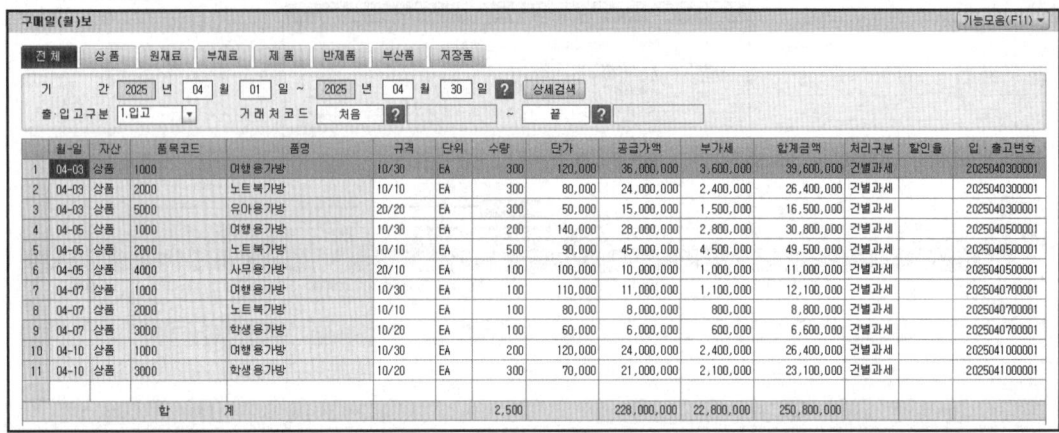

3. 품목별 구매현황 조회

프로그램 네비 ➡ 물류관리 ➡ 구매관리 ➡ 품목별구매현황

입고 처리된 구매정보를 품목(품목코드)별, 일자별, 자산별로 조회할 수 있다.

2 상품 판매 관리

영업활동 대상이 되는 상품의 매출은 [물류관리]에서 입력하고, 출고정보를 [회계]로 전표를 전송한다. [물류 관리]의 [출고입력] 메뉴에서 입력하여 입·출고 수불관리 및 재고평가 등을 수행하고, 이를 전표처리하여 [회계]의 [매입매출전표입력] 메뉴로 전송하면 한번에 재고관리와 회계관리를 모두 수행할 수 있다.

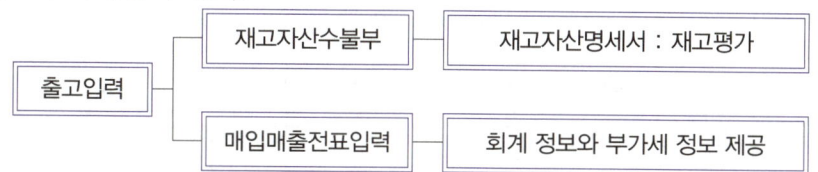

☞ 출고입력시 처리구분을 21.건별과세로 처리되는 부가가치세는 전표의 전송을 통하여 [매입매출전표입력] 메뉴의 '부가가치세예수금' 계정과 [부가가치세신고서] 메뉴의 매출세액으로 자동 반영된다.

1. 출고입력

상품판매 등 재고자산의 출고자료를 입력하며, 재고자산수불부 등 재고관련 메뉴와 [매입매출전표입력] 메뉴에 관련정보를 전송한다.

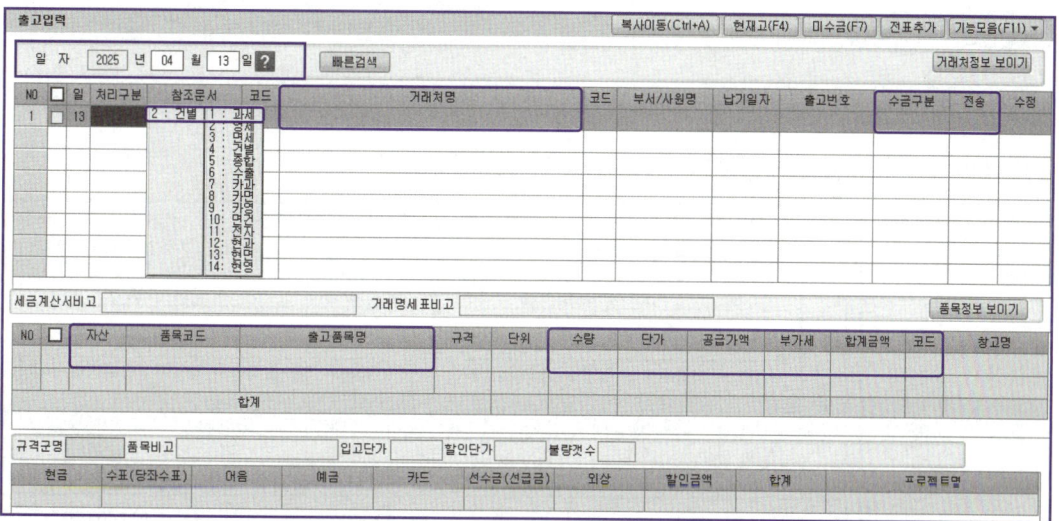

주요항목별 입력 내용 및 방법

항 목	입력 내용 및 방법
일 자	거래 일자를 입력한다.
처 리 구 분	· 건별처리의 매입과세 유형(1.과세~14.현영)을 선택한다. · 거래발생 즉시 세금계산서를 발급하는 경우는 '건별'로 처리하며, 부가가치세가 징수되는 거래인 경우 '1.과세'를 선택한다. · 일정기간 발생한 거래를 말일자 또는 특정한 날로 세금계산서를 합하여 발급한 경우는 '일괄'로 처리하며, 부가가치세가 징수되는 거래인 경우 '1.과세'를 선택한다.(교육용은 지원되지 않는다)

항목	입력 내용 및 방법
코 드 와 거 래 처 명	1. 거래처코드를 모를 경우 입력 방법 　① 코드란에 커서 위치시 F2 도움 받아 원하는 거래처를 부분 검색하여 Enter↵로 입력 　　(사업자등록번호로도 검색이 가능하다.) 　② 코드란에 커서 위치시 '+'키를 치고 원하는 거래처를 입력하여 Enter↵ 한다. 2. 신규거래처일 경우 입력 방법 　코드란에 커서 위치시 '+'키를 치고 거래처를 입력하여, Enter↵ 수정 ⇨ 세부항목을 눌러 　기본사항을 입력 ⇨ 확인 ⇨ 등록한다.
납 기 일 자 와 출 고 번 호	상품 판매시 거래일자가 납기일자로 자동 생성되며, 출고번호도 자동 생성된다.
수 금 구 분	대금 수금방법(1.외상, 2.현금, 3.카드, 4.혼합 등)을 선택하여 입력한다.
자 산	재고자산의 종류(상품, 원재료, 부재료 등)을 선택하여 입력한다.
품 목 코 드 와 품 목 명	F2 또는 더블클릭하여 [물품코드도움]창에서 등록된 품목코드와 품목을 선택하여 입력한다.
수 량 과 단 가	판매수량과 판매단가를 입력한다.
공 급 가 액 과 부 가 세	수량과 단가를 입력하면 공급가액과 부가세는 자동으로 입력된다.

수행예제 1

다음 거래를 매입매출전표에 입력하시오. 단, 채권, 채무 및 금융 거래는 거래처코드를 입력한다.

4월 13일　　　상품을 매출하고 전자세금계산서를 발급하다.

전자세금계산서 (공급자 보관용)　　승인번호 20250413XXXX0413

	공급자				공급받는자		
등록번호	121-81-22222			등록번호	220-81-23912		
상호	(주)영주상사	성명(대표자)	연영주	상호	(주)수정상사	성명(대표자)	이수정
사업장주소	서울특별시 강남구 강남대로 276 (도곡동)			사업장주소	서울특별시 강남구 압구정로 344 (신사동)		
업태	도매 및 소매업	종사업장번호		업태	도소매업	종사업장번호	
종목	가방			종목	가방		
E-Mail	youngju@bill36524.com			E-Mail	sj@bill36524.com		

작성일자	2025.04.13.	공급가액	100,000,000	세 액	10,000,000
비고					

월	일	품목명	규격	수량	단가	공급가액	세액	비고
4	13	여행용가방		200	300,000	60,000,000	6,000,000	
4	13	노트북가방		200	200,000	40,000,000	4,000,000	

합계금액	현금	수표	어음	외상미수금	이 금액을	○ 영수 ● 청구	함
110,000,000				110,000,000			

◎ 따라하기

프로그램 네비 물류관리 ➡ 판매관리 ➡ 출고입력

1 **출고입력**

① 출고일자 4월 13일을 입력한다.
② [처리구분]에서 '2:건별', '1:과세'를 선택한다.
③ 거래처를 선택한 후 [수금구분]에서 '1.외상'을 선택한다.
④ 화면 하단의 [자산]에서 상품을 선택한다.
⑤ 품목코드란에서 F2를 눌러[물품코드도움]창에서 '여행용가방'과 '노트북가방'을 선택한다.
⑥ 수량과 단가를 입력한다.
⑦ 상단의 [전표추가]를 클릭하여 [확인]버튼을 누른 후 [전송]을 클릭하면 [전송]란에 '전송'으로 표시되면서 [매입매출전표입력] 메뉴에 전송된다.

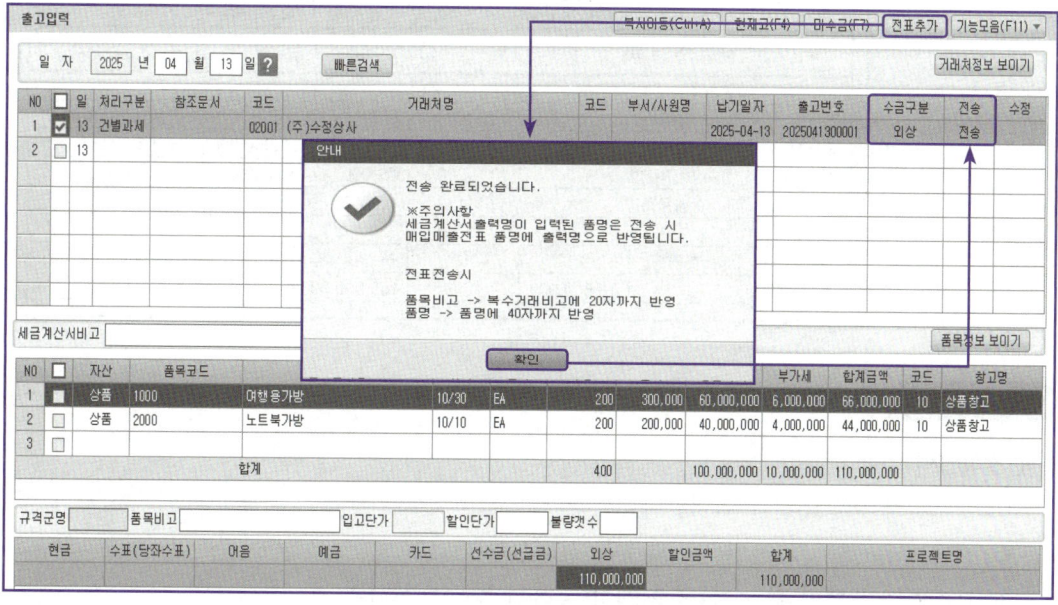

2 **[매입매출전표 입력] 메뉴에 전송된 전표 화면**

프로그램 네비 회계 ➡ 전표입력/장부 ➡ 매입매출전표입력

☞ 상품 매출시 전자세금계산서를 발급하였으므로 전자세금란에 '1.전자입력'을 입력한다.

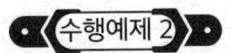

다음 거래를 매입매출전표에 입력하시오. 단, 채권, 채무 및 금융 거래는 거래처코드를 입력한다.

4월 15일 상품을 매출하고 전자세금계산서를 발급하다. 판매대금 중 ₩13,500,000은 신한은행 자기앞수표로 받고 잔액은 외상으로 하다.

전자세금계산서				(공급자 보관용)			승인번호	20250415XXXX0415	
공급자	등록번호	121-81-22222				공급받는자	등록번호	110-81-11313	
	상호	(주)영주상사	성명(대표자)	연영주			상호	(주)한국유통	성명(대표자)	한국인
	사업장주소	서울특별시 강남구 강남대로 276 (도곡동)					사업장주소	서울특별시 금천구 독산로 7 (시흥동)	
	업태	도매 및 소매업		종사업장번호			업태	도소매업	종사업장번호
	종목	가방					종목	가방	
	E-Mail	youngju@bill36524.com					E-Mail	hk@bill36524.com	
작성일자	2025.04.15.		공급가액	135,000,000		세액	13,500,000		
비고									

월	일	품목명	규격	수량	단가	공급가액	세액	비고
4	15	노트북가방		300	200,000	60,000,000	6,000,000	
4	15	여행용가방		200	300,000	60,000,000	6,000,000	
4	15	학생용가방		150	100,000	15,000,000	1,500,000	

합계금액	현금	수표	어음	외상미수금	이 금액을	○ 영수 / ● 청구 함
148,500,000		13,500,000		135,000,000		

◉ 따라하기

① 출고입력

① 출고일자 4월 15일을 입력한다.

② [처리구분]에서 '2:건별', '1:과세'를 선택한다.

③ 거래처를 선택한 후 [수금구분]에서 '4.혼합'을 선택한다.

④ 화면 하단의 [자산]에서 상품을 선택한다.

⑤ 품목코드란에서 F2를 눌러 [물품코드도움]창에서 '노트북가방'과 '여행용가방', '학생용가방'을 선택한다.

⑥ 수량과 단가를 입력한다.

⑦ 하단의 수표란에 '₩13,500,000'과 외상란에 '₩135,000,000'을 입력한다.

⑧ 상단의 [전표추가]를 클릭하여 [확인]버튼을 누른 후 [전송]을 클릭하면 [전송]란에 '전송'으로 표시되면서 [매입매출전표입력] 메뉴에 전송된다.

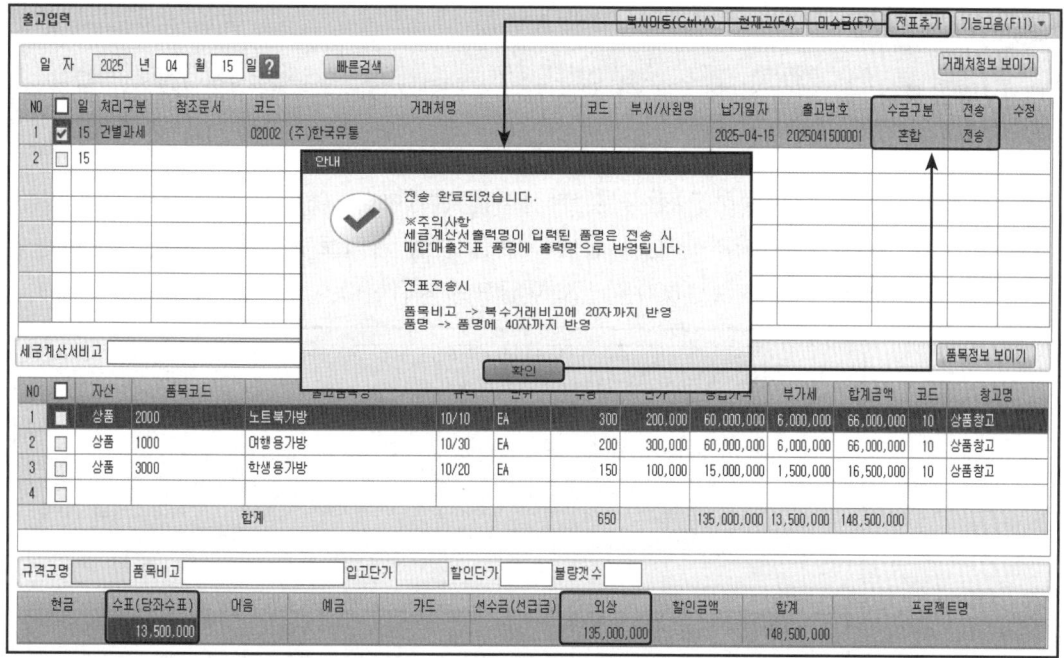

② [매입매출전표입력] 메뉴에 전송된 전표 화면

☞ ▷ 상품 판매시 전자세금계산서를 발급하였으므로 전자세금란에 '1.전자입력'을 입력한다.
▷ 자기앞수표를 받은 경우 '현금' 계정으로 회계처리한다.

수행예제 3

다음 거래를 매입매출전표에 입력하시오. 단, 채권, 채무 및 금융 거래는 거래처코드를 입력하고, 한 개의 전표번호로 입력한다.

4월 20일　　상품을 매출하고 전자세금계산서를 발급하다. 대금은 3월 24일 미리 받은 계약금을 제외하고, 보통예금(서울은행) 계좌로 송금받았으며 상품발송에 대한 운임 ₩300,000은 별도 현금으로 지급하다.

전자세금계산서 (공급자 보관용)　　승인번호　20250420XXXX0420

공급자	등록번호	121-81-22222	성명(대표자)	연영주	공급받는자	등록번호	110-81-11313	성명(대표자)	한국인
	상호	(주)영주상사				상호	(주)한국유통		
	사업장주소	서울특별시 강남구 강남대로 276 (도곡동)				사업장주소	서울특별시 금천구 독산로 7 (시흥동)		
	업태	도매 및 소매업	종사업장번호			업태	도소매업	종사업장번호	
	종목	가방				종목	가방		
	E-Mail	youngju@bill36524.com				E-Mail	hk@bill36524.com		

작성일자	2025.04.20.	공급가액	50,000,000	세 액	5,000,000

비고						
월	일	품목명	규격	수량	단가	공급가액	세액	비고
4	20	여행용가방		150	300,000	45,000,000	4,500,000	
4	20	학생용가방		50	100,000	5,000,000	500,000	

합계금액	현금	수표	어음	외상미수금	이 금액을 ● 영수 / ○ 청구 함
55,000,000	55,000,000				

◉ 따라하기

① 출고입력

① 출고일자 4월 20일을 입력한다.

② [처리구분]에서 '2:건별', '1:과세'를 선택한다.

③ 거래처를 선택한 후 [수금구분]에서 '4.혼합'을 선택한다.

④ 화면 하단의 [자산]에서 상품을 선택한다.

⑤ 품목코드란에서 F2를 눌러 [물품코드도움]창에서 '여행용가방'과 '학생용가방'을 선택한다.

⑥ 수량과 단가를 입력한다.

⑦ 3월 24일자 [일반전표입력] 메뉴를 조회하여 선수금 금액(₩5,000,000)을 확인한다.

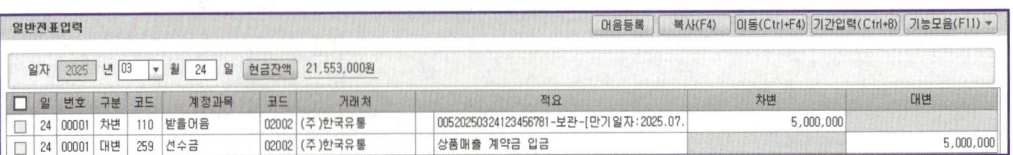

⑧ 하단의 예금란에 '₩50,000,000'과 선수금(선급금)란에 '₩5,000,000'을 입력한다.

⑨ 상단의 [전표추가]를 클릭하여 [확인]버튼을 누른 후 [전송]을 클릭하면 [전송]란에 '전송'으로 표시되면서 [매입매출전표입력] 메뉴에 회계전표가 전송된다.

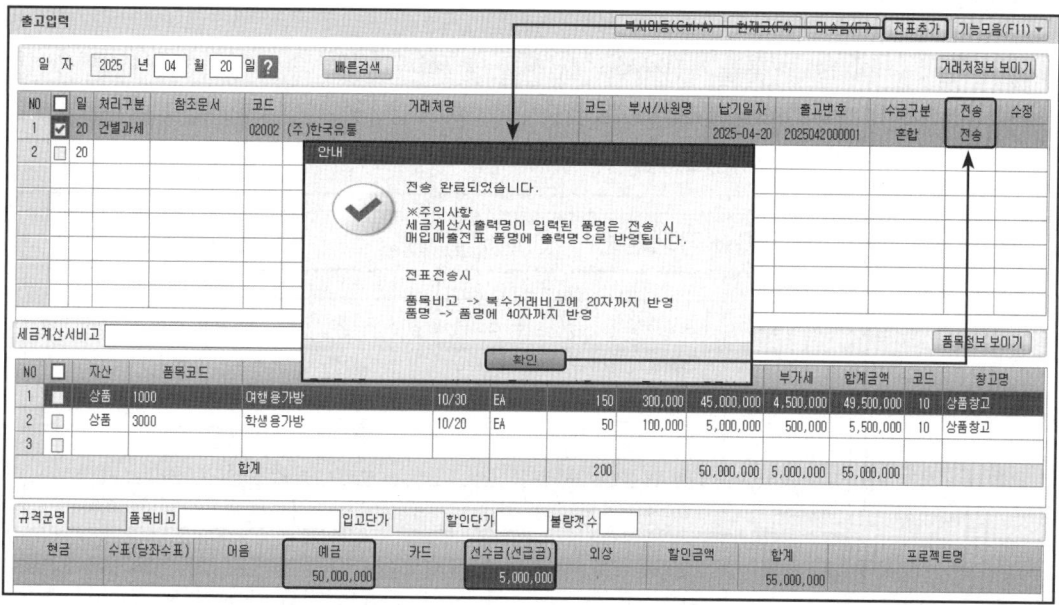

② [매입매출전표입력] 메뉴에 전송된 전표 화면

☞ ▷ 상품 매출시 전자세금계산서를 발급하였으므로 전자세금란에 '1.전자입력'을 입력한다.
  ▷ 하단 분개 중 차변 '보통예금' 계정의 거래처코드는 반드시 '서울은행(보통)'으로 수정 입력한다.
  ▷ 상품 매출시 발송운임은 별도 비용인 '운반비' 계정으로 회계처리한다.

제5장 회계 정보시스템 운용(2) 실무 **79**

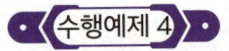

다음 거래를 매입매출전표에 입력하시오. 단, 채권, 채무 및 금융 거래는 거래처코드를 입력하고, 한 개의 전표번호로 입력한다.

4월 25일   상품을 매출하고 전자세금계산서를 발급하다. 대금 중 일부는 전자어음(어음번호 : 00520250425123456785, 만기일 : 2025년 8월 2일, 지급은행 : 대한은행)으로 수취하고, 잔액은 외상으로 하다.

전자세금계산서 (공급자 보관용)   승인번호 20250425XXXX0425

	등록번호	121-81-22222				등록번호	220-81-23912	
공급자	상호	(주)영주상사	성명(대표자)	연영주	공급받는자	상호	(주)수정상사	성명(대표자)	이수정
	사업장주소	서울특별시 강남구 강남대로 276 (도곡동)				사업장주소	서울특별시 강남구 압구정로 344 (신사동)	
	업태	도매 및 소매업	종사업장번호			업태	도소매업	종사업장번호
	종목	가방				종목	가방	
	E-Mail	youngju@bill36524.com				E-Mail	sj@bill36524.com	

작성일자	2025.04.25.	공급가액	30,000,000	세 액	3,000,000
비고					

월	일	품목명	규격	수량	단가	공급가액	세액	비고
4	25	노트북가방		100	200,000	20,000,000	2,000,000	
4	25	학생용가방		100	100,000	10,000,000	1,000,000	

합계금액	현금	수표	어음	외상미수금	이 금액을	○ 영수	함
33,000,000			30,000,000	3,000,000		● 청구	

◉ 따라하기

1 출고입력

① 출고일자 4월 25일을 입력한다.
② [처리구분]에서 '2:건별', '1:과세'를 선택한다.
③ 거래처를 선택한 후 [수금구분]에서 '4.혼합'을 선택한다.
④ 화면 하단의 [자산]에서 상품을 선택한다.
⑤ 품목코드란에서 F2를 눌러 [물품코드도움]창에서 '노트북가방'과 '학생용가방'을 선택한다.
⑥ 수량과 단가를 입력한다.
⑦ 하단의 어음란에 '₩30,000,000'과 외상란에 '₩3,000,000'을 입력한다.
⑧ 상단의 [전표추가]를 클릭하여 [확인]버튼을 누른 후 [전송]을 클릭하면 [전송]란에 '전송'으로 표시되면서 [매입매출전표입력] 메뉴에 전송된다.

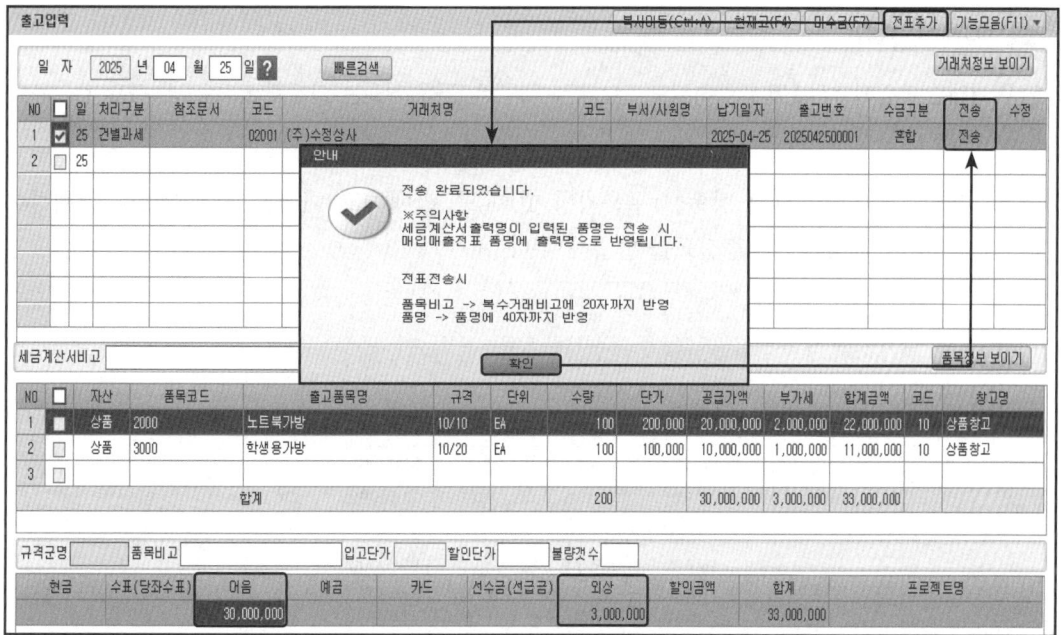

2 [매입매출전표입력] 메뉴에 전송된 전표 화면

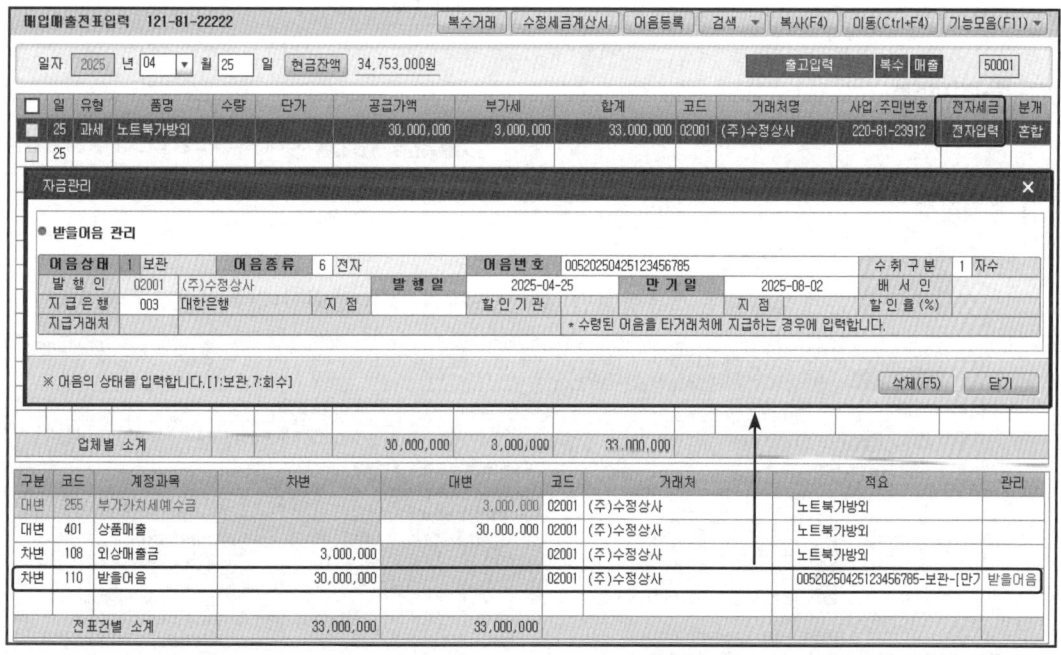

☞ ▷ 상품 매출시 전자세금계산서를 발급하였으므로 전자세금란에 '1.전자입력'을 입력한다.
　▷ 하단 분개 중 차변 '받을어음' 계정에서 F3 또는 [기능모음(F11)]의 [자금관리]키를 클릭하여 [받을어음관리]화면에서 수취한 어음번호와 만기일 등을 입력한다.

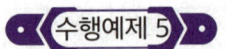

다음 거래를 매입매출전표에 입력하시오. 단, 채권, 채무 및 금융 거래는 거래처코드를 입력하고, 한 개의 전표번호로 입력한다.

4월 26일   대성학원에 상품(사무용가방 10개)을 판매하고 대금은 신용카드로 결제하여 신용카드매출전표를 발급해 주다.

◉ 따라하기

> 프로그램 네비   회계 ➡ 기초정보관리 ➡ 환경설정

1 환경설정

① 회계(1)Tab을 선택한다.

② 신용카드 기본계정설정(분개유형 4번) 중 카드채권을 '108.외상매출금'으로 수정한다.

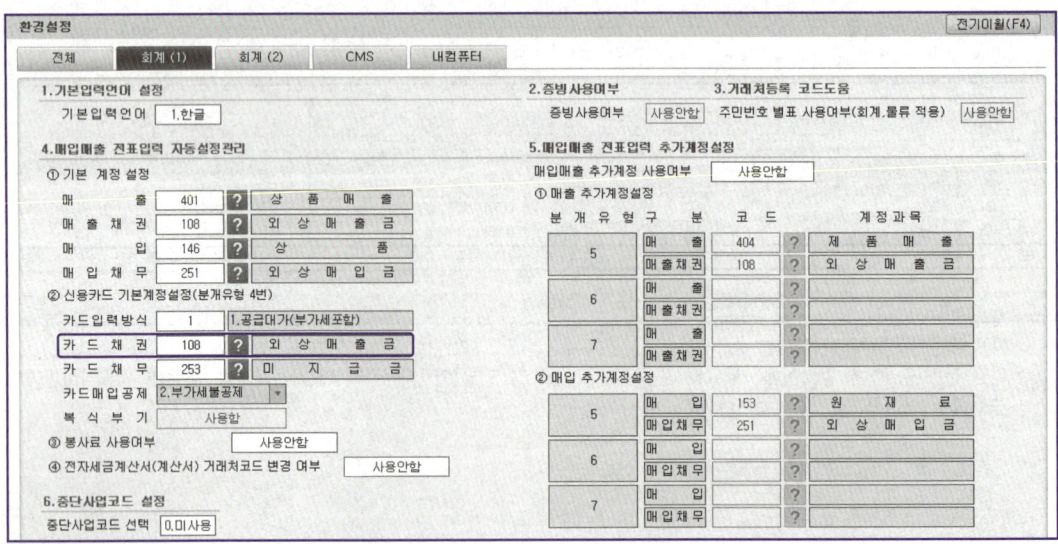

☞ [환경설정] 메뉴에서 카드채권을 수정하지 않는 경우 전표에서 '미수금' 계정을 '외상매출금' 계정으로 직접 수정해야 됨을 주의한다.

2 **출고입력**

① 출고일자 4월 26일을 입력한다.
② [처리구분]에서 '2:건별', '7:카과'를 선택한다.
③ 신용카드 거래처 등록 화면 중 [신용카드거래처]에서 '비씨카드사'를 선택한다.
④ 거래처를 선택한 후 [수금구분]에서 '3.카드'를 선택한다.
⑤ 화면 하단의 [자산]에서 상품을 선택한다.
⑥ 품목코드란에서 F2를 눌러 [물품코드도움]창에서 '사무용가방'을 선택한다.
⑦ 수량과 단가를 입력한다.
⑧ 하단의 카드란에 '₩1,650,000'을 확인한다.
⑨ 상단의 [전표추가]를 클릭하여 [확인]버튼을 누른 후 [전송]을 클릭하면 [전송]란에 '전송'으로 표시되면서 [매입매출전표입력] 메뉴에 전송된다.

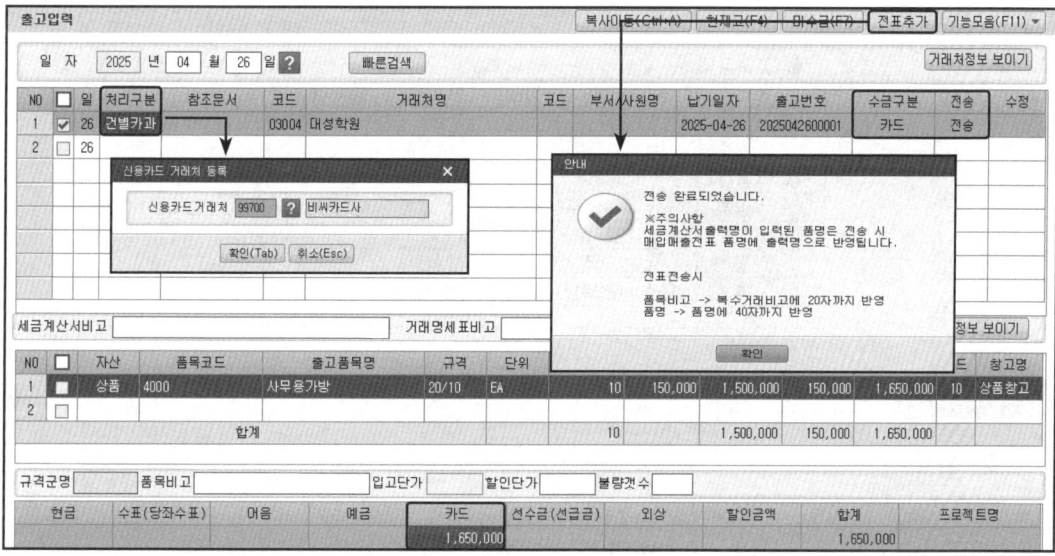

3 **[매입매출전표입력] 메뉴에 전송된 전표 화면**

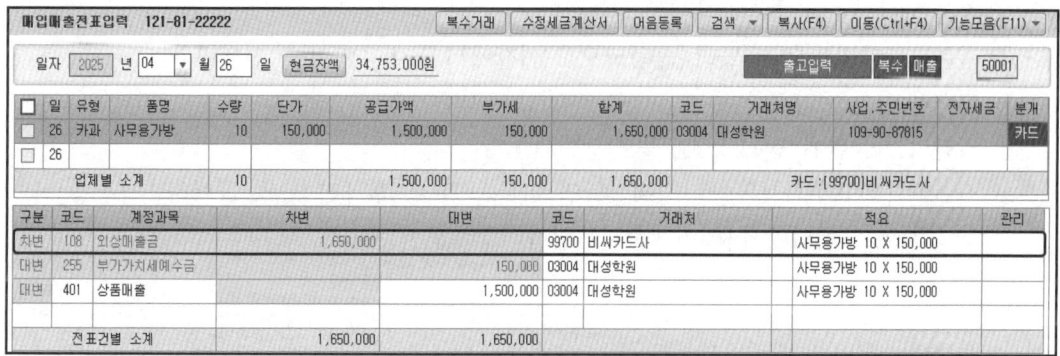

☞ ▷ 일반적인 상거래(재고자산-상품)시 신용카드로 결제 받고 신용카드 매출전표를 발급해 준 경우 매출채권인 '외상매출금' 계정과 거래처코드는 카드사인 '비씨카드사'가 입력되어야 됨을 주의한다.
▷ [환경설정] 메뉴에서 카드채권을 수정하지 않은 경우 분개란을 2.외상 또는 3.혼합으로 수정하여 차변에 '외상매출금' 계정과 거래처코드 '비씨카드사'를 직접 입력한다.

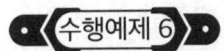

다음 거래를 매입매출전표에 입력하시오. 단, 채권, 채무 및 금융 거래는 거래처코드를 입력하고, 한 개의 전표번호로 입력한다.

4월 28일   김수현에게 상품(유아용가방 1개)을 현금으로 판매하고 현금영수증을 발급해 주다.

현금영수증

● 거래정보

거래일시	2025-04-28
승인번호	56124520
거래구분	승인거래
거래용도	소득공제용
발급수단번호	131341410

● 거래금액

품목	공급가액	부가세	봉사료	총거래금액
유아용가방	100,000	10,000	0	110,000

● 가맹점 정보

상호	(주)영주상사
사업자번호	121-81-22222
대표자명	연영주
주소	서울특별시 강남구 강남대로 276

◉ 따라하기

① 출고입력

① 출고일자 4월 28일을 입력한다.
② [처리구분]에서 '2:건별', '12:현과'를 선택한다.
③ 거래처를 선택한 후 [수금구분]에서 '2.현금'을 확인한다.
④ 화면 하단의 [자산]에서 상품을 선택한다.
⑤ 품목코드란에서 F2를 눌러 [물품코드도움]창에서 '유아용가방'을 선택한다.
⑥ 수량과 단가를 입력한다.
⑦ 하단의 현금란에 '₩110,000'을 확인한다.
⑧ 상단의 [전표추가]를 클릭하여 [확인]버튼을 누른 후 [전송]을 클릭하면 [전송]란에 '전송'으로 표시되면서 [매입매출전표입력] 메뉴에 전송된다.

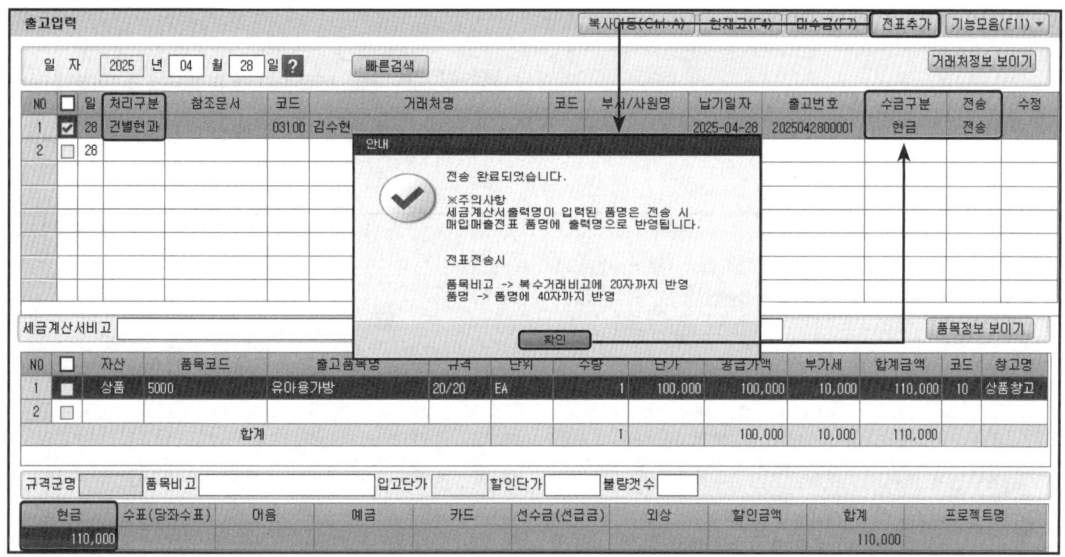

2 [매입매출전표입력] 메뉴에 전송된 전표 화면

2. 판매일(월)보 작성 및 조회

프로그램 네비 물류관리 ➔ 판매관리 ➔ 판매일(월)보

출고 처리된 정보는 판매일(월)보에서 일자별, 자산별, 거래처별로 작성된 자료를 조회할 수 있다.

월-일	자산	품목코드	품명	규격	단위	수량	단가	공급가액	부가세	합계금액	처리구분	입·출고번호
1	04-13	상품	1000	여행용가방	10/30	EA	200	300,000	60,000,000	6,000,000	66,000,000	건별과세	2025041300001
2	04-13	상품	2000	노트북가방	10/10	EA	200	200,000	40,000,000	4,000,000	44,000,000	건별과세	2025041300001
3	04-15	상품	1000	여행용가방	10/30	EA	200	300,000	60,000,000	6,000,000	66,000,000	건별과세	2025041500001
4	04-15	상품	2000	노트북가방	10/10	EA	300	200,000	60,000,000	6,000,000	66,000,000	건별과세	2025041500001
5	04-15	상품	3000	학생용가방	10/20	EA	150	100,000	15,000,000	1,500,000	16,500,000	건별과세	2025041500001
6	04-20	상품	1000	여행용가방	10/30	EA	150	300,000	45,000,000	4,500,000	49,500,000	건별과세	2025042000001
7	04-20	상품	3000	학생용가방	10/20	EA	50	100,000	5,000,000	500,000	5,500,000	건별과세	2025042000001
8	04-25	상품	2000	노트북가방	10/10	EA	100	200,000	20,000,000	2,000,000	22,000,000	건별과세	2025042500001
9	04-25	상품	3000	학생용가방	10/20	EA	100	100,000	10,000,000	1,000,000	11,000,000	건별과세	2025042500001
10	04-26	상품	4000	사무용가방	20/10	EA	10	150,000	1,500,000	150,000	1,650,000	건별카과	2025042600001
11	04-28	상품	5000	유아용가방	20/20	EA	1	100,000	100,000	10,000	110,000	건별현과	2025042800001

3. 품목별 판매현황 조회

프로그램 네비 물류관리 ➔ 판매관리 ➔ 품목별판매현황

출고 처리된 판매정보를 품목(품목코드)별, 일자별, 자산별로 조회할 수 있다.

4. 품목별 이익현황 조회

프로그램 네비 물류관리 ➔ 판매관리 ➔ 품목별이익현황

출고 처리된 판매정보를 출고수량, 판매총액, 매출원가, 매출총이익, 이익율을 조회할 수 있다. 단, 재고자산수불부를 마감하여야 매출원가가 산출된다.

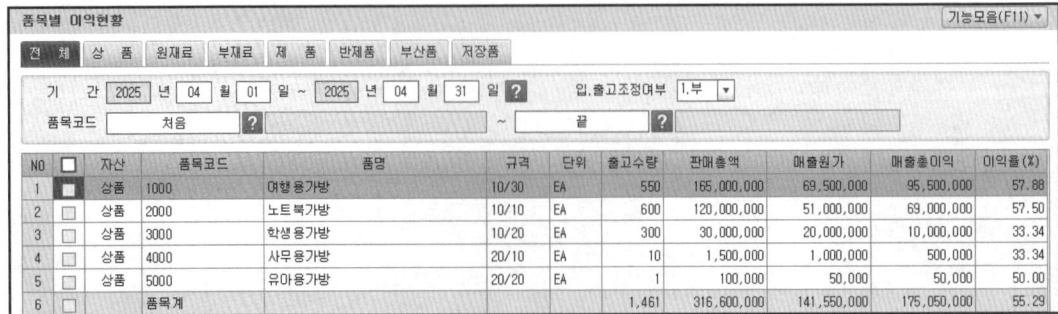

제2절 회계상 거래 계정 분류 및 전표 작성하기

> **NCS** 기준 능력단위 : 0203020101_20v4 전표 관리
> 능력단위요소 : 0203020101_20v4.1 회계상 거래 인식하기
> 수행준거 1.1 회계상 거래와 일상생활에서의 거래를 구분할 수 있다.
> 1.2 회계상 거래를 구성 요소별로 파악하여 거래의 결합관계를 차변요소와 대변요소로 구분할 수 있다.
> 1.3 회계상 거래의 결합관계를 통해 거래 종류별로 구별할 수 있다.
> 1.4 거래의 이중성에 따라서 기입된 내용의 분석을 통해 대차평균의 원리를 파악할 수 있다.

1 자산의 거래 계정 분류 및 전표 작성하기

자산은 1년 이내에 현금화 또는 실현가능한 자산인지에 따라 유동자산과 비유동자산으로 구분한다. 유동자산은 당좌자산과 재고자산으로 구분하고, 비유동자산은 투자자산, 유형자산, 무형자산, 기타비유동자산으로 구분한다.

구 분			계정과목
자산	유동자산	당좌 자산	현금 및 현금성자산(현금, 예금, 현금성자산), 단기금융상품, 정기예금, 정기적금, 당기손익-공정가치측정금융자산, 매출채권(외상매출금, 받을어음), 단기대여금, 미수금, 미수수익, 선급금, 가지급금, 선급비용 등
		재고 자산	상품, 제품, 재공품, 원재료, 부재료, 소모품 등
	비유동자산	투자 자산	장기금융상품, 기타포괄손익-공정가치측정금융자산, 장기대여금, 투자부동산 등
		유형 자산	토지, 건물, 기계장치, 차량운반구, 비품, 건설중인자산 등
		무형 자산	영업권, 산업재산권, 개발비, 소프트웨어 등
		기타 비유동 자산	임차보증금, 장기성매출채권 등

1. 현금 및 현금성자산 관련 거래

현금 및 현금성 자산은 통합계정으로 현금, 당좌예금, 보통예금, 소액현금, 현금성자산*을 통합하여 재무상태표에 표시하는 계정이다.

* 현금성자산 : 취득 당시 만기(또는 상환일)가 3개월 이내에 도래하는 채권, 상환우선주, 환매채 등

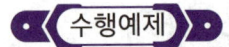

다음 거래를 일반전표에 입력하시오. 단, 채권, 채무 및 금융 거래는 거래처코드를 입력한다.

5월 2일   서울은행에 1년 만기 정기적금에 가입하고, 1회 불입액 ₩1,000,000을 현금으로 예입하다. 단, 정기적금을 등록하시오.

거래처 코드	금융 기관명	예금 종류명	계좌개설점	계좌번호	계약기간 (가입일~만기일)	금리
98005	서울은행 (정기적금)	행복 정기적금	서울은행	201-17-62345	2025.5.2. ~2026.5.2.	연4%

따라하기

5월 2일

구분	코드	계정과목	코드	거래처	적요	차변	대변
1(출금)	105	정기적금	98005	서울은행(정기적금)	적금 현금불입	1,000,000	현금
분개	(차)	정기적금		1,000,000	(대) 현금	1,000,000	

☞ 신규거래처 등록 : 거래처코드란에서 '+'를 입력한 후 거래처명을 '서울은행(정기적금)'을 입력하고 Enter↵한 다음 [수정]을 이용하여 거래처 내용을 입력한 후 누락된 내용은 [거래처등록] 메뉴의 [금융] Tab에서 입력한다.

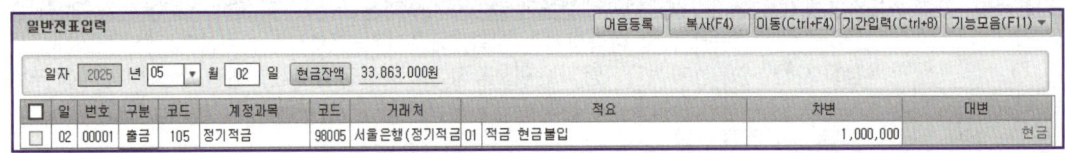

[거래처등록]

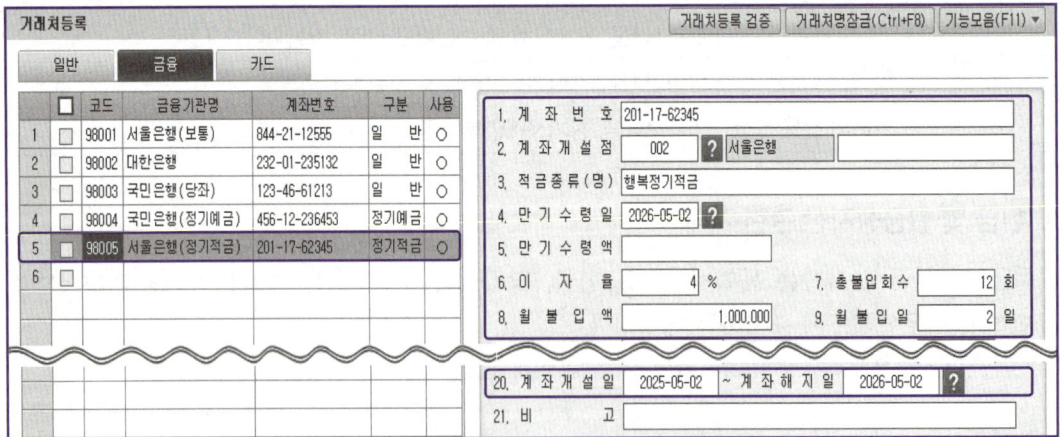

2. 현금과부족 관련 거래

현금의 장부잔액과 실제잔액이 일치하지 않는 경우 그 원인이 판명될 때까지 일시적으로 처리하는 가계정을 현금과부족이라 한다.

(1) 현금의 부족 (장부잔액 > 실제잔액)

거래상황	회계처리			
현금이 실제로 부족한 경우	(차) 현금과부족	×××	(대) 현금	×××
원인이 판명된 경우	(차) 해당과목	×××	(대) 현금과부족	×××
결산일까지 원인 불명인 경우	(차) 잡손실	×××	(대) 현금과부족	×××
결산일 현재 현금이 부족한 경우	(차) 잡손실	×××	(대) 현금	×××

(2) 현금의 과잉 (장부잔액 < 실제잔액)

거래상황	회계처리			
현금이 실제로 많은 경우	(차) 현금	×××	(대) 현금과부족	×××
원인이 판명된 경우	(차) 현금과부족	×××	(대) 해당과목	×××
결산일까지 원인 불명인 경우	(차) 현금과부족	×××	(대) 잡이익	×××
결산일 현재 현금이 남는 경우	(차) 현금	×××	(대) 잡이익	×××

◀ 수행예제 ▶

다음 거래를 일반전표에 입력하시오. 단, 채권, 채무 및 금융 거래는 거래처코드를 입력한다.

[1] 5월 3일   현금 장부상의 잔액보다 실제 잔액이 ₩600,000 부족한 것이 발견되다.

[2] 5월 4일   현금과부족 계정 차변 잔액 중 ₩350,000은 기업 브랜드 홍보물 제작비 누락으로 밝혀졌다.

◉ 따라하기

1 5월 3일

구분	코드	계정과목	코드	거래처	적요	차변	대변
1(출금)	141	현금과부족			현금 부족액 발생	600,000	현 금
분개	(차)	현 금 과 부 족		600,000	(대) 현 금	600,000	

2 5월 4일

구분	코드	계정과목	코드	거래처	적요	차변	대변
3(차변)	833	광고선전비			홍보물 제작비 기장누락분 정리	350,000	
4(대변)	141	현금과부족			홍보물 제작비 기장누락분 정리		350,000
분개	(차)	광 고 선 전 비		350,000	(대) 현 금 과 부 족	350,000	

일	번호	구분	코드	계정과목	코드	거래처	적요	차변	대변
2	00001	출금	105	정기적금	98005	서울은행(정기적금 01	적금 현금불입	1,000,000	현금
3	00001	출금	141	현금과부족			현금 부족액 발생	600,000	현금
4	00001	차변	833	광고선전비			홍보물 제작비 기장누락분 정리	350,000	
4	00001	대변	141	현금과부족			홍보물 제작비 기장누락분 정리		350,000

3. 당기손익-공정가치측정금융자산 취득 및 처분 관련 거래

단기간 내의 시세차익을 목적으로 취득한 주식이나 채권으로 매수와 매도가 적극적이고 빈번하게 이루어지는 유가증권을 '당기손익-공정가치측정금융자산' 계정으로 분류한다.

거래상황	회계 처리
취득	취득원가는 매입가액을 의미하며, 취득시 발생하는 부대비용(증권거래세 등)은 별도의 비용(수수료비용-영업외비용)으로 회계처리한다. (차) 당기손익-공정가치측정금융자산　　×××　(대) 현 금　　××× 　　　수수료비용(영업외비용)　　×××
배당금/ 이자수익	지분증권(주식)에 투자하고 현금배당금을 수령한 경우 배당금수익 계정, 채무증권(사채 등)에 투자하고 이자를 수령한 경우 이자수익 계정으로 회계처리한다. · 배당금 수령시 : (차) 현금　　×××　(대) 배당금수익　　××× · 이자 수령시　 : (차) 현금　　×××　(대) 이자수익　　×××
처분 (매각)	주식·채권 등을 처분(매각)하거나 양도할 경우 처분가액과 장부가액을 비교하여 차액을 당기손익-공정가치측정금융자산처분손익으로 처리하며, 처분시 수수료·증권거래세 등은 처분이익에서 차감하거나 처분손실에 가산한다. · 장부가액 〈 처분가액 : 　(차) 현금　　×××　(대) 당기손익-공정가치측정금융자산　　××× 　　　　　　　　　　　　　　당기손익-공정가치측정금융자산처분이익　××× · 장부가액 〉 처분가액 : 　(차) 현금　　×××　(대) 당기손익-공정가치측정금융자산　　××× 　　　당기손익-공정가치측정금융자산처분손실　×××
평가	· 평가기준 : 공정가액으로 평가(공정가액은 합리적인 판단력과 거래의사가 있는 독립된 당사자 간에 거래될 수 있는 교환가격을 말한다) · 공정가액의 변동액(평가손익) : 당기손익-공정가치측정금융자산평가손익(영업외손익)으로 처리 · 장부가액 〈 공정가액 : 　(차) 당기손익-공정가치측정금융자산　×××　(대) 당기손익-공정가치측정금융자산평가이익　××× · 장부가액 〉 공정가액 : 　(차) 당기손익-공정가치측정금융자산평가손실　×××　(대) 당기손익-공정가치측정금융자산　×××

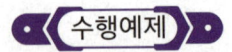

다음 거래를 일반전표에 입력하시오. 단, 채권, 채무 및 금융 거래는 거래처코드를 입력한다.

[1] 5월 8일 대한증권에서 단기 시세차익 목적으로 (주)성실전기 주식 1,000주(액면가액 @₩5,000)를 주당 ₩6,000에 취득하면서 주식대금은 보통예금(서울은행) 계좌에서 이체하고, 매입수수료 ₩13,000은 현금으로 지급하다.

[2] 5월 10일 단기 시세차익 목적으로 5월 8일 취득한 (주)성실전기의 주식 중 500주를 주당 ₩6,500에 처분하고, 매매수수료 ₩18,000을 차감한 잔액은 현금으로 받아 즉시 당좌예금(국민은행) 계좌에 입금하다.

◉ 따라하기

1 5월 8일

구분	코드	계정과목	코드	거래처	적요	차변	대변
3(차변)	107	당기손익-공정가치측정금융자산		(주)성실전기	주식매입(1,000주,@₩6,000)	6,000,000	
3(차변)	946	수수료비용			매입수수료 지급	13,000	
4(대변)	103	보통예금	98001	서울은행(보통)	주식매입		6,000,000
4(대변)	101	현금			매입수수료 지급		13,000
분개	(차) 당기손익-공정가치측정금융자산 6,000,000 (대) 보통예금 6,000,000							
	수수료비용 13,000 현금 13,000							

2 5월 10일

구분	코드	계정과목	코드	거래처	적요	차변	대변
3(차변)	102	당좌예금	98003	국민은행(당좌)	주식 매각 대금 입금	3,232,000	
4(대변)	107	당기손익-공정가치측정금융자산		(주)성실전기	주식 500주 매각		3,000,000
4(대변)	906	당기손익-공정가치측정금융자산처분이익			주식처분이익		232,000
분개	(차) 당좌예금 3,232,000 (대) 당기손익-공정가치측정금융자산 3,000,000							
	당기손익-공정가치측정금융자산처분이익 232,000							

☞ 당기손익-공정가치측정금융자산처분이익 = 처분가액 - 장부가액 - 매매수수료
(500주×₩6,500) - (500주×₩6,000) - ₩18,000 = ₩232,000

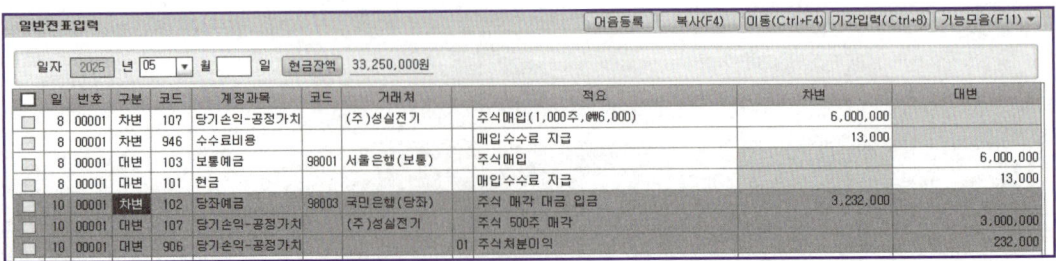

4. 매출채권 관련 거래

(1) 외상매출금

일반적인 상거래란 기업의 사업목적을 위한 영업활동(재고자산 – 상품 매입 및 판매)을 수행하는데 발생하는 거래를 말한다. 이에 일반적인 상거래시 외상으로 발생하는 채권을 '외상매출금' 계정으로 회계처리한다.

거래상황	회계처리			
외상채권의 발생	(차) 외상매출금	×××	(대) 상품매출	×××
외상대금 현금 회수	(차) 현금	×××	(대) 외상매출금	×××
외상대금 보통예금 입금(송금)	(차) 보통예금	×××	(대) 외상매출금	×××
외상대금 당좌예금 입금(송금)	(차) 당좌예금	×××	(대) 외상매출금	×××
외상대금 어음 회수	(차) 받을어음	×××	(대) 외상매출금	×××

(2) 받을어음(어음채권)

일반적인 상거래에 발생하는 어음채권을 '받을어음' 계정으로 회계처리한다.

구분	거래상황	회계처리			
보관	외상대금 어음 회수	(차) 받을어음	×××	(대) 외상매출금	×××
	상품 판매시 어음 회수	(차) 받을어음	×××	(대) 상품매출	×××
결제	어음 만기 추심 입금	(차) 당좌예금	×××	(대) 받을어음	×××
부도	은행에서 지급 거절	(차) 부도어음과수표	×××	(대) 받을어음	×××
배서	외상대금 지급시 어음 양도	(차) 외상매입금	×××	(대) 받을어음	×××
	상품 매입시 어음 양도	(차) 상품	×××	(대) 받을어음	×××
할인	금융기관에서 어음 할인 (매각거래로 간주)	(차) 당좌예금 　　매출채권처분손실	××× ×××	(대) 받을어음	×××

☞ ▷ 할인료 = 매출채권 × 할인율 × 할인기간 ÷ 365(또는 12월)
　▷ 할인료는 매각거래시 '매출채권처분손실' 계정, 차입 거래시 '이자비용' 계정, '받을어음' 계정은 '단기차입금' 계정으로 회계처리한다.

(3) 매출채권의 대손

대손이란 매출채권이 회수 불가능한 상태를 말한다. 대손이 발생한 경우에는 '대손충당금' 계정 잔액이 있으면 우선 상계처리하고 부족한 경우 또는 '대손충당금' 계정 잔액이 없는 경우 '대손상각비' 계정으로 회계처리한다.

거래상황	회계처리			
대손충당금 계정의 잔액이 없는 경우	(차) 대손상각비	×××	(대) 외상매출금	×××
대손충당금 계정의 잔액이 부족한 경우	(차) 대손충당금 　　대손상각비	××× ×××	(대) 외상매출금	×××
대손충당금 계정의 잔액이 충분한 경우	(차) 대손충당금	×××	(대) 외상매출금	×××

(4) 대손 처리된 매출채권의 회수

당기 또는 당기 이전에 대손이 확정되어 처리하였던 매출채권을 회수한 경우 '대손충당금' 계정으로 회계처리한다.

거래상황	회계처리
대손처리하였던 외상매출금을 현금으로 회수한 경우	(차) 현금 ××× (대) 대손충당금 ×××

◀ 수행예제 ▶

다음 거래를 일반전표와 매입매출전표에 입력하시오. 단, 채권, 채무 및 금융 거래는 거래처코드를 입력한다.

[1] 5월 11일 (주)한국유통의 외상매출금 중 ₩5,000,000은 강원유통(주) 발행의 당좌수표 (외환은행)로 받고, ₩5,000,000은 현금으로 회수하여 국민은행 당좌예금 계좌에 입금하다.

[2] 5월 12일 (주)수정상사의 외상대금 ₩10,000,000을 동사의 약속어음으로 받았다. (어음번호 : 다가 20250512, 만기일 : 2025년 8월 22일, 지급은행 : 국민은행)

[3] 5월 14일 상품을 매출하고 전자세금계산서를 발급하다. 대금 중 ₩11,000,000은 (주)한국유통 발행 전자어음(어음번호 : 00520250514202511144, 만기일 : 2025년 11월 14일, 지급은행 : 대한은행)으로 받고, 잔액은 말일에 회수하기로 하다.

전자세금계산서		(공급자 보관용)			승인번호	20250514XXXX0514	
공급자	등록번호	121-81-22222		공급받는자	등록번호	110-81-11313	
	상호	(주)영주상사	성명(대표자) 연영주		상호	(주)한국유통	성명(대표자) 한국인
	사업장주소	서울특별시 강남구 강남대로 276 (도곡동)			사업장주소	서울특별시 금천구 독산로 7 (시흥동)	
	업태	도매 및 소매업	종사업장번호		업태	도소매업	종사업장번호
	종목	가방			종목	가방	
	E-Mail	youngju@bill36524.com			E-Mail	hk@bill36524.com	
작성일자	2025.05.14.	공급가액	20,000,000	세 액	2,000,000		
비고							

월	일	품목명	규격	수량	단가	공급가액	세액	비고
5	14	노트북가방		50	200,000	10,000,000	1,000,000	
5	14	학생용가방		100	100,000	10,000,000	1,000,000	

합계금액	현금	수표	어음	외상미수금	이 금액을 ○ 영수 ● 청구 함
22,000,000			11,000,000	11,000,000	

[4] 5월 17일 5월 14일 수취한 (주)한국유통 전자어음(어음번호 : 00520250514202511144, 만기일 : 2025년 11월 14일, 지급은행 : 대한은행)을 국민은행에서 할인하고, 할인료 ₩10,000을 차감한 실수금은 당좌예금(국민은행) 계좌로 입금되다. 단, 매각거래로 처리한다.

[5] 5월 18일   (주)민영상사의 외상매입금 ₩30,000,000을 보관하고 있던 전자어음(어음번호 : 00520250425123456785, 만기일 : 2025년 8월 2일, 발행인 : (주)수정상사, 지급은행 : 대한은행)으로 배서양도하다.

[6] 8월 22일   (주)수정상사로부터 받아 보관중인 약속어음(어음번호 : 다가20250512, 만기일 : 2025년 8월 22일, 지급은행 : 국민은행)이 만기되어 추심료 ₩13,000을 차감한 실수금이 당사 당좌예금(국민은행) 계좌로 입금되었다는 통보 받다.

◉ 따라하기

① 5월 11일(일반전표입력)

구분	코드	계정과목	코드	거래처	적요	차변	대변
3(차변)	101	현금			외상대금 당좌수표회수	5,000,000	
3(차변)	102	당좌예금	98003	국민은행(당좌)	외상매출금당좌입금	5,000,000	
4(대변)	108	외상매출금	02002	(주)한국유통	외상매출금당좌입금		10,000,000
분개	(차) 현 금 5,000,000 (대) 외 상 매 출 금 10,000,000 당 좌 예 금 5,000,000						

☞ 타인 발행 당좌수표는 '현금' 계정으로 회계처리한다.

② 5월 12일(보관)

구분	코드	계정과목	코드	거래처	적요	차변	대변
3(차변)	110	받을어음	02001	(주)수정상사	어음관리내역자동반영됨	10,000,000	
4(대변)	108	외상매출금	02001	(주)수정상사	외상대금 받을어음회수		10,000,000
분개	(차) 받 을 어 음 10,000,000 (대) 외 상 매 출 금 10,000,000						

① 커서를 110.받을어음 계정에 위치하고 F3 또는 상단의 [기능모음(F11)]에서 [자금관리]를 클릭한다.
② 하단의 받을어음 관리 입력화면에 해당사항(구분, 어음번호, 만기일 등)을 입력한다.
③ 적요란에 어음번호와 만기일자가 표시된다.

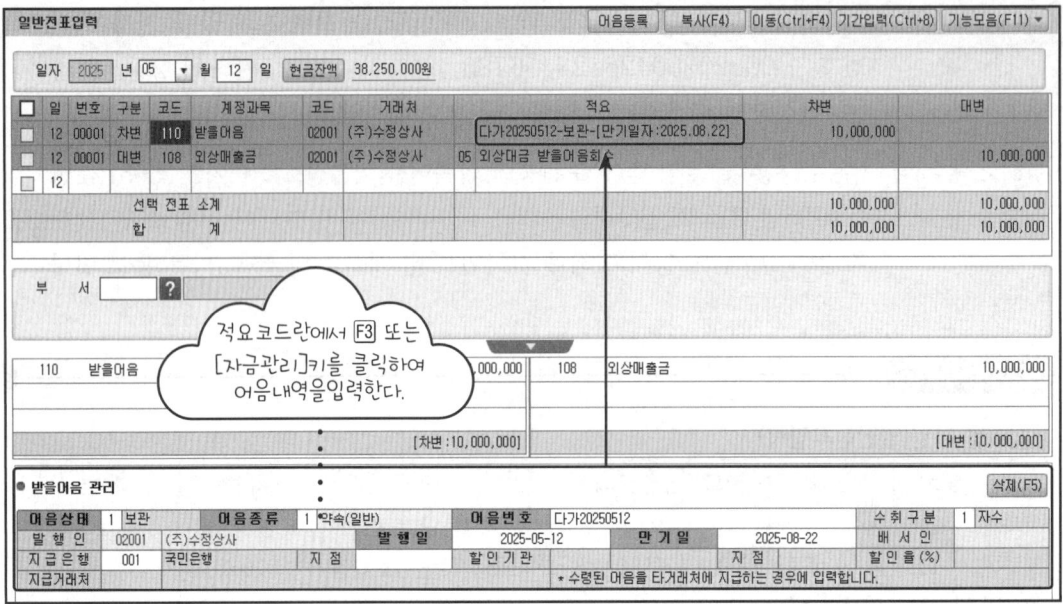

③ 5월 14일 (보관)

[출고입력]

① 출고일자 5월 14일을 입력한다.

② 상단의 [처리구분 : 21. 건별과세], 거래처코드와 거래처명, [수금구분 : 4.혼합]을 선택한다.

③ 하단의 [자산 : 상품], 품목코드와 품목명, 수량과 단가를 입력한다.

④ 하단의 어음란에 'W11,000,000'과 외상란에 'W11,000,000'을 입력한다.

⑤ 상단의 [전표추가]를 클릭하여 [확인] 버튼을 누른 후 [전송]을 클릭하면 [전송]란에 '전송'으로 표시되면서 [매입매출전표입력] 메뉴에 전송된다.

[매입매출전표입력]

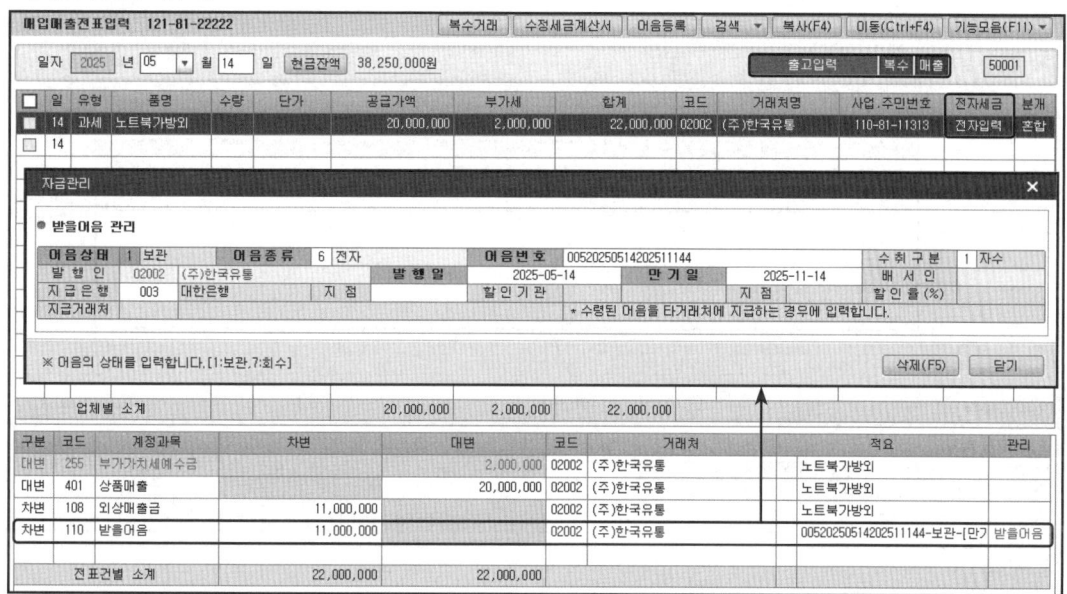

☞ ▷ 상품 매출시 전자세금계산서를 발급하였으므로 전자세금란에 '1.전자입력'을 입력한다.
▷ 하단 분개 중 차변 '받을어음' 계정에서 F3 또는 [기능모음(F11)]의 [자금관리]키를 클릭하여 [받을어음관리]화면에서 수취한 어음번호와 만기일 등을 입력한다.

4 5월 17일(할인)

구분	코드	계정과목	코드	거래처	적 요	차 변	대 변
3(차변)	102	당좌예금	98003	국민은행(당좌)	받을어음할인액당좌입금	10,990,000	
3(차변)	936	매출채권처분손실			받을어음할인액	10,000	
4(대변)	110	받을어음	02002	(주)한국유통	어음관리내역자동반영됨		11,000,000
분개	(차)	당 좌 예 금 매출채권처분손실		10,990,000 10,000	(대) 받 을 어 음	11,000,000	

☞ 5월 14일 [매입매출전표입력] 또는 [받을어음현황]을 조회하여 어음의 금액(₩11,000,000)을 확인한 후 회계처리하며, 어음을 할인하는 경우 할인료 등은 '매출채권처분손실' 계정으로 회계처리한다.

① 커서를 110.받을어음 계정에 위치하고 F3 또는 상단의 [기능모음(F11)]에서 [자금관리]를 클릭한다.
② 하단의 받을어음 관리에서 어음번호란에 F2를 누른 후 할인할 어음번호를 선택하면 자동 반영된다.
③ 적요란에 어음번호와 만기일자가 표시된다.

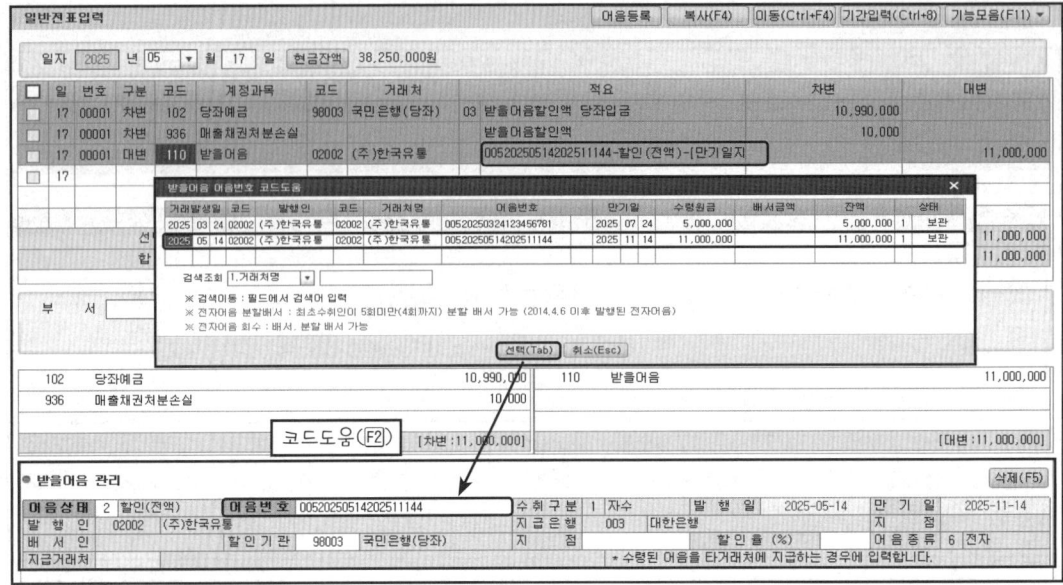

5 5월 18일 (배서양도)

구분	코드	계정과목	코드	거래처	적요	차변	대변
3(차변)	251	외상매입금	01001	(주)민영상사	외상매입금반제 어음양도	30,000,000	
4(대변)	110	받을어음	02001	(주)수정상사	어음관리내역자동반영됨		30,000,000
분개	(차)	외 상 매 입 금	30,000,000	(대)	받 을 어 음	30,000,000	

① 커서를 110.받을어음 계정에 위치하고 F3 또는 상단의 [기능모음(F11)]에서 [자금관리]를 클릭한다.
② 하단의 받을어음 관리에서 어음번호란에 F2를 누른 후 배서양도할 어음번호를 선택하면 자동 반영되며 지급거래처는 '(주)민영상사'를 입력한다.
③ 적요란에 어음번호와 만기일자가 표시된다.

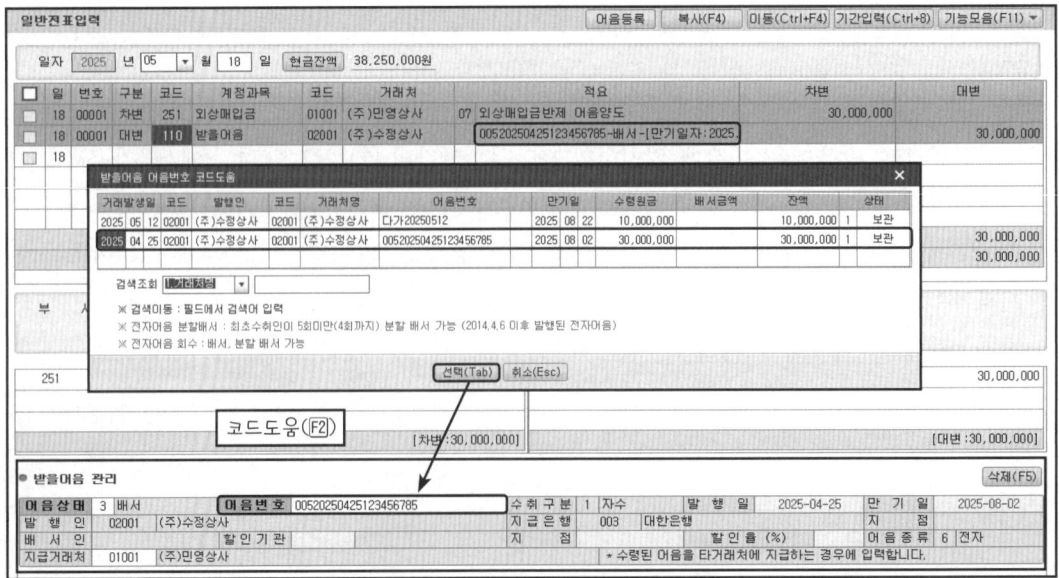

6 8월 22일(만기)

구분	코드	계정과목	코드	거래처	적요	차변	대변
3(차변)	102	당 좌 예 금	98003	국민은행(당좌)	받을어음 당좌추심	9,987,000	
3(차변)	831	수수료비용			받을어음 추심수수료	13,000	
4(대변)	110	받 을 어 음	02001	(주)수정상사	어음관리내역자동반영됨		10,000,000
분개	(차)	당 좌 예 금 수 수 료 비 용		9,987,000 13,000	(대) 받 을 어 음	10,000,000	

☞ 받을어음현황을 조회하여 어음의 금액(₩10,000,000)을 확인한 후 회계처리하며, 어음을 추심하는 경우 수수료 등은 '수수료비용' 계정으로 회계처리한다.

① 커서를 110.받을어음 계정에 위치하고 F3 또는 상단의 [기능모음(F11)]에서 [자금관리]를 클릭한다.
② 하단의 받을어음 관리에서 어음번호란에 F2를 누른 후 만기되는 어음번호를 선택하면 자동 반영된다.
③ 적요란에 어음번호와 만기일자가 표시된다.

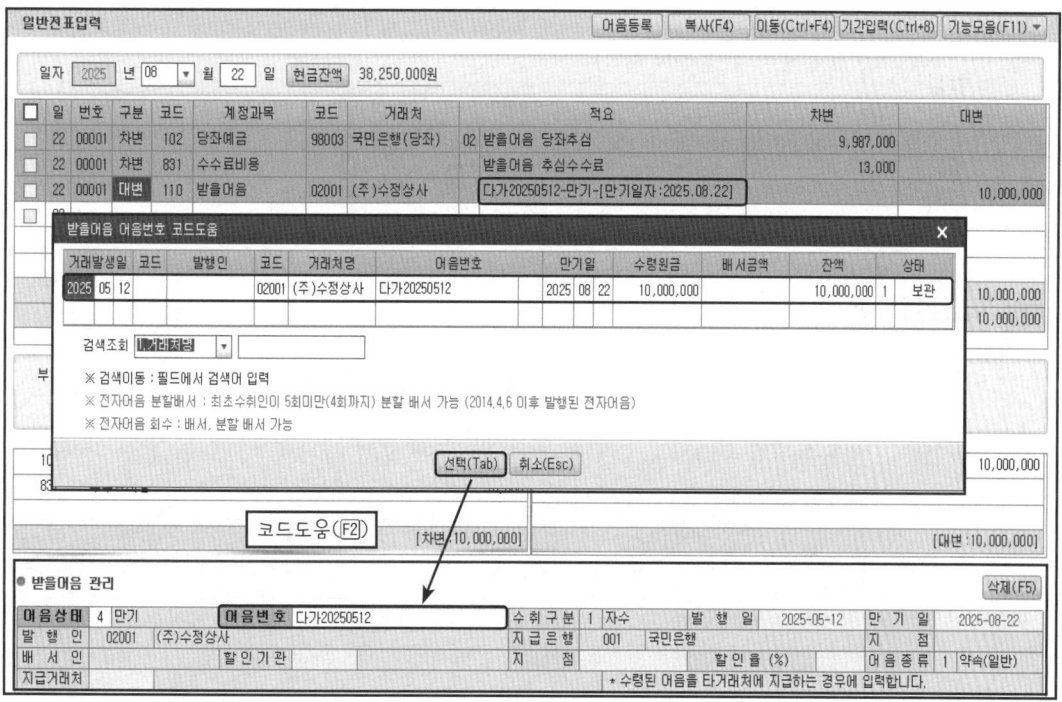

5. 기타의 당좌자산 관련 거래

거래 상황	회계 처리			
단기대여금 발생	1년 이내 상환조건으로 자금을 대여한 경우			
	(차) 단기대여금	×××	(대) 현금	×××
단기대여금 회수	단기대여금을 회수하면서 이자도 받은 경우			
	(차) 보통예금	×××	(대) 단기대여금 이자수익	××× ×××
미수금 발생	상품이 아닌 물품(토지, 건물, 차량, 비품 등)을 매각하고, 대금을 외상으로 한 경우			
	(차) 미수금	×××	(대) 비품 등	×××
미수금 회수	미수금을 회수하면서 보통예금 계좌로 입금 받은 경우			
	(차) 보통예금	×××	(대) 미수금	×××
선급금 발생	상품을 매입하기 전에 계약금을 미리 지급한 경우			
	(차) 선급금	×××	(대) 현금	×××
선급금 정리	상품을 매입하면서 계약금 정리 후 잔액을 외상으로 한 경우			
	(차) 상품	×××	(대) 선급금 외상매입금	××× ×××
가지급금 발생	현금의 지급은 있었으나 그 거래내용이 확정되지 않아 계정과목이나 금액을 확정할 수 없는 경우(예: 출장비 지급)			
	(차) 가지급금	×××	(대) 현금	×××
가지급금 정리	가지급금 내역이 확정되어 정리하는 경우(예: 출장비 정산)			
	(차) 여비교통비 현금	××× ×××	(대) 가지급금	×××

수행예제

다음 거래를 일반전표에 입력하시오. 단, 채권, 채무 및 금융 거래는 거래처코드를 입력한다.

[1] 5월 19일 장도순에게 ₩5,000,000을 10개월 후에 회수하기로 하고 현금을 대여하다. 단, 신규거래처를 등록하시오.

거래처명	거래처분류 (구분)	거래처 코드	주민등록번호	주소
장도순	일반	03101	900202-2000008	인천시 계양구 봉오대로 411

[2] 5월 20일 (주)호성물산으로부터 상품 ₩10,000,000을 매입하기로 하고, 계약금으로 상품 대금의 10%에 해당하는 금액을 당좌수표(국민은행)로 발행하여 지급하다.

[3] 5월 21일 영업부사원 왕대박에게 지방출장을 명하고 여비로 현금 ₩200,000을 계상하여 지급하다. 단, 신규거래처를 7000번으로 등록하시오.

[4] 5월 25일 출장을 다녀온 종업원의 가지급금에 대하여 다음과 같이 정리하고, 잔액을 현금으로 회수하다.

출장보고서

2025년 5월 25일

결재	계	과장	부장
	대박		

소 속	영업부		직위	사원	성 명	왕대박
출장일정	일 시	2025년 5월 22일 ~ 2025년 5월 24일				
	출장지	강원지역 거래처				
출 장 비	지급받은금액	200,000원	실제소요액	180,000원	차액	20,000원
지출내역	숙박비	50,000원	교통비	30,000원	식비	100,000원
비고	식비 중 50,000원은 거래처 직원과 식사대이다.					

~ 이 하 생 략 ~

◉ 따라하기

① 5월 19일

구분	코드	계정과목	코드	거래처	적요	차변	대변
1(출금)	114	단기대여금	03101	장도순	현금 단기대여	5,000,000	현금
분개	(차) 단 기 대 여 금			5,000,000	(대) 현　　　　금	5,000,000	

☞ 신규거래처 등록 : 거래처코드란에서 '+'를 입력한 후 거래처명을 '장도순'을 입력하고 [Enter↵]한 다음 [수정]을 이용하여 1.주민등록번호를 선택하여 거래처 내용을 입력한다.

② 5월 20일

구분	코드	계정과목	코드	거래처	적요	차변	대변
3(차변)	131	선 급 금	01002	(주)호성물산	상품대금 수표선지급	1,000,000	
4(대변)	102	당 좌 예 금	98003	국민은행(당좌)	상품대금 수표선지급		1,000,000
분개	(차) 선　　급　　금			1,000,000	(대) 당 좌 예 금	1,000,000	

③ 5월 21일

구분	코드	계정과목	코드	거래처	적요	차변	대변
1(출금)	134	가 지 급 금	07000	왕대박	업무가지급금 지급	200,000	현금
분개	(차) 가 지 급 금			200,000	(대) 현　　　　금	200,000	

4 5월 25일

구분	코드	계정과목	코드	거래처	적요	차변	대변
3(차변)	812	여 비 교 통 비			출장여비 가지급정산	130,000	
3(차변)	813	접대비(기업업무추진비)			출장여비 가지급정산	50,000	
3(차변)	101	현　　　　　금			출장여비 가지급정산	20,000	
4(대변)	134	가　지　급　금	07000	왕대박	업무가지급금 정산대체		200,000
분개	(차)	여 비 교 통 비　　130,000 접　　대　　비　　 50,000 현　　　　　금　　 20,000			(대) 가 지 급 금　200,000		

☞ 출장비 중 거래처를 위한 지출은 '접대비(기업업무추진비)' 계정, 나머지는 모두 '여비교통비' 계정으로 회계처리한다.

	일	번호	구분	코드	계정과목	코드	거래처	적요	차변	대변
☐	19	00001	출금	114	단기대여금	03101	장도순	현금 단기 대여	5,000,000	현금
☐	20	00001	차변	131	선급금	01002	(주)호성물산	01 상품대금 수표 선지급	1,000,000	
☐	20	00001	대변	102	당좌예금	98003	국민은행(당좌)	상품대금 수표 선지급		1,000,000
☐	21	00001	출금	134	가지급금	07000	왕대박	02 업무가지급금 지급	200,000	현금
☐	25	00001	차변	812	여비교통비			01 출장여비 가지급정산	130,000	
☐	25	00001	차변	813	접대비(기업업무추			출장여비 가지급정산	50,000	
☐	25	00001	차변	101	현금			출장여비 가지급정산	20,000	
☐	25	00001	대변	134	가지급금	07000	왕대박	06 업무가지급금 정산대체		200,000

6. 유·무형자산의 취득 및 처분 관련 거래

(1) 유형자산

판매를 목적으로 하지 않고, 장기간에 걸쳐 영업활동에 사용할 수 있는 구체적인 형태를 가진 자산을 말한다.

구 분		내용 및 회계처리				
종류	토 지	대지·임야·전답·잡종지 등으로 매매목적이나 비업무용 토지는 제외한다.				
	건 물	건물과 냉난방시설, 조명시설 등 부속설비를 말한다.				
	차량운반구	철도차량·자동차 및 기타의 육상운반구 등을 말한다.				
	비 품	에어컨, 온풍기 등 집기비품을 말한다.				
	건설중인자산	유형자산의 건설(또는 제작)을 위한 재료비·노무비·경비를 말하며, 건설을 위하여 지출한 도급금액 등을 포함한다.				
취득원가		매입원가 + 취득시 부대비용(매입수수료, 운송비, 하역비, 설치비, 시운전비, 취득세 등)				
보유관련 비용	자본적 지출	자산가치의 증대, 자산의 능률향상, 내용연수를 연장시키는 지출				
		(차) 해당자산	×××	(대) 현금 등		×××
	수익적 지출	자산의 현상유지, 자산의 능률유지를 위한 지출				
		(차) 수선비	×××	(대) 현금 등		×××
결산시	감가상각비 계상액	(차) 감가상각비	×××	(대) 감가상각누계액		×××
처분시 (매각)	처분가액 〉 장부금액	(차) 감가상각누계액 현금	××× ×××	(대) 해당자산 유형자산처분이익		××× ×××
	처분가액 〈 장부금액	(차) 감가상각누계액 현금 유형자산처분손실	××× ××× ×××	(대) 해당자산		×××

(2) 무형자산

유형자산과 달리 물리적 형태는 없지만 식별이 가능하고, 기업이 통제할 수 있으며, 미래 경제적 효익이 있는 자산을 말한다.

구 분		내용		
종류	산업재산권	법률에 의해 일정기간 독점적·배타적으로 이용할 수 있는 권리로 특허권, 상표권, 의장권, 실용신안권, 상호권 등		
	개 발 비	신제품 또는 신기술 등의 개발과 관련하여 발생한 비용(자산요건을 충족한 경우)		
	소프트웨어	컴퓨터 프로그램과 그와 관련된 문서		
결산시	감가상각비 계 상 액	(차)무형고정자산상각 ×××	(대) 무형자산	×××

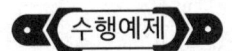

다음 거래를 일반전표와 매입매출전표에 입력하시오. 단, 채권, 채무 및 금융 거래는 거래처코드를 입력한다.

[1] 5월 26일 (주)한국건설에 본사 사옥 건설을 의뢰하고 계약금 ₩3,000,000과 중도금 ₩10,000,000을 당좌수표(국민은행)로 발행하여 지급하다.

[2] 5월 27일 본사 사옥을 신축하기 위하여 토지를 구입하고 전자계산서를 발급받다. 대금은 보통예금(서울은행) 계좌에서 취득세 ₩100,000을 포함하여 자기앞수표로 인출하여 지급하다. 단, 신규거래처를 3005번으로 등록하시오.

전자계산서			(공급받는자 보관용)		승인번호	20250527XXXX0527
공급자	등록번호	214-81-29167		공급받는자	등록번호	121-81-22222
	상호	(주)한국건설	성명(대표자) 김태균		상호	(주)영주상사	성명(대표자) 연영주
	사업장 주소	서울특별시 강남구 압구정로 106 (신사동, 에스모드서울1)			사업장 주소	서울특별시 강남구 강남대로 276 (도곡동)
	업태	건설업	종사업장번호		업태	도매 및 소매업	종사업장번호
	종목	상업용 건물			종목	가방
	E-Mail	hankook@gmail.com			E-Mail	youngju@bill36524.com
작성일자	2025.05.27.		공급가액	10,000,000		
비고						

월	일	품목명	규격	수량	단가	공급가액	비고
5	27	토지				10,000,000	

합계금액	현금	수표	어음	외상미수금	이 금액을	● 영수 ○ 청구	함
10,000,000	10,000,000						

[3] 5월 28일 오피스상사로부터 업무용 컴퓨터를 구입하고 전자세금계산서를 발급받다. 대금은 부가가치세는 현금으로 지급하고 나머지는 전자어음(어음번호 : 00420250528123456793, 만기일 : 2025년 12월 28일, 지급은행 : 국민은행)을 발행하여 지급하다.

계정과목(자산계정)	자산코드	자산명	취득금액	내용연수	상각방법
비품	10002	컴퓨터	₩6,000,000	8년	정률법

전자세금계산서 (공급받는자 보관용)

승인번호: 20250528XXXX0528

공급자
- 등록번호: 137-23-81245
- 상호: 오피스상사
- 성명(대표자): 오지수
- 사업장 주소: 서울특별시 강남구 강남대로 251 (도곡동)
- 업태: 도소매
- 종목: 전자제품외
- E-Mail: office@bill36524.com

공급받는자
- 등록번호: 121-81-22222
- 상호: (주)영주상사
- 성명(대표자): 연영주
- 사업장 주소: 서울특별시 강남구 강남대로 276 (도곡동)
- 업태: 도매 및 소매업
- 종목: 가방
- E-Mail: youngju@bill36524.com

작성일자	공급가액	세액
2025.05.28.	6,000,000	600,000

비고:

월	일	품목명	규격	수량	단가	공급가액	세액	비고
5	28	컴퓨터		4	1,500,000	6,000,000	600,000	

합계금액	현금	수표	어음	외상미수금	이 금액을
6,600,000	600,000		6,000,000		○ 영수 / ● 청구 함

---

[4] 5월 31일 건설중인 본사 사옥 1동이 완공되어 (주)한국건설에 기 지급한 계약금 및 중도금을 제외한 공사비 전액은 부가가치세를 포함하여 당좌수표(국민은행)로 발행하여 지급하다. 당사는 건물을 인수하면서 전자세금계산서를 일괄로 발급받다.

계정과목(자산계정)	자산코드	자산명	취득금액	내용연수	상각방법
건물	10003	본사 사옥	₩30,000,000	20년	정액법

전자세금계산서 (공급받는자 보관용)

승인번호: 20250531XXXX0531

공급자
- 등록번호: 214-81-29167
- 상호: (주)한국건설
- 성명(대표자): 김태균
- 사업장 주소: 서울특별시 강남구 압구정로 106 (신사동, 에스모드서울1)
- 업태: 건설업
- 종목: 상업용 건물
- E-Mail: hankook@gmail.com

공급받는자
- 등록번호: 121-81-22222
- 상호: (주)영주상사
- 성명(대표자): 연영주
- 사업장 주소: 서울특별시 강남구 강남대로 276 (도곡동)
- 업태: 도매 및 소매업
- 종목: 가방
- E-Mail: youngju@bill36524.com

작성일자	공급가액	세액
2025.05.31.	30,000,000	3,000,000

비고:

월	일	품목명	규격	수량	단가	공급가액	세액	비고
5	26	계약금				3,000,000	300,000	
5	26	중도금				10,000,000	1,000,000	
5	31	잔금				17,000,000	1,700,000	

합계금액	현금	수표	어음	외상미수금	이 금액을
33,000,000	13,000,000	20,000,000			● 영수 / ○ 청구 함

[5] 5월 31일   (주)송도자동차에 사용하던 화물차를 처분하고 전자세금계산서를 발급하다. 대금은 (주)송도자동차 발행 약속어음(어음번호 : 소소20250531, 만기일 : 2025년 12월 31일, 지급은행 : 국민은행)으로 회수하다. 단, [고정자산등록] 메뉴를 조회하여 회계처리하며, 당기 감가상각비는 고려하지 않는다.

전자세금계산서 (공급자 보관용)

승인번호: 20250531XXXX0531

공급자
- 등록번호: 121-81-22222
- 상호: (주)영주상사
- 성명(대표자): 연영주
- 사업장주소: 서울특별시 강남구 강남대로 276 (도곡동)
- 업태: 도매 및 소매업
- 종목: 가방
- E-Mail: youngju@bill36524.com

공급받는자
- 등록번호: 113-81-21111
- 상호: (주)송도자동차
- 성명(대표자): 기태영
- 사업장주소: 인천광역시 남동구 문화로 59 (구월동)
- 업태: 도소매
- 종목: 자동차
- E-Mail: songdo@bill36524.com

작성일자: 2025.05.31. | 공급가액: 9,000,000 | 세액: 900,000

월	일	품목명	규격	수량	단가	공급가액	세액	비고
5	31	화물차 매각				9,000,000	900,000	

합계금액	현금	수표	어음	외상미수금	이 금액을 ○영수 ●청구 함
9,900,000			9,900,000		

◉ 따라하기

① 5월 26일(일반전표입력)

구분	코드	계정과목	코드	거래처	적요	차변	대변
3(차변)	214	건설중인자산		(주)한국건설	본사사옥건설계약금및중도금	13,000,000	
4(대변)	102	당좌예금	98003	국민은행(당좌)	본사사옥건설계약금및중도금		13,000,000
분개	(차) 건 설 중 인 자 산			13,000,000	(대) 당 좌 예 금		13,000,000

☞ 건물 건설시 지출한 도급금액은 '건설중인자산' 계정으로 회계처리한다.

일반전표입력 | 어음등록 복사(F4) 이동(Ctrl+F4) 기간입력(Ctrl+8) 기능모음(F11)▼

일자 2025년 05월 26일 현금잔액 33,070,000원

□	일	번호	구분	코드	계정과목	코드	거래처	적요	차변	대변
□	26	00001	차변	214	건설중인자산		(주)한국건설	본사 사옥 건설 계약금 및 중도금	13,000,000	
□	26	00001	대변	102	당좌예금	98003	국민은행(당좌)	본사 사옥 건설 계약금 및 중도금		13,000,000

② 5월 27일(매입매출전표입력)

거래유형	품명	공급가액	부가세	거래처	전자세금
53.면세	토지	10,000,000		(주)한국건설	전자입력
분개유형	(차) 토지	10,100,000	(대) 보통예금 (서울은행(보통))		10,100,000
3.혼합					

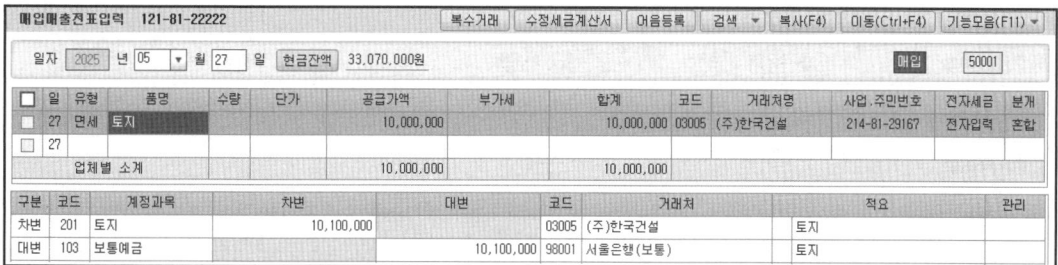

☞ ▷ 토지를 구입하고 계산서를 수취한 경우 유형 53.면세를 선택하고, 취득세 등 구입시 부대비용은 취득원가에 포함하여 '토지' 계정으로 회계처리한다.

▷ 신규거래처 등록 : 거래처코드란에서 '+'를 입력한 후 거래처명을 '(주)한국건설'을 입력하고 Enter↵ 한 다음 [수정]을 이용하여 거래처 내용을 입력한다.

③ ① 5월 28일(매입매출전표입력)

거래유형	품명	공급가액	부가세	거래처	전자세금
51.과세	컴퓨터	6,000,000	600,000	오피스상사	전자입력
분개유형	(차) 부가가치세대급금	600,000	(대) 현금		600,000
3.혼합	비품	6,000,000	미지급금		6,000,000

☞ 일반적인 상거래외의 거래인 비품을 구입하고 전자어음을 발행한 경우 '미지급금' 계정으로 회계처리한다.

② 고정자산등록

☞ 당기에 취득한 고정자산은 4.신규 취득 및 증가란에 취득가액(₩6,000,000)을 입력하며, 1.취득수량(4)이 있는 경우 반드시 입력한다.

4 ① 5월 31일(매입매출전표입력)

거래유형	품명	공급가액	부가세	거래처	전자세금
51.과세	계약금외	30,000,000	3,000,000	(주)한국건설	전자입력
분개유형	(차) 부가가치세대급금	3,000,000	(대) 건설중인자산		13,000,000
3.혼합	건물	30,000,000	당좌예금 (국민은행(당좌))		20,000,000

☞ ▷ 상단의 [복수거래]키를 클릭하여 품명을 입력한다.
  ▷ [합계잔액시산표] 메뉴에서 '건설중인자산' 계정의 금액(₩13,000,000)을 확인하여 '건물' 계정에 대체한다.

② 고정자산등록

☞ 당기에 취득한 고정자산은 4.신규 취득 및 증가란에 취득가액(₩30,000,000)을 입력하며, 1.취득수량(1)이 있는 경우 반드시 입력한다.

5 ① 5월 31일(매입매출전표입력)

거래유형	품명	공급가액	부가세	거래처	전자세금
11.과세	화물차 매각	9,000,000	900,000	(주)송도자동차	전자입력
분개유형	(차) 미수금	9,900,000	(대) 부가가치세예수금		900,000
3.혼합	유형자산처분손실	1,000,000	차량운반구		10,000,000

☞ ▷ [고정자산등록] 메뉴에서 취득가액(₩10,000,000)을 확인한다.
　▷ 차량을 매각하고 어음을 수취한 경우 '미수금' 계정으로 회계처리한다.

② 고정자산등록

☞ 3.전체양도일자란에 '2025-05-31'과 당기 감가상각비는 고려하지 않으므로 [사용자수정]을 클릭하여 20.회사계상상각비란에 '0'을 입력한다.

7. 투자자산과 기타비유동자산 관련 거래

투자자산이란 기업이 정상적인 영업활동과는 무관하게 타 회사를 지배하거나 통합할 목적 또는 장기적인 투자이윤을 얻을 목적으로 투자된 자산을 말하며, 기업 고유사업의 사업목적 달성과는 관련이 없다는 점에서 유형자산과 다르다. 또한, 유가증권은 장기적으로 보유하고 있다는 점에서 당기손익-공정가치측정금융자산이나 단기금융상품 등과 구별된다.

기타비유동자산이란 투자자산, 유형자산, 무형자산에 속하지 않는 비유동자산으로 장기매출채권, 보증금, 부도어음과수표, 장기선급비용 등이 있다.

구 분		내 용
투자자산 종류	장 기 성 예 금	유동자산에 속하지 않은 금융상품으로 결산일 기준으로 1년 이후에 만기가 도래하는 사용이 제한되어 있는 정기예금, 정기적금 및 기타 정형화된 장기금융상품을 말한다.
	투 자 부 동 산	영업 활동과는 무관하게 투자목적으로 취득하여 보유하는 토지나 건물을 말한다.
	기타포괄손익-공정가치측정금융자산	당기손익-공정가치측정금융자산이나 상각후원가측정금융자산 및 지분법적용 투자주식으로 분류되지 아니하거나 시장성이 없는 국·공·사채 및 주식을 말한다.
	상 각 후 원 가 측정금융자산	상환(만기)금액이 확정되었거나 확정이 가능한 채무증권으로 만기까지 보유할 적극적인 의도와 능력이 있는 경우의 국·공·사채를 말한다.
	장 기 대 여 금	이자수익을 창출할 목적으로 유동자산에 속하지 아니한 대여금으로 1년 이상 타인에게 장기의 자금을 대여한 경우를 말한다.
기타비유동 자산 종류	임 차 보 증 금	유형자산 등을 임차하기 위하여 지급한 보증금을 말한다.
	장기 매출채권	회수기간이 1년 이상인 매출채권(외상매출금, 받을어음)을 말한다.

다음 거래를 일반전표에 입력하시오. 단, 채권, 채무 및 금융 거래는 거래처코드를 입력한다.

[1] 6월 2일   (주)대한토지공사로부터 투자할 목적으로 토지를 ₩10,000,000에 구입하고 대금은 당좌수표(국민은행)를 발행하여 지급하다. 단, 취득세 ₩15,000과 중개수수료 ₩10,000은 현금으로 지급하다.

[2] 6월 5일   장기 보유 목적으로 비상장 회사 (주)백호의 주식 1,000주(액면가액 @₩5,000)를 1주당 ₩4,000에 구입하고, 매입수수료 ₩15,000를 포함하여 보통예금(서울은행) 계좌에서 이체하다.

[3] 6월 7일   만기까지 보유할 목적으로 3년 만기인 상장회사 (주)금성의 사채 1,000좌 (액면가액 @₩5,000)를 1좌당 ₩6,000에 구입하고 당좌예금(국민은행) 계좌에서 이체하여 지급하다.

[4] 6월 10일 (주)한국유통에 ₩3,000,000을 2년 후에 회수하기로 하고 당좌예금(국민은행) 계좌에서 (주)한국유통의 보통예금(대한은행) 계좌로 인터넷뱅킹으로 송금하다.

[5] 6월 13일   (주)대한토지공사로부터 6월 2일 투자 목적으로 취득한 토지를 개인인 복부인에게 ₩11,000,000에 처분하고, 중개수수료 ₩200,000을 차감한 금액을 국민은행 발행 자기앞수표로 받다.

[6] 6월 15일   상품 판매 매장을 M마트로 부터 2년간 임차하기로 계약을 체결하고, 보증금 ₩5,000,000과 임차료 ₩600,000(1년분)은 당좌수표(국민은행)를 발행하여 지급하다. 단, 신규거래처를 3006번으로 등록하시오.

◉ 따라하기

1 6월 2일

구분	코드	계정과목	코드	거래처	적요	차변	대변
3(차변)	187	투자부동산		(주)대한토지공사	투자 목적 토지 구입	10,025,000	
4(대변)	102	당좌예금	98003	국민은행(당좌)	투자 목적 토지 구입		10,000,000
4(대변)	101	현금			취득세및중개수수료지급		25,000
분개	(차) 투 자 부 동 산 10,025,000				(대) 당 좌 예 금 현 금		10,000,000 25,000

☞ 취득세 등 투자자산(토지) 구입시 부대비용은 취득원가에 포함하여 '투자부동산' 계정으로 회계처리한다.

2 6월 5일

구분	코드	계정과목	코드	거래처	적요	차변	대변
3(차변)	178	기타포괄손익-공정가치측정금융자산(비유동)		(주)백호	주식 매입 (1,000주,@₩4,000)	4,015,000	
4(대변)	103	보통예금	98001	서울은행(보통)	주식 매입		4,015,000
분개	(차) 기타포괄손익-공정가치 측정금융자산(비유동) 4,015,000				(대) 보 통 예 금		4,015,000

☞ 장기 보유 목적인 비상장 주식을 구입하였으므로 투자자산 중 '기타포괄손익-공정가치측정금융자산(비유동)' 계정 매입가로 회계처리하며, 수수료 발생시 취득원가에 가산한다.

3 6월 7일

구분	코드	계정과목	코드	거래처	적요	차변	대변
3(차변)	181	상각후원가측정금융자산(비유동)		(주)금성	사채 매입 (1,000좌,@₩6,000)	6,000,000	
4(대변)	102	당좌예금	98003	국민은행(당좌)	사채 매입		6,000,000
분개	(차) 상각후원가측정 금융자산(비유동) 6,000,000				(대) 당 좌 예 금 6,000,000		

☞ 만기까지 보유할 목적으로 사채를 구입하였으므로 투자자산 중 '상각후원가측정금융자산(비유동)' 계정 매입가로 회계처리하며, 수수료 발생시 취득원가에 가산한다.

④ 6월 10일

구분	코드	계정과목	코드	거래처	적요	차변	대변
3(차변)	179	장기대여금	02002	(주)한국유통	장기대여시 당좌예금이체	3,000,000	
4(대변)	102	당 좌 예 금	98003	국민은행(당좌)	장기대여시 당좌예금이체		3,000,000
분개	(차) 장 기 대 여 금			3,000,000	(대) 당 좌 예 금	3,000,000	

☞ 대여시 회수기간이 1년 미만인 경우에는 '단기대여금' 계정, 1년 이상인 경우에는 '장기대여금' 계정으로 회계처리한다.

⑤ 6월 13일

구분	코드	계정과목	코드	거래처	적요	차변	대변
3(차변)	101	현 금			토지 매각	10,800,000	
4(대변)	187	투 자 부 동 산		복부인	토지 매각		10,025,000
4(대변)	916	투자자산처분이익			토지 매각시 이익발생		775,000
분개	(차) 현 금			10,800,000	(대) 투 자 부 동 산 투자자산처분이익	10,025,000 775,000	

☞ 투자자산(토지) 매각시 수수료 등은 투자자산처분손익에 가감한다.

⑥ 6월 15일

구분	코드	계정과목	코드	거래처	적요	차변	대변
3(차변)	962	임차보증금	03006	M마트	임차보증금 수표지급	5,000,000	
3(차변)	819	임 차 료		M마트	매장임차료(1년분)수표지급	600,000	
4(대변)	102	당 좌 예 금	98003	국민은행(당좌)	임차보증금과 임차료 수표지급		5,600,000
분개	(차) 임 차 보 증 금 임 차 료			5,000,000 600,000	(대) 당 좌 예 금	5,600,000	

[일반전표입력 화면]

일자: 2025년 06월 일 현금잔액: 43,245,000원

일	번호	구분	코드	계정과목	코드	거래처	적요	차변	대변
2	00001	차변	187	투자부동산		(주)대한토지공사	투자 목적 토지 구입	10,025,000	
2	00001	대변	102	당좌예금	98003	국민은행(당좌)	투자 목적 토지 구입		10,000,000
2	00001	대변	101	현금			취득세 및 중개수수료 지급		25,000
5	00001	차변	178	기타포괄손익-공정		(주)백호	주식 매입(1,000주,@₩4,000)	4,015,000	
5	00001	대변	103	보통예금	98001	서울은행(보통)	주식 매입		4,015,000
7	00001	차변	181	상각후원가측정금융		(주)금성	사채 매입(1,000좌,@₩6,000)	6,000,000	
7	00001	대변	102	당좌예금	98003	국민은행(당좌)	사채 매입		6,000,000
10	00001	차변	179	장기대여금	02002	(주)한국유통	장기대여시 당좌예금이체	3,000,000	
10	00001	대변	102	당좌예금	98003	국민은행(당좌)	장기대여시 당좌예금이체		3,000,000
13	00001	차변	101	현금			토지 매각	10,800,000	
13	00001	대변	187	투자부동산		복부인	토지 매각		10,025,000
13	00001	대변	916	투자자산처분이익			토지 매각시 이익발생		775,000
15	00001	차변	962	임차보증금	03006	M마트	02 임차보증금 수표지급	5,000,000	
15	00001	차변	819	임차료		M마트	매장임차료(1년분) 수표지급	600,000	
15	00001	대변	102	당좌예금	98003	국민은행(당좌)	임차보증금과 임차료 수표지급		5,600,000

2 부채의 거래 계정 분류 및 전표 작성하기

기업의 영업활동에서 외상매입금, 차입금 등과 같이 장래에 타인에게 현금 등의 재화로 갚아야 할 의무(채무)를 부채라 한다. 부채는 상환해야 하는 지급의무에 따라 1년 이내이면 유동부채로, 1년 초과이면 비유동부채로 구분한다.

구분		계정과목
부채	유동 부채	매입채무(외상매입금, 지급어음), 단기차입금, 미지급금, 선수금, 예수금, 미지급비용, 유동성장기부채, 가수금
	비 유 동 부 채	사채, 장기차입금, 퇴직급여부채

1. 매입채무 관련 거래

일반적인 상거래에서 발생하는 채무를 매입채무(외상매입금, 지급어음)라 한다.

거래 상황	회계 처리			
외상매입금 발생	상품을 외상으로 구입한 경우			
	(차) 상품	×××	(대) 외상매입금	×××
외상매입금 상환	외상매입대금을 보통예금 계좌에서 이체하여 지급한 경우			
	(차) 외상매입금	×××	(대) 보통예금	×××
지급어음 발행	상품을 매입하고 약속어음을 발행한 경우			
	(차) 상품	×××	(대) 지급어음	×××
지급어음 결제	발행한 어음이 지급기일에 당좌예금 계좌에서 만기결제된 경우			
	(차) 지급어음	×××	(대) 당좌예금	×××

◀◀ 수행예제 ▶▶

다음 거래를 일반전표와 매입매출전표에 입력하시오. 단, 채권, 채무 및 금융 거래는 거래처코드를 입력한다.

[1] 7월 3일 (주)호성물산의 외상대금 중 ₩10,000,000은 (주)호성물산을 수취인으로 하여 당좌수표(국민은행)를 발행하여 지급하고, ₩5,000,000은 보관하고 있던 대한은행 발행 자기앞수표로 지급하다.

[2] 7월 5일 (주)민영상사로부터 상품을 매입하고, 전자세금계산서를 발급받다. 대금 중 ₩5,000,000은 약속어음(어음번호 : 하하87654323, 만기일 : 2025년 11월 5일, 지급은행 : 국민은행)을 발행하여 지급하고 잔액은 외상으로 하다.
여행용가방 50EA @₩130,000 (부가가치세 별도)

[3] 7월 10일   상품을 매입하고 전자세금계산서를 발급받다. 대금은 5월 20일 지급한 계약금을 차감하고, ₩5,000,000은 약속어음(어음번호 : 하하87654324, 만기일 : 2025년 12월 10일, 지급은행 : 국민은행)을 발행하여 지급하고, 잔액은 보통예금(서울은행) 계좌에서 이체하여 지급하다.

전자세금계산서 (공급받는자 보관용)				승인번호	20250710XXXX0710	
공급자	등록번호	121-81-53268		공급받는자	등록번호	121-81-22222	
	상호	(주)호성물산	성명(대표자)	안호성		상호	(주)영주상사	성명(대표자)	연영주
	사업장주소	서울특별시 구로구 디지털로33길 27 (구로동, 삼성IT밸리)			사업장주소	서울특별시 강남구 강남대로 276 (도곡동)
	업태	제조	종사업장번호			업태	도매 및 소매업	종사업장번호
	종목	가방			종목	가방
	E-Mail	hs@naver.com			E-Mail	youngju@bill36524.com

작성일자	2025.07.10.	공급가액	7,000,000	세액	700,000

비고							
월	일	품목명	규격	수량	단가	공급가액	세액	비고
7	10	여행용가방		40	140,000	5,600,000	560,000	
7	10	학생용가방		20	70,000	1,400,000	140,000	

합계금액	현금	수표	어음	외상미수금	이 금액을	● 영수 ○ 청구	함
7,700,000	2,700,000		5,000,000				

[4] 7월 23일   (주)호성물산의 외상대금을 전자어음으로 발행하여 상환하다.
단, 전자어음 1매를 등록하시오.

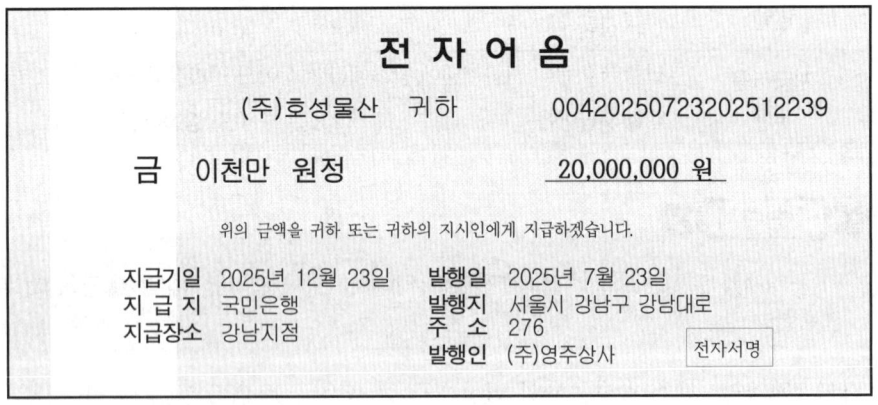

[5] 7월 30일   매입처 (주)민영상사에 발행한 ₩2,500,000 약속어음(어음번호 : 하하87654321, 만기일 : 2025년 7월 30일, 지급은행 : 국민은행)이 만기가 되어 당좌예금(국민은행) 계좌에서 지급되었다는 내용을 거래은행으로부터 통지받다.

따라하기

1 7월 3일

구분	코드	계정과목	코드	거래처	적요	차변	대변
3(차변)	251	외상매입금	01002	(주)호성물산	외상매입금반제수표발행	15,000,000	
4(대변)	102	당좌예금	98003	국민은행(당좌)	외상매입금반제수표발행		10,000,000
4(대변)	101	현금			외상매입금반제수표지급		5,000,000
분개	(차) 외 상 매 입 금			15,000,000	(대) 당 좌 예 금 10,000,000 현 금 5,000,000		

☞ 당점이 발행한 당좌수표는 '당좌예금' 계정, 은행이 발행한 자기앞수표는 '현금' 계정으로 회계처리한다.

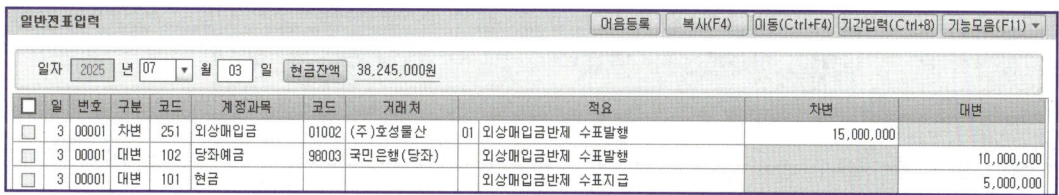

2 7월 5일(발행)

[입고입력]

① 입고일자 7월 5일을 입력한다.
② 상단의 [처리구분 : 21.건별과세], 거래처코드와 거래처명, [지급구분 : 4.혼합]을 선택한다.
③ 하단의 [자산 : 상품], 품목코드와 품목명, 수량과 단가를 입력한다.
④ 하단의 어음란에 '₩5,000,000'과 외상란에 '₩2,150,000'을 입력한다.
⑤ 상단의 [전표추가]를 클릭하여 [확인]버튼을 누른 후 [전송]을 클릭하면 [전송]란에 '전송'으로 표시되면서 [매입매출전표입력] 메뉴에 전송된다.

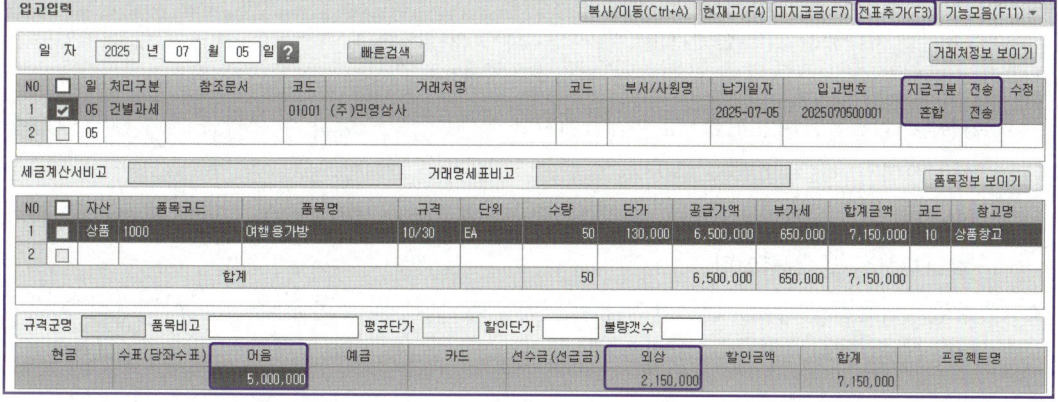

[매입매출전표입력]

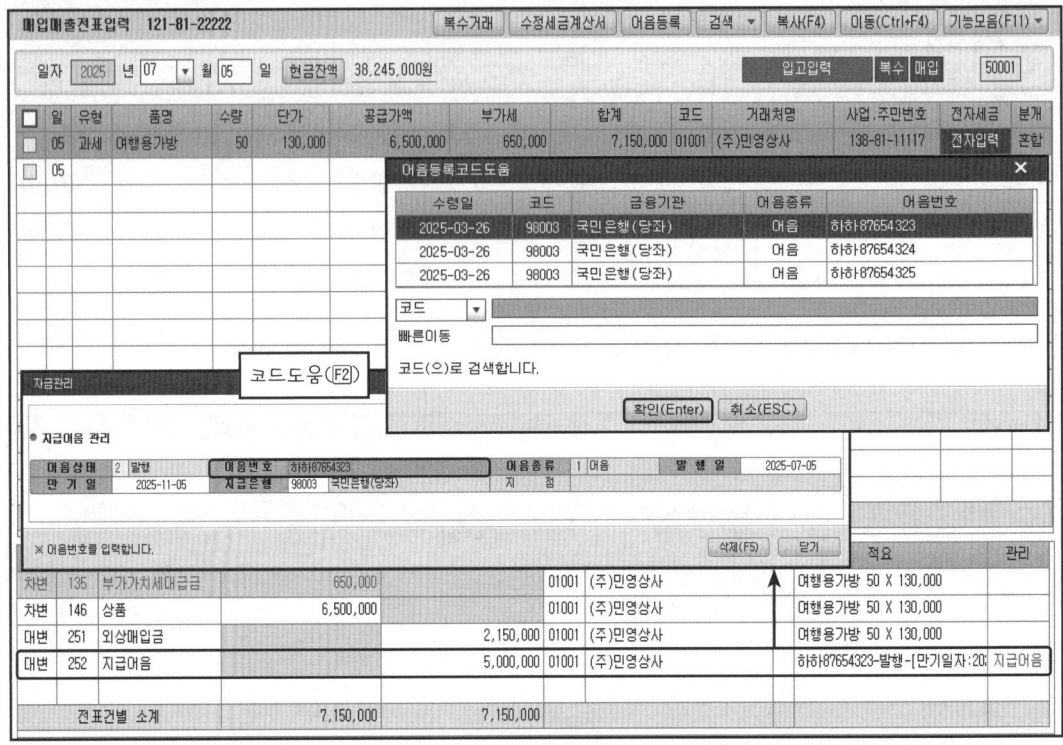

☞ ▷ 상품 매입시 (전자)세금계산서를 발급받았으므로 전자세금란을 '1.전자입력'을 입력한다.
　▷ 하단 분개 중 대변 '지급어음' 계정에서 F3 또는 [기능모음(F11)]의 [자금관리]키를 클릭하여 [지급어음관리]화면에서 발행할 어음번호를 선택하고 만기일을 입력한다.

③ 7월 10일(발행)

[입고입력]

① 입고일자 7월 10일을 입력한다.
② 상단의 [처리구분 : 21.건별과세], 거래처코드와 거래처명, [지급구분 : 4.혼합]을 선택한다.
③ 하단의 [자산 : 상품], 품목코드와 품목명, 수량과 단가를 입력한다.
④ 5월 20일 [일반전표입력] 또는 [합계잔액시산표]를 조회하여 선급금 'W1,000,000'을 확인한다.
⑤ 하단의 어음란에 'W5,000,000'과 예금란에 'W1,700,000', 선수금(선급금)란에 'W1,000,000'을 입력한다.
⑥ 상단의 [전표추가]를 클릭하여 [확인]버튼을 누른 후 [전송]을 클릭하면 [전송]란에 '전송'으로 표시되면서 [매입매출전표입력] 메뉴에 전송된다.

[매입매출전표입력]

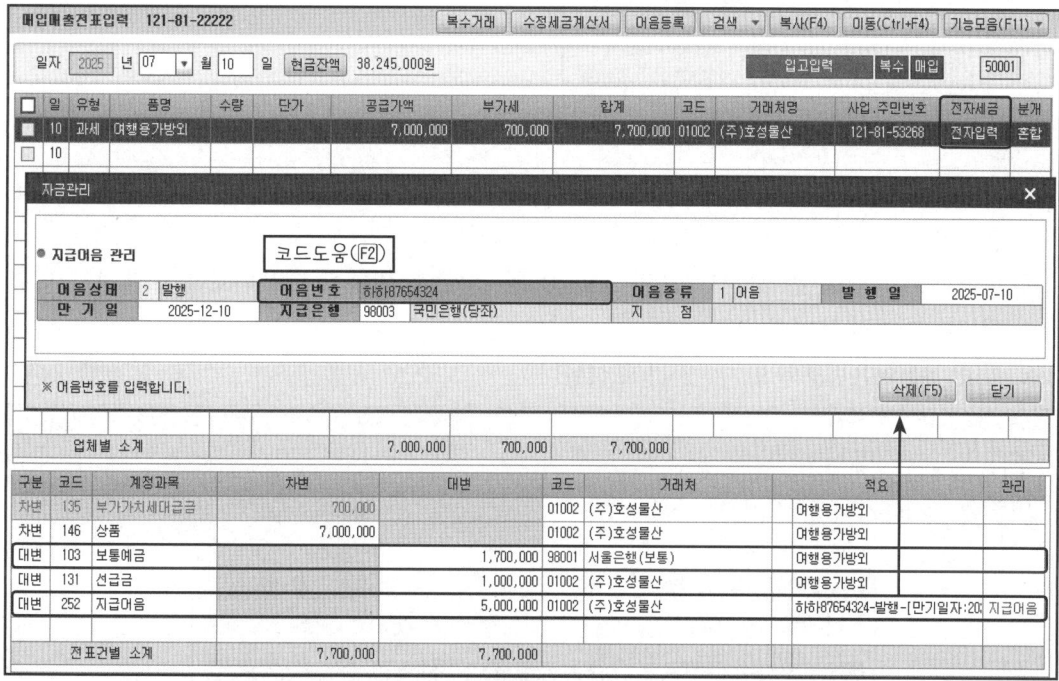

☞ ▷ 상품 매입시 전자세금계산서를 발급받았으므로 전자세금란은 '1.전자입력'을 입력한다.
  ▷ 하단 분개 중 대변 '보통예금' 계정에서 거래처코드를 '서울은행(보통)'으로 수정 입력한다.
  ▷ 하단 분개 중 대변 '지급어음' 계정에서 F3 또는 [기능모음(F11)]의 [자금관리]키를 클릭하여 [지급어음관리]화면에서 지급할 어음번호를 선택하고 만기일을 입력한다.

4 7월23일(발행)

구분	코드	계정과목	코드	거래처	적요	차변	대변
3(차변)	251	외상매입금	01002	(주)호성물산	외상매입금반제 어음발행	20,000,000	
4(대변)	252	지급어음	01002	(주)호성물산	어음관리내역자동반영됨		20,000,000
분개	(차)	외 상 매 입 금		20,000,000	(대) 지 급 어 음	20,000,000	

① [어음책등록]

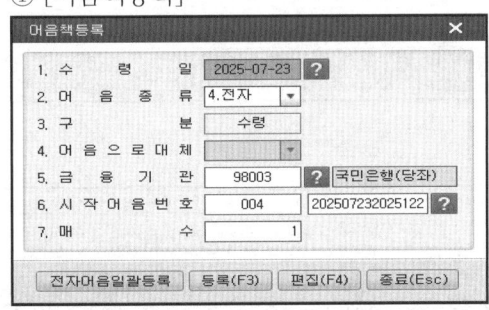

☞ 상단의 [어음등록] 또는
   [기능모음(F11)] ⇨ [어음등록]을
   선택하여 전자어음을 등록한다.

② 커서를 252.지급어음 계정에 위치하고 F3 또는 상단의 [기능모음(F11)]에서 [자금관리]를 클릭한다.

③ 하단의 지급어음 관리에서 어음번호란 F2를 누른 후 발행할 어음번호를 선택하고 입력 화면에 만기일을 입력한다.

④ 적요란에 어음번호와 만기일자가 표시된다.

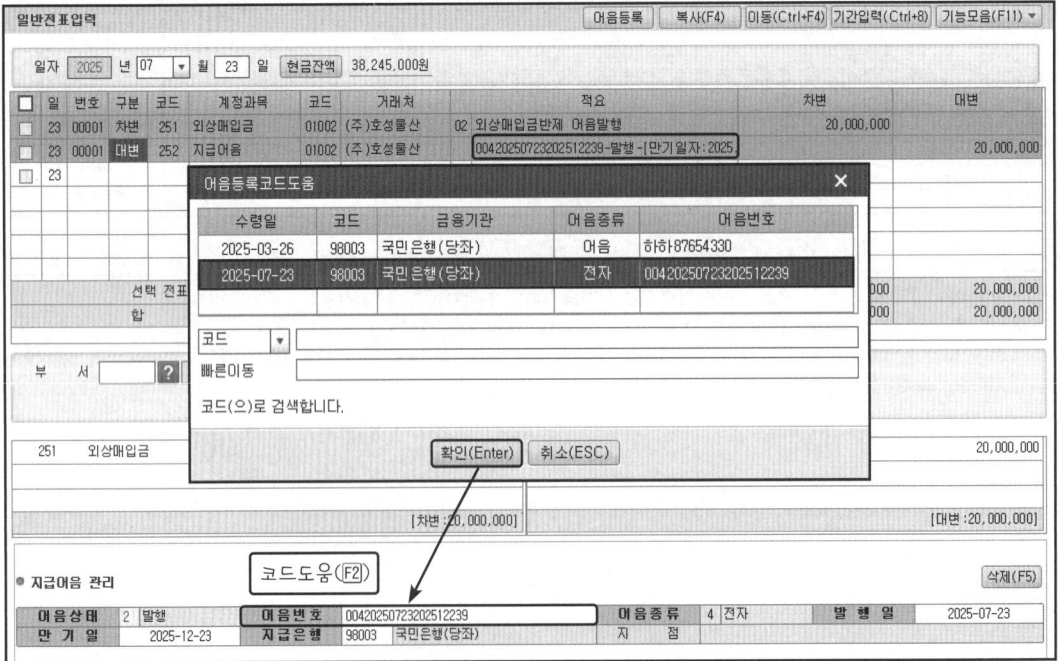

5 7월 30일(결제)

구분	코드	계정과목	코드	거래처	적요	차변	대변
3(차변)	252	지 급 어 음	01001	(주)민영상사	어음관리내역자동반영됨	2,500,000	
4(대변)	102	당 좌 예 금	98003	국민은행(당좌)	지급어음 당좌결제		2,500,000
분개	(차) 지 급 어 음 2,500,000 (대) 당 좌 예 금 2,500,000							

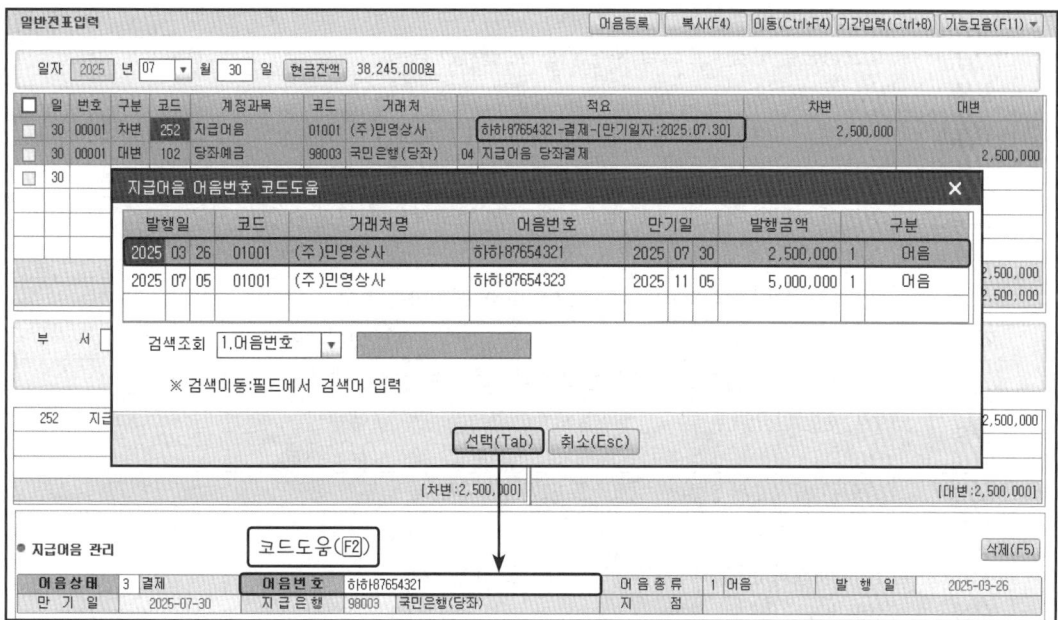

☞ 커서를 252.지급어음 계정에 위치하고 F3 또는 상단의 [기능모음(F11)]의 [자금관리]를 클릭하여 [지급어음관리]화면에서 만기된 어음을 선택하면 자동으로 반영된다.

2. 기타 유동부채 관련 거래

거래상황	회계처리
단기차입금 발생	1년 이내에 상환하기로 하고 빌린 경우 (차) 현금 등　　　×××　　　(대) 단기차입금　　　×××
단기차입금 상환	1년 이내에 상환하기로 하고 빌린 원금과 이자를 함께 갚은 경우 (차) 단기차입금　　×××　　　(대) 현금 등　　　××× 　　 이자비용　　　×××
미지급금 발생	소모용품을 구입하고 외상(또는 카드)로 결제한 경우 (차) 소모품비　　　×××　　　(대) 미지급금　　　×××
미지급금 상환	카드(또는 미지급)대금을 보통예금 계좌에서 이체하여 지급한 경우 (차) 미지급금　　　×××　　　(대) 보통예금　　　×××
가수금 발생	현금의 수입은 있었으나 처리할 계정과목이나 금액을 확정할 수 없는 경우 (차) 현금　　　　×××　　　(대) 가수금　　　×××
가수금 상환	가수금 내역이 외상대금 입금으로 확인되어 정리하는 경우 (차) 가수금　　　×××　　　(대) 외상매출금　　×××
예수금 발생	종업원 급여 지급시 소득세 등을 원천징수하고 보통예금 계좌에서 지급한 경우 (차) 종업원급여　×××　　　(대) 예수금　　　××× 　　　　　　　　　　　　　　　　보통예금　　　×××
예수금 지급	종업원 급여에서 원천징수한 소득세 등을 현금으로 납부한 경우 (차) 예수금　　　×××　　　(대) 현금　　　　×××
선수금 발생	상품 매출과 관련하여 계약금을 현금으로 받은 경우 (차) 현금　　　　×××　　　(대) 선수금　　　×××
선수금 정리	상품 매출시 계약금을 차감하고 잔액을 외상으로 한 경우 (차) 선수금　　　×××　　　(대) 상품매출　　××× 　　 외상매출금　×××

수행예제

다음 거래를 일반전표에 입력하시오. 단, 채권, 채무 및 금융 거래는 거래처코드를 입력한다.

[1] 9월 1일　대한은행으로부터 6개월 후 상환조건으로 ₩30,000,000을 차입하고, 차입금은 당점의 보통예금(서울은행) 계좌에 입금되다. 단, 상환 이자율은 3%이다.

[2] 9월 2일　당좌예금(국민은행) 계좌에 ₩20,000,000이 입금되었으나 원인을 알 수 없다.

[3] 9월 5일   종업원의 급여내역은 다음과 같다. 소득세 등을 원천징수하고 차인지급액을 당사 보통예금(서울은행) 계좌에서 종업원 급여 계좌로 이체하다.

2025년 8월 급여명세서
강하늘 귀하

지 급 내 역		공 제 내 역	
기본급	2,800,000	소득세	80,000
자격수당	100,000	지방소득세	8,000
식사대	100,000	국민연금	112,000
		건강보험	75,000
		공제액	275,000
지급액	3,000,000	차인지급액	2,725,000
[귀하의 노고에 감사드립니다.]			

[4] 9월 10일   지난 경비사용분에 대하여 청구된 신용카드(삼성카드) 대금 ₩300,000이 보통예금 서울은행 계좌에서 인출되어 결제됨을 확인하다.

◉ 따라하기

① 9월 1일

구분	코드	계정과목	코드	거래처	적요	차 변	대 변
3(차변)	103	보 통 예 금	98001	서울은행(보통)	차입금발생시보통예입	30,000,000	
4(대변)	260	단기차입금	98002	대한은행	차입금발생시보통예입		30,000,000
분개	(차)	보 통 예 금		30,000,000	(대) 단 기 차 입 금	30,000,000	

☞ 1년 이내 상환할 조건으로 차입한 경우 '단기차입금' 계정, 1년 이후 상환할 조건으로 차입한 경우 '장기차입금' 계정으로 회계처리한다.

② 9월 2일

구분	코드	계정과목	코드	거래처	적요	차 변	대 변
3(차변)	102	당좌예금	98003	국민은행(당좌)	원인 불명액 입금	20,000,000	
4(대변)	257	가 수 금			원인 불명액 입금		20,000,000
분개	(차)	당 좌 예 금		20,000,000	(대) 가 수 금	20,000,000	

☞ 통장에 입금된 내역을 알 수 없는 경우 '가수금' 계정으로 회계처리하였다가 원인이 밝혀지면 해당 계정으로 반제 처리한다.

③ 9월 5일

구분	코드	계정과목	코드	거래처	적요	차 변	대 변
3(차변)	802	종업원급여			종업원 급여 지급	3,000,000	
4(대변)	254	예 수 금			소득세 등 예수		275,000
4(대변)	103	보 통 예 금	98001	서울은행(보통)	종업원 급여 지급		2,725,000
분개	(차)	종 업 원 급 여		3,000,000	(대) 예 수 금 보 통 예 금	275,000 2,725,000	

☞ 종업원이 부담하는 소득세와 사회보험(국민연금, 건강보험료 등)은 대변에 '예수금' 계정으로 회계처리하였다가 납부시 차변에 '예수금' 계정으로 반제 처리한다.

4 9월10일

구분	코드	계정과목	코드	거래처	적요	차변	대변
3(차변)	253	미 지 급 금	99600	삼성카드	신용카드 대금결제	300,000	
4(대변)	103	보 통 예 금	98001	서울은행(보통)	신용카드 대금결제		300,000
분개	(차)	미 지 급 금		300,000	(대) 보 통 예 금	300,000	

☞ 신용카드로 결제한 경우 '미지급금' 계정으로 회계처리하였다가 청구된 카드대금 결제시 반제 처리한다.

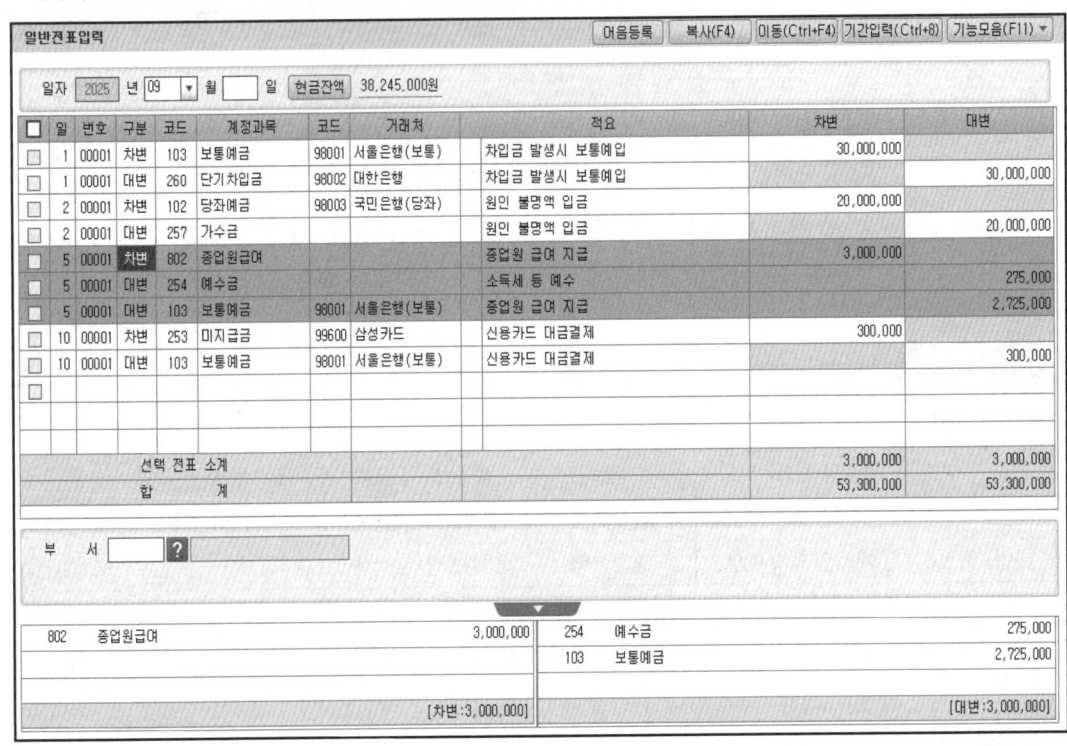

3. 비유동부채 관련 거래

사채란 주식회사가 장기간 자금을 조달하기 위하여 회사가 계약에 따라 일정기간동안 일정한 이자를 지급하고, 일정한 시기에 원금을 상환할 것을 약속하고 자금을 차입한 채무를 의미한다.

[사채의 발행과 회계처리]

거래상황		회계처리			
액면발행 (액면금액 = 발행가액) (액면이자율 = 시장이자율)	발행	(차) 당좌예금	×××	(대) 사채	×××
	이자	(차) 이자비용	×××	(대) 현금	×××
	상환	(차) 사채	×××	(대) 현금	×××
할인발행 (액면금액 > 발행가액) (액면이자율 < 시장이자율)	발행	(차) 당좌예금 　　사채할인발행차금	××× ×××	(대) 사채	×××
	이자	(차) 이자비용	×××	(대) 현금 　　사채할인발행차금	××× ×××
	상환	(차) 사채	×××	(대) 현금 　　사채할인발행차금	××× ×××
할증발행 (액면금액 < 발행가액) (액면이자율 > 시장이자율)	발행	(차) 당좌예금	×××	(대) 사채 　　사채할증발행차금	××× ×××
	이자	(차) 이자비용 　　사채할증발행차금	××× ×××	(대) 현금	×××
	상환	(차) 사채 　　사채할증발행차금	××× ×××	(대) 현금	×××
이자율 종류		· 액면이자율: 사채 권면에 표시된 이자율(=표시이자율) · 시장이자율: 사채 발행시점에 시장에서 형성되어 있는 은행이자율 · 유효이자율: 사채 발행가액과 사채의 미래 현금흐름의 현재가치를 일치시키는 　　　　　　 내부수익률			

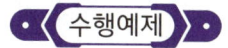

다음 거래를 일반전표에 입력하시오. 단, 채권, 채무 및 금융 거래는 거래처코드를 입력한다.

[1] 9월 11일　장기 자금 조달 목적으로 액면 ₩30,000,000(시장이자율 : 10%, 액면이자율 : 8%, 상환기간 : 3년)이 사채를 ₩28,507,200에 할인발행하고, 사채발행비 ₩124,400을 차감한 실수금을 현금으로 받아 즉시 보통예금(서울은행) 계좌에 입금하다.

[2] 9월 12일　대한은행에서 3년 후 상환하기로 하고 외화 $10,000을 차입하다. 차입금은 원화로 환전하여 당좌예금(국민은행) 계좌에 입금하다. 단, 차입시 환율은 1$당 ₩1,000이다.

[3] 9월 20일　대한은행에서 차입한 외화장기차입금 ₩5,000,000(외화 $5,000)은 원화를 달러로 환전하여 중도 상환하다. 단, 차입시 환율은 1$당 ₩1,000이었으며, 상환시 환율은 1$당 ₩1,050이다.

◉ 따라하기

1 9월 11일

구분	코드	계정과목	코드	거래처	적요	차변	대변
3(차변)	103	보통예금	98001	서울은행(보통)	사채 발행	28,382,800	
3(차변)	292	사채할인발행차금			사채발행시 차금발생	1,617,200	
4(대변)	291	사채			사채 발행		30,000,000
분개	(차) 보통예금 28,382,800 (대) 사채 30,000,000 사채할인발행차금 1,617,200						

☞ 사채발행비는 사채를 할인발행할 경우 '사채할인발행차금' 계정에 가산한다.

2 9월 12일

구분	코드	계정과목	코드	거래처	적요	차변	대변
3(차변)	102	당좌예금	98003	국민은행(당좌)	외화차입금 당좌입금	10,000,000	
4(대변)	305	외화장기차입금	98002	대한은행	외화차입금($10,000,₩1,000)		10,000,000
분개	(차) 당좌예금 10,000,000 (대) 외화장기차입금 10,000,000						

☞ · 원화 환전 계산 : $10,000×₩1,000=₩10,000,000(외화장기차입금)
· 3년 후 상환조건으로 외화를 차입한 경우 '외화장기차입금' 계정으로 회계처리한다.

3 9월 20일

구분	코드	계정과목	코드	거래처	적요	차변	대변
3(차변)	305	외화장기차입금	98002	대한은행	외화차입금 중도상환	5,000,000	
3(차변)	932	외환차손			차입금 상환시 환차손	250,000	
4(대변)	101	현금			외화차입금 중도상환		5,250,000
분개	(차) 외화장기차입금 5,000,000 (대) 현금 5,250,000 외환차손 250,000						

☞ · 환전계산 : $5,000×(₩1,000-₩1,050)=-₩250,000(외환차손)
· 외화차입금을 환전하여 상환할 경우 차액은 '외환차손' 계정으로 회계처리한다.

3 자본의 거래 계정 분류 및 전표 작성하기

자본이란 기업의 자산에서 모든 부채를 차감한 후의 잔여 지분(소유주 지분)을 의미한다. 즉, 자본은 자산총액에서 부채총액을 뺀 순 자산이다.

개인기업의 자본은 설립출자금에 당기순이익을 가감하여 계산되며, 주식회사의 자본은 법정자본금을 의미한다.

회계기준에서는 자본을 자본금, 자본잉여금, 자본조정, 기타포괄손익누계액, 이익잉여금의 다섯가지로 분류하고 있다.

구 분		계정과목(내용)
자본	자 본 금	· 법정자본금 : 발행주식수 × 1주 액면가액 · 보통주자본금, 우선주자본금
	자 본 잉 여 금	· 자본거래에서 발생한 잉여금 · 주식발행초과금, 감자차익, 자기주식처분이익 등
	자 본 조 정	· 자본에서 차감하거나 가산하여야 하는 임시계정 · 주식할인발행차금, 감자차손, 자기주식, 자기주식처분손실, 미교부주식배당금 등
	기 타 포 괄 손 익 누 계 액	· 당기손익에 포함되지 않고 자본항목에 포함되는 평가손익 · 기타포괄손익-공정가치측정금융자산평가손익, 재평가잉여금 등
	이 익 잉 여 금	· 손익거래에서 발생한 잉여금 · 이익준비금, 임의적립금, 미처분이익잉여금, 당기순손익 등

[주식의 발행과 회계처리]

거래상황	회계처리			
액면발행 (액면금액 = 발행가액)	(차) 당좌예금	×××	(대) 자본금	×××
할인발행 (액면금액 〉 발행가액)	(차) 당좌예금 주식할인발행차금	××× ×××	(대) 자본금	×××
할증발행 (액면금액 〈 발행가액)	(차) 당좌예금	×××	(대) 자본금 주식발행초과금	××× ×××

☞ · 주식을 발행할 경우 할증이나 할인 발행시 반드시 '주식발행초과금' 계정이나 '주식할인발행차금' 계정을 확인하여 서로 상계처리 한다.
· 주식 발행시 주식발행비가 있는 경우 별도 비용처리하지 않고, '주식할인발행차금' 계정이나 '주식발행초과금' 계정에서 가감한다.

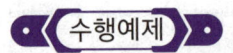

다음 거래를 일반전표에 입력하시오. 단, 채권, 채무 및 금융 거래는 거래처를 입력한다.

[1] 9월 21일 이사회의 결의에 의하여 신주를 발행하기로 결의하고 주식 3,000주(보통주 액면가액 @₩5,000)를 1주당 ₩6,000에 발행하면서, 신주발행비 ₩120,000을 차감한 납입금은 당좌예금(국민은행) 계좌로 송금받다.

[2] 9월 30일 이사회의 결의에 의하여 주식발행초과금 중 ₩2,000,000을 자본에 전입하기로 하고 액면금액 @₩5,000인 보통주 400주를 발행하여 주주에게 무상으로 교부하다.

따라하기

1 9월 21일

구분	코드	계정과목	코드	거래처	적요	차변	대변
3(차변)	102	당 좌 예 금	98003	국민은행(당좌)	신주 발행	17,880,000	
4(대변)	331	보통주자본금			신주발행(3,000주,@₩5,000)		15,000,000
4(대변)	341	주식발행초과금			신주 할증 발행		2,880,000
분개	(차) 당 좌 예 금			17,880,000	(대) 보 통 주 자 본 금 　　　주 식 발 행 초 과 금	15,000,000 2,880,000	

☞ · 주식 발행시 신주발행비는 '주식발행초과금' 계정에서 차감한다.
　· 보통주 자본금 : 주식수 3,000주 × 액면가액 ₩5,000=₩15,000,000

2 9월 30일

구분	코드	계정과목	코드	거래처	적요	차변	대변
3(차변)	341	주식발행초과금			자본준비금의자본금전입	2,000,000	
4(대변)	331	보통주자본금			무상증자(400주,@₩5,000)		2,000,000
분개	(차) 주 식 발 행 초 과 금			2,000,000	(대) 보 통 주 자 본 금	2,000,000	

4 수익의 거래 계정 분류 및 전표 작성하기

수익이란 기업이 일정기간동안 영업활동을 통하여 재화 및 용역을 고객에게 제공하고, 그 대가로 얻은 총액을 말하며 자본증가의 원인이 된다. 수익은 크게 매출액과 영업외수익으로 구분할 수 있다.

구 분		계 정 과 목
수익	매출액	상품매출, 제품매출
	영업외수익	이자수익, 배당금수익, 임대료, 당기손익-공정가치측정금융자산처분이익, 당기손익-공정가치측정금융자산평가이익, 외환차익, 외화환산이익, 유형자산처분이익, 보험금수익 등

수행예제

다음 거래를 일반전표에 입력하시오. 단, 채권, 채무 및 금융 거래는 거래처코드를 입력한다.

[1] 10월 2일   가수금 전액은 광고기획사와 사무실 일부를 2년간 임대하기로 계약을 체결하고, 보증금 ₩18,000,000과 임대료 ₩2,000,000에 대하여 송금받은 분임을 확인하다.

[2] 10월 2일   보통예금(서울은행) 통장을 정리한 결과 이자소득세 ₩26,600을 제외하고, ₩163,400이 입금되어 있음을 확인하다. 단, 이자 입금일은 10월 2일이다.

따라하기

① 10월 2일

구분	코드	계정과목	코드	거래처	적요	차 변	대 변
3(차변)	257	가 수 금			기타 가수금의 정산	20,000,000	
4(대변)	294	임 대 보 증 금		광고기획사	사무실임대보증금입금		18,000,000
4(대변)	904	임 대 료		광고기획사	사무실임대료입금		2,000,000
분개	(차) 가 수 금 20,000,000				(대) 임 대 보 증 금 18,000,000 임 대 료 2,000,000		

☞ · [합계잔액시산표] 또는 [계정별원장]을 조회하여 가수금 잔액(₩20,000,000)을 확인한다.
  · 임대사업자의 일반적인 상거래(재고자산-임대료)가 아니므로 영업외수익인 900번대 '임대료' 계정으로 회계처리한다.

② 10월 2일

구분	코드	계정과목	코드	거래처	적요	차변	대변
3(차변)	103	보 통 예 금	98001	서울은행(보통)	보통예금이자 입금	163,400	
3(차변)	136	선 납 세 금			이자소득 원천징수세액	26,600	
4(대변)	901	이 자 수 익			보통예금이자 원본대체		190,000
분개	(차)	보 통 예 금 선 납 세 금			163,400 26,600	(대) 이 자 수 익	190,000

☞ 보통예금이자에 대한 원천징수세액은 미리 납부한 세금으로 '선납세금' 계정으로 회계처리한다.

5 비용의 거래 계정 분류 및 전표 작성하기

비용이란 기업이 영업활동을 하면서 수익을 얻기 위해서 소비 또는 지출되는 금액으로 자본감소의 원인이 된다. 비용은 매출원가, 판매비와관리비, 영업외비용, 법인세비용으로 구분된다.

구 분		계 정 과 목
비용	매출원가	상품매출원가, 제품매출원가
	판매비와관리비	종업원급여, 복리후생비, 접대비(기업업무추진비), 여비교통비, 보험료, 세금과공과, 수도광열비, 광고선전비, 임차료, 통신비, 감가상각비, 무형자산상각비, 대손상각비 등
	영업외비용	이자비용, 기부금, 매출채권처분손실, 당기손익-공정가치측정금융자산처분손실, 당기손익-공정가치측정금융자산평가손실, 유형자산처분손실, 기타의대손상각비, 외환차손, 외화환산손실, 기타포괄손익-공정가치측정금융자산처분손실 등
	법인세비용	법인세등

1. 판매비와 관리비 관련 거래

계정과목	내 용
종 업 원 급 여	종업원에게 지급되는 월급 등 인건비
퇴 직 급 여	종업원 퇴직시 지급되는 급여
복 리 후 생 비	종업원의 복리후생을 위하여 지출하는 비용
여 비 교 통 비	버스·택시요금을 지급하거나 버스카드 충전 및 승차권 구입 비용, 출장비 등
접 대 비 (기업업무추진비)	영업의 목적으로 거래처와의 관계를 유지하기 위한 지출
통 신 비	우표 및 엽서를 구입하거나 전화요금, 인터넷요금 등
수 도 광 열 비	전기요금, 수도요금, 가스요금, 난방용 유류대금 등
세 금 과 공 과	재산세, 자동차세, 면허세, 상공회의소회비, 기타 등 예외) 취득세 ⇨ 해당자산의 취득원가에 가산(차량운반구 등)
감 가 상 각 비	결산시 계상되는 유형자산 등의 가치감소분
임 차 료	타인의 건물이나 토지를 사용하면서 지급한 사용료
수 선 비	업무용 건물, 비품 등의 유형자산 수리를 위한 비용(수익적 지출)
보 험 료	보험에 가입하고 납부하는 보험료(화재보험료, 차량보험료, 산재보험료 등)
차 량 유 지 비	회사 차량의 유지·보수에 관련된 비용(수리비, 주유비, 주차비, 통행료 등)
운 반 비	상품 매출시 지급한 운임(상품 매입시 지급한 운임은 매입원가에 가산)
교 육 훈 련 비	종업원 교육훈련에 관련된 비용, 외부기관에서 실시하는 교육의 참가비, 세미나 참석비, 회사내의 자체교육비, 그 외 기타교육비
도 서 인 쇄 비	도장, 고무인, 각종 문서 및 서류의 복사, 사원수첩, 달력, 연하장, 각종 업무용 도서구입비, 신문, 잡지, 정기간행물의 구독비 등

계정과목	내용
소 모 품 비	업무 활동과 관련한 각종 소모성 지출
수 수 료 비 용	용역을 제공받고 지급하는 수수료(은행수수료, 보증수수료, 제증명발급수수료 등)
광 고 선 전 비	불특정 다수인을 대상으로 상품 등의 판매촉진을 위해 지출되는 비용
대 손 상 각 비	결산시 계상되는 대손예상액과 매출채권 회수불능액
잡 비	금액적 중요성이 없는 비용으로써 오물, 분뇨수거비, TV시청료 등

수행예제

다음 거래를 일반전표에 입력하시오. 단, 채권, 채무 및 금융 거래는 거래처코드를 입력한다.

[1] 10월 5일 영업부 직원의 사기진작을 위해 전체 회식을 하고 신용카드매출전표를 발급받다.

단말기번호	202010051	전표번호	
카드종류	삼성카드		
회원번호	1234-2100-****-2020		
유효기간	거 래 일 시 2025.10.05.	취소시당초거래일	
거래유형	승인	품명	식사대
결제방법	일시불	금 액 AMOUNT	335000
매장명		부가세 VAT	
판매자		봉사료 S/C	
대표자	정종식	합 계 TOTAL	335000
알림/NOTICE		승인번호	22042633
가맹점주소	서울특별시 강남구 강남대로 110		
가맹점번호	72361234		
사업자등록번호	606-33-89534		
가맹점명	소담갈비		
문의전화/HELP DESK TEL:1544-4700 (회원용)		서명/SIGNATURE ㈜영주상사	

[2] 10월 10일 종업원 급여 지급시 원천징수한 소득세, 건강보험료, 국민연금과 회사부담분을 다음과 같이 현금으로 납부하다.

소득세	건강보험료		국민연금		합계
	종업원 부담분	회사 부담분	종업원 부담분	회사 부담분	
₩88,000	₩75,000	₩75,000	₩112,000	₩112,000	₩462,000

[3] 10월 25일 영업부 직원의 차량 정기주차요금 ₩150,000과 주차 위반 과태료 ₩40,000을 현금으로 지급하다.

[4] 10월 27일 매출처 (주)수정상사의 파산으로 외상매출금 ₩1,500,000을 대손 처리하다. 단, 본 문제에 한해서 매출처가 파산한 것으로 가정한다.

[5] 10월 28일 본사 건물의 유리창 수리비 ₩600,000과 재산세 ₩240,000을 현금으로 지급하다.

[6] 10월 31일 10월 중 업무와 관련하여 다음과 같이 비용이 발생하여 전액 보통예금(서울은행) 계좌에서 인출하여 현금으로 지출하다.

지출결의서

2025년 10월 31일

결재	계	과장	부장

번호	적요	금액(원)	비고
1	종업원 연수강사료 지급	300,000	
2	문구류 구입비	800,000	
3	본사 화재보험료 납부	1,800,000	
4	시내교통비 지급	123,000	
	합 계	3,023,000	

이 하 생 략

◎ 따라하기

① 10월 5일

구분	코드	계정과목	코드	거래처	적요	차변	대변
3(차변)	811	복리후생비		소담갈비	직원회식비 지급	335,000	
4(대변)	253	미지급금	99600	삼성카드	직원회식비 지급		335,000
분개	(차) 복 리 후 생 비 335,000 (대) 미 지 급 금 335,000						

☞ 면세물품을 제외하고 신용카드매출전표에서 부가가치세가 분리되지 않은 경우 매입세액공제를 받을 수 없으므로 [일반전표입력] 메뉴에 회계처리한다.

② 10월 10일

구분	코드	계정과목	코드	거래처	적요	차변	대변
3(차변)	254	예수금			소득세 등 납부	275,000	
3(차변)	811	복리후생비			건강보험 회사부담분 납부	75,000	
3(차변)	817	세금과공과			국민연금 회사부담분 납부	112,000	
4(대변)	101	현금			소득세 등 납부		462,000
분개	(차) 예 수 금 275,000 (대) 현 금 462,000 　　복 리 후 생 비 75,000 　　세 금 과 공 과 112,000						

☞ 소득세와 종업원 부담분은 '예수금' 계정, 건강보험료 회사부담분은 '복리후생비' 계정, 국민연금 회사부담분은 '세금과공과' 계정으로 회계처리한다.

③ 10월 25일

구분	코드	계정과목	코드	거래처	적요	차변	대변
3(차변)	822	차량유지비			정기주차요금	150,000	
3(차변)	817	세금과공과			주차위반과태료	40,000	
4(대변)	101	현금			주차요금 및 과태료 납부		190,000
분개	(차) 차 량 유 지 비 150,000 (대) 현 금 190,000 　　세 금 과 공 과 40,000						

☞ 주차요금은 '차량유지비' 계정, 과태료는 부과되는 세금으로 '세금과공과' 계정으로 회계처리한다.

4 10월 27일

구분	코드	계정과목	코드	거래처	적요	차변	대변
3(차변)	835	대손상각비			외상매출금의 대손	1,500,000	
4(대변)	108	외상매출금	02001	(주)수정상사	외상매출금의 대손		1,500,000
분개	(차)	대 손 상 각 비		1,500,000	(대) 외 상 매 출 금	1,500,000	

☞ 거래처의 파산으로 인해 매출채권을 대손 처리할 경우 반드시 '대손충당금' 계정 잔액을 확인하여 우선 상계처리하고 부족한 경우 '대손상각비' 계정으로 회계처리한다.

5 10월 28일

구분	코드	계정과목	코드	거래처	적요	차변	대변
3(차변)	820	수선비			본사건물 수선비 지급	600,000	
3(차변)	817	세금과공과			본사건물 재산세 납부	240,000	
4(대변)	101	현 금			수선비 및 재산세 납부		840,000
분개	(차)	수 선 비 세 금 과 공 과		600,000 240,000	(대) 현 금	840,000	

☞ 건물의 유리창 수리는 수익적 지출로 당기 비용인 '수선비' 계정으로 회계처리하며, 건물 가액을 증가시키는 자본적 지출인 경우 '건물' 계정으로 회계처리한다.

6 10월 31일

구분	코드	계정과목	코드	거래처	적요	차변	대변
3(차변)	825	교육훈련비			종업원 연수강사료 지급	300,000	
3(차변)	829	사무용품비			문구류 구입비	800,000	
3(차변)	821	보험료			본사 화재보험료 납부	1,800,000	
3(차변)	812	여비교통비			시내교통비 지급	123,000	
4(대변)	103	보 통 예 금	98001	서울은행(보통)	10월 경비 지급		3,023,000
분개	(차)	교 육 훈 련 비 사 무 용 품 비 보 험 료 여 비 교 통 비		300,000 800,000 1,800,000 123,000	(대) 보 통 예 금	3,023,000	

2. 업무용 승용차 관련 거래

업무용으로 사용하는 승용차와 관련된 비용을 별도 관리하기 위해서 계정과목을 설정하고 [고정자산등록] 및 [업무용 승용차 등록] 메뉴에 등록한 다음 전표입력시 관리항목을 통하여 관리한 다음 [차량비용현황(업무용승용차)]를 작성한다.

[업무용 승용차 관련 거래 요약]

구 분	내 용
적용 대상	내국법인 및 복식부기의무자인 개인사업자
업무용 승용차의 범위	「개별소비세법」 제1조 제2항 제3호에 해당하는 승용자동차 ① 배기량 2,000cc 초과하는 승용자동차와 캠핑용 자동차 ② 배기량 2,000cc 이하인 승용자동차(배기량 1,000cc 이하 경차 제외) ③ 전기승용자동차 ※ · 사업상수익을 얻기 위하여 직접 사용하는 승용자동차는 제외 (운수업, 자동차판매업, 자동차임대업, 운전학원업, 경비업 등) · 승용차가 아닌 9인승 이상의 버스, 승합차, 화물차 등은 제외
업무용 승용차 관련비용의 범위	감가상각비, 리스료, 유류비, 보험료, 수선비, 자동차세, 통행료, 주차료 등
운행기록부의 작성	업무용 승용차별로 운행기록 등을 작성·비치하고 납세지 관할 세무서장이 요구할 경우 제출하여야 한다. ※ 작성하지 않을 경우 1,500만원을 초과하는 금액은 경비(손금불산입)로 인정 받을 수 없다.[1,500만원 중 감가상각비는 800만원이(보유기간 동안 월할상각) 한도]

수행예제

다음 거래를 일반전표에 입력하고 업무용 승용차와 관련된 정보를 반영하여 차량비용현황을 작성하시오. 단, 채권, 채무 및 금융거래는 거래처 코드를 입력한다.

[1] 계정과목 및 적요등록 메뉴에 업무용 승용차 관련비용을 등록하시오.

[2] 11월 1일   개인 김복동으로부터 업무용 승용차(SM7, 2,300CC)를 중고로 ₩30,000,000에 구입하고 취득세 및 차량부대비용 ₩1,235,000을 포함하여 보통예금(서울은행) 계좌에 이체하여 지급하다.

자산코드	자산명	차량번호	내용연수	상각방법	비고
2001	SM7	03고1234	5년	정액법	주행누적거리 50,300km

[3] 11월 1일   업무용 승용차(SM7, 2,300CC)의 업무전용자동차보험(차량번호: 03고1234)을 동방화재보험(주)에 1년분(2025.11.1~2026.10.31)을 가입하고 보험료 ₩1,360,000은 회사 법인카드(삼성카드)로 결제하다.

[4] 11월 1일 대표이사의 업무용 승용차(차량번호: 03고1234)에 휘발유 ₩150,000을
주유하고, 대금은 회사 법인카드(삼성카드)로 결제하다.

◉ 따라하기

1 [계정과목 및 적요등록]

프로그램 네비 회계 ➡ 기초정보관리 ➡ 계정과목및적요등록

계정과목에서 [기능모음(F11)] ⇨ [업무승용차 관리 일괄등록]에서 관련된 비용을 모두 일괄
등록한 다음 관리항목란에서 더블클릭하여 확인한다.

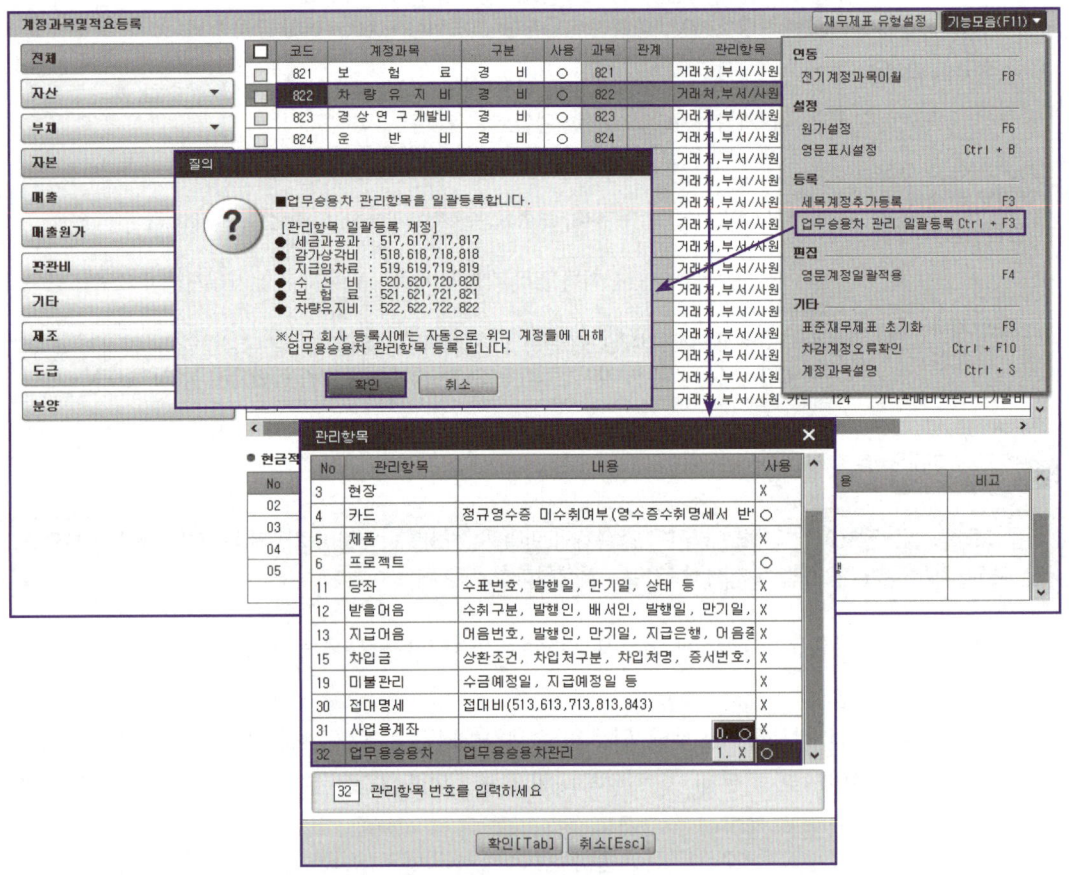

② 업무용승용차 구입 및 등록

① 11월 1일

구분	코드	계정과목	코드	거래처	적요	차변	대변
3(차변)	208	차량운반구		김복동	업무용승용차(03고1234) 구입	31,235,000	
4(대변)	103	보통예금	98001	서울은행(보통)	업무용승용차(03고1234) 구입		31,235,000
분개	(차)	차 량 운 반 구		31,235,000	(대) 보 통 예 금	31,235,000	

☞ 차량 취득시 취득세와 부대비용은 취득원가에 가산하여 회계처리한다.

② 고정자산등록

☞ 고정자산의 기본사항을 등록한 다음 업무용 승용차인 경우 26. 업무용승용차여부를 '1.여'를 선택한 경우 상각방법은 정액법, 내용 연수는 5년으로 자동 반영된다.

③ 업무용승용차등록

> 프로그램 네비 회계 ➜ 기초정보관리 ➜ 업무용승용차등록

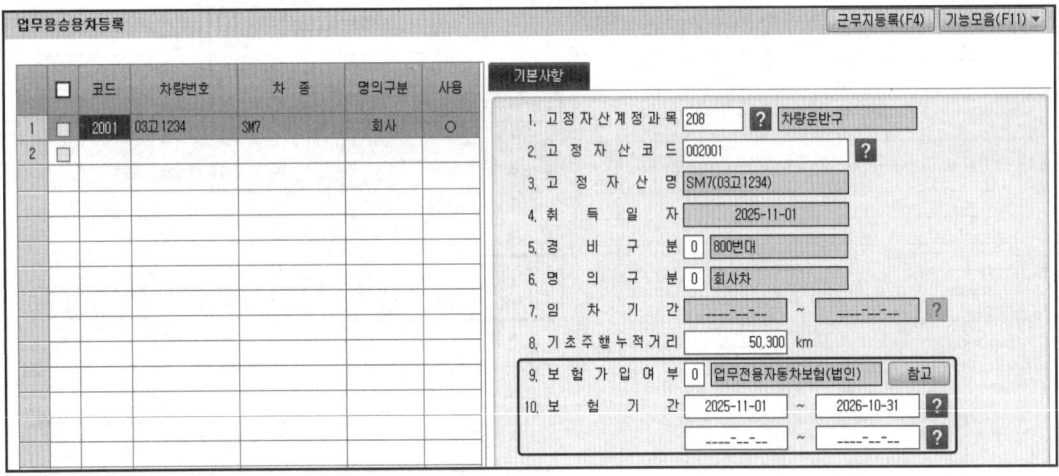

☞ 차량번호와 차종, 명의구분, 사용을 선택한 다음 2. 고정자산코드란에서 [?] 또는 코드도움(F2)을 이용하여 고정자산에서 등록된 내용을 반영하여 등록한다.

③ 업무용 승용차 관련거래 입력

① 업무용승용차등록

> 프로그램 네비 회계 ➜ 기초정보관리 ➜ 업무용승용차등록

해당되는 차량에 대한 보험가입여부와 보험기간을 먼저 입력한다.

② 11월 1일

구분	코드	계정과목	코드	거래처	적요	차변	대변
3(차변)	821	보험료		동방화재보험(주)	관리내역자동반영됨	1,360,000	
4(대변)	253	미지급금	99600	삼성카드	업무용승용차 보험료 카드결제		1,360,000
분개	(차)	보　험　료		1,360,000	(대) 미　지　급　금	1,360,000	

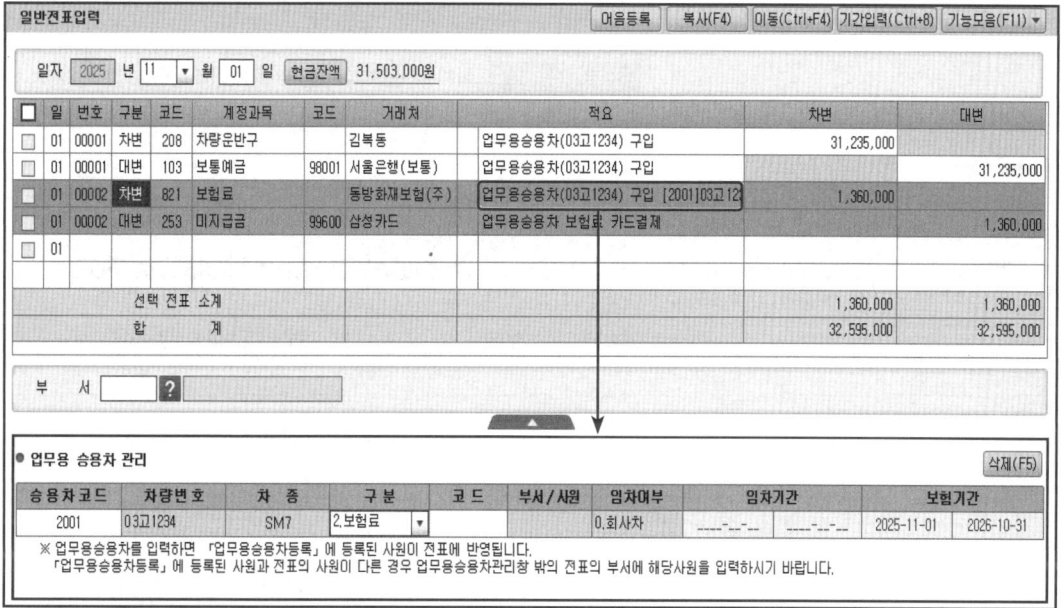

③ 11월 1일

구분	코드	계정과목	코드	거래처	적요	차변	대변
3(차변)	822	차량유지비			관리내역 자동반영됨	150,000	
4(대변)	253	미지급금	99600	삼성카드	차량 유류대 카드결제		150,000
분개	(차)	차 량 유 지 비		150,000	(대) 미 지 급 금	150,000	

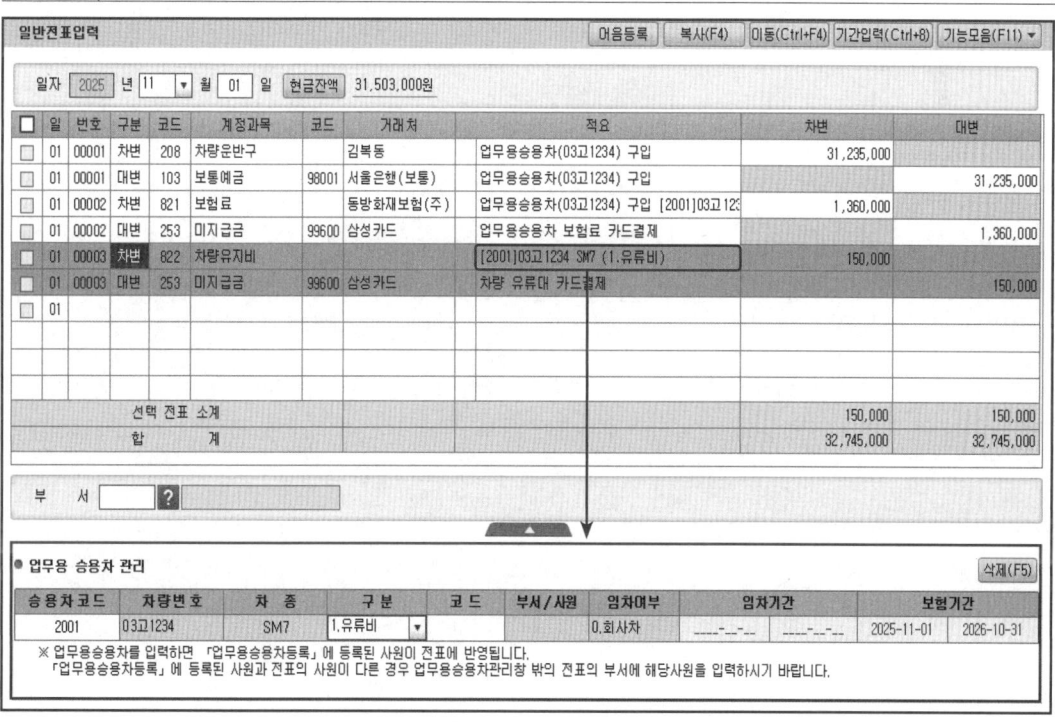

4 차량비용현황(업무용승용차)작성

프로그램 네비 | 회계 ➡ 전표입력/장부 ➡ 차량비용현황(업무용승용차)

3. 영업외비용 관련 거래

계정과목	내용
이 자 비 용	차입금, 사채에 대한 이자지급 시 발생하는 비용
기 부 금	사회단체나 종교단체 등에 납부한 성금(업무와 관련 없이 지출)
매 출 채 권 처 분 손 실	받을어음 할인시 발생하는 할인료
당기손익-공정가치측정 금 융 자 산 처 분 손 실	당기손익-공정가치측정금융자산을 장부가액 이하로 처분(매도)하였을 때 발생하는 손실
당기손익-공정가치측정 금 융 자 산 평 가 손 실	결산시 당기손익-공정가치측정금융자산의 공정가액이 장부가액보다 적을 때 발생하는 손실
유 형 자 산 처 분 손 실	유형자산을 장부가액 이하로 처분(매각)하였을 때 발생하는 손실
잡 손 실	영업 이외의 활동에서 생기는 금액이 적은 손실

수행예제

다음 거래를 일반전표에 입력하시오. 단, 채권, 채무 및 금융 거래는 거래처코드를 입력한다.

[1] 12월 2일   대한은행으로부터 9월 1일 단기차입한 원금 ₩5,000,000을 이자 ₩75,000과 함께 보통예금(서울은행) 계좌에서 인출하여 상환하다.

[2] 12월 10일   장도순의 개인파산으로 인하여 당기에 대여하였던 대여금 ₩5,000,000을 대손처리하다.

[3] 12월 11일   9월 11일 발행한 사채에 대한 이자를 현금으로 지급하다. 단, 사채의 액면이자율 연 8%, 유효이자율 연 10%이며 이자지급은 분기별로 연 4회(3월 11일, 6월 11일, 9월 11일, 12월 11일)이다.

따라하기

1 12월 2일

구분	코드	계정과목	코드	거래처	적요	차 변	대 변
3(차변)	260	단기차입금	98002	대한은행	차입금반제시 보통인출	5,000,000	
3(차변)	931	이자비용			차입금이자 보통인출	75,000	
4(대변)	103	보통예금	98001	서울은행(보통)	차입금반제시 보통인출		5,075,000
분개	(차) 단 기 차 입 금 5,000,000 (대) 보 통 예 금 5,075,000						
	이 자 비 용 　75,000						

2 12월 10일

구분	코드	계정과목	코드	거래처	적요	차 변	대 변
3(차변)	934	기타의대손상각비			대여금의 대손	5,000,000	
4(대변)	114	단기대여금	03001	장도순	대여금의 대손		5,000,000
분개	(차) 기 타 의 대 손 상 각 비 5,000,000 (대) 단 기 대 여 금 5,000,000						

☞ 거래처의 파산으로 인해 일반채권을 대손 처리할 경우 반드시 '대손충당금' 계정 잔액을 확인하여 상계처리하고 부족한 경우 '기타의대손상각비' 계정으로 회계처리한다.

3 12월 11일

구분	코드	계정과목	코드	거래처	적요	차 변	대 변
3(차변)	931	이자비용			사채이자 지급	709,570	
4(대변)	101	현금			사채이자 지급		600,000
4(대변)	292	사채할인발행차금			사채이자 지급		109,570
분개	(차) 이 자 비 용 709,570 (대) 현 　　　　　 금 600,000						
	사채할인발행차금 109,570						

☞ ・9월 11일 [일반전표입력] 또는 [합계잔액시산표] 메뉴에서 사채 액면가액(₩30,000,000)과 장부가액(사채 ₩30,000,000 − 사채할인발행차금 ₩1,507,630 = ₩28,382,800)을 확인한다.
・사채할인발행차금 상각액 계산방법 : 유효이자(장부가액×유효이자율) − 액면이자(액면가액×액면이자율)
(₩28,382,800×10%/4) − (₩30,000,000×8%/4) = ₩109,570

제3절 회계정보 산출하기

NCS 기준 능력단위 : 0203020105_20v4 회계 정보시스템 운용
능력단위요소 : 0203020105_20v4.3 회계정보 산출하기
수행준거 3.1 회계 관련 규정에 따라 회계정보를 활용하여 재무 안정성을 판단할 수 있는 자료를 산출할 수 있다.
3.2 회계 관련 규정에 따라 회계정보를 활용하여 수익성과 위험도를 판단할 수 있는 자료를 산출할 수 있다.
3.3 경영진 요청 시 회계정보를 제공할 수 있다.

1 일/월계표 작성 및 회계정보 산출하기

일 단위의 현금 또는 대체 거래내역을 조회할 때 '일계표', 월 단위의 현금 또는 대체 거래내역을 조회할 때 '월계표'를 선택 조회하여 회계정보를 산출할 수 있다.

◀ 수행예제 ▶

10월 판매비와 관리비의 현금지출액은 얼마인가?

◉ 따라하기

프로그램 네비 회계 ➡ 전표입력/장부 ➡ 일/월계표

현금 지출액 : ₩1,217,000

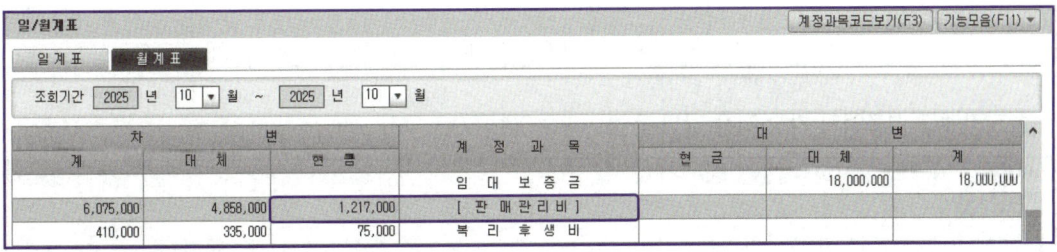

☞ 일/월계표의 현금지출액은 차변(현금) 금액을 확인한다.

2 총계정 원장 작성 및 회계정보 산출하기

계정과목별로 전표의 입력을 통하여 기간(일별, 월별)에 따라 집계하여 자동 작성 및 마감이 되어 선택 조회하여 회계정보를 산출할 수 있다.

◀ 수행예제 ▶

[1] 1월부터 12월까지 복리후생비 지출이 가장 많은 달은?
[2] 2월부터 7월까지 당좌예금 지급액이 가장 적은 달의 금액은 얼마인가?

◉ 따라하기

프로그램 네비 회계 ➡ 전표입력/장부 ➡ 총계정원장

① 복리후생비 지출이 가장 많은 달 : 1월

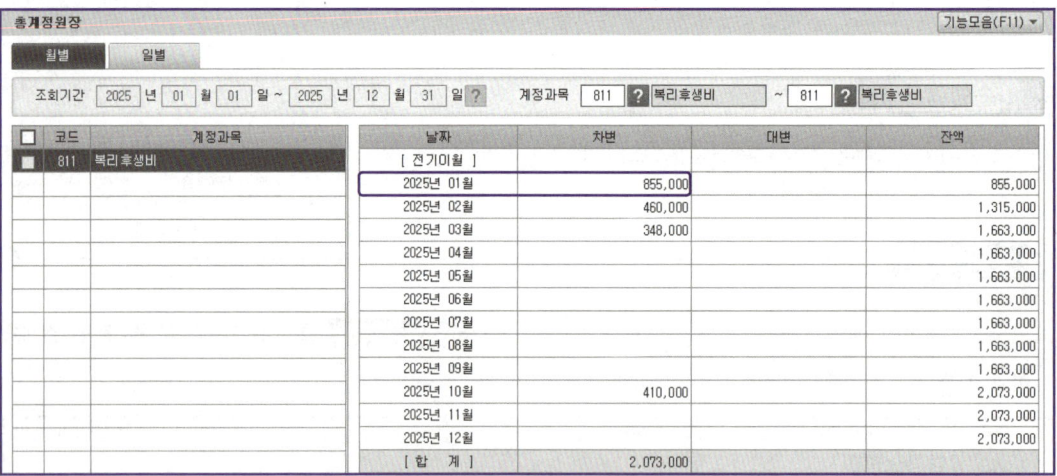

② 당좌예금 지급액이 가장 적은 달의 금액 : ₩3,000,000

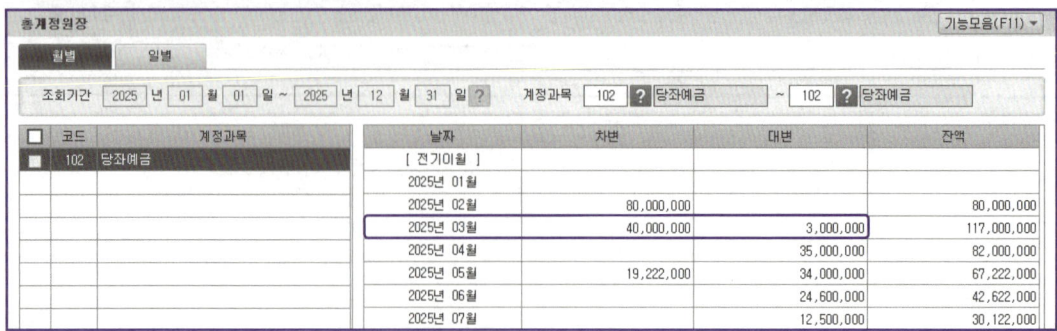

3 현금출납장 작성 및 회계정보 산출하기

현금의 입금액, 출금액, 잔액을 기간별로 전표입력을 통하여 자동 작성 및 마감이 되어 선택 조회하여 회계정보를 산출할 수 있다.

수행예제

2월부터 3월까지 현금 지출 총액은 얼마인가?

따라하기

프로그램 네비 │ 회계 ➡ 전표입력/장부 ➡ 현금출납장

2월~3월 현금 지출 총액 : ₩32,447,000 (₩1,747,000+₩30,700,000)

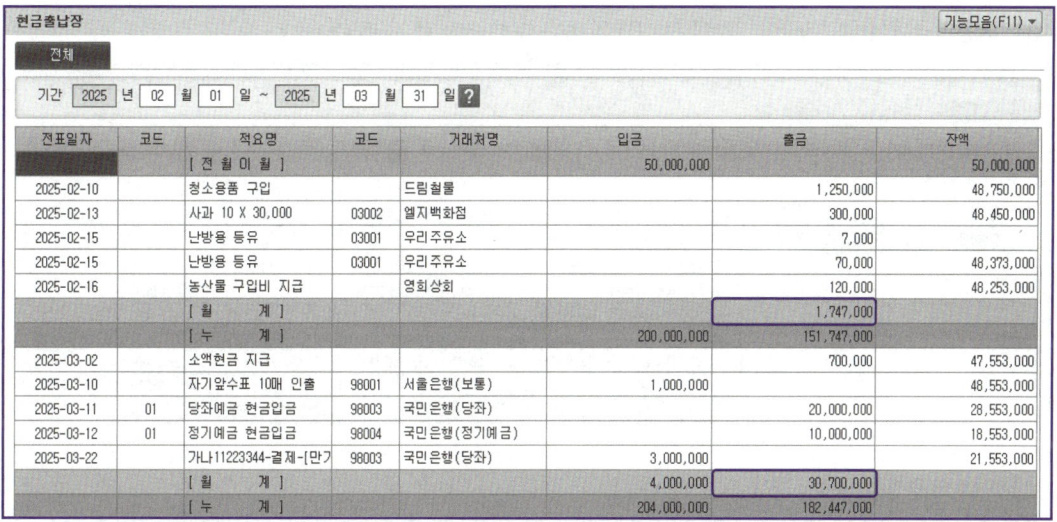

4 계정별 원장 작성 및 회계정보 산출하기

현금을 제외한 모든 계정의 계정과목별 거래내역은 전표입력을 통하여 자동 작성 및 월별 마감이 되어 선택 조회하여 회계정보를 산출할 수 있다.

수행예제

[1] 10월부터 11월까지 보통예금 인출액은 얼마인가?
[2] 5월 20일 현재의 당좌예금계정 잔액은 얼마인가?

따라하기

프로그램 네비 회계 ➡ 전표입력/장부 ➡ 계정별원장

① **보통예금 인출액** : ₩34,258,000 (₩3,023,000 + ₩31,235,000)

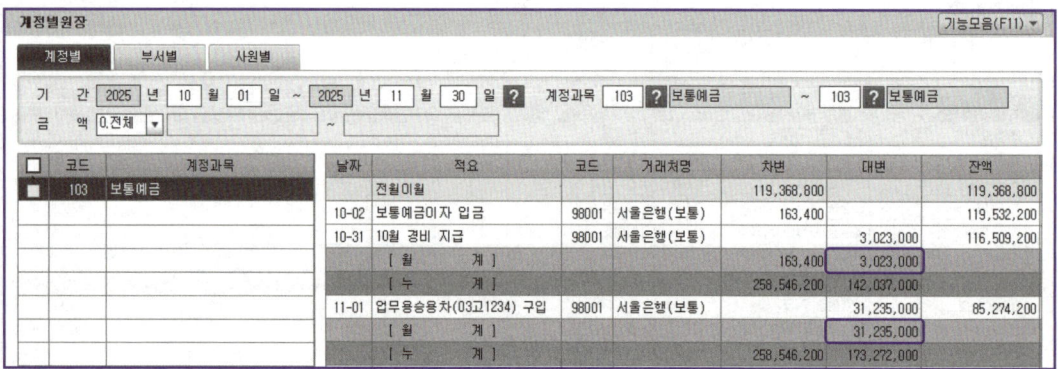

② **당좌예금계정 잔액** : ₩100,222,000

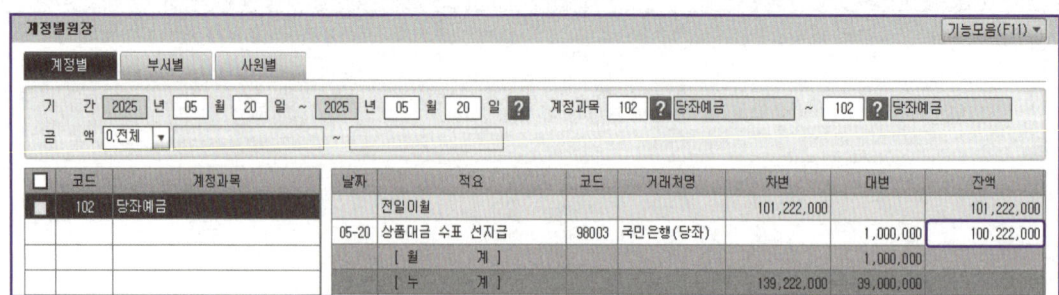

5 거래처 원장 작성 및 회계정보 산출하기

계정과목별로 거래처별 잔액 및 거래내용을 '잔액, 내용, 총괄잔액, 총괄내용'의 형태로 작성되며 거래처별로 별도 마감이 되어 선택 조회하여 회계정보를 산출할 수 있다.

수행예제

[1] 11월 20일 현재 매출처 (주)한국유통의 미회수된 외상대금은 얼마인가?
[2] (주)호성물산의 외상매입금 미지급액은 8월 31일 현재 얼마인가?

따라하기

프로그램 네비 회계 ➡ 전표입력/장부 ➡ 거래처원장

① **외상매출금 잔액 : ₩136,000,000**

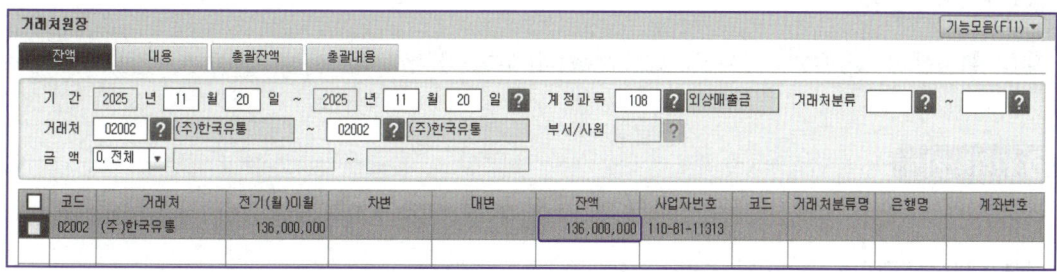

☞ 미회수된 외상대금은 외상매출금 잔액을 말한다.

② **외상매입금 잔액 : ₩65,800,000**

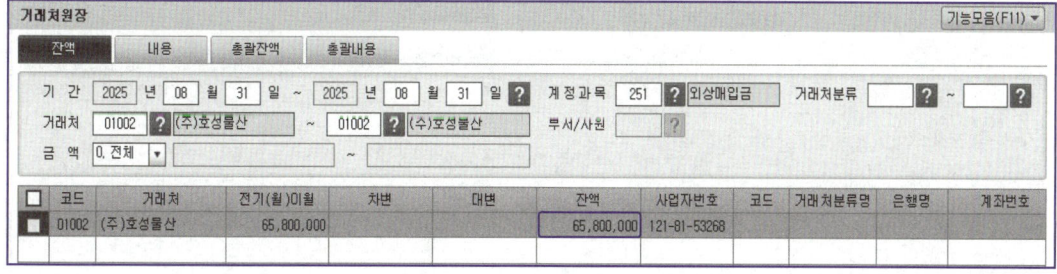

6 부가가치세신고서 작성 및 회계정보 산출하기

부가가치세신고서는 각 신고기간에 대하여 작성하며, 화면 상단의 [마감(F4)]키를 클릭하여 마감한다.(교육용에서는 지원되지 않으므로 저장([Ctrl]+[S]) 한다)

[부가가치세 신고·납부 기간]

과세기간	과세대상기간		신고·납부기간	신고대상자
제1기 (1. 1 ~ 6. 30)	예정신고	1. 1. ~ 3. 31.	4. 1. ~ 4. 25.	법인사업자
	확정신고	1. 1. ~ 6. 30.	7. 1. ~ 7. 25.	법인·개인사업자
제2기 (7. 1 ~ 12. 31)	예정신고	7. 1. ~ 9. 30.	10. 1. ~ 10. 25.	법인사업자
	확정신고	7. 1. ~ 12. 31.	다음해 1. 1. ~ 1. 25.	법인·개인사업자

☞ 일반적인 경우 법인사업자는 1년에 4회, 개인사업자는 2회 신고·납부한다.

수행예제

제1기 확정신고(4월~6월) 시 부가가치세 납부(환급)세액은 얼마인가?

따라하기

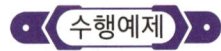 회계 ➡ 부가가치세Ⅰ ➡ 부가가치세신고서

제1기 확정신고(4월 1일~6월 30일) 납부세액 : ₩8,160,000

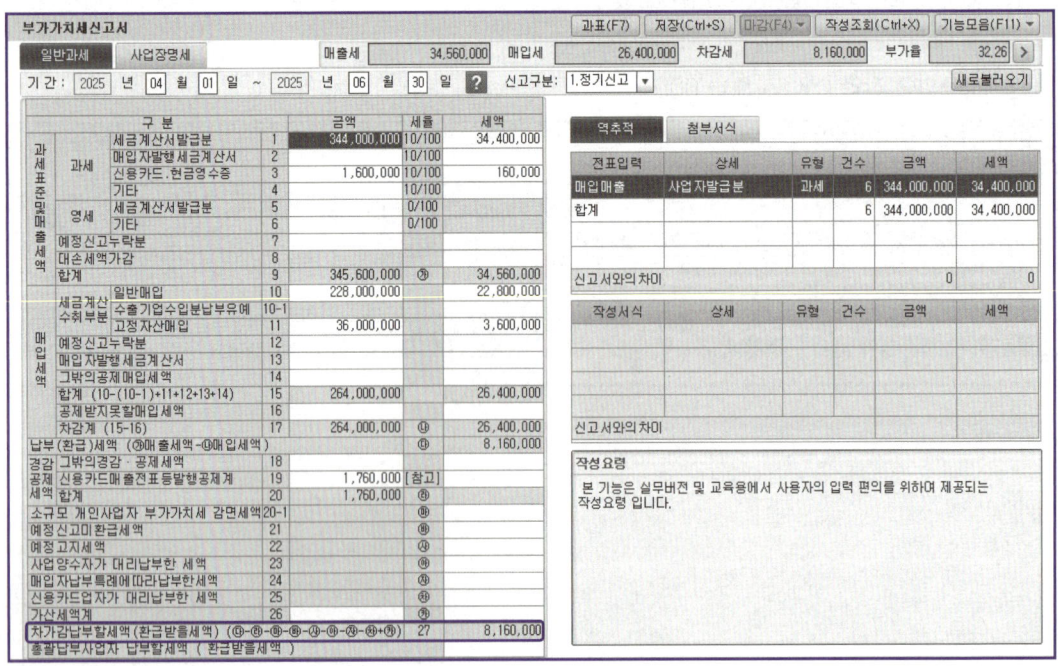

제6장 결산 처리 실무

제1절 결산준비하기

> **NCS** 기준 능력단위 : 0203020104_20v4 결산 처리
> 능력단위요소 : 0203020104_20v4.1 결산준비하기
> 수행준거 1.1 회계의 순환과정을 파악할 수 있다.
> 　　　　1.2 회계 관련 규정에 따라 시산표를 작성할 수 있다.
> 　　　　1.3 회계 관련 규정에 따라 재고조사표를 작성할 수 있다.
> 　　　　1.4 회계 관련 규정에 따라 정산표를 작성할 수 있다.

NEW sPLUS 실무교육 프로그램에서는 결산정리사항을 정리하여 **[일반전표입력]** 메뉴에서 입력할 내용과 **[결산자료입력]** 메뉴를 활용하는 방법으로 결산을 수행할 수 있다.

1 **[일반전표입력]** 메뉴에서는 현금과부족, 가계정의 정리, 소모품 미사용액, 미지급비용, 미수수익, 선급비용, 선수수익 등의 기말정리사항을 먼저 입력한다.

2 **[결산자료입력]** 메뉴에서는 감가상각비 계상, 대손충당금 설정, 기말상품재고액 등을 입력한 후 상단 툴바의 [전표추가]를 클릭하면 **[일반전표입력]** 메뉴에 결산대체분개가 자동 생성되어 있다.

3 감가상각비 계상은 **[결산자료입력]** 메뉴 작업전에 **[고정자산등록]** 메뉴에서 먼저 선행되어야 계산된 당기상각비를 결산에 반영할 수 있다.

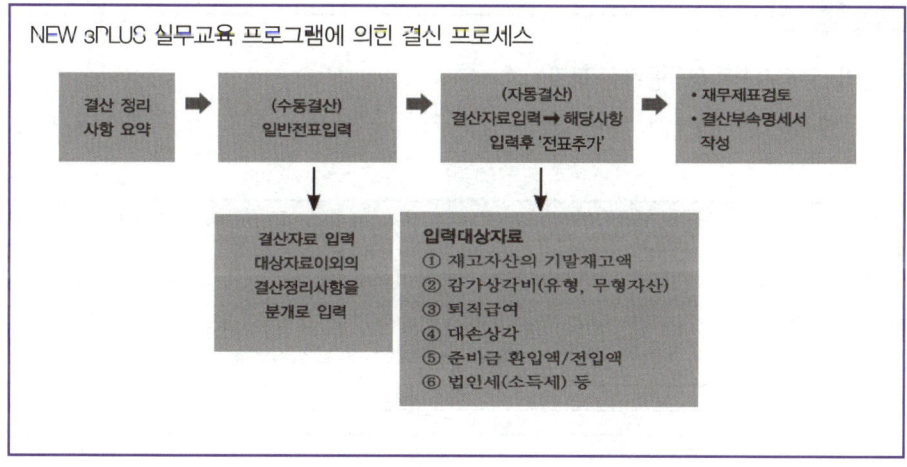

제2절 결산분개하기(수동결산)

> **NCS** 기준 능력단위 : 0203020104_20v4 결산 처리
> 능력단위요소 : 0203020104_20v4.2 결산분개하기
> 수행준거 2.1 손익 관련 결산분개를 할 수 있다.
> 2.2 자산·부채계정에 관한 결산정리사항을 분개할 수 있다.
> 2.3 손익 계정을 집합계정에 대체할 수 있다.

1 유가증권의 평가

유가증권의 가격은 자주 변동되므로 결산시에 장부가액과 일치하지 않은 경우가 많으므로 결산시 장부가액을 공정가액(시장가격, 종가)으로 평가한다.

◉ 결산정리분개

구 분	장부가액 < 공정가액		장부가액 > 공정가액	
당기손익 -공정가치 측정금융자산	(차) 당기손익-공정가치측정금융자산	×××	(차) 당기손익-공정가치측정금융자산평가손실	×××
	(대) 당기손익-공정가치측정금융자산평가이익	×××	(대) 당기손익-공정가치측정금융자산	×××
기타포괄손익 -공정가치 측정금융자산	(차) 기타포괄손익-공정가치측정금융자산	×××	(차) 기타포괄손익-공정가치측정금융자산평가손실	×××
	(대) 기타포괄손익-공정가치측정금융자산평가이익	×××	(대) 기타포괄손익-공정가치측정금융자산	×××

◀ 수행예제 ▶

[1] 기말 현재 보유중인 당기손익-공정가치측정금융자산을 ₩3,500,000으로 평가하다.
[2] 장기 투자 목적으로 보유중인 (주)백호 주식 1,000주의 결산일 현재 공정가치는 1주당 ₩3,500이다.

◉ 따라하기

① 당기손익-공정가치측정금융자산 평가

① [합계잔액시산표] 메뉴에서 당기손익-공정가치측정금융자산 계정 잔액(₩3,000,000)을 확인한다.

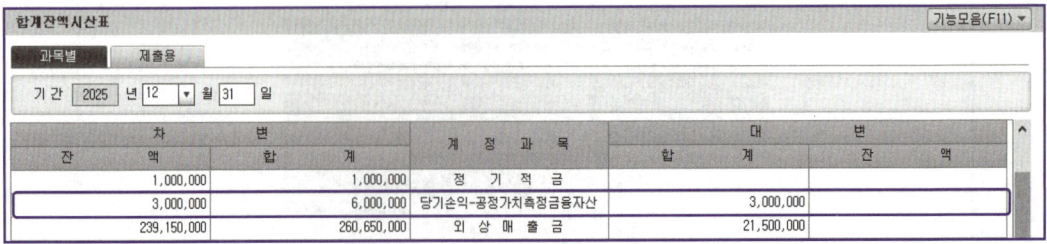

② 12월 31일

구분	코드	계정과목	코드	거래처	적요	차변	대변
3(차변)	107	당기손익-공정가 치측정금융자산			유가증권 평가익 발생	500,000	
4(대변)	905	당기손익-공정 가치측정금융 자산평가이익			유가증권 평가익 발생		500,000
분개	(차)	당기손익-공정가치 측정금융자산		500,000	(대) 당기손익-공정가치측정 금융자산평가이익	500,000	

☞ 평가(공정가)액(₩3,500,000) - 장부가액(₩3,000,000) = 평가이익(₩500,000)

② 기타포괄손익-공정가치측정금융자산 평가

① [합계잔액시산표] 메뉴에서 기타포괄손익-공정가치측정금융자산 계정 잔액(₩4,015,000)을 확인한다.

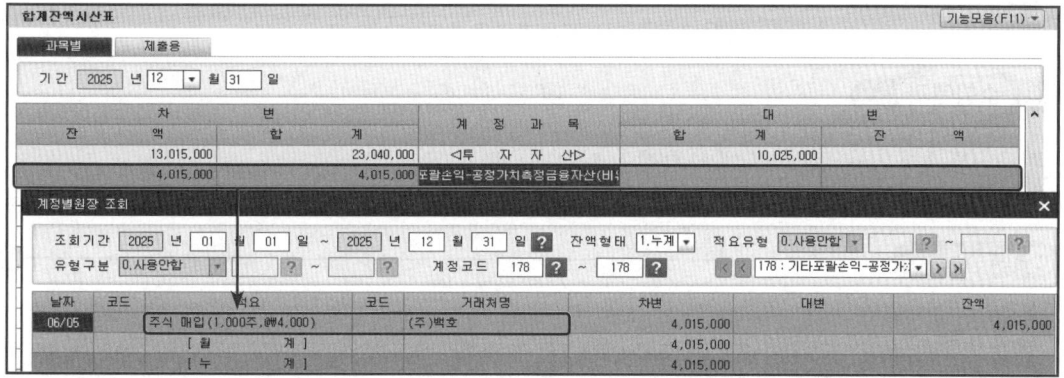

② 12월 31일

구분	코드	계정과목	코드	거래처	적요	차변	대변
3(차변)	982	기타포괄손익-공정가치측정금융자산평가손실			유가증권 평가손실 발생	515,000	
4(대변)	178	기타포괄손익-공정가치측정금융자산(비유동)			유가증권 평가손실 발생		515,000
분개	(차)	기타포괄손익-공정가치측정금융자산평가손실		515,000	(대) 기타포괄손익-공정가치측정금융자산(비유동)	515,000	

☞ 평가(공정가)액(1,000주×@₩3,500) - 장부가액(₩4,015,000) = 평가손실(₩515,000)

2 소모품의 정리

업무용으로 사용하는 소모성 물품인 복사용지, 잉크, 청소용품 등 소모품의 미사용액을 계상한다.

● 결산정리분개

구입시 비용 처리한 경우	구입시	(차) 소모품비	×××	(대) 현 금	×××
	결산시	(차) 소 모 품 * 미사용액을 자산으로 처리	×××	(대) 소모품비	×××
구입시 자산 처리한 경우	구입시	(차) 소 모 품	×××	(대) 현 금	×××
	결산시	(차) 소모품비 * 사용액을 비용으로 처리	×××	(대) 소 모 품	×××

수행예제

기말 현재 소모품 재고액은 ₩200,000이다.

따라하기

12월 31일

구분	코드	계정과목	코드	거래처	적요	차변	대변
3(차변)	172	소 모 품			소모품 미사용액 계상	200,000	
4(대변)	830	소 모 품 비			소모품 미사용액 계상		200,000
분개	(차)	소　　모　　품	200,000	(대) 소　모　품　비	200,000		

☞ 결산일 현재(12월 31일) [합계잔액시산표] 메뉴에서 '소모품비' 계정(비용)의 금액을 확인하여 결산시 미사용액을 '소모품' 계정(자산)으로 결산정리분개한다.

일자 2025 년 12 월 31 일 현금잔액 30,903,000원								
□	일	번호	구분	코드	계정과목	코드	거래처	적요	차변	대변
□	31	00001	차변	107	당기손익-공정가치			유가증권 평가익 발생	500,000	
□	31	00001	대변	905	당기손익-공정가치			유가증권 평가익 발생		500,000
□	31	00002	차변	982	기타포괄손익-공정			유가증권 평가손 발생	515,000	
□	31	00002	대변	178	기타포괄손익-공정			유가증권 평가손 발생		515,000
□	31	00003	차변	172	소모품			소모품 미사용액 계상	200,000	
□	31	00003	대변	830	소모품비			소모품 미사용액 계상		200,000
□	31									

3. 현금과부족의 정리

기말 결산시 남아있는 현금과부족 계정을 정리하며, 또한 기말 현재 현금의 실제액과 장부액의 차이가 있는 경우 현금 계정을 정리한다.

● 결산정리분개

현금과부족계정 정리	차변잔액이 있는 경우	(차) 잡손실	×××	(대) 현금과부족	×××
	대변잔액이 있는 경우	(차) 현금과부족	×××	(대) 잡이익	×××
금액차이가 있는 경우	현금 실제액 〉 장부액	(차) 현금	×××	(대) 잡이익	×××
	현금 실제액 〈 장부액	(차) 잡손실	×××	(대) 현금	×××

《수행예제》

기말 현재 현금과부족 계정 차변 잔액에 대한 원인은 거래처 창립기념일 축하 화환 대금 지급에 대한 입력 누락으로 확인되다.

◉ 따라하기

① [합계잔액시산표] 메뉴에서 12월 31일로 현금과부족 차변 잔액(₩250,000)을 확인한다.

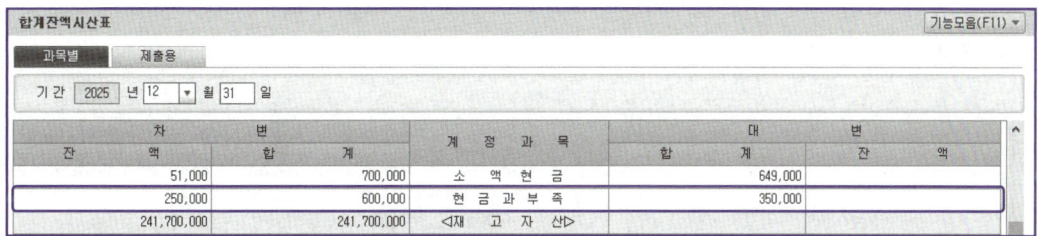

② 12월 31일

구분	코드	계정과목	코드	거래처	적요	차변	대변
3(차변)	813	접대비(기업업무추진비)			기장누락분 정리	250,000	
4(대변)	141	현 금 과 부 족			기장누락분 정리		250,000
분개	(차)	접대비(기업업무추진비)		250,000	(대) 현금과부족	250,000	

4 외화자산·외화부채의 평가

외화자산, 외화부채 중 예금, 외상매출금, 외상매입금, 외화장기대여금, 외화장기차입금 등과 같은 화폐성 외화자산, 부채는 재무상태표일 현재의 기준환율로 환산한 가액을 재무상태표상 가액으로 하여야 한다. 이 경우 발생하는 외화환산손익은 당기손익으로 인식한다.

◯ 결산정리분개

구 분	장부가액 〉 공정가액		장부가액 〈 공정가액	
외화예금	(차) 외화환산손실	×××	(차) 외화예금	×××
	(대) 외화예금	×××	(대) 외화환산이익	×××
외화차입금	(차) 외화차입금	×××	(차) 외화환산손실	×××
	(대) 외화환산이익	×××	(대) 외화차입금	×××

☞ 서울외국환중개(http//smbs.biz)에서 기준환율 확인

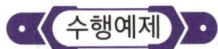

기말 현재 외화장기차입금에 대하여 평가하다. 단, 기준환율은 1$당 ₩900이다.

◎ 따라하기

① [합계잔액시산표] 메뉴에서 외화장기차입금 계정 잔액(₩5,000,000)을 확인한다.

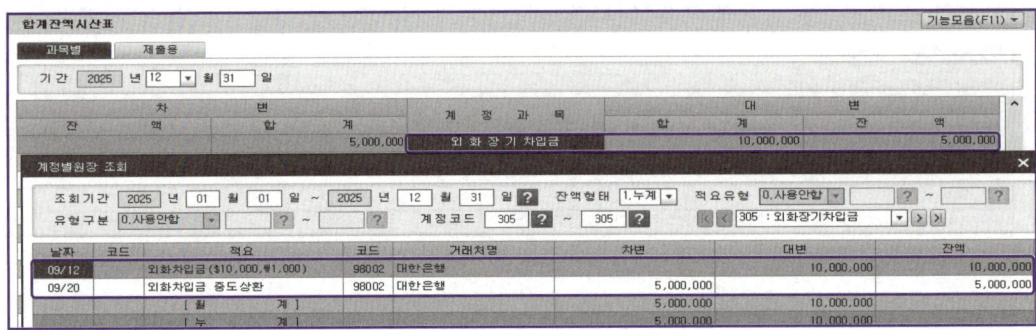

② 12월 31일

구분	코드	계정과목	코드	거래처	적요	차 변	대 변
3(차변)	305	외화장기차입금	98002	대한은행	외화평가시 환산이익	500,000	
4(대변)	910	외 화 환 산 이 익			외화차입금평가시환산익		500,000
분개	(차)	외화장기차입금		500,000	(대) 외 화 환 산 이 익	500,000	

☞ 장부가액($5,000×₩1,000) - 평가액($5,000×₩900) = 환산이익(₩500,000)

5 유형자산(토지)의 재평가

유형자산(토지)을 기말 결산시 공정가치와 장부가액을 비교하여 재평가할 경우 공정가치가 큰 경우 재평가잉여금 계정으로 처리하며, 수익이 아닌 기타포괄손익누계액이라는 자본항목에 속한다. 또한, 재평가잉여금은 추후에 재평가손실이 발생하는 경우 우선 상계 처리하고, 차액이 발생하면 당기손익(영업외비용)인 재평가손실 계정으로 처리한다.

● 결산정리분개

구 분	장부가액 〉 공정가액		장부가액 〈 공정가액	
토지 재평가	(차) 재평가손실	×××	(차) 토지	×××
	(대) 토지	×××	(대) 재평가잉여금	×××

《수행예제》

업무용 토지를 ₩11,000,000으로 재평가하다.

● 따라하기

① [합계잔액시산표] 메뉴에서 토지 계정 잔액(₩10,100,000)을 확인한다.

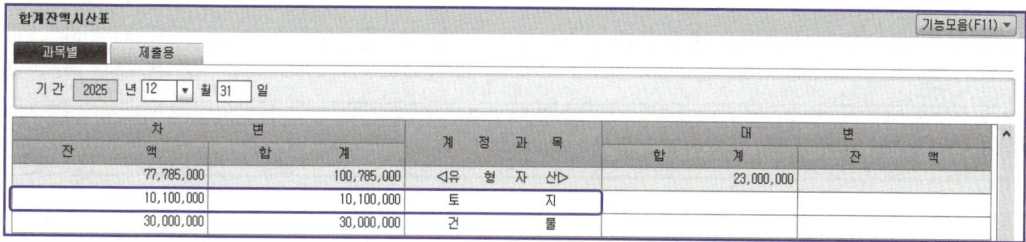

② 12월 31일

구분	코드	계정과목	코드	거래처	적요	차변	대변
3(차변)	201	토 지			토지 재평가 이익	900,000	
4(대변)	987	재평가잉여금			토지 재평가 이익		900,000
분개	(차)	토 지		900,000	(대) 재 평 가 잉 여 금		900,000

☞ 평가액(₩11,000,000) - 장부가액(₩10,100,000) = 재평가잉여금(₩900,000)

6 비용의 이연(차기분)

이미 지급한 비용 중 차기에 속하는 금액은 해당 비용계정 대변에 기입하여 차감하고, 자산계정인 선급비용 계정 차변에 기입하여 차기로 이연한다.

◆ 결산정리분개

결 산 시	차 변	대 변
보험료 선급액 계상시	선급비용(선급보험료) ×××	보험료 ×××

◀ 수행예제 ▶

10월 31일 지급한 1년분(2025년 11월 ~ 2026년 10월) 보험료 중 선급분(미경과분)을 계상하다.
단, 보험료는 월할 계산한다.

◉ 따라하기

① [일반전표입력]메뉴에서 10월 31일을 조회하여 보험료 계정 금액(₩1,800,000)을 확인한다.

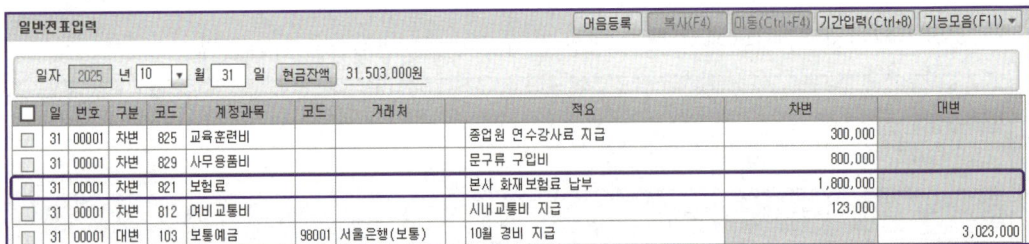

② 12월 31일

구분	코드	계정과목	코드	거래처	적 요	차 변	대 변
3(차변)	133	선 급 비 용			미경과 보험료 계상	1,500,000	
4(대변)	821	보 험 료			미경과 보험료 계상		1,500,000
분개	(차)	선 급 비 용	1,500,000	(대)	보 험 료	1,500,000	

☞ ₩1,800,000×10개월/12개월=₩1,500,000(선급분)

7 비용의 예상(당기분)

당기에 속하는 비용 중 지급기일이 도래하지 않아 지급되지 않은 금액은 해당 비용계정 차변에 기입하여 가산하고, 부채계정인 미지급비용 계정으로 처리한다.

◯ 결산정리분개

결 산 시	차 변		대 변	
이자 미지급액 계상시	이자비용	×××	미지급비용	×××
임차료 미지급액 계상시	임차료	×××	미지급비용	×××

수행예제

차입금의 이자 미지급액 ₩215,000을 계상하다.

따라하기

12월 31일

구분	코드	계정과목	코드	거래처	적 요	차 변	대 변
3(차변)	931	이 자 비 용			차입금이자미지급계상	215,000	
4(대변)	262	미지급비용			차입금이자미지급계상		215,000
분개	(차)	이 자 비 용		215,000	(대) 미 지 급 비 용	215,000	

	일	번호	구분	코드	계정과목	코드	거래처	적요	차변	대변
☐	31	00008	차변	931	이자비용			차입금이자 미지급 계상	215,000	
☐	31	00008	대변	262	미지급비용			차입금이자 미지급 계상		215,000

8 수익의 이연(차기분)

당기에 받은 수익 중 차기에 속하는 금액은 해당 수익계정 차변에 기입하여 차감하고, 부채 계정인 선수수익 계정 대변에 기입하여 차기로 이연한다.

◎ 결산정리분개

결 산 시	차 변		대 변	
임대료 선수액 계상시	임대료	×××	선수수익	×××

수행예제

10월 2일 사무실 임대료는 1년분(2025년 10월~2026년 9월)이다. 임대료 선수분을 계상하다.
단, 월할계산 한다.

따라하기

① [일반전표입력] 메뉴에서 10월 2일을 조회하여 임대료(영업외) 계정금액(₩2,000,000)을 확인한다.

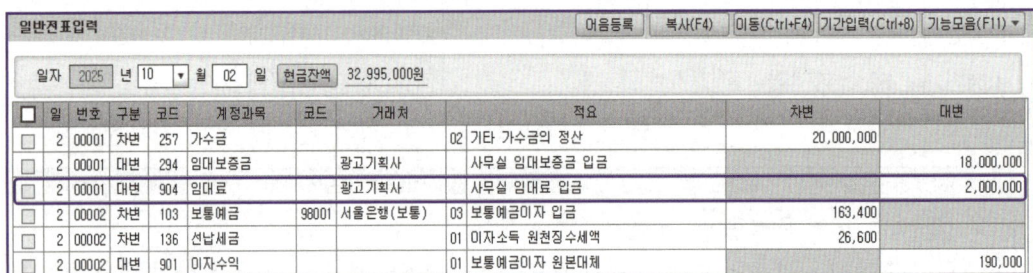

② 12월 31일

구분	코드	계정과목	코드	거래처	적요	차 변	대 변
3(차변)	904	임 대 료			임대료 선수액 계상	1,500,000	
4(대변)	263	선 수 수 익			임대료 선수액 계상		1,500,000
분개	(차)	임 대 료		1,500,000	(대) 선 수 수 익	1,500,000	

☞ ₩2,000,000×9개월/12개월=₩1,500,000(선수분)

9 수익의 예상(당기분)

당기에 속하는 수익을 아직 받지 않은 금액은 해당 수익계정 대변에 기입하여 가산하고, 자산계정인 미수수익 계정으로 처리한다.

◐ 결산정리분개

결 산 시	차 변		대 변	
이자 미수액 계상시	미수수익	×××	이자수익	×××

◀《 수행예제 》▶

기말 현재 장기대여금에 대한 이자 미수분 ₩120,000을 계상하다.

◉ 따라하기

12월 31일

구분	코드	계정과목	코드	거래처	적요	차변	대변
3(차변)	116	미 수 수 익			이자 미수액 계상	120,000	
4(대변)	901	이 자 수 익			이자 미수액 계상		120,000
분개	(차) 미 수 수 익			120,000	(대) 이 자 수 익	120,000	

일	번호	구분	코드	계정과목	코드	거래처	적요	차변	대변
31	00010	차변	116	미수수익			이자 미수액 계상	120,000	
31	00010	대변	901	이자수익			이자 미수액 계상		120,000

일자 2025 년 12 월 31 일 현금잔액 30,903,000원

10 부가가치세 정리 분개

분기별로 부가가치세신고서에 해당되는 매출세(부가가치세예수금 계정)와 매입세(부가가치세대급금 계정)를 차감하여 정리하는 분개를 말한다.

● 정리분개

구 분		분 개
납부세액인 경우 (+)	정리분개	(차) 부가가치세예수금 ××× (대) 부가가치세대급금 ××× 　　　　　　　　　　　　　　　미 지 급 세 금 ×××
	납부시 회계처리	(차) 미 지 급 세 금 ××× (대) 현　　　　　금 ×××
환급세액인 경우 (-)	정리분개	(차) 부가가치세예수금 ××× (대) 부가가치세대급금 ××× 　　　미　수　금　×××
	환급시 회계처리	(차) 보 통 예 금 ××× (대) 미　수　금 ×××

◀ 수행예제 ▶

[1] 제1기 확정 신고 기간의 부가가치세를 정리하다.
[2] 제2기 예정 신고 기간의 부가가치세를 정리하다.

● 따라하기

① 제1기 확정 부가가치세신고서(4월 1일~6월 30일) 조회

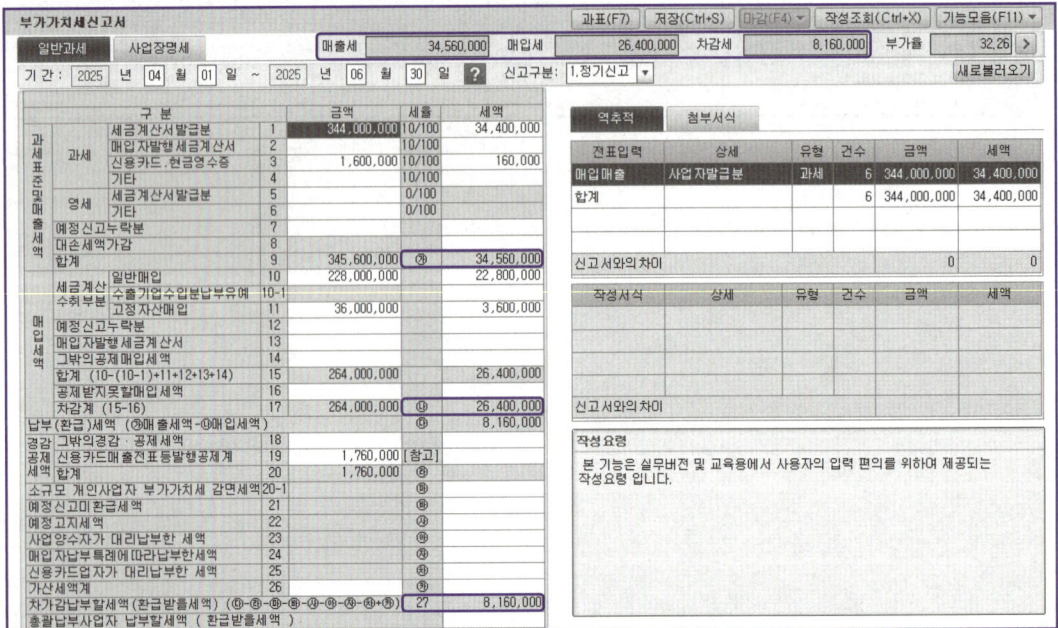

6월 30일(일반전표입력)

구분	코드	계정과목	코드	거래처	적요	차변	대변
3(차변)	255	부가가치세예수금			제1기확정신고부가세정리	34,560,000	
4(대변)	135	부가가치세대급금			제1기확정신고부가세정리		26,400,000
4(대변)	261	미지급세금			제1기확정신고부가세정리		8,160,000
분개	(차)	부가가치세예수금		34,560,000	(대) 부가가치세대급금 미지급세금	26,400,000 8,160,000	

② 제2기 예정 부가가치세신고서(7월 1일~9월 30일) 조회

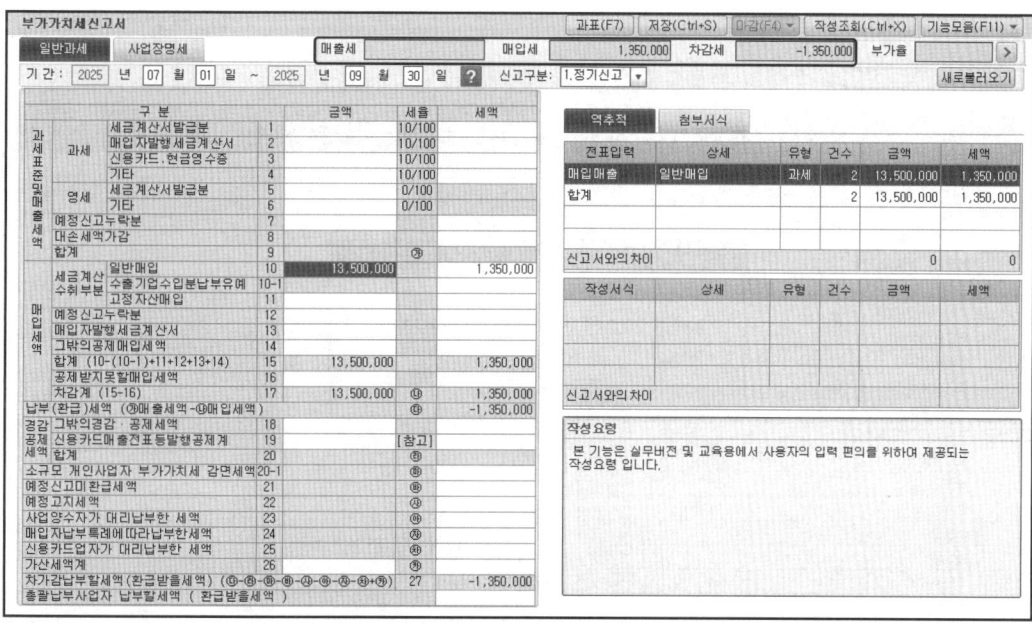

9월 30일(일반전표입력)

구분	코드	계정과목	코드	거래처	적요	차변	대변
3(차변)	120	미수금			제2기예정신고부가세정리	1,350,000	
4(대변)	135	부가가치세대급금			제2기예정신고부가세정리		1,350,000
분개	(차)	미수금		1,350,000	(대) 부가가치세대급금	1,350,000	

제3절 장부마감하기(자동결산)

> **NCS** 기준 능력단위 : 0203020104_20v4 결산 처리
> 능력단위요소 : 0203020104_20v4.3 장부마감하기
> 수행준거 3.1 회계 관련 규정에 따라 주요장부를 마감할 수 있다.
> 3.2 회계 관련 규정에 따라 보조장부를 마감할 수 있다.
> 3.3 회계 관련 규정에 따라 각 장부의 오류를 수정할 수 있다.
> 3.4 자본거래를 파악하여 자본의 증감여부를 확인할 수 있다.

[결산자료입력] 메뉴는 결산정리사항을 수동 대체 분개를 하지 않고 감가상각비 등 해당 항목의 금액만을 입력하여 결산분개를 자동으로 생성시키는 메뉴이며, 자동으로 생성된 결산분개를 통해 재무제표를 작성할 수 있다.

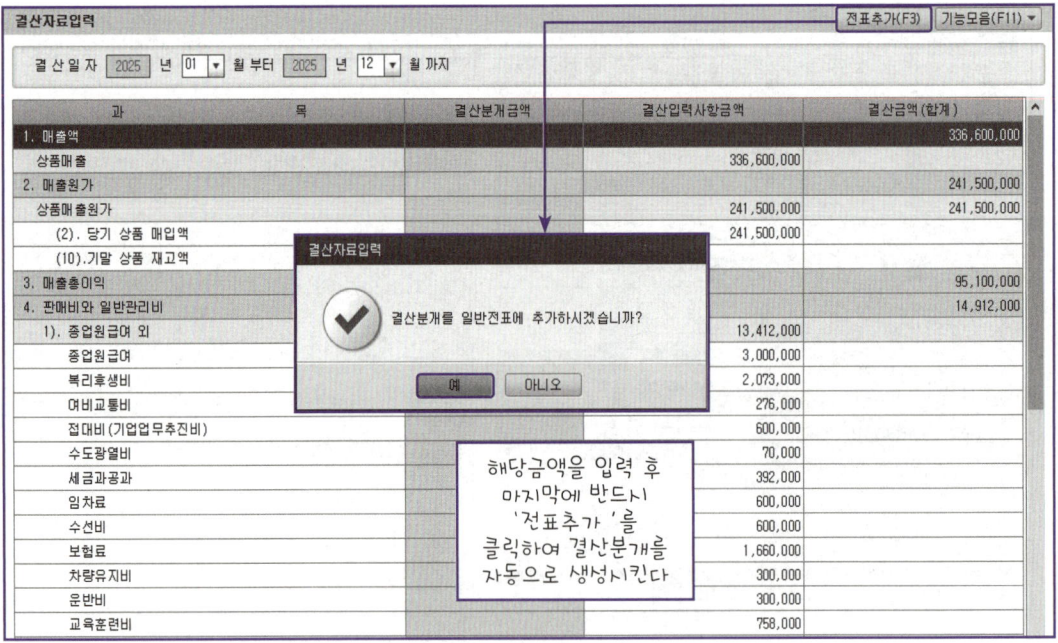

[결산자료입력] 메뉴에는 다음의 내용을 입력한다.
① 유·무형자산의 감가상각비 계상
② 대손충당금 설정
③ 기말상품재고액

1 감가상각비 계상

[고정자산등록] 메뉴에 입력된 자료를 [원가경비별감가상각명세서]에서 당기의 유형자산과 무형자산의 상각비를 확인한 후 [결산자료입력] 메뉴에 해당 금액을 입력한다.

수행예제

모든 비유동자산에 대하여 감가상각비를 계상하다.

따라하기

① **원가경비별 감가상각명세서 조회**

프로그램 네비 회계 ➡ 고정자산등록 ➡ 원가경비별감가상각명세서

- 건물 : ₩1,000,000
- 차량운반구 : ₩1,041,166
- 비품 : ₩1,252,000

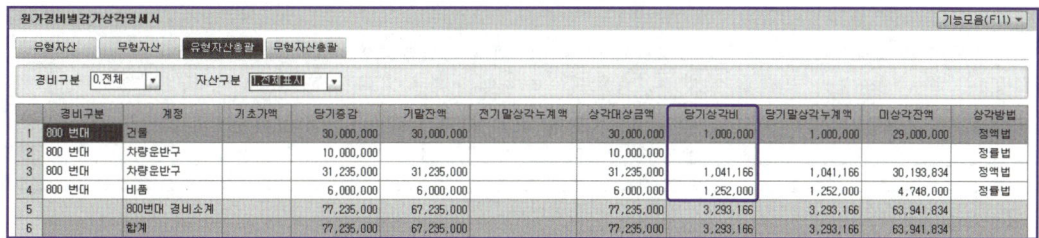

② **[결산자료입력] 메뉴의 해당금액 입력**

프로그램 네비 회계 ➡ 결산/재무제표Ⅰ ➡ 결산자료입력

[결산자료입력]메뉴의 결산일자를 2024.01~2024.12월로 선택하고, [매출원가 및 경비선택] 창이 열리면 [확인] 하여 4).감가상각비 해당란에 금액을 입력한다.

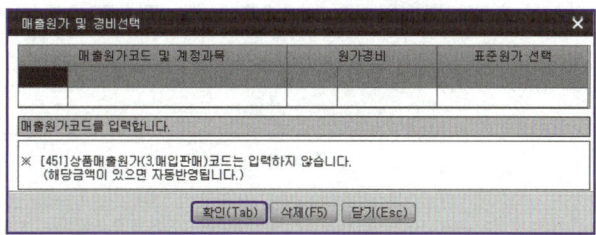

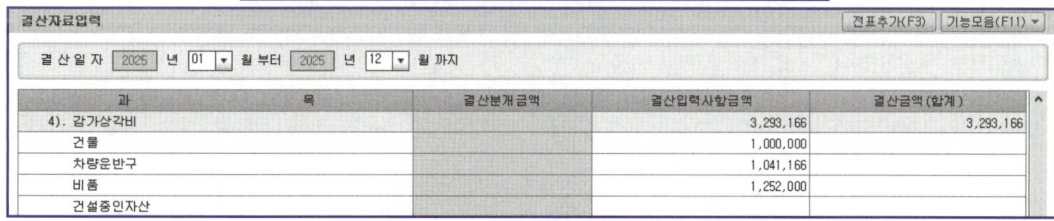

2 대손충당금 설정

대손충당금은 [합계잔액시산표] 메뉴에서 매출채권(외상매출금, 받을어음)의 잔액과 대손충당금 잔액을 조회하여 설정액을 계산한 후 [결산자료입력] 메뉴에 해당 금액을 입력한다.

수행예제

매출채권 잔액에 대하여 1%의 대손충당금(보충법)을 설정하다.

따라하기

① 합계잔액시산표 조회

프로그램 네비 회계 ➡ 결산/재무제표 I ➡ 합계잔액시산표

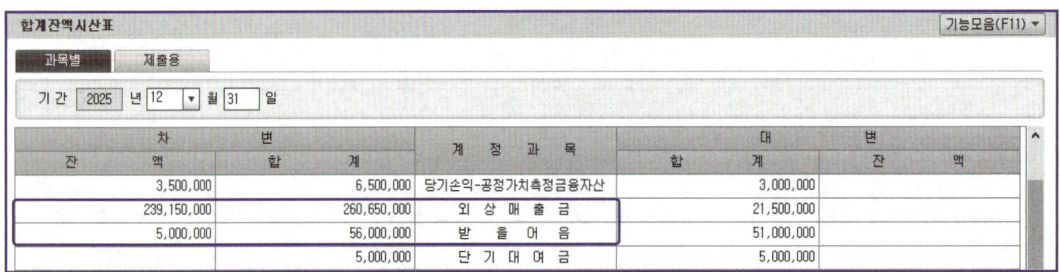

☞ 대손충당금 설정액 = 매출채권 잔액 × 설정률 - 대손충당금 잔액
· 외상매출금 잔액 ₩239,150,000 × 1% - ₩0 = ₩2,391,500
· 받을어음 잔액 ₩5,000,000 × 1% - ₩0 = ₩50,000

② [결산자료입력] 메뉴에 해당금액 입력

계산된 설정액을 5). 대손상각 해당란에 금액을 입력한다.

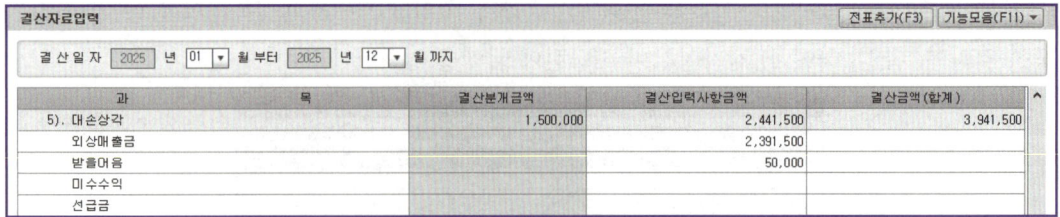

3 상품매출원가 계상

1. 재고자산수불부작성 및 마감

입고와 출고가 완료된 재고자산을 결산시 평가방법에 따라 평가하여 매출원가금액과 재고자산금액을 구분 정리할 수 있다.

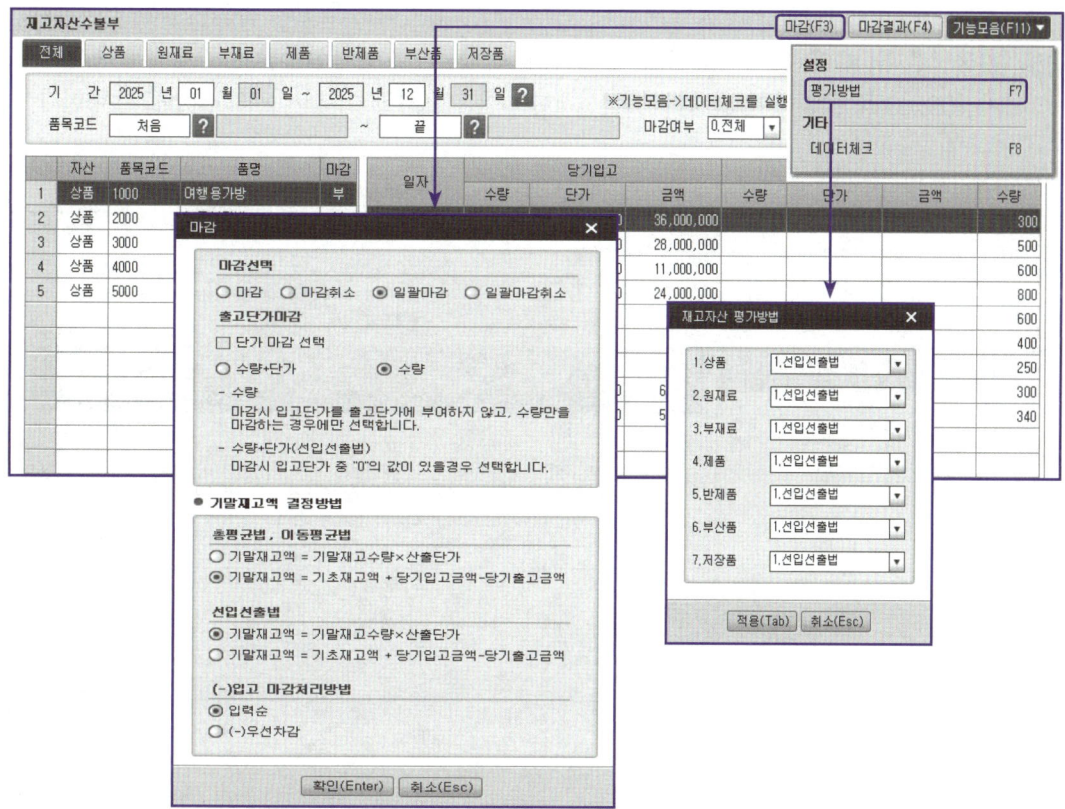

주요항목별 입력 내용 및 방법	
항 목	입력내용 및 방법
기 간	마감하고자 하는 월을 선택한다.
품 목 코 드	코드도움(F2)로 원하는 구간의 물품코드를 선택한다.
마 감	마감은 월별, 기간별로 가능하다. · [마감]은 화면상에 보이는 물품만 마감시 선택한다. (개별품목 마감) · [일괄마감]은 조회한 구간의 전체 물품을 마감시 선택한다. · [수량]은 입고단가를 출고단가에 부여하지 않고 수량만 마감시 사용하는 기능이다.
마 감 결 과	마감시 오류의 내용을 확인하는 기능이다.
평 가 방 법	수불부의 평가방법을 [환경설정] 메뉴를 거치지 않고 수정할 수 있다.
마 감 여 부	1.여(마감된 자산), 2.부(마감되지 않은 자산)로 구분되며 마감여부를 알 수 있다.

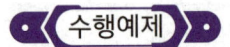

기말 현재 상품의 재고평가를 수행하시오. 단, 재고평가는 선입선출법으로 한다.

따라하기

프로그램 네비 ➜ 물류관리 ➜ 재고관리 ➜ 재고자산수불부

① [전체]Tab 또는 [상품]Tab에서 기간과 품목코드를 입력하여 입고와 출고내역을 조회한다.
② [기능모음(F11)]에서 [평가방법]을 클릭하여 [1.상품 : 1.선입선출법]으로 선택한다.
③ [마감(F3)]키를 클릭하여 '일괄마감'을 선택한 다음 [확인]을 클릭하여 평가작업을 수행한다.

〈여행용가방 마감화면〉

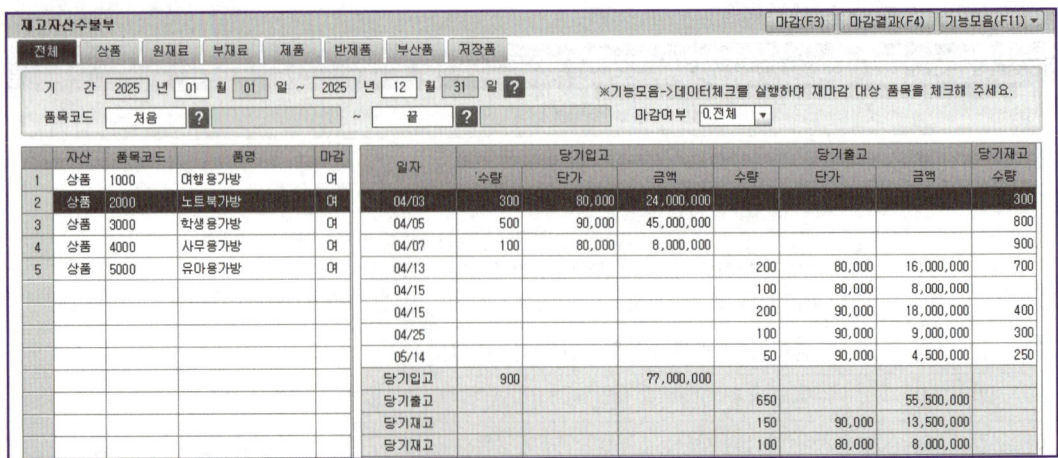

〈노트북가방 마감화면〉

☞ ▷ 학생용가방 마감자료(당기입고 420개, 당기출고 400개, 당기재고 20개), 사무용가방 마감자료(당기입고 100개, 당기출고 10개, 당기재고 90개), 유아용가방 마감자료(당기입고 300개, 당기출고 1개, 당기재고 299개)

2. 재고자산명세서 작성 및 마감

재고자산수불부의 마감정보를 반영받아 자산별 합계액(기말상품재고액)을 조회하여 [결산자료입력] 메뉴의 해당란에 입력한다.

수행예제

기말상품재고액을 입력하고 결산 처리하다.

따라하기

프로그램 네비 : 물류관리 ➡ 재고관리 ➡ 재고자산명세서

① **기말상품재고액** : ₩88,450,000

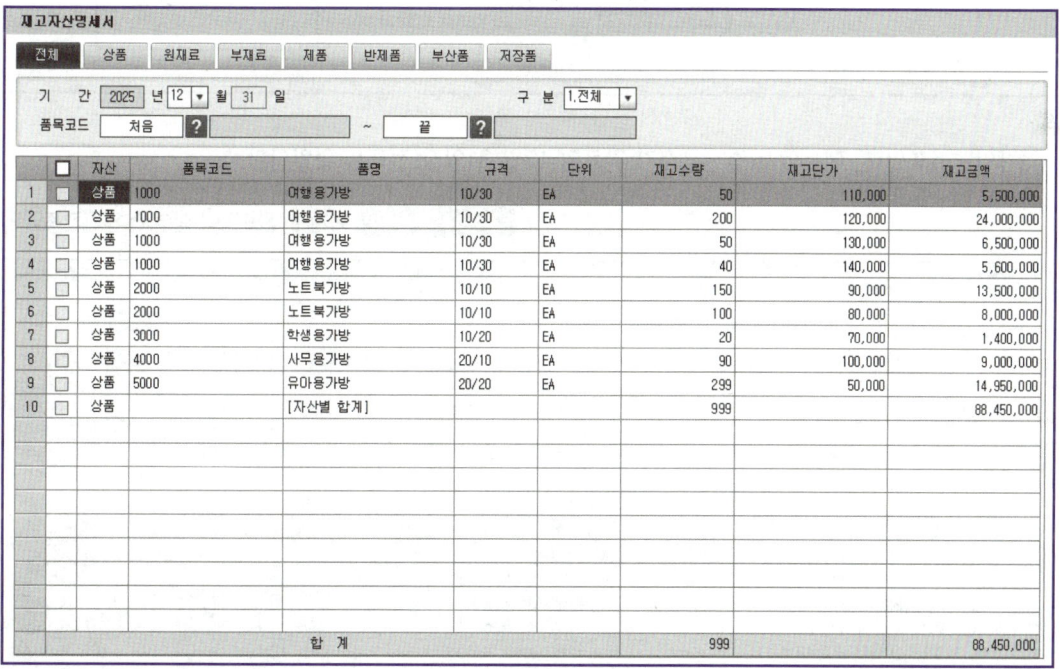

☞ [재고자산명세서] 메뉴는 [재고자산수불부] 메뉴에서 마감된 월로 조회가 가능하다.

② [결산자료입력] 메뉴에 해당 금액 입력

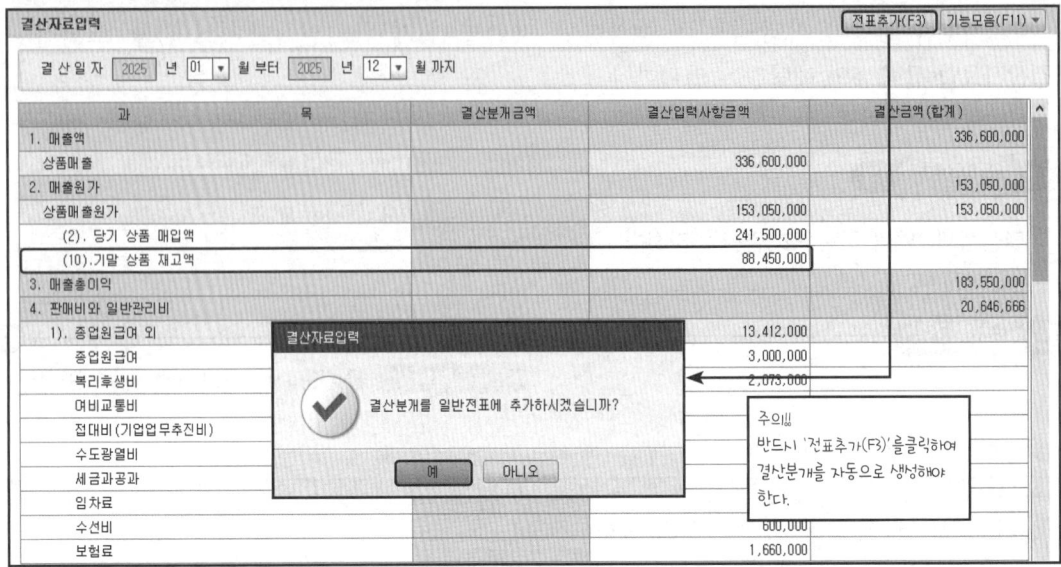

③ [일반전표입력] 메뉴에서 결산분개가 완료된 12월 31일자 전표를 확인한다.

프로그램 네비 ▶ 회계 ➜ 전표입력/장부 ➜ 일반전표입력

☞ 결산 대체 분개의 일괄 삭제 : [일반전표입력] 메뉴에서 'Shift + F5'를 누르면 '일반전표-일괄자동분개 삭제' 대화상자가 열린 후 '결산분개' 항목을 체크 표시하고, '삭제(F5)'를 클릭하면 다시 삭제여부를 묻는 메시지에서 '예'를 누르면 결산분개가 모두 삭제된다.

제7장 재무제표 작성 실무

제1절 재무제표 작성하기

> **NCS** 기준 능력단위 : 0203020111_20v2 재무제표 작성
> 능력단위요소 : 0203020111_20v2.1 재무상태표 작성하기
> 수행준거 1.1 자산을 회계 관련 규정에 맞게 회계처리할 수 있다.
> 　　　　 1.2 부채를 회계 관련 규정에 맞게 회계처리할 수 있다.
> 　　　　 1.3 자본을 회계 관련 규정에 맞게 회계처리할 수 있다.
> 　　　　 1.4 재무상태표를 양식에 맞게 작성할 수 있다.

[재무제표 작성순서]

손익계산서 ······ 당기순손익 확정 – 12월로 조회하여 확정

▼

이익잉여금처분계산서 ······ 미처분이익잉여금 확정
– "전표추가"에 의해 손익대체분개 자동작성

▼

재무상태표 ······ 당기순이익과 미처분이익잉여금의 자동반영

▼

합계잔액시산표 ······ · 거래자료입력 후 : 계정을 금액집계(또는 잔액)의 의미로 조회
· 잉여금처분계산서 / 전표추가 후 : 손익대체까지 반영분 조회

1 손익계산서 작성 및 조회하기

> 프로그램 네비 　회계 ➡ 결산/재무제표Ⅰ ➡ 손익계산서

　손익계산서란 일정기간(보통 1회계기간)동안의 경영성과를 나타내는 표를 말한다. 일정기간 중 실현된 수익에서 발생된 비용을 차감하여 산출된 당기순이익은 이익잉여금처분계산서와 재무상태표에 반영되며, 발행주식수를 입력하면 '주당이익'이 산출된다.

수행예제

12월 31일 결산 후 손익계산서를 작성하고 기본주당이익을 구하면 얼마인가? 단, 발행주식수는 10,000주이다.

따라하기

기본주당이익 : ₩15,844

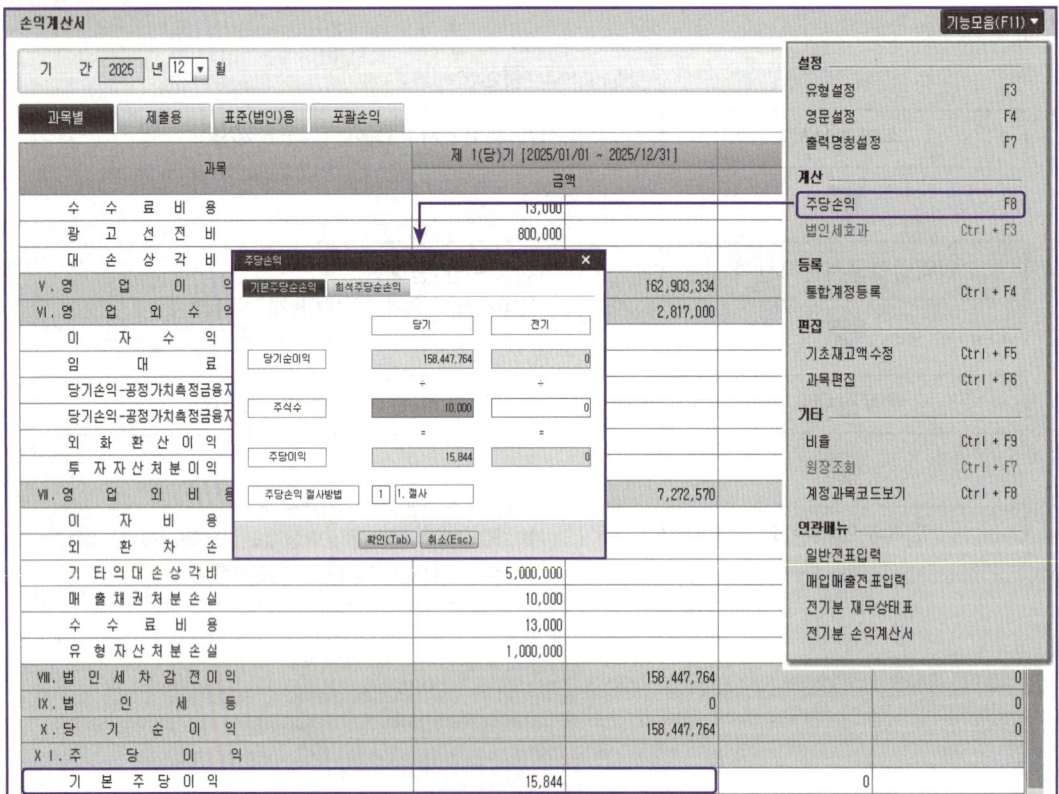

2 이익잉여금처분계산서 작성 및 조회하기

프로그램 네비 회계 ➔ 결산/재무제표Ⅰ ➔ 이익잉여금처분계산서

이익잉여금처분계산서는 이익잉여금의 총 변동사항을 명확히 보고하기 위해 작성하는 서식이다. 손익계산서에서 산출한 당기순이익이 자동 반영되며, 법인기업인 경우 [이익잉여금처분계산서] 메뉴에서 손익대체 분개를 생성시켜야 재무상태표 작성시 에러가 발생하지 않는다.

수행예제

12월 31일 이익잉여금처분계산서를 작성하고 손익대체 분개를 완성하시오.

따라하기

1 이익잉여금처분계산서 작성

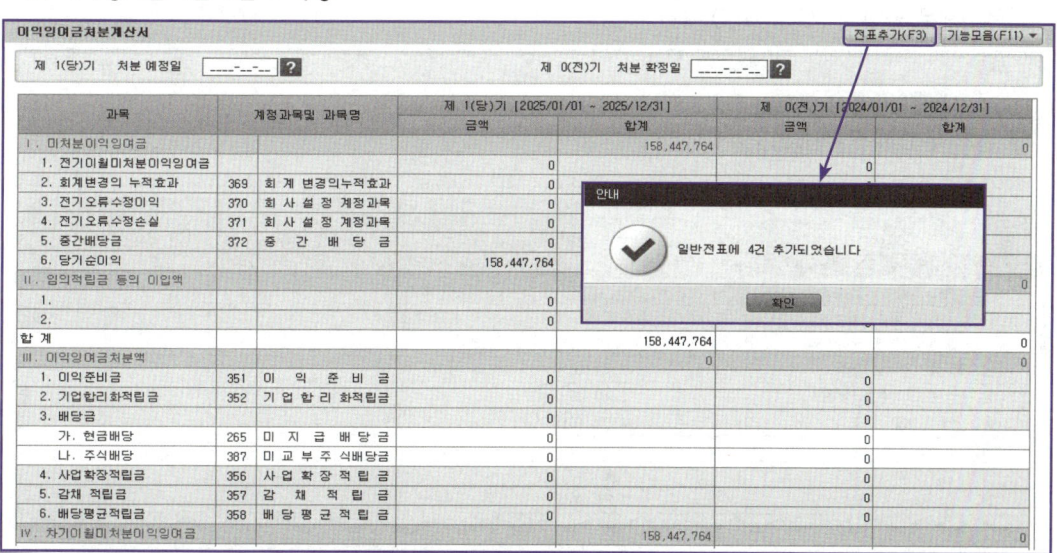

☞ · 개인기업인 경우 손익계산서상에서 손익대체분개를 생성시킨다.
  · 법인기업인 경우 이익잉여금처분계산서상에서 손익대체분개를 생성시킨다.

2 일반전표입력(12월31일-손익대체분개) 확인

제7장 재무제표 작성 실무 169

3 재무상태표 작성 및 조회하기

프로그램 네비 회계 ➔ 결산/재무제표 I ➔ 재무상태표

재무상태표는 일정한 시점(회계기간 종료일 현재)의 기업의 재무상태를 나타내는 보고서이다. 관리용, 제출용, 표준용으로 구분된다.

수행예제

[1] 12월 31일 매출채권 금액은 얼마인가?
[2] 12월 31일 매입채무 금액은 얼마인가?

따라하기

① **매출채권 금액** : ₩244,150,000
② **매입채무 금액** : ₩180,450,000

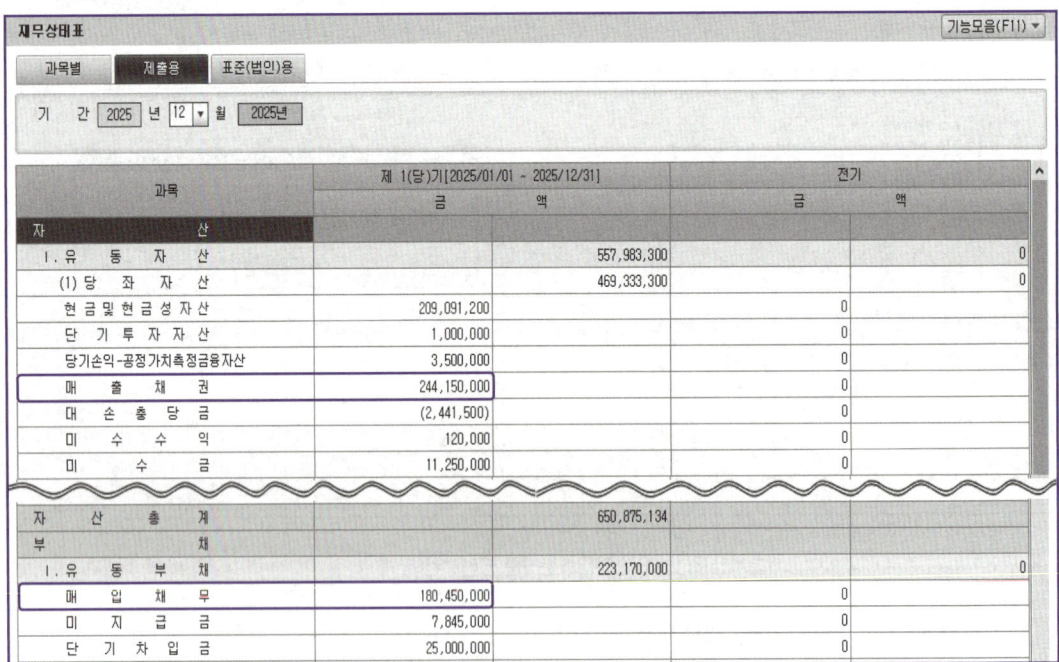

4 K-IFRS 포괄손익계산서 작성 및 조회하기

프로그램 네비 회계 ➔ K-IFRS재무제표 ➔ K-IFRS포괄손익계산서

한국채택국제회계기준(K-IFRS)에 의해 작성된 포괄손익계산서를 조회할 수 있다.

수행예제

[1] 1월 1일부터 12월 31일까지 한국채택국제회계기준(K-IFRS)에 의한 포괄손익계산서(기능별)에 표시되는 매출원가는 얼마인가?

[2] 1월 1일부터 12월 31일까지 한국채택국제회계기준(K-IFRS)에 의한 포괄손익계산서(기능별)에 표시되는 영업이익은 얼마인가?

따라하기

① **매출원가** : ₩153,050,000

② **영업이익** : ₩162,903,334

과목	제 1(당)기 [2025/01/01 ~ 2025/12/31]		전기	
	금액		금액	
I. 수 익 (매 출 액)		336,600,000		0
상 품 매 출	336,600,000		0	
II. 매 출 원 가		153,050,000		0
상 품 매 출 원 가		153,050,000		0
기 초 상 품 재 고 액	0			
당 기 상 품 매 입 액	241,500,000			
기 말 상 품 재 고 액	88,450,000			
[매 출 총 이 익]		183,550,000		0
III. 판 매 비 와 관 리 비		20,646,666		0
종 업 원 급 여	3,000,000		0	
복 리 후 생 비	2,073,000		0	
여 비 교 통 비	276,000		0	
접 대 비 (기업업무추진비)	600,000		0	
수 도 광 열 비	70,000		0	
세 금 과 공 과	392,000		0	
광 고 선 전 비	800,000		0	
대 손 상 각 비	3,941,500		0	
[영 업 이 익]		162,903,334		0
IV. 기 타 수 익		2,007,000		0
임 대 료	500,000		0	
당기손익-공정가치측정금융자산평가이익	500,000		0	
당기손익-공정가치측정금융자산처분이익	232,000		0	

5. K-IFRS 재무상태표 작성 및 조회하기

`프로그램 네비` 회계 ➔ K-IFRS재무제표 ➔ K-IFRS재무상태표

한국채택국제회계기준(K-IFRS)에 의해 작성된 재무상태표를 조회할 수 있다.

수행예제

[1] 12월 31일 현재 한국채택국제회계기준(K-IFRS)에 의한 재무상태표에 표시되는 재고자산의 금액은 얼마인가?

[2] 12월 31일 현재 한국채택국제회계기준(K-IFRS)에 의한 재무상태표에 표시되는 유동부채의 합계액은 얼마인가?

따라하기

1 재고자산 금액 : ₩88,650,000

2 유동부채의 합계액 : ₩223,170,000

과목	제 1(당)기 [2025/01/01 ~ 2025/12/31] 금 액	제 0(전)기 [2024/01/01 ~ 2024/12/31] 금 액
자 산		
Ⅰ. 유 동 자 산	557,983,300	
(1) 현금및현금성자산	199,091,200	
(2) 매 출 채 권 및 기 타 채 권	254,578,500	
(3) 기 타 유 동 금 융 자 산	14,500,000	
(4) 재 고 자 산	88,650,000	
(5) 기 타 의 유 동 자 산	1,163,600	
Ⅱ. 비 유 동 자 산	92,891,834	
(1) 기타포괄손익-공정가치측정금융자산	3,500,000	
(2) 상각후원가측정금융자산	6,000,000	
(3) 장기매출채권및비유동채권	5,000,000	
(4) 유 형 자 산	75,391,834	
(5) 기 타 비 유 동 금 융 자 산	3,000,000	
자 산 총 계	650,875,134	
부 채		
Ⅰ. 유 동 부 채	223,170,000	
(1) 매 입 채 무 및 기 타 채 무	188,510,000	
(2) 단 기 차 입 금	25,000,000	
(3) 미 지 급 법 인 세	8,160,000	
(4) 기 타 유 동 부 채	1,500,000	

6 합계잔액시산표 작성 및 조회하기

프로그램 네비 회계 ➜ 결산/재무제표 I ➜ 합계잔액시산표

합계잔액시산표는 [일반전표입력]과 [매입매출전표입력] 메뉴에서 입력된 자료가 집계된 보고서로 대차차액 없이 정확히 작성되었는지를 확인할 수 있다.

수행예제

[1] 12월 31일 현재 판매관리비 총액은 얼마인가?
[2] 9월 30일 현재 외상매출금 잔액은 얼마인가?

따라하기

① **판매관리비 총액** : ₩22,346,666

차변 잔액	차변 합계	계정과목	대변 합계	대변 잔액
	153,050,000	상 품 매 출 원 가	153,050,000	
	22,346,666	◀판 매 관 리 비▶	22,346,666	
	3,000,000	종 업 원 급 여	3,000,000	

☞ 12월 31일 합계잔액시산표를 조회하여 대차차액이 발생하는지 확인한다.

② **외상매출금 잔액** : ₩240,650,000

차변 잔액	차변 합계	계정과목	대변 합계	대변 잔액
1,000,000	1,000,000	정 기 적 금		
3,000,000	6,000,000	당기손익-공정가치측정금융자산	3,000,000	
240,650,000	260,650,000	외 상 매 출 금	20,000,000	
5,000,000	56,000,000	받 을 어 음	51,000,000	

전산회계운용사 2급

NEW sPLUS
원가계산 실무 수행

NCS기준
대분류 : 02.경영·회계·사무
중분류 : 03.재무·회계
소분류 : 02.회계
세분류(직무명) : 회계·감사

제1장 원가관련 프로세스 파악하기
제2장 원가요소 분류하기
제3장 원가 배부하기
제4장 원가 계산하기
제5장 원가 정보 산출하기

www.nanumclass.com

2025년 전산회계운용사 2급 실기

제1장 원가관련 프로세스 파악하기

제1절 원가관련 프로세스

1 원가의 흐름

제조기업에서 재료비, 노무비, 제조경비 등을 투입하여 재공품 계정에 기록하고, 제품별로 적절히 배부하여 제품의 원가를 산출하는 전 과정을 원가의 흐름이라 한다.

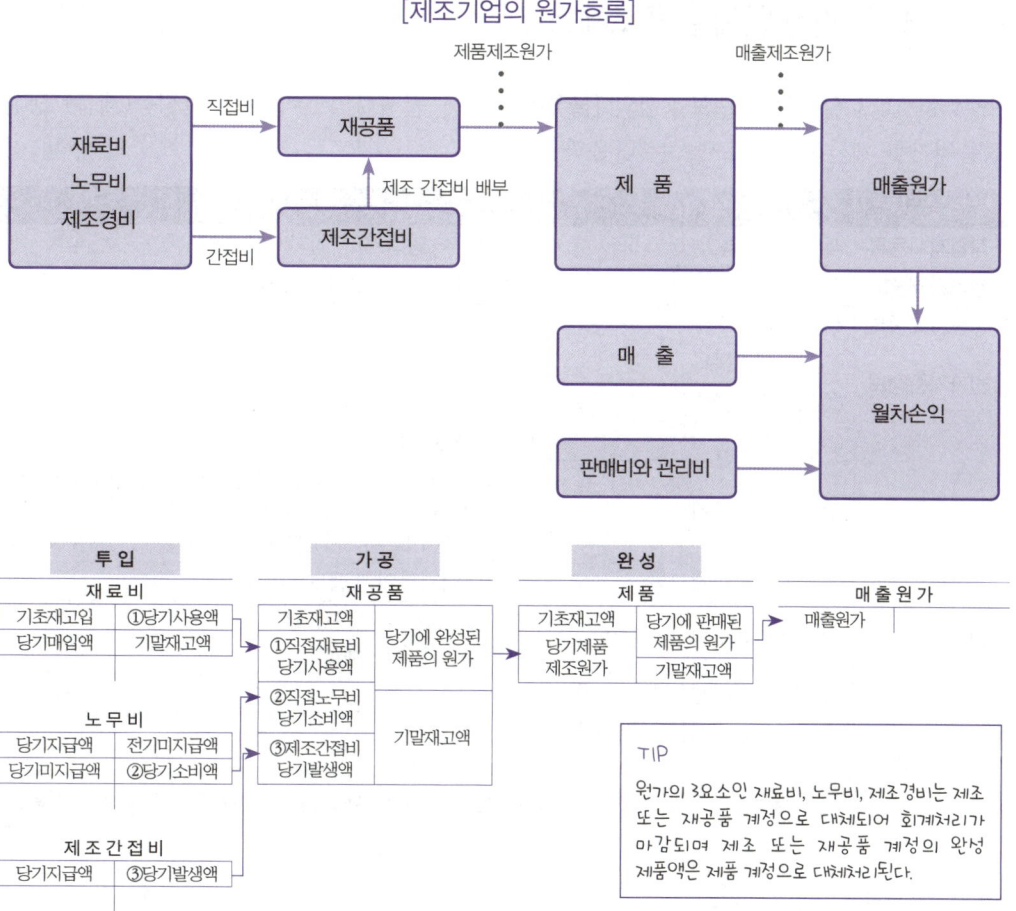

[제조기업의 원가흐름]

TIP
원가의 3요소인 재료비, 노무비, 제조경비는 제조 또는 재공품 계정으로 대체되어 회계처리가 마감되며 제조 또는 재공품 계정의 완성 제품액은 제품 계정으로 대체처리된다.

2 원가의 구성도

제품의 원가계산에 포함시킬 원가요소의 범위를 기준으로 분류하여 원가의 구성내용을 그림으로 표현한 것을 원가 구성도라 한다.

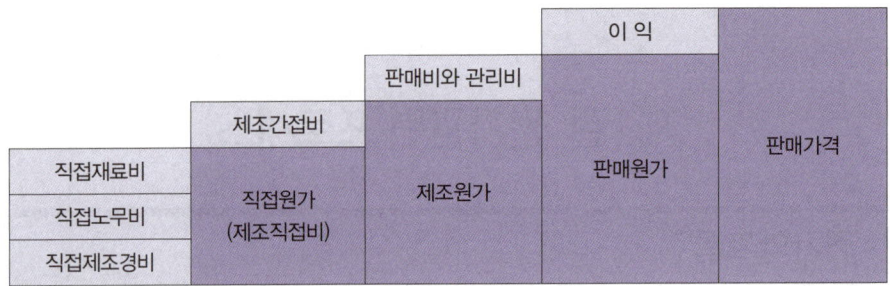

[원가 구성도]

3 원가 계산 단계별 프로세스

NEW sPLUS 실무교육 프로그램의 **[물류관리]**에서 원재료의 투입부터 완성품(제품) 생산시 완성품원가를 계산하는 프로세스는 다음과 같다.

작업순서	메뉴	상세내용
① 작업지시등록	작업지시등록	작업지시서 입력 및 작업지시서 발행
② 생산자재출고	자재출고입력	작업지시서에 의한 생산자재출고 입력
③ 생산자료등록	생산입고입력	완성량 입고내역 입력
④ 원가기준정보	① 배부기준등록	제조부문비 배부기준 등록
	② 작업진행률등록	미완성품의 작업진행률 등록
⑤ 원가계산	① 기초재공품계산	전월 재공품 등록
	② 직접재료비계산	· [입고입력]을 통한 입고와 [생산자재출고]에 의한 자재 출고사항을 적용받아 직접재료비 계산 · [재고자산수불부]에서 원재료 재고평가가 선행되어야 함
	③ 직접노무비계산	· 전표입력자료의 직접노무비 적용
	④ 제조간접비계산(부문별)	· 500번대 경비 입력자료 적용 · 배부기준에 의한 배분
	⑤ 제조간접비계산(보조부문)	
	⑥ 제조간접비계산(제조부문)	
	⑦ 완성품원가조회	· 완성품의 원가계산내역 조회 · [생산입고입력]에서 완성품의 원가를 생산 단가에 적용하여 생산금액을 산출함
⑥ 원가반영작업	① 결산자료입력	완성품원가와 기말재고액 반영
	② 제조원가명세서	완성된 제조원가명세서 작성

제2절 기준정보등록

1 회사등록

NEW sPLUS 실무교육 프로그램에 의한 원가회계를 운영할 회사를 등록한다.

◀ 수행예제 ▶

(주)가방클럽은 가방을 제조하는 내국법인으로, 중소기업(법인사업자)이다. 사업자등록증을 참고하여 기본사항을 등록하시오. (회사코드1200, 회계연도 : 2025.1.1.~2025.12.31. 업종코드 : 191200)

```
          사 업 자 등 록 증
                (법인사업자)
            등록번호: 104-81-41113

   상        호: (주)가방클럽
   대 표 자 명: 서현석
   개 업 년 월 일: 2025년 1월 1일
   법 인 등 록 번 호: 122122-2111214
   사업장 소재지: 서울특별시 서대문구 경기대로 10
                (충정로3가)
   본 점 소재지: 서울특별시 서대문구 경기대로 10
                (충정로3가)
   사 업 의 종 류: 업태 제조    종목 가방

   교 부 사 유: 신규

   사업자단위과세 적용사업자여부: 여(   ) 부( √ )
   전자세금계산서 전용 메일주소: gabang@bill36524.com

              2025 년 1 월 3 일
              서대문 세무서장

   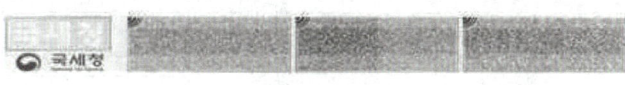
```

※ 19.소유여부 : 1.자가

⊙ 따라하기

> 프로그램 네비 　 물류관리 ➔ 기준정보관리 ➔ 회사등록

① 회사코드, 회사명, 구분, 사용여부를 등록한 다음 우측의 기본사항을 추가로 입력한다.
② 회계년도는 필수항목이며, 이후 입력되는 데이터작업에 영향을 미치므로 반드시 정확하게 입력한다.
③ 마지막줄까지 입력한 후 [Enter↲]하면 회사코드 다음줄로 커서가 이동되면서 저장이 된다.

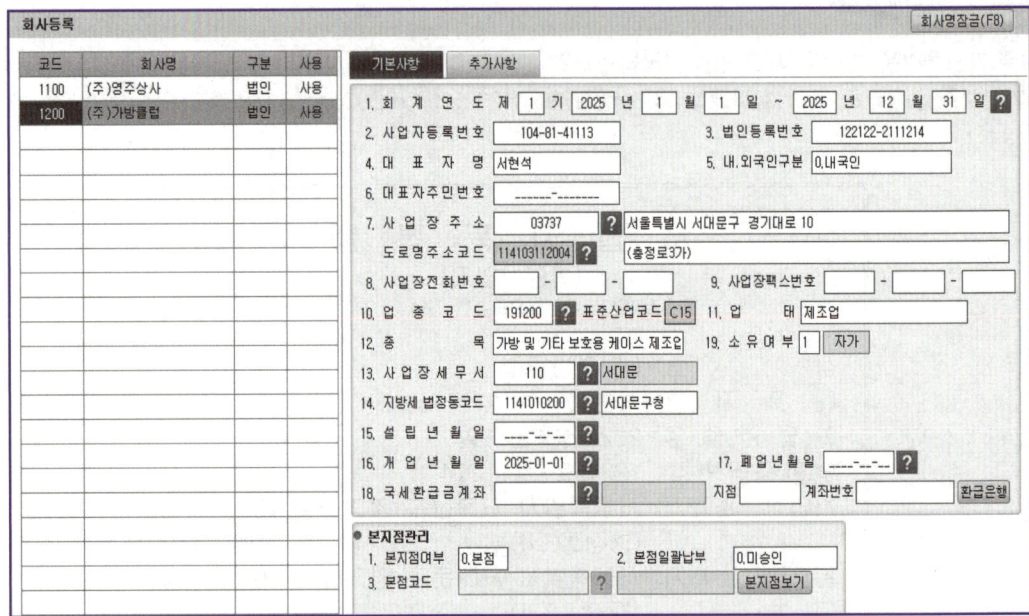

이후 모든 작업은 1200.(주)가방클럽으로 로그인하여 작업하기로 한다.

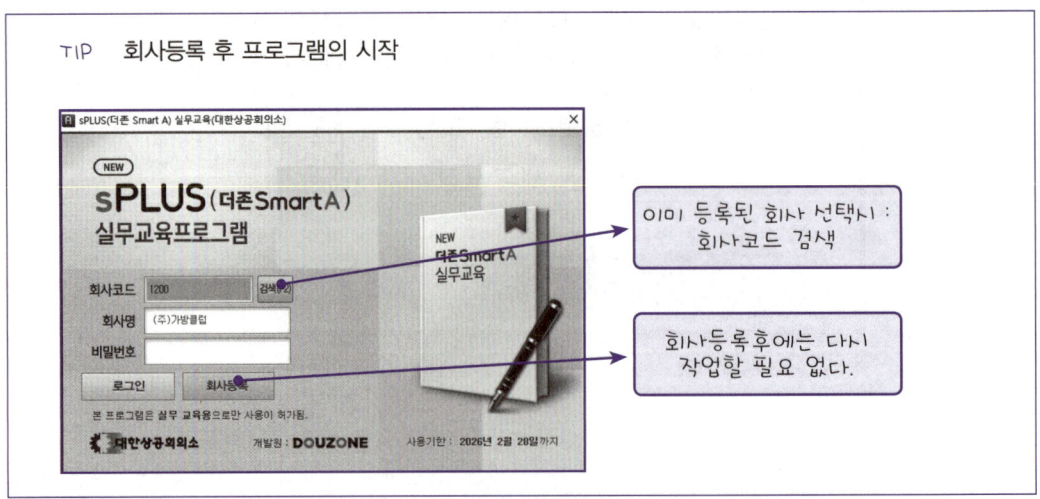

2 거래처등록

[물류관리]를 운용하기 위한 거래처를 등록하기로 한다.

수행예제

(주)가방클럽의 거래처를 등록하시오. 단, 거래시작일은 2025.1.1 이다.

거래처명	거래처분류(구분)	거래처코드	대표자	사업자등록번호/계좌번호	업태/종목
대진상사(주)	매입처(일반)	10001	조태성	123-81-12341	제조/가방
한국상사(주)	매입처(일반)	10002	김대명	104-81-10018	제조/가방
서울은행	일반	98001		123-11-352612	

따라하기

프로그램 네비 : 물류관리 ➡ 기준정보관리 ➡ 거래처등록

거래처코드, 거래처명, 사업자등록번호, 대표자명, 구분(전체)을 입력하고 기본사항을 입력한다.

1 일반거래처 등록

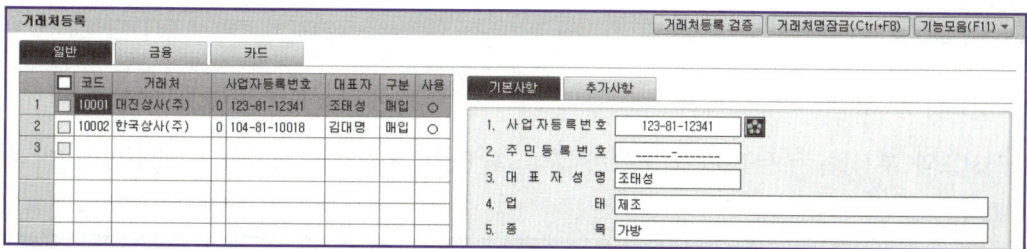

2 금융거래처 등록

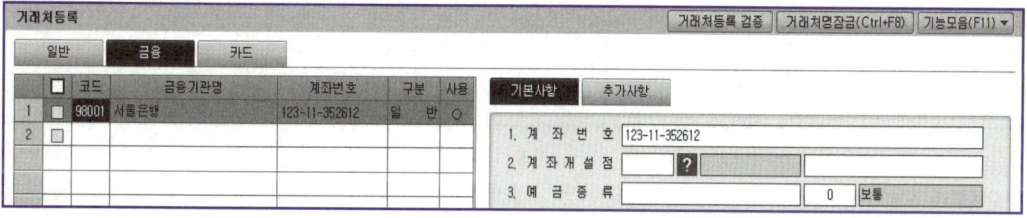

3 부서/사원등록

회사의 각 조직을 부서명으로 등록하여 각종 입력 자료를 관리하고, 검색을 통하여 자료를 보다 쉽게 산출할 수 있는 사내조직의 등록이다. **[물류관리]**를 운용하여 원가계산을 위한 부서와 제조경비의 구분을 등록하기로 한다.

수행예제

(주)가방클럽의 부서 등록을 하시오.

코드	부서명	부서구분	참조부서*	제조/판관	부문구분	사용
10	절단부	부서		제조	직접	여
20	조립부	부서		제조	직접	여
30	동력부	부서		제조	간접	여
40	수선부	부서		제조	간접	여
90	제1작업장	작업장	절단부	제조	직접	여
91	제2작업장	작업장	조립부	제조	직접	여

* 참조부서는 제1작업장, 제2작업장에만 적용하여 입력한다.

따라하기

프로그램 네비 물류관리 ➜ 기준정보관리 ➜ 부서/사원등록

부서코드와 부서명, 부서구분, 참조부서, 제조/판관, 부문구분을 입력하고 '사용'란에 '여'를 선택한다.

4 창고등록

판매 및 구매, 재고관리를 위하여 먼저 **[창고등록]**, **[품목등록]**이 등록되어 있어야 하며, **[물류관리]**를 운용하여 원가 계산을 위한 창고를 등록한다.

수행예제

(주)가방클럽의 창고를 등록하시오.

코드	창고명
10	원재료창고
20	제품창고

따라하기

프로그램 네비 물류관리 ➜ 기준정보관리 ➜ 창고등록

창고코드, 창고명을 입력하고 [사용여부]란에서 '여'를 선택한다.

		코드	창고명	담당자	전화번호	내선	주소	코드	창고분류명	비고	사용여부
1	☐	10	원재료창고								여
2	☐	20	제품창고								여
3	☐										

5 품목등록

원가계산 대상이 되는 '제품'과 '원재료'을 등록하며 입고입력 및 출고입력 등 관련메뉴에서 기초 코드로 사용된다.

수행예제

(주)가방클럽의 품목을 등록하시오.

구분	품목 코드	품명	입·출고단위	재고환산 단위	적정 재고	입·출고창고	원가구분
원재료	S100	A자재	EA	1	100	원재료창고	해당없음
원재료	S200	B자재	EA	1	100	원재료창고	해당없음
제품	P100	갑제품	EA	1	50	제품창고	개별원가
제품	P200	을제품	EA	1	50	제품창고	종합원가

따라하기

프로그램 네비 ➡ 물류관리 ➡ 기준정보관리 ➡ 품목등록

[전체]Tab을 선택한 다음 품목코드와 품명, 규격을 입력하고, [세부사항]Tab에 단위와 입·출고 창고를 입력한다.

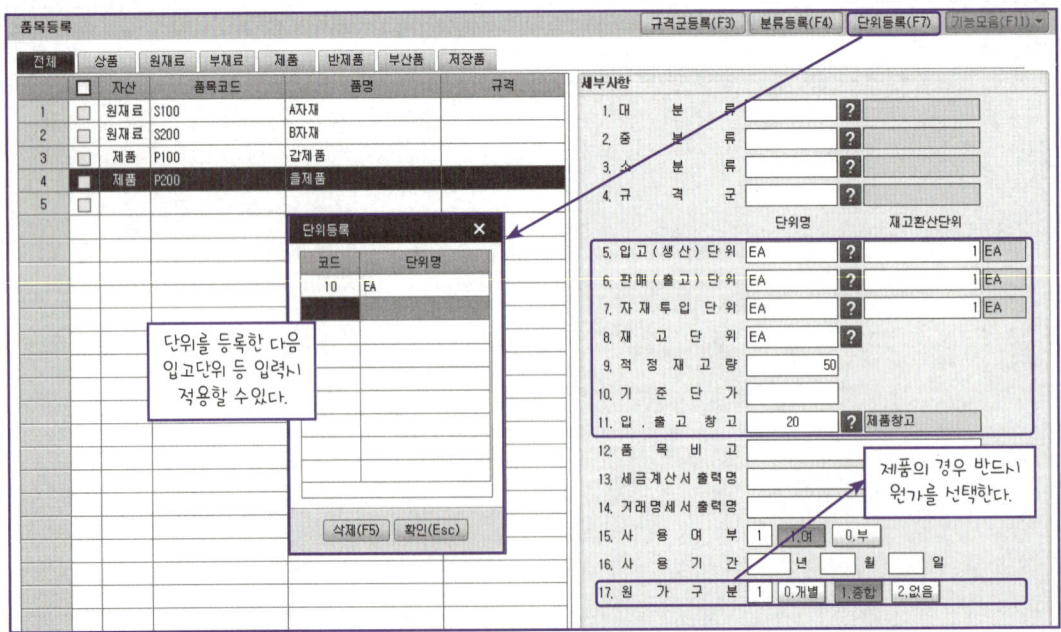

제2장 원가요소 분류하기

> **NCS** 기준 능력단위 : 0203020103_20v4 원가계산
> 능력단위요소 : 0203020103_20v4.1 원가요소 분류하기
> 수행준거 1.1 회계 관련 규정에 따라 원가와 비용을 구분할 수 있다.
> 1.2 회계 관련 규정에 따라 제조원가의 계정흐름에 대해 분개할 수 있다.
> 1.3 회계 관련 규정에 따라 원가를 다양한 관점으로 분류할 수 있다.

제1절 재료비 입력

제품을 생산하기 위하여 투입된 재료의 원가를 재료비라 하며, 추적가능성에 따라 직접재료비와 간접재료비로 구분된다. 또한, 원재료의 사용액 중 직접재료비는 '재공품' 계정으로 대체되고, 간접재료비는 '제조간접비' 계정으로 대체된다.

1 입고입력

제품을 제조시 필요한 원재료의 매입은 [물류관리]에서 입력하고, 입고정보를 [회계]로 전송한다. [물류관리]의 [입고입력] 메뉴에서 입력하여 입·출고 수불관리 및 재고평가 등을 수행하고, 이를 전표추가로 [회계]의 [매입매출전표입력] 메뉴로 전송하면 한번에 재고관리와 회계관리를 모두 수행할 수 있다.

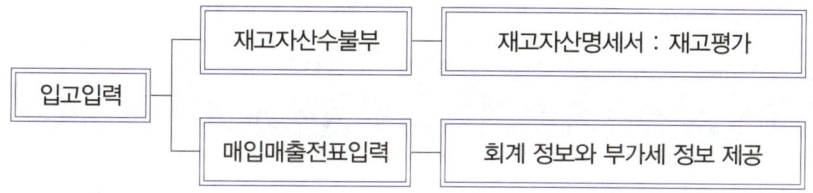

☞ 입고입력시 처리구분을 21.건별과세로 처리되는 부가가치세는 전표의 전송을 통하여 [매입매출전표입력] 메뉴의 '부가가치세대급금' 계정과 [부가가치세신고서] 메뉴의 매입세액으로 자동반영된다.

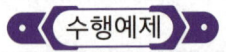

다음 거래를 입력하시오. 단, 채권, 채무 및 금융 거래는 거래처코드를 입력한다.

[1] 11월 5일   대진상사(주)에서 다음의 원재료를 매입하고 대금은 부가가치세와 함께 외상으로 하고, 전자세금계산서를 발급받다.
- A자재 300EA @₩40,000 ₩12,000,000 (VAT별도)
- B자재 300EA @₩30,000 ₩9,000,000 (VAT별도)

[2] 11월 8일   한국상사(주)에서 다음의 원재료를 매입하고 대금은 부가가치세와 함께 외상으로 하고, 전자세금계산서를 발급받다.
- A자재 500EA @₩35,000 ₩17,500,000 (VAT별도)
- B자재 600EA @₩28,000 ₩16,800,000 (VAT별도)

◉ 따라하기

프로그램 네비 ▶ 물류관리 ▶ 구매관리 ▶ 입고입력

① 입고입력(11월 5일)

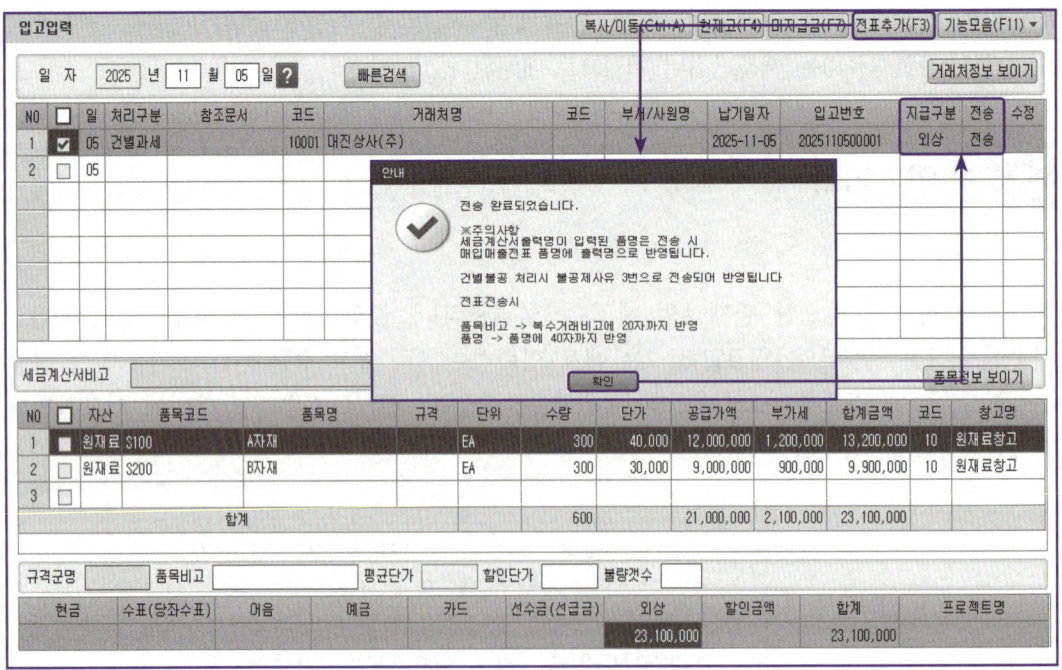

② 입고입력(11월 8일)

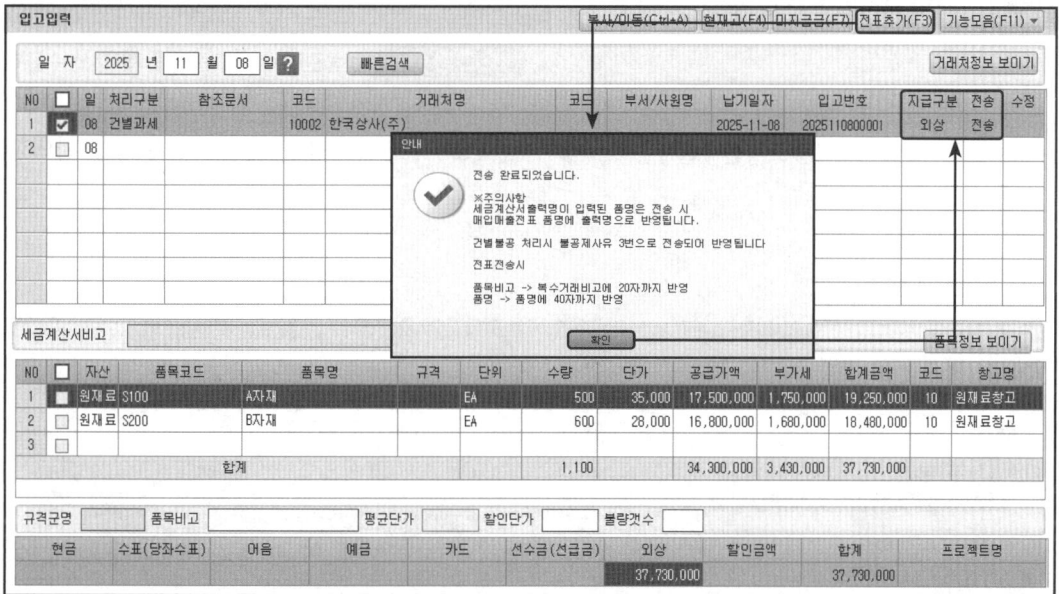

③ [매입매출전표입력] 메뉴에 전송된 전표 화면

2 재고자산수불부

프로그램 네비 | 물류관리 ➔ 재고관리 ➔ 재고자산수불부

원재료를 매입하면 [재고자산수불부] 메뉴에서 원재료 구매 내역과 관련된 입고현황을 확인할 수 있다.

1 원재료 A자재

2 원재료 B자재

제2절 노무비 입력

제품을 생산하기 위하여 투입된 노동력의 대가를 노무비라 하며, 추적가능성에 따라 직접노무비와 간접노무비로 구분된다. 또한, 직접노무비는 '재공품' 계정으로 대체되고, 간접노무비는 '제조간접비' 계정으로 대체된다.

수행예제

다음 거래를 입력하시오. 단, 채권, 채무 및 금융 거래는 거래처코드를 입력한다.

11월 25일   공장 근로자의 임금 지급내역은 다음과 같다. 소득세를 차감한 잔액은 당사 보통예금(서울은행) 계좌에서 종업원 계좌로 이체하여 지급하다.

(단위 : 원)

부서명	총임금	소득세	차감지급액
절단부	8,000,000	730,000	7,270,000
조립부	7,000,000	450,000	6,550,000
동력부	4,000,000	220,000	3,780,000
수선부	3,000,000	190,000	2,810,000
합계	22,000,000	1,590,000	20,410,000

따라하기

프로그램 네비 ➡ 재무회계 ➡ 전표입력/장부 ➡ 일반전표입력

구분	코드	계정과목	코드	거래처	적요	차변	대변	부서
3(차변)	504	임 금			생산직종업원 임금지급	8,000,000		1000(절단부)
3(차변)	504	임 금			생산직종업원 임금지급	7,000,000		2000(조립부)
3(차변)	504	임 금			생산직종업원 임금지급	4,000,000		3000(동력부)
3(차변)	504	임 금			생산직종업원 임금지급	3,000,000		4000(수선부)
4(대변)	254	예 수 금			급여지급시 근로소득세등예수		1,590,000	
4(대변)	103	보통예금	98001	서울은행	생산직 종업원 임금지급		20,410,000	
분개	(차) 임금 임금 임금 임금		8,000,000 7,000,000 4,000,000 3,000,000	(대) 예 수 금 보 통 예 금		1,590,000 20,410,000		

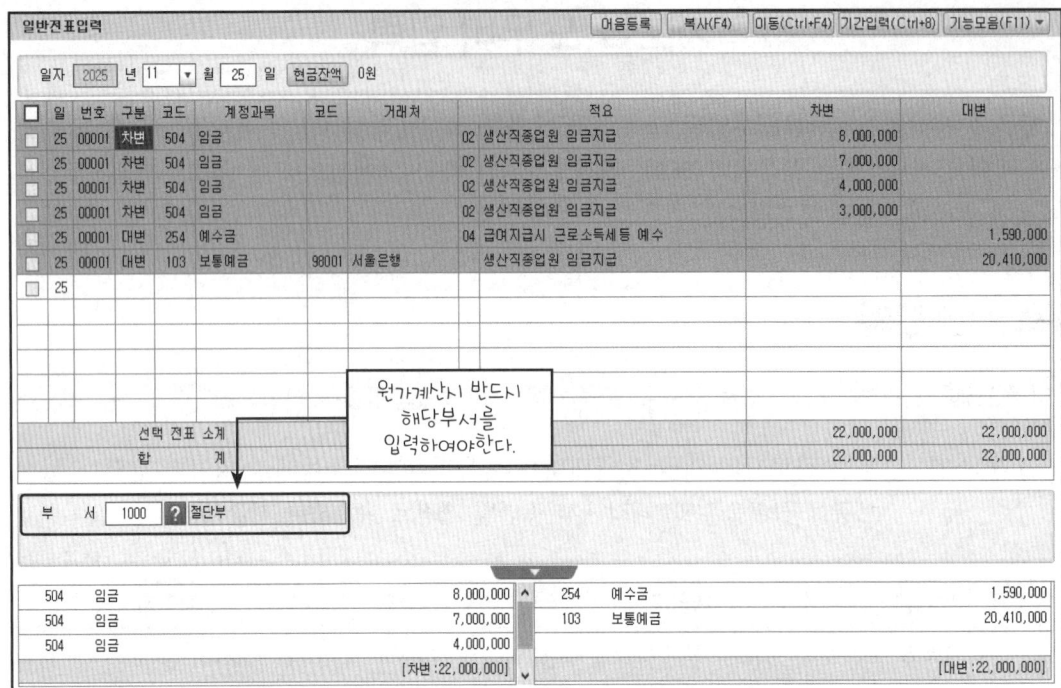

☞ 노무비(임금)는 전표입력시 계정과목을 500번대 제조경비코드로 입력하며, [부서/사원등록] 메뉴에서 부서별 추적가능성에 따라 직접원가와 간접원가를 나누었으므로 반드시 부서를 구분하여 입력한다.

제3절 제조경비 입력

직접재료비, 직접노무비 외의 제품제조에 소비되는 원가를 제조간접비라 한다. 즉, 간접재료비, 간접노무비, 간접경비가 모두 '제조간접비' 계정에 집계된 후 '재공품' 계정으로 대체된다.

수행예제

다음 거래를 입력하시오. 단, 채권, 채무 및 금융 거래는 거래처코드를 입력한다.

11월 28일 11월 중 각 부서별로 발생한 경비내역은 다음과 같으며 보통예금(서울은행) 계좌에서 이체하여 지급하다.

(단위 : 원)

경비구분	계정과목	사용부서	금액
전기요금	전력비	동력부	1,800,000
도시가스료	가스수도료	절단부	400,000
종업원식대	복리후생비	조립부	600,000
기계수선비	수선비	수선부	300,000
합계			3,100,000

따라하기

프로그램 네비 재무회계 ➡ 전표입력/장부 ➡ 일반전표입력

구분	코드	계정과목	코드	거래처	적요	차변	대변	부서
3(차변)	516	전력비			전기요금 보통예금인출	1,800,000		3000(동력부)
3(차변)	515	가스수도료			도시가스료보통예금인출	400,000		1000(절단부)
3(차변)	511	복리후생비			종업원식대	600,000		2000(조립부)
3(차변)	520	수선비			기계수선비	300,000		4000(수선부)
4(대변)	103	보통예금	98001	서울은행	제조경비지급		3,100,000	
분개	(차) 전력비 1,800,000 가스수도료 400,000 복리후생비 600,000 수선비 300,000				(대) 보통예금 3,100,000			

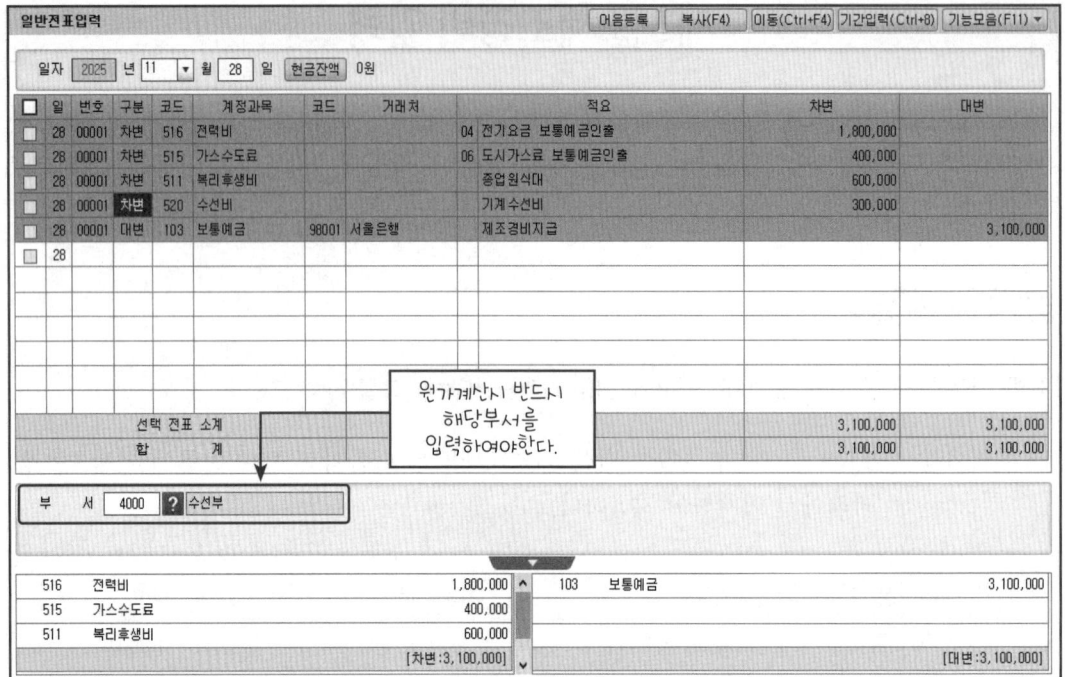

☞ 전표입력시 계정과목은 500번대 제조경비코드로 입력하며, 제조경비는 조업도(생산설비의 이용도)에 따라 변동하는 변동원가와 조업도의 변화와는 관계없이 일정한 원가를 고정원가라 한다. 예를 들면 감가상각비나 보험료, 전기료, 수도요금, 전화요금 등은 고정원가에 속한다.

제3장 원가 배부하기

전산회계운용사2급실기

> **NCS** 기준 능력단위 : 0203020103_20v4 원가계산
> 능력단위요소 : 0203020103_20v4.2 원가배부하기
> 수행준거 2.1 원가계산 대상에 따라 직접원가와 간접원가를 구분할 수 있다.
> 2.2 원가계산 대상에 따라 합리적인 원가배부기준을 적용할 수 있다.
> 2.3 보조부문의 개별원가와 공통원가를 집계할 수 있다.
> 2.4 보조부문의 개별원가와 공통원가를 배부할 수 있다.

제1절 생산 관리 지시

1 작업지시서 등록

[생산(작업)지시서]에서 등록일자와 작업기간을 입력한 후 해당내용(제품명, 작업장 등)을 입력한다.

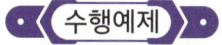

다음 작업지시서를 등록하시오.

11월 10일   다음의 작업지시서를 발행하였다.

〈 작업지시서 내용〉

작업지시일	제품명	작업장	작업지시량	작업기간
11월 10일	갑제품	제1작업장	500(EA)	2025년 11월 10일 ~ 11월 30일
11월 10일	을제품	제2작업장	600(EA)	2025년 11월 10일 ~ 12월 05일

◉ 따라하기

프로그램 네비 : 물류관리 ➔ 생산관리 ➔ 생산(작업)지시서

지시일과 완료예정일을 입력하면 생산지시NO는 자동으로 생성된다.

1 갑제품의 작업지시등록

NO		일	수주서NO	지 시 일	완료예정일	생산지시NO	코드	지시사항	완료여부
1	□	10		2025-11-10	2025-11-30	2025111000001			부
2	□	10							

NO		자산	품목코드	품목명	규격	단위	지시수량	코드	작업장명	코드	입고창고
1	□	제품	P100	갑제품		EA	500	9000	제1작업장	20	제품창고
2	□										

2 을제품의 작업지시등록

3 작업지시서 조회

화면 상단의 [인쇄] 버튼을 클릭하여 생산(작업)지시서를 조회 및 인쇄할 수 있다.

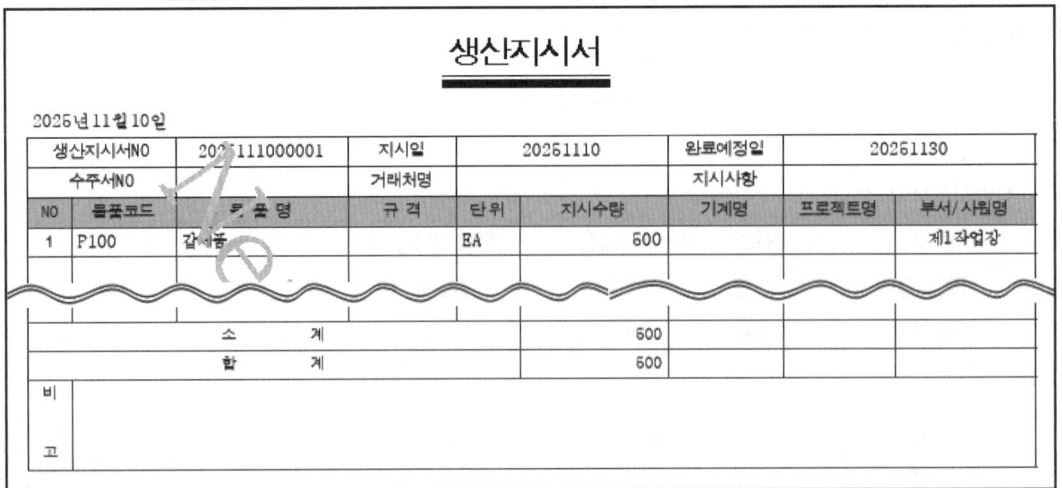

2 자재출고입력

날짜를 입력한 후 작업지시서 조회 내용을 확인하고 자재와 출고수량, 작업장을 선택하여 입력한다.

수행예제

다음 출고된 주요자재를 등록하시오.

11월 10일　　11월 10일에 발행된 작업지시서에 따른 주요자재를 출고하였다.
　　　　　　· 갑제품 작업지시서 : A자재　550EA (제1작업장)
　　　　　　· 을제품 작업지시서 : B자재　640EA (제2작업장)

따라하기

프로그램 네비　물류관리 ➡ 생산관리 ➡ 자재출고입력

생산지시번호를 코드도움(F2)하여 선택하면, 작업지시내역이 자동으로 조회되며, 하단의 자재출고내역과 작업장을 입력한다.

1 갑제품의 자재출고

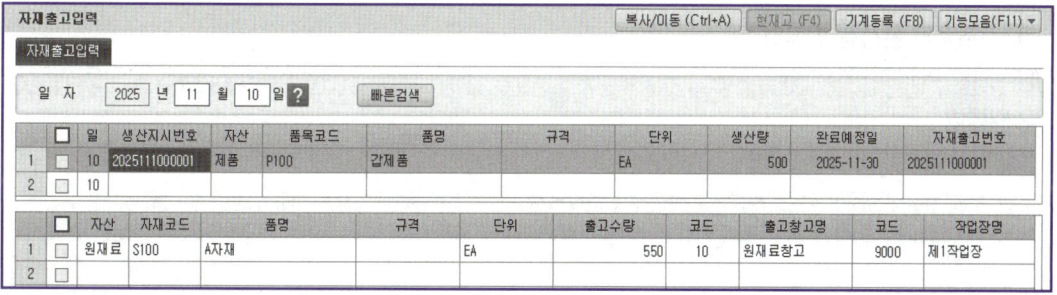

2 을제품의 자재출고

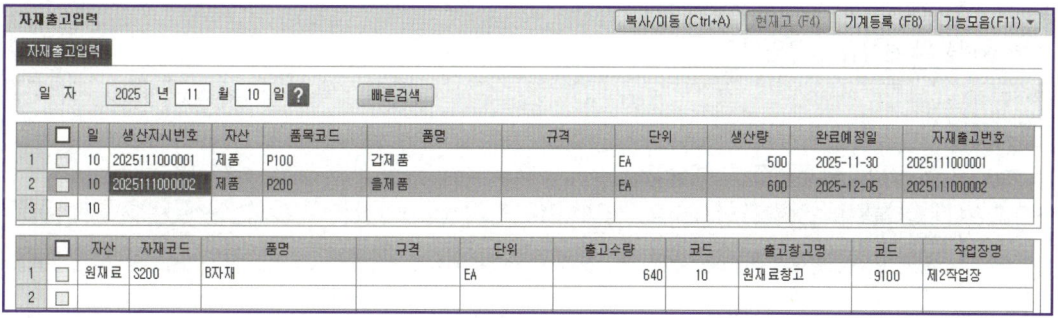

3 생산입고입력

날짜를 입력한 후 작업지시조회 내용을 확인하고 완성수량과 작업시간을 입력한다.

수행예제

다음 완성품에 대한 생산자료를 등록하시오.

11월 30일   11월 10일에 발행된 작업지시서에 대해 다음과 같이 생산자료를 등록하다.

품목	완성량	재공품		작업(투입)시간	작업장
		월말수량	작업진행율(완성도)		
갑제품	500(EA)	-	-	100	제1작업장
을제품	550(EA)	50(EA)	80%	150	제2작업장

따라하기

프로그램 네비 ➜ 물류관리 ➜ 생산관리 ➜ 생산입고입력

생산지시번호를 코드도움(F2)으로 입력하면 작업지시등록내역이 자동으로 반영되며, 생산량과 투입시간을 입력한다.

1 갑제품의 완성품 입고입력

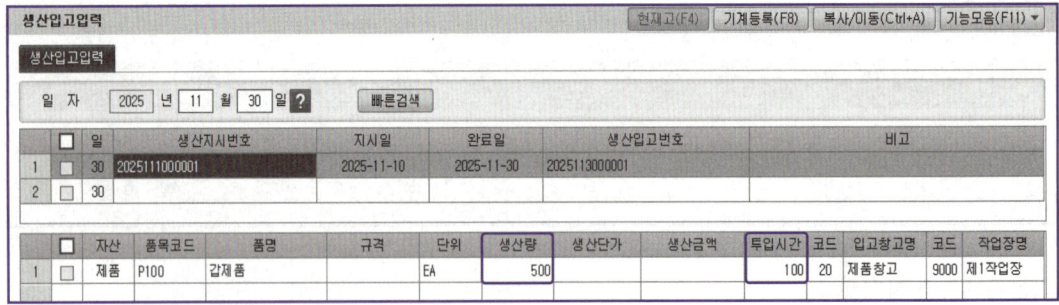

2 을제품의 완성품 입고입력

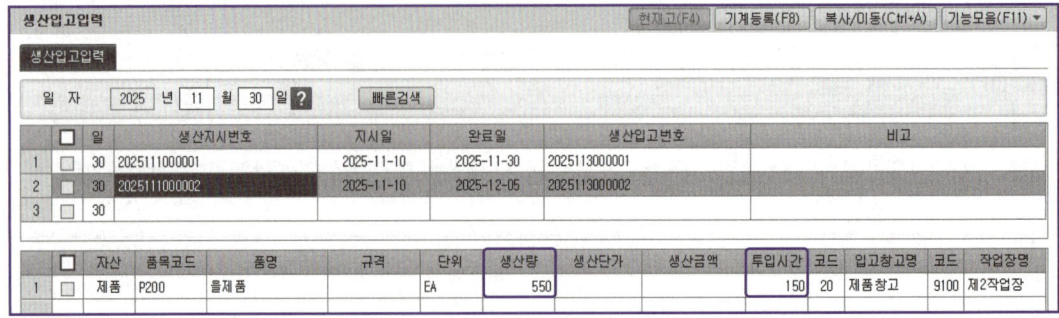

제2절 원가 배부 기준 등록

일반적으로 원가부문은 원가의 요소를 분류하여 집계하는 계산상의 구분으로 제조부문과 보조부문으로 구분된다.

직접원가는 특정원가 대상(제품, 제조부문, 보조부문 등)에 직접 부과하는 것을 말하며, 간접적으로 부과하는 것을 간접원가로 구분하여 배부기준에 따라 부문별로 배분한다.

1 노무비 배부 기준 등록

노무비 배부 기준은 작업부서의 총 임금을 부서별 총 근무시간으로 나누어 시간당 임율을 산출한다.

◀◀ 수행예제 ▶▶

11월의 원가 기준 정보를 다음과 같이 등록하시오.

[1] 노무비 배부 기준 등록(총근무시간)

관련부문	절단부	조립부
총근무시간	200	250

◉ 따라하기

프로그램 네비 물류관리 ➡ 원가관리(원가기준정보) ➡ 배부기준등록

① [배부기준등록] ⇨ [노무비배분]Tab에서 2025년 11월을 선택하고, 상단의 당월데이터 생성 아이콘을 클릭하여 표시되는 메시지에서 예 를 클릭하면, 부서별로 임금계산을 하는 화면이 조회된다.

② 부서별 총임금은 자동으로 반영한 다음 총 근무시간을 입력하면 임율이 자동생성된다.

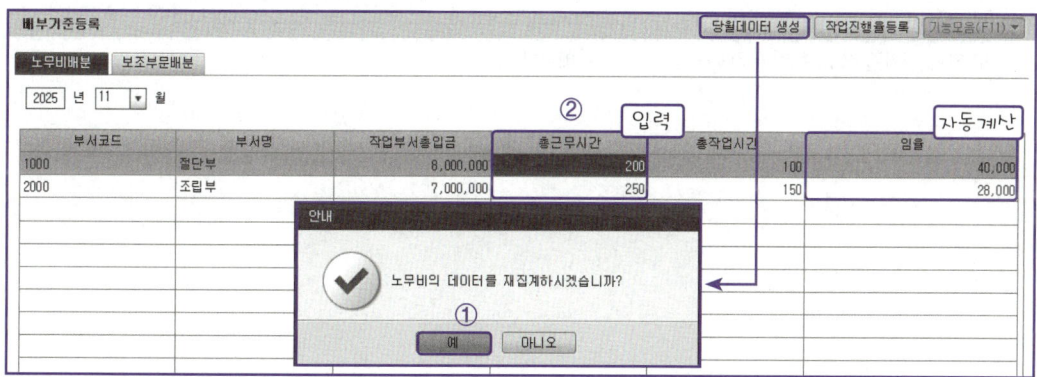

2 보조 부문비 배부 기준 등록

보조부문원가의 배부기준은 인과관계에 따라 제조부문에 배부되며, 배부방법은 직접배부법, 단계배부법, 상호배부법으로 나눈다. 수행예제에서는 직접배부법으로 배부하는 방법을 익히도록 한다.

수행예제

11월의 원가 기준 정보를 다음과 같이 등록하시오.

[2] 보조 부문비 배부 기준 등록

관련부문	절단부	조립부
동력부	60	40
수선부	50	50

따라하기

프로그램 네비 ➡ 물류관리 ➡ 원가관리(원가기준정보) ➡ 배부기준등록

[배부기준등록] ⇨ [보조부문배분]Tab에서 상단의 보조부문 가져오기 아이콘을 클릭하여 동력부와 수선부에 해당하는 각각의 배부기준을 입력한다.

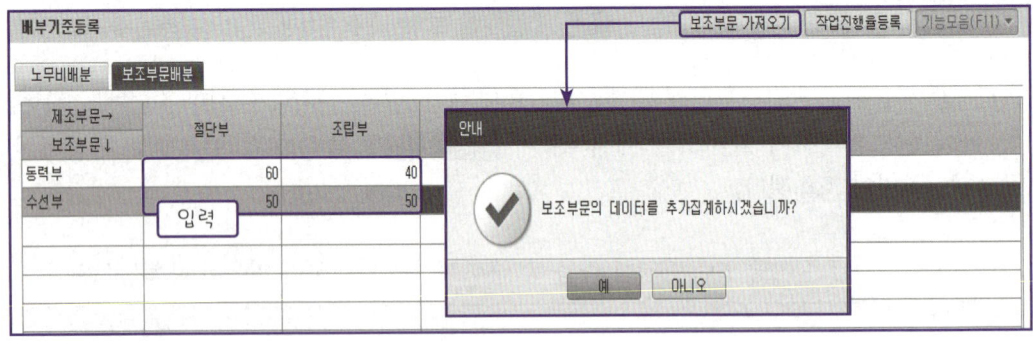

☞ 보조부문원가를 제조(주요)부문에 직접배부법으로 배부한다.

3 작업진행율 등록

재공품이란 제조과정이 완료되지 않고 아직 공정에 있는 상태의 재고자산을 말한다. 작업진행율을 등록하므로 완성되지 않은 재공품재고액을 산출할 수 있다. 또한, 제조원가를 재공품 계정에 투입되어 당기에 제품이 완성되었을 때에는 당기제품제조원가를 제품 계정으로 대체된다.

수행예제

11월의 원가 기준 정보를 다음과 같이 등록하시오.

[3] 작업 진행률 등록 : 을제품 80%

따라하기

프로그램 네비 물류관리 ➡ 원가관리(원가기준정보) ➡ 작업진행율등록

[배부기준등록] 메뉴에서 상단의 작업진행율등록 아이콘을 클릭하거나 [물류관리] ➡ [원가관리(원가기준정보)] ➡ [작업진행율등록] 메뉴에서 진행률을 입력한다.

작업진행율등록 2025년 11월

NO	작업지시번호	품목코드	품명	규격	단위	작업지시량	생산량	재공량	진행율
1	2025111000002	P200	을제품		EA	600	550	50	80
2									입력

제4장 원가 계산하기

전산회계운용사2급실기

> **NCS** 기준 능력단위 : 0203020103_20v4 원가계산
> 능력단위요소 : 0203020103_20v4.3 원가계산하기
> **수행준거** 3.1 원가계산시스템의 종류에 따라 원가계산방법을 선택할 수 있다.
> 3.2 업종 특성에 따라 개별원가계산을 할 수 있다.
> 3.3 업종 특성에 따라 종합원가계산을 할 수 있다.

원가계산의 종류는 원가측정에 따라 실제원가계산, 정상원가계산, 표준원가계산으로 분류하며, 생산행태에 따라서는 개별원가계산, 종합원가계산으로 분류한다. 또한 원가계산범위에 따라 전부원가계산, 변동원가계산으로 분류된다.

제1절 기초 재공품 계산

전기의 재공품이 있는 경우 **[전기분 재무상태표]**에 '재공품' 계정으로 입력된 금액을 자동으로 반영한다.

◀ 수행예제 ▶

11월의 실제원가계산을 작업하시오.

[1] 기초 재공품 계산

◉ 따라하기

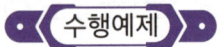 물류관리 ➔ 원가관리(원가계산) ➔ 기초재공품계산

전월에서 이월된 사항이 없다면 기초 재공품은 표기되지 않는다.

제2절 직접 재료비 계산

먼저 [재고자산수불부] 메뉴에서 [마감]키로 재고평가를 완료한 다음 실제발생액으로 [직접재료비계산] 메뉴의 자재단가와 금액을 반영한다.

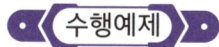

11월의 실제원가계산을 작업하시오.

[2] 직접 재료비 계산

◉ 따라하기

프로그램 네비 물류관리 ➜ 원가관리(원가계산) ➜ 직접재료비계산

[1] 직접 재료비 계산

상단의 [마감]버튼을 이용하여 [재고자산수불부] 메뉴로 이동한 후 재고평가를 수행하여 직접 재료비를 계산한다.

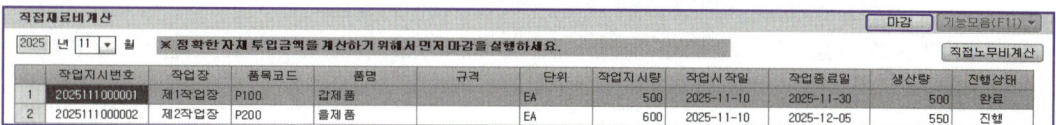

[2] 재고자산 재고평가

상단의 [마감]버튼을 눌러 재고평가를 수행한 후 조회한다.

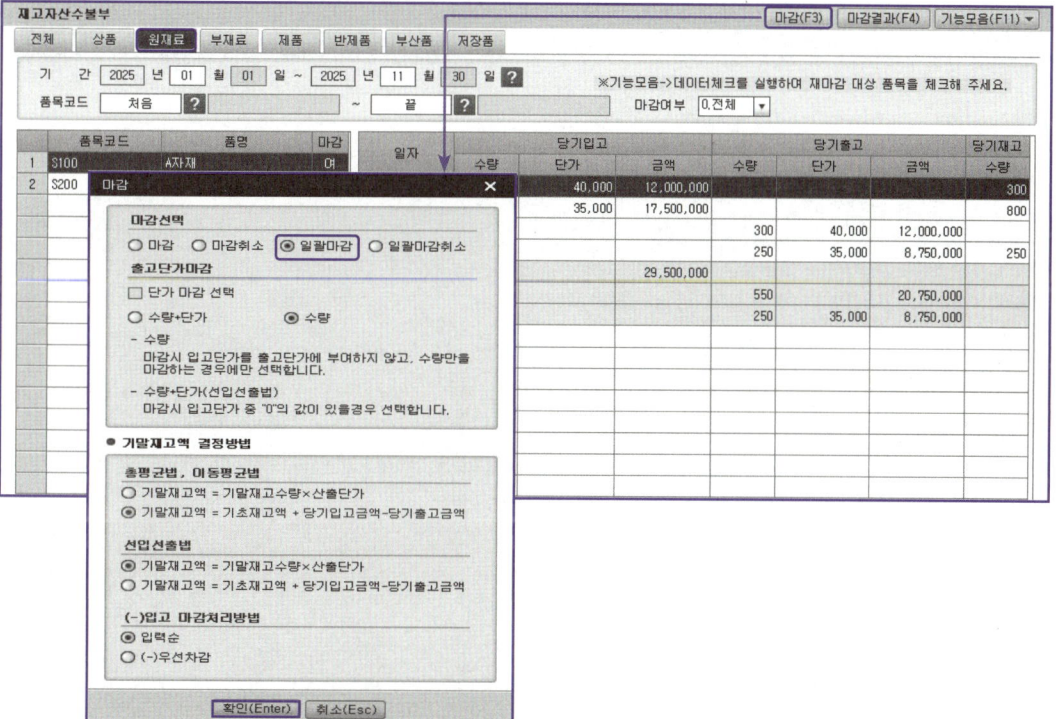

[3] 자재단가 및 재료비 금액 조회

[마감]키에 의해 재고평가 후 반드시 [조회]키를 클릭하여 재고평가 후의 단가를 적용한다.

① 갑제품의 A자재 단가 : ₩37,727, 투입금액 : ₩20,750,000

② 을제품의 B자재 단가 : ₩28,937, 투입금액 : ₩18,520,000

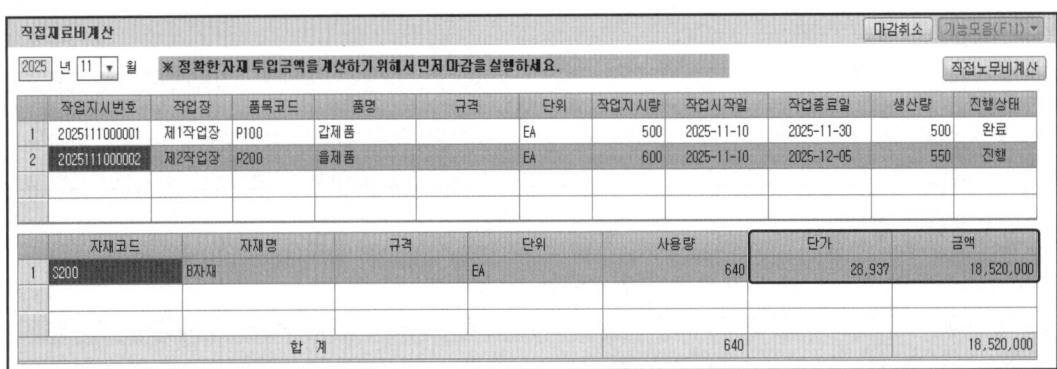

제3절 직접 노무비 계산

실제로 발생한 직접 노무비를 반영하여 실제원가를 계산한다.

수행예제

11월의 실제원가계산을 작업하시오.

[3] 직접 노무비계산

따라하기

프로그램 네비 물류관리 ➔ 원가관리(원가계산) ➔ 직접노무비계산

2025년 11월을 선택하면 투입시간과 임율에 의해 직접노무비가 자동 계산되어 반영된다.

NO	작업지시번호	품목코드	품명	부서코드	부서명	투입시간	임율	직접노무비
1	2025111000001	P100	갑제품	1000	절단부	100	40,000	4,000,000
2	2025111000002	P200	을제품	2000	조립부	150	28,000	4,200,000
3								
			합 계			250		8,200,000

제4절 제조 간접비 계산

실제로 발생한 제조간접비(실제조업도×실제배부율)를 반영하여 실제원가를 계산한다.

수행예제

11월의 실제원가계산을 작업하시오.

[4] 제조간접비 계산(제조 부문비 배부 기준 : 투입시간)

따라하기

프로그램 네비 ➡ 물류관리 ➡ 원가관리(원가계산) ➡ 제조간접비(부문별)

제조간접비 계산을 위해서는 제조간접비 계산(부문별), 제조간접비 계산(보조 부문), 제조간접비 계산(제조 부문)을 차례로 실행하여 집계한다.

[1] 제조간접비 계산(부분별)

계정코드	계정명	제조부문		보조부문		합계
		절단부	조립부	동력부	수선부	
51100	복리후생비		600,000			600,000
51500	가스수도료	400,000				400,000
51600	전력비			1,800,000		1,800,000
52000	수선비				300,000	300,000
BBB	간접노무비	4,000,000	2,800,000	4,000,000	3,000,000	13,800,000
	합계	4,400,000	3,400,000	5,800,000	3,300,000	16,900,000

[2] 제조간접비 계산(보조부문)

부서코드	부서명	제조부문		합계
		절단부	조립부	
3000	동력부	3,480,000	2,320,000	5,800,000
4000	수선부	1,650,000	1,650,000	3,300,000
	합계	5,130,000	3,970,000	9,100,000

[3] 제조간접비 계산(제조부문)-투입시간

작업지시번호	제품코드	제품명	규격	단위	제조부문		합계
					절단부	조립부	
2025111000001	P100	갑제품		EA	9,530,000		9,530,000
"	P200	을제품		EA		7,370,000	7,370,000

☞ 교육용 프로그램에서는 투입시간을 기준으로 제조간접비가 계산된다.

제5절 완성품 원가계산

완성품의 생산형태에 따라 원가를 계산하는 방법은 개별원가계산과 종합원가계산으로 분류한다. 개별원가계산은 개별 작업별로 원가를 산출하며, 종합원가계산은 공정별로 원가를 계산한다. 또한, 종합원가계산은 물량흐름에 따라 기초재공품의 완성도를 무시하고 모두 당기에 착수한 것으로 간주하는 평균법과 기초재공품부터 먼저 완성시키는 선입선출법으로 나누며, 투입시점이 다르기 때문에 재료비와 가공비를 구분한다.

1 완성품 원가계산

프로그램 네비 : 물류관리 ➔ 원가관리(원가계산) ➔ 완성품원가조회

수행예제

11월의 실제원가계산을 작업하시오.

[5] 개별원가계산
[6] 종합원가계산(평균법)

◉ 따라하기

[원가관리(원가계산)] ⇨ [완성품원가조회]를 클릭하여 종합원가계산(평균법)으로 조회한다.

완성품원가조회

2025년 11월 / 원가계산방법(종합) 1. 평균법

작업지시번호	제품코드	제품명	[기초]직접재료비 [당기]직접재료비 [기말]직접재료비	[기초]직접노무비 [당기]직접노무비 [기말]직접노무비	[기초]제조간접비 [당기]제조간접비 [기말]제조간접비	[기초]합계 [당기]합계 [기말]합계	완성품수량	총제조원가 완성품제조원가 단위당제조원가
2025111000001 개별	P100	갑제품	20,750,000	4,000,000	9,530,000	34,280,000	500	34,280,000 34,280,000 68,560
종합	P200	을제품	18,520,000 1,540,000	4,200,000 204,740	7,370,000 499,001	30,090,000 2,327,740	550	30,090,000 27,762,260 50,477

2 단위당 제조원가 반영

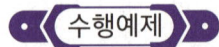

11월의 실제원가계산을 작업하시오. 단, 원가계산 마감 시 원미만은 버림으로 처리한다.

[7] 원가 반영 작업

프로그램 네비 물류관리 ➜ 생산관리 ➜ 생산입고입력

[생산입고입력] 메뉴를 실행하여 [완성품원가조회]에서 각 제품에 해당하는 단위당 제조원가를 입력한다. 단위당 제조원가는 원미만 버림으로 처리한다.

① 갑제품의 생산단가

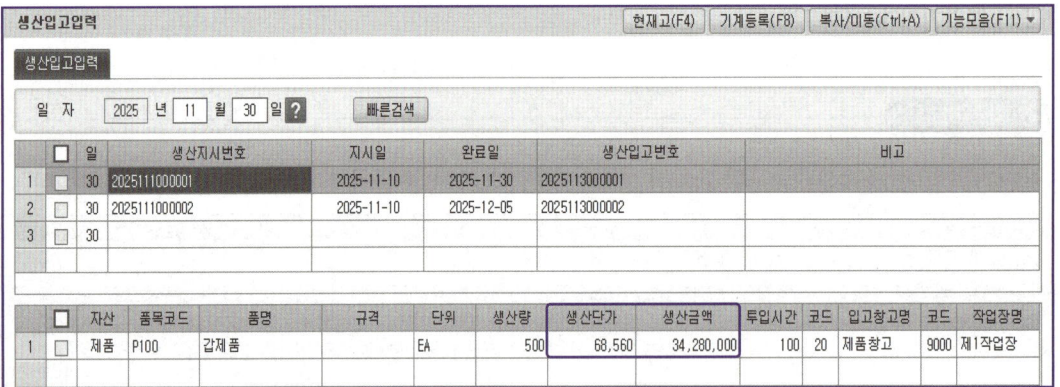

② 을제품의 생산단가

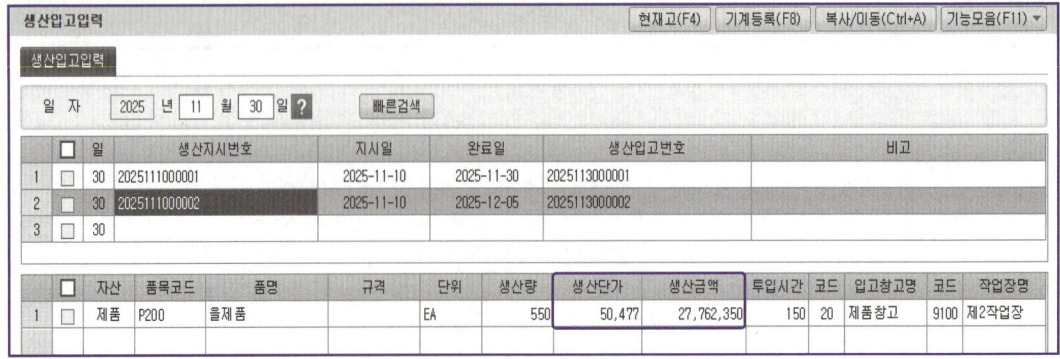

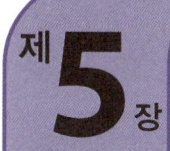

제5장 원가 정보 산출하기

제1절 원가 정보 반영(결산자료입력)

[결산자료입력] 메뉴에서 완성품의 원가와 기말원재료재고액, 기말재공품재고액을 반영받아 제조업의 원가를 반영한 결산을 완료할 수 있다.

수행예제

11월의 원가계산 마감 하시오. 단, 원미만은 버림으로 처리한다.

따라하기

프로그램 네비 물류관리 ➡ 원가관리(원가계산) ➡ 결산자료입력

① 원가경비선택

결산일자를 2025년 1월부터 2025년 11월까지*로 선택하면 원가설정화면이 조회되며, 제조업이므로 455.제품매출원가와 원가경비 1.500번대를 선택하고 [확인]키를 클릭한다.

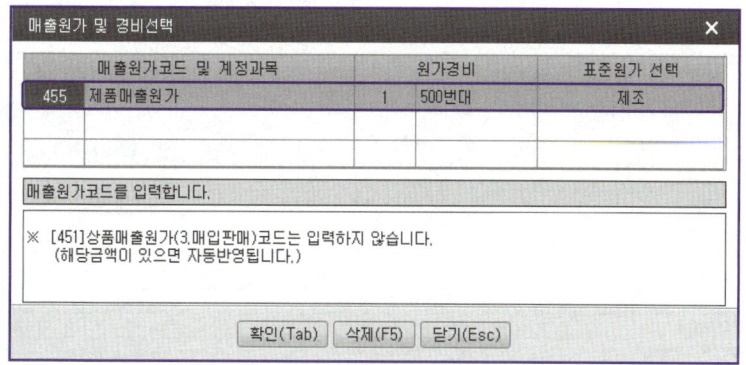

* 결산일자는 매달 원가계산을 하는 경우 매월 1일부터 말일까지로 선택한다. 다만, 교재에서는 1월 1일부터 11월 30일 선택하여 원가계산하고 마감한다.

2 **결산자료입력**

[결산자료입력] 메뉴에서 [기능모음(F11)] ⇨ [기말재고반영]을 클릭하여 기말재고액을 반영한 다음 반드시 [전표추가(F3)] 버튼을 눌러 [일반전표입력] 메뉴의 11월 30일로 결산분개를 자동으로 생성시킨다.

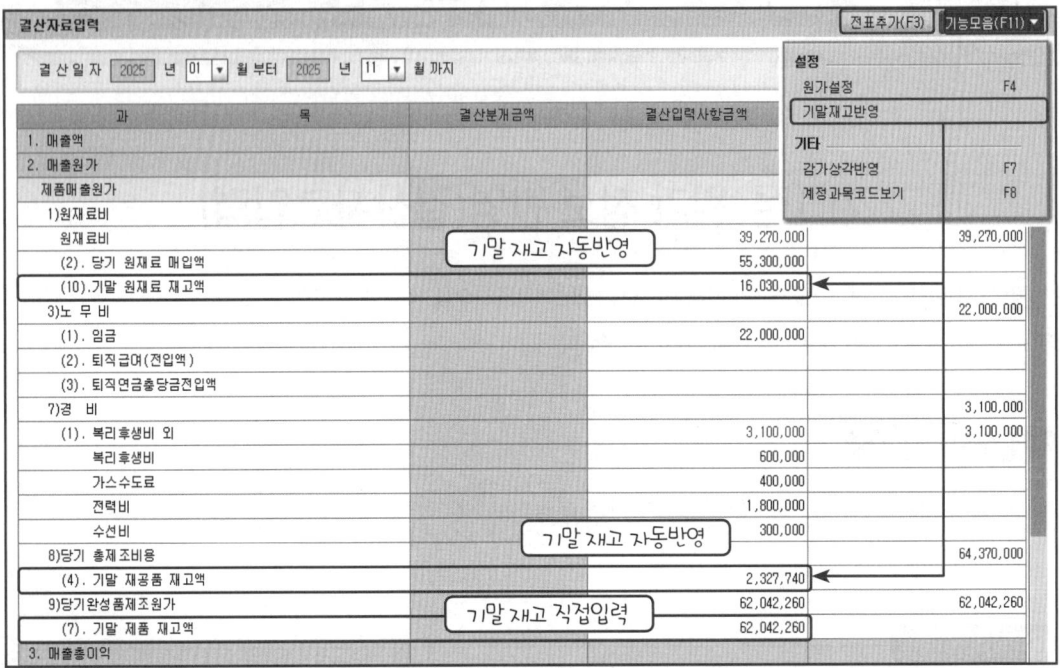

☞ ・원미만 버림으로 처리하는 경우 기말원재료재고액, 기말재공품재고액, 기말제품재고액을 모두 원미만 버림으로 처리하여 제조원가명세서를 작성한다.(실무에서는 [환경설정] 메뉴에서 [물류]Tab의 소수점관리 중 금액부분을 절사로 설정하여 사용한다.)
・기말제품재고액은 당월에 완성된 제품 중 매출이 없으므로 당기완성품제조원가 금액을 모두 직접 입력한 후 상단의 [전표추가(F3)]를 클릭하여 분개를 자동 생성시킨다.

3 **[일반전표입력] 메뉴에서 결산분개가 완료된 11월 30일자 전표를 확인한다.**

프로그램 네비 회계 ➡ 전표입력/장부 ➡ 일반전표입력

제2절 제조원가명세서 작성 및 산출

제조원가명세서는 완성된 제품의 제조원가를 상세히 나타내기 위한 보고서로서, 재무상태표의 원재료, 재공품, 제품정보와 손익계산서의 제품매출원가의 당기제품제조원가에 해당하는 원가정보를 산출할 수 있다.

수행예제

11월 [제조원가명세서]를 작성하시오.

따라하기

프로그램 네비 회계 ➔ 원가관리(원가계산) ➔ 제조원가명세서

2025년 11월을 입력하면 작성이 완료된 제조원가명세서를 조회할 수 있다.

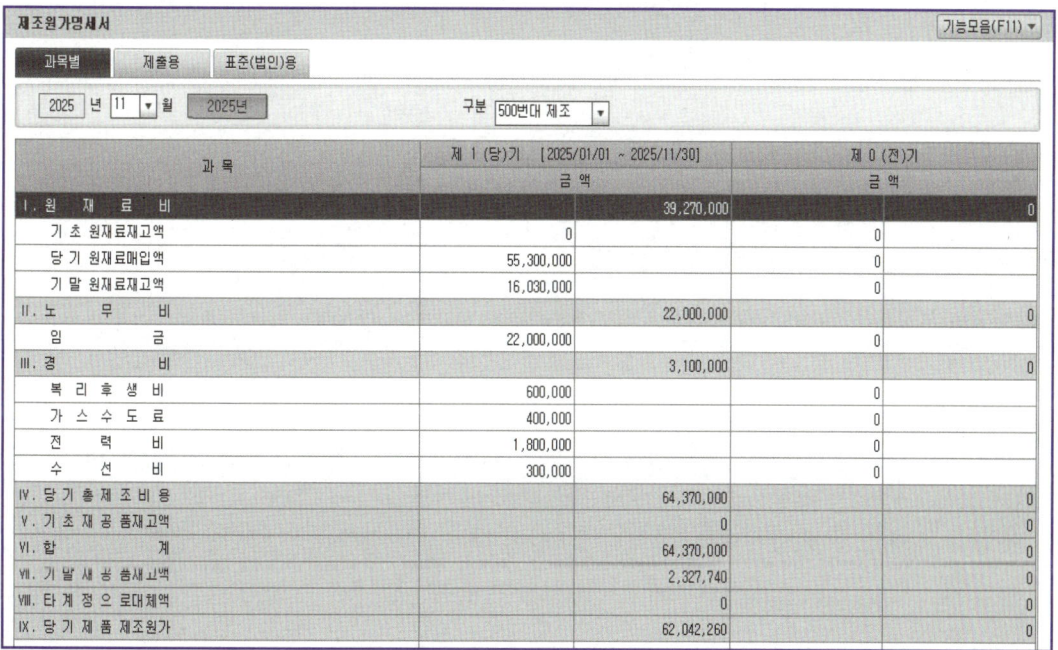

전산회계운용사 2급

PART 03

전산회계운용사 검정대비 실기시험 합격 전략

제1장 집중! 실기시험 연구문제 분석
제2장 적중! 실기시험 모의문제

www.nanumclass.com

제1장 집중! 실기시험 연구문제 분석

국 가 기 술 자 격 검 정 대 비
2025년 전산회계운용사 실기시험

연구문제

	프로그램	제한시간	수험번호	성명
※ 2025년 검정대비 ※ 무단 전재 금함	NEW sPLUS	80분		

2급 **A 형**

답안 작성시 유의사항

- 시험은 반드시 주어진 문제의 순서대로 진행하여야 합니다.
- 지시사항에 따라 기초기업자료를 확인하고, 해당 기초기업자료가 나타나지 않는 경우는 감독관에게 문의하시기 바랍니다.
- 기초기업자료를 선택하여 해당 문제를 풀이한 후 프로그램 종료 전 반드시 답안을 저장해야 합니다.
- 각종 코드는 문제에서 제시된 코드로 입력하여야 하며, 수험자가 임의로 부여한 코드는 오답으로 처리합니다.
- 상품의 매입과 매출 거래 시에만 부가가치세를 고려한다.
- 계정과목을 입력할 때는 반드시 [검색] 기능이나 [조회] 기능을 이용하여 계정과목을 등록하되 다음의 자산은 변경 후 계정과목(평가손익, 처분손익)을 적용합니다.

변경 전 계정과목	변경 후 계정과목
단기매매금융자산	당기손익-공정가치측정금융자산
매도가능금융자산	기타포괄손익-공정가치측정금융자산
만기보유금융자산	상각후원가측정금융자산

- 답안파일명은 자동으로 부여되므로 별도 답안파일을 작성할 필요가 없습니다.
  또한, 답안 저장 및 제출 시간은 별도로 주어지지 아니하므로 제한 시간 내에 답안 저장 및 제출을 완료해야 합니다.

데이터 다운로드

① LG U+ 웹하드 사이트(www.webhard.co.kr)로 접속
② 나눔클래스 ID : class1234, PW : 1234 를 입력하여 로그인
③ [GUEST 폴더] ➡ [2025년 데이터 및 자료] ➡ [전산회계운용사 2급]에서 '전산회계운용사 2급 데이터.exe' 화일을 바탕화면에 다운로드 받아 실행하면 자동으로 데이터 복구
④ 프로그램에서 회사코드 '연구-(주)무덕상사'를 선택하여 연구문제를 해결합니다.

문제 01 재무회계

◎ 지시사항 : '(주)무덕상사'의 거래 자료이며, 회계연도는 2025.1.3. ~ 12.31. 이다.

1. 다음 제시되는 기준정보를 입력하시오. <4점>

(1) 다음의 신규 거래처를 등록하시오.(각1점)

거래처(명)	거래처분류(구분)	거래처코드	대표자	사업자등록번호	업태/종목
진무전자(주)	매입처	3001	차도남	226-81-12349	제조/전자제품
당구전자(주)	매출처	4001	허연희	111-81-95126	도소매/전자제품

 풀이

[회계] ➡ [기초정보관리] ➡ [거래처등록] ➡ [일반Tab]

(2) 다음의 신규 상품(품목)을 등록하시오.(2점)

품목코드	품목(품명)	(상세)규격	품목종류(자산)	기본단위(단위명)	적정재고량	입·출고창고
4001	에어프라이	2호	상품	EA	100	부산창고

> 풀이

[물류관리] ➡ [기준정보관리] ➡ [품목등록]

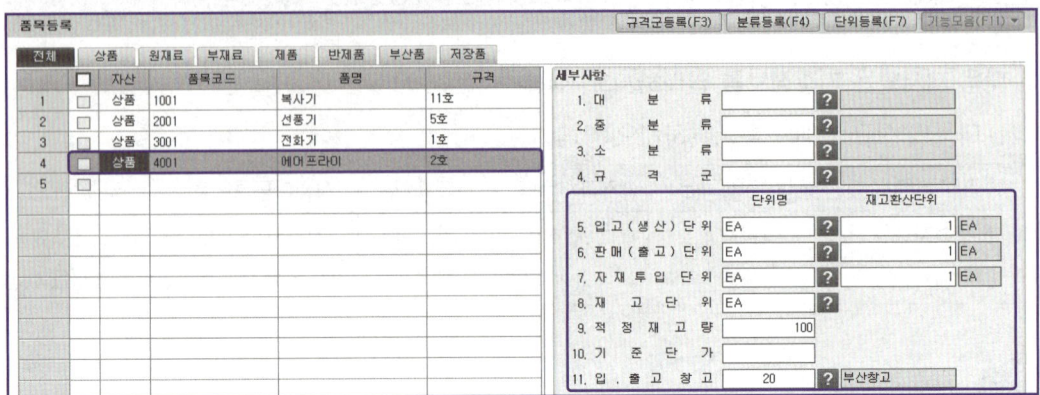

2. 다음 거래를 매입매출전표입력 메뉴에 입력하시오. 〈16점/각4점〉
   (단, 채권·채무 및 금융 거래는 거래처 코드를 입력하고 각 문항별 한 개의 전표번호로 입력한다)

   (1) 12월 4일 상품을 판매하고 전자세금계산서를 발급하다. 대금 중 부가가치세는 현금으로 받고 잔액은 외상으로 하다. 또한 발송운임 ₩300,000은 현금으로 별도 지급하다.

전자세금계산서				(공급자 보관용)			승인번호		20251204XXXX1204	
공급자	등록번호	104-81-35611			공급받는자	등록번호	111-81-95126			
	상호	(주)무덕상사	성명(대표자)	장욱		상호	당구전자(주)	성명(대표자)	허연희	
	사업장주소	서울특별시 중구 남대문로 25 (남대문로3가)				사업장주소	인천광역시 미추홀구 주안로 226			
	업태	도매 및 상품중개업	종사업장번호			업태	도매	종사업장번호		
	종목	전자제품				종목	전자제품			
	E-Mail	moodeok@bill36524.com				E-Mail	danggu@naver.com			
작성일자	2025.12.04.		공급가액	15,000,000		세액	1,500,000			
비고										
월	일	품목명	규격	수량	단가	공급가액	세액	비고		
12	4	전화기		50	50,000	2,500,000	250,000			
12	4	선풍기		50	100,000	5,000,000	500,000			
12	4	복사기		50	150,000	7,500,000	750,000			
합계금액	현금	수표	어음	외상미수금	이 금액을	○ 영수 / ● 청구	함			
16,500,000	1,500,000			15,000,000						

> 풀이

① [물류관리] ⇨ [판매관리] ⇨ [출고입력] 메뉴에서 처리구분을 21.건별과세, 거래처, 수금구분을 4.혼합으로 선택하고 상품을 입력한 다음 하단의 현금란(₩1,500,000)과 외상란(₩15,000,000)에 입력, 상단의 [전표추가]⇒[확인]⇒[전송]을 클릭하여 자동으로 전표를 생성시킨다.

출고입력

NO	일	처리구분	참조문서	코드	거래처명	코드	부서/사원명	납기일자	출고번호	수금구분	전송	수정
1	04	건별과세		04001	당구전자(주)			2025-12-04	2025120400001	혼합	전송	
2		04										

일자: 2025년 12월 04일

NO	자산	품목코드	출고품목명	규격	단위	수량	단가	공급가액	부가세	합계금액	코드	창고명
1	상품	3001	전화기	1호	EA	50	50,000	2,500,000	250,000	2,750,000	10	본사창고
2	상품	2001	선풍기	5호	EA	50	100,000	5,000,000	500,000	5,500,000	10	본사창고
3	상품	1001	복사기	11호	EA	50	150,000	7,500,000	750,000	8,250,000	20	부산창고
			합계			150		15,000,000	1,500,000	16,500,000		

현금	수표(당좌수표)	어음	예금	카드	선수금(선급금)	외상	할인금액	합계	프로젝트명
1,500,000						15,000,000		16,500,000	

② [회계] ➡ [전표입력/장부] ➡ [매입매출전표입력] 메뉴에서 전표를 확인한다.

매입매출전표입력 104-81-35611

일자: 2025년 12월 04일 현금잔액 23,670,000원

일	유형	품명	수량	단가	공급가액	부가세	합계	코드	거래처명	사업.주민번호	전자세금	분개
04	과세	복사기외			15,000,000	1,500,000	16,500,000	04001	당구전자(주)	111-81-95126	전자입력	혼합
04												
	업체별 소계				15,000,000	1,500,000	16,500,000					

구분	코드	계정과목	차변	대변	코드	거래처	적요	관리
대변	255	부가가치세예수금		1,500,000	04001	당구전자(주)	복사기외	
대변	401	상품매출		15,000,000	04001	당구전자(주)	복사기외	
차변	101	현금	1,200,000		04001	당구전자(주)	복사기외	
차변	108	외상매출금	15,000,000		04001	당구전자(주)	복사기외	
차변	824	운반비	300,000		04001	당구전자(주)	복사기외	
		전표건별 소계	16,500,000	16,500,000				

☞ · 상품을 판매하고 전자세금계산서를 발급하였으므로 전자세금란에 '1.전자입력'을 입력한다.
   · 매출시 운반비는 '운반비' 계정으로 추가 입력하고 '현금' 계정 금액을 수정한다.

(2) 12월 10일   상품을 매입하고 전자세금계산서를 수취하다. 대금 중 일부는 전자어음(어음번호: 00420251210123789456, 만기일: 2026년 3월 22일, 지급은행: 국민은행)을 발행하여 지급하다.

전자세금계산서 (공급받는자 보관용)

승인번호: 20251210XXXX1210

	등록번호	226-81-12349				등록번호	104-81-35611		
공급자	상호	진무전자(주)	성명(대표자)	차도남	공급받는자	상호	(주)무덕상사	성명(대표자)	장욱
	사업장주소	서울특별시 강남구 강남대로 326-2 (역삼동)				사업장주소	서울특별시 중구 남대문로 25 (남대문로3가)		
	업태	도매	종사업장번호			업태	도매 및 상품중개업	종사업장번호	
	종목	전자제품				종목	전자제품		
	E-Mail	jinmoo@bill36524.com				E-Mail	moodeok@bill36524.com		

작성일자	2025.12.10.	공급가액	24,000,000	세 액	2,400,000

비고							
월	일	품목명	규격	수량	단가	공급가액	세액	비고
12	10	에어프라이		200	100,000	20,000,000	2,000,000	
12	10	선풍기		100	40,000	4,000,000	400,000	

합계금액	현금	수표	어음	외상미수금	이 금액을	○ 영수	함
26,400,000	2,400,000		20,000,000	4,000,000		● 청구	

① [물류관리]⇨[구매관리]⇨[입고입력] 메뉴에서 처리구분을 21.건별과세, 거래처, 지급구분을 4.혼합으로 선택하고 상품을 입력한 다음 하단의 현금란(₩2,400,000), 어음란(₩20,000,000)과 외상란(₩4,000,000)에 입력, 상단의 [전표추가]⇨[확인]⇨[전송]을 클릭하여 자동으로 전표를 생성시킨다.

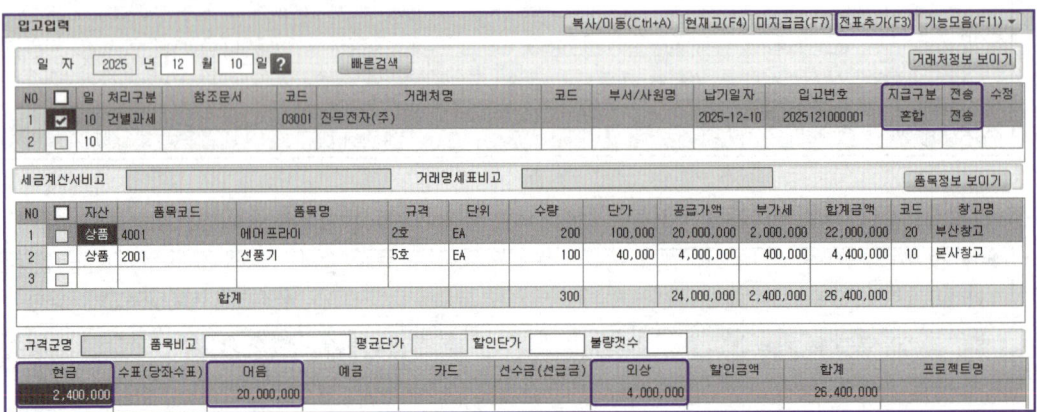

② [회계] ⇨ [전표입력/장부] ⇨ [매입매출전표입력] 메뉴에서 전표를 확인한다.

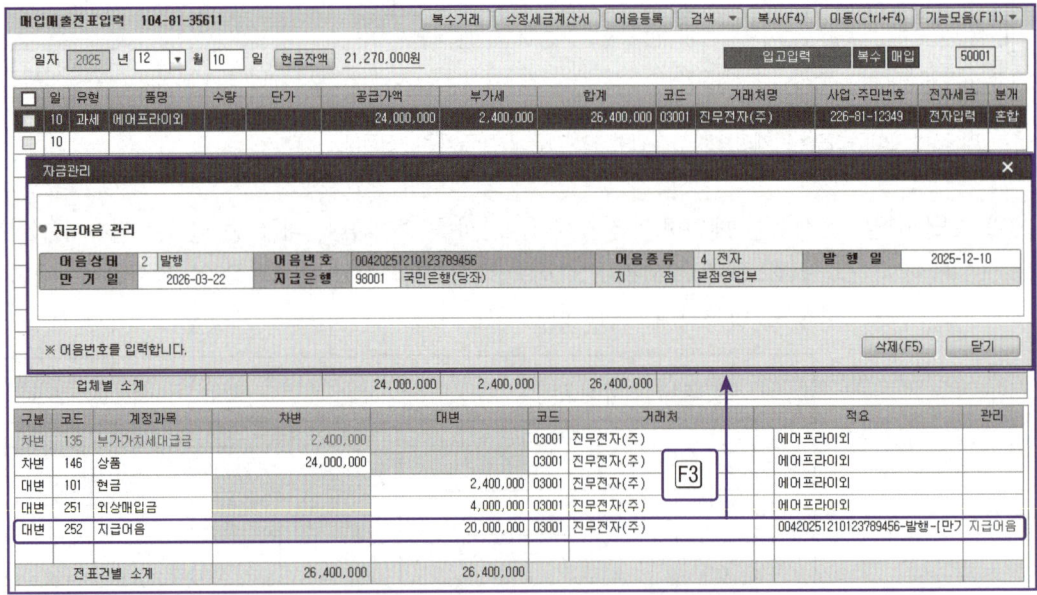

☞ · 상품을 매입하고 전자세금계산서를 발급받은 경우 전자세금란에 '1.전자입력'을 입력한다.
· 지급어음 자금관리시 적요란에서 F3 또는 [기능모음(F11)→자금관리]을 클릭하여 입력한다
· [자금관리-지급어음관리] ⇒ 어음상태: 2.발행, 어음번호란 코드도움(F2)으로 발행할 어음을 선택하고 만기일을 입력한다.

(3) 12월 15일   (주)보령상사로부터 본사 직원들에게 나누어줄 연말선물세트를 구입하고 현금영수증을 발급받다. 대금은 보통예금(우리은행) 계좌에서 이체하여 지급하다.

현금영수증

● 거래정보

거래일시	2025-12-15
승인번호	131341410
거래구분	승인거래
거래용도	지출증빙
발급수단번호	104-81-35611

● 거래금액

품목	공급가액	부가세	봉사료	총거래금액
선물세트	1,200,000	120,000	0	1,320,000

● 가맹점 정보

상호	(주)보령상사
사업자번호	123-81-94232
대표자명	보보애
주소	서울특별시 중구 남대문로 45

[회계]⇨[전표입력/장부]⇨[매입매출전표입력]

거래유형	품명	공급가액	부가세	거래처	전자세금
61.현과	선물세트	1,200,000	120,000	(주)보령상사	
분개유형	(차) 부가가치세대급금	120,000	(대) 보통예금		1,320,000
3.혼합	복리후생비	1,200,000	(우리은행(보통))		

☞ ・부가가치세가 별도로 분리된 현금영수증을 발급받은 경우 유형 61.현과를 선택하고 공급가액란은 합계금액 (공급가액+부가가치세)을 입력하면 공급가액과 부가세가 자동 분리된다.
  ・분개란에서 3.혼합을 선택하고 하단의 '상품' 계정은 '복리후생비' 계정으로 수정, 대변에는 '보통예금' 계정과 거래처코드는 '우리은행(보통)'을 추가로 입력한다.

(4) 12월 20일 황해전자로부터 사무실에서 사용할 공기청정기를 구입하고 전자세금계산서를 발급받다. 대금 중 ₩900,000은 보관하고 있던 자기앞수표로 지급하고 잔액은 다음달 15일에 결제하기로 하다. 단, 유형자산을 등록하시오.

자산코드	자산명	계정코드	내용연수	상각방법
000012	공기청정기	비품	5	정률법

전자세금계산서 (공급받는자 보관용)

승인번호: 20251220XXXX1220

공급자
- 등록번호: 226-81-12349
- 상호: 황해전자
- 성명(대표자): 황해
- 사업장주소: 서울특별시 종로구 낙산성곽서길 17 (종로6가)
- 업태: 도매
- 종목: 전자제품
- E-Mail: hh@naver.com

공급받는자
- 등록번호: 104-81-35611
- 상호: (주)무덕상사
- 성명(대표자): 장욱
- 사업장주소: 서울특별시 중구 남대문로 25 (남대문로3가)
- 업태: 도매 및 상품중개업
- 종목: 전자제품
- E-Mail: moodeok@bill36524.com

작성일자: 2025.12.20. 공급가액: 9,000,000 세액: 900,000

월	일	품목명	규격	수량	단가	공급가액	세액	비고
12	20	공기청정기		5	1,800,000	9,000,000	900,000	

합계금액	현금	수표	어음	외상미수금	이 금액을 ○ 영수 ● 청구 함
9,900,000	900,000			9,000,000	

풀이

① [회계] ⇨ [전표입력/장부] ⇨ [매입매출전표입력]

거래유형	품명	공급가액	부가세	거래처	전자세금
51.과세	공기청정기	9,000,000	900,000	황해전자	전자입력
분개유형	(차) 부가가치세대급금	900,000	(대) 현금		900,000
3.혼합	비품	9,000,000	미지급금		9,000,000

매입매출전표입력 104-81-35611 [복수거래] [수정세금계산서] [어음등록] [검색▼] [복사(F4)] [이동(Ctrl+F4)] [기능모음(F11)▼]

일자 2025 년 12 ▼ 월 20 일 현금잔액 20,370,000원 매입 50001

□	일	유형	품명	수량	단가	공급가액	부가세	합계	코드	거래처명	사업.주민번호	전자세금	분개
□	20	과세	공기청정기	5	1,800,000	9,000,000	900,000	9,900,000	01001	황해전자	125-26-12348	전자입력	혼합
□	20												
		업체별 소계		5		9,000,000	900,000	9,900,000					

구분	코드	계정과목	차변	대변	코드	거래처	적요	관리
차변	135	부가가치세대급금	900,000		01001	황해전자	공기청정기 5 X 1,800,000	
차변	212	비품	9,000,000		01001	황해전자	공기청정기 5 X 1,800,000	
대변	101	현금		900,000	01001	황해전자	공기청정기 5 X 1,800,000	
대변	253	미지급금		9,000,000	01001	황해전자	공기청정기 5 X 1,800,000	

☞ 자기앞수표는 '현금' 계정, 일반적인 상거래가 아니므로 '미지급금' 계정으로 회계처리한다.

② [회계] ⇨ [고정자산등록] ⇨ [고정자산등록]

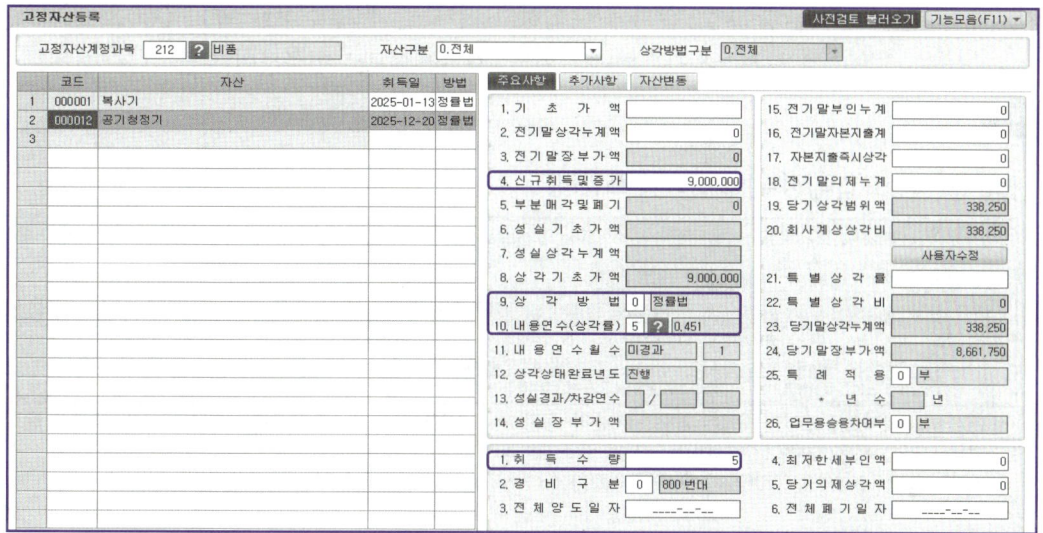

☞ 당기에 취득한 고정자산은 4.신규 취득 및 증가란에 취득가액(₩9,000,000)을 입력하며, 하단의 취득수량(5)이 있는 경우 반드시 입력한다.

3. 다음 거래를 일반전표입력 메뉴에 입력하시오. <20점/각4점>
(단, 채권·채무 및 금융 거래는 거래처 코드를 입력하고 각 문항별 한 개의 전표번호로 입력한다)

(1) 12월 8일   당좌수표(국민은행) ₩30,000,000을 발행하여 우리은행에 1년 만기 정기예금으로 예입하다. 단, 신규거래처는 다음과 같이 등록한다.

금융기관명	코드	예금종류명	계좌번호	계좌개설점	계약기간
우리 (정기예금)	98003	큰나무예금	123-12-123456	우리은행	2025.12.8 ~ 2026.12.8

① [회계] ⇨ [기초정보관리] ⇨ [거래처등록] ⇨ [금융Tab]

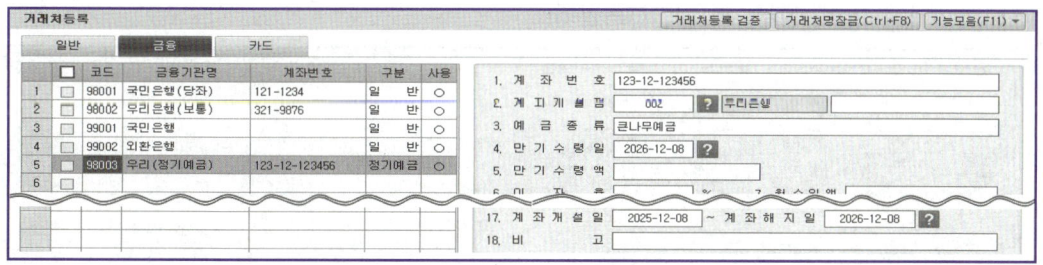

② [회계] ⇨ [전표입력/장부] ⇨ [일반전표입력]

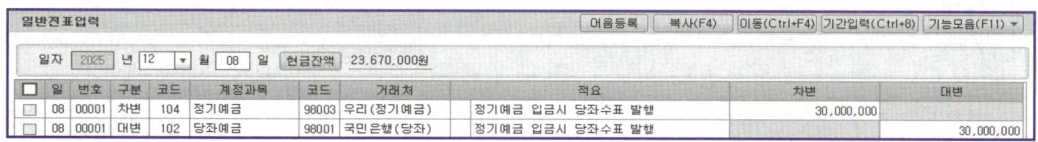

☞ · 만기가 1년 이내인 경우 '정기예금' 계정, 1년 이후인 경우 '장기성예금' 계정으로 회계처리한다.
  · 자격증 시험에서 적요는 채점대상이 아니므로 생략이 가능하나 실무에서는 중요하므로 꾸준히 연습하길 바랍니다.

(2) 12월 11일   단기 투자를 목적으로 (주)황소전자의 주식 100주(액면가액 @₩10,000)를
                1주당 ₩12,000에 구입하고, 대금은 거래수수료 ₩11,000을 포함하여
                보통예금(우리은행) 계좌에서 자기앞수표로 인출하여 지급하다.

[회계] ⇨ [전표입력/장부] ⇨ [일반전표입력]

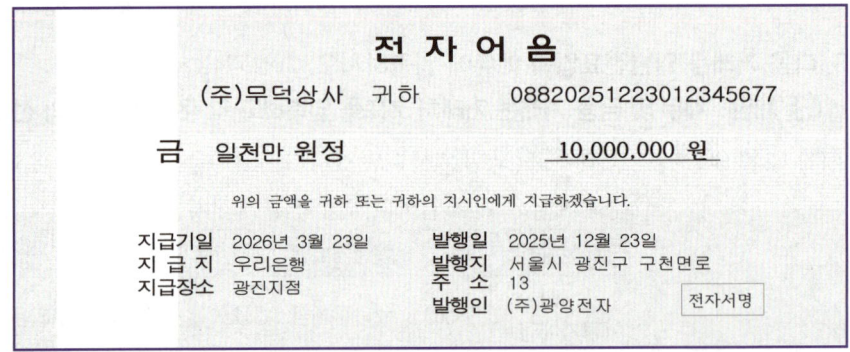

☞ 단기 투자 목적으로 주식을 매입한 경우 '당기손익-공정가치측정금융자산' 계정으로 회계처리하며, 거래수수료는 별도의
  비용인 영업외비용(900번대 수수료비용 계정)으로 회계처리한다.
  · 100주×₩12,000=₩1,200,000(당기손익-공정가치측정금융자산 매입가액)

(3) 12월 23일   상품판매에 따른 외상대금을 전자어음으로 회수하다.

[회계] ⇨ [전표입력/장부] ⇨ [일반전표입력]

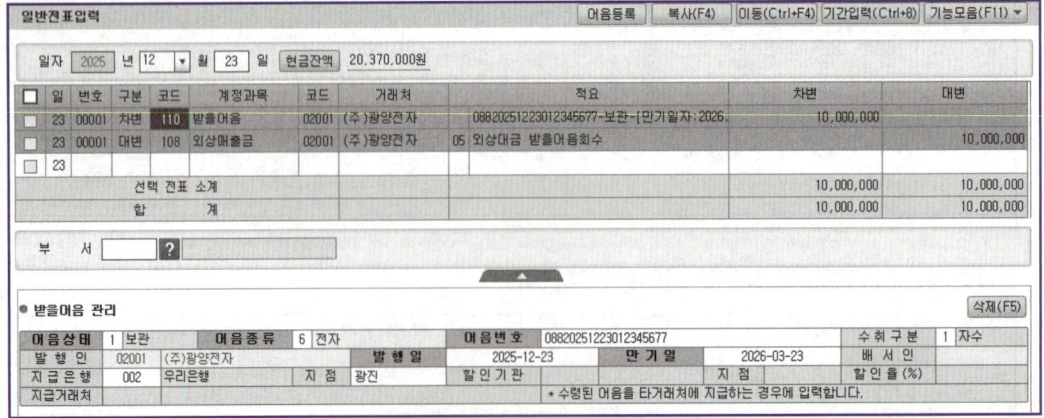

☞ 적요란에서 F3 또는 상단의 [기능모음(F11) → 자금관리]클릭 후 어음종류(6.전자), 어음번호, 만기일, 지급은행, 지점명을
  입력한다.

(4) 12월 26일   외환은행의 외화장기차입금($20,000, 1$당 ₩1,000)을 자금사정이 호전되어
보통예금(우리은행) 계좌에서 달러로 환전하여 전액 중도 상환하다.
단, 상환시점의 환율은 1$당 ₩980이다.

[회계] ⇨ [전표입력/장부] ⇨ [일반전표입력]

일	번호	구분	코드	계정과목	코드	거래처	적요	차변	대변
26	00001	차변	305	외화장기차입금	99002	외환은행	외화차입금 중도 상환	20,000,000	
26	00001	대변	103	보통예금	98002	우리은행(보통)	외화차입금 중도 상환		19,600,000
26	00001	대변	907	외환차익			04 차입금상환시 환차익		400,000

☞ 차입시($20,000×₩1,000)−상환시($20,000×₩980)=외환차익(₩400,000)

(5) 12월 30일   12월 중 발생한 관리비 내역은 다음과 같으며 보통예금(우리은행) 계좌에서
현금으로 인출하여 지급하다.
〈지급내역〉 경리부 야근 식대 : ₩280,000
총무부 사원 시내 교통비 : ₩300,000
영업부 휴대폰 사용료 : ₩520,000

[회계] ⇨ [전표입력/장부] ⇨ [일반전표입력]

일	번호	구분	코드	계정과목	코드	거래처	적요	차변	대변
30	00001	차변	811	복리후생비			야근 식대 지급	280,000	
30	00001	차변	812	여비교통비			시내 교통비 지급	300,000	
30	00001	차변	814	통신비			휴대폰 사용료 지급	520,000	
30	00001	대변	103	보통예금	98002	우리은행(보통)	12월 관리비 보통예금 인출		1,100,000

3. 다음 기말(12월 31일) 결산 정리 사항을 회계 처리하고 마감하시오. <28점/각4점>

(1) 현금과부족 계정을 정리하다.

① [회계] ⇨ [결산/재무제표Ⅰ] ⇨ [합계잔액시산표] 메뉴에서 현금과부족 잔액(₩37,000)을 확인한다.

② [회계] ⇨ [전표입력/장부] ⇨ [일반전표입력]

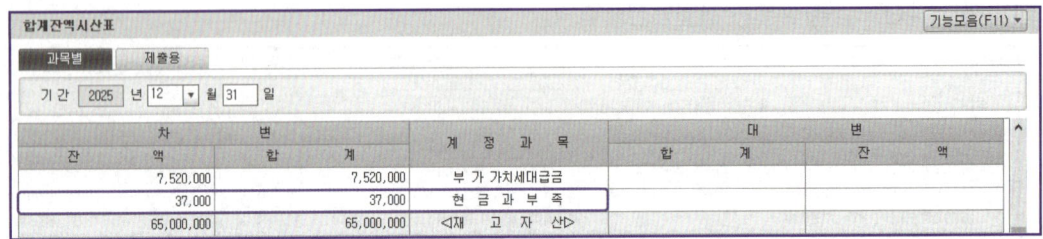

☞ 결산일 현재 원인을 확인할 수 없어 '잡손실' 계정으로 회계처리한다.

(2) 기말 현재 당좌예금(국민은행) 통장을 정리하다.

① [회계] ⇨ [결산/재무제표Ⅰ] ⇨ [합계잔액시산표] 메뉴에서 당좌예금 잔액(₩-1,400,000)을 확인한다.

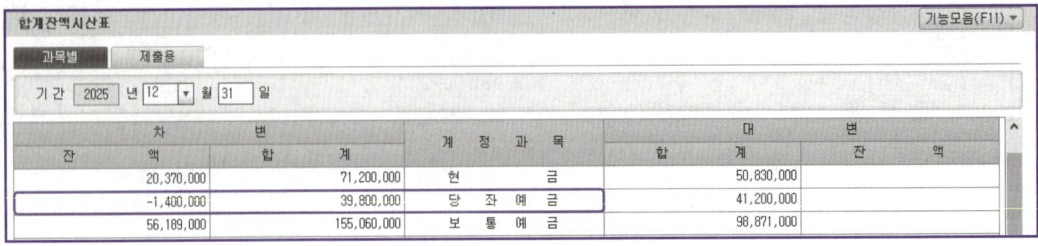

② [회계] ⇨ [전표입력/장부] ⇨ [일반전표입력]

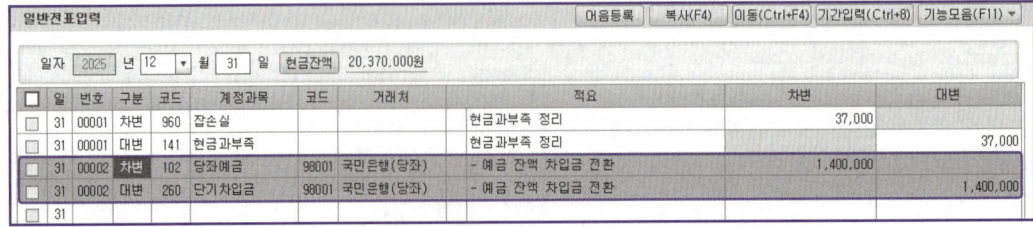

☞ 예금의 잔액이 음수(-)인 경우 잔액을 모두 '단기차입금' 계정으로 회계처리한 후 차기로 이월한다.

(3) 토지를 ₩10,000,000으로 재평가하다.

① [회계] ⇨ [결산/재무제표I] ⇨ [합계잔액시산표] 메뉴에서 토지의 장부금액(₩9,000,000)을 확인한다.

② [회계] ⇨ [전표입력/장부] ⇨ [일반전표입력] 메뉴에서 차액을 재평가잉여금으로 입력한다.

☞ 재평가액(₩10,000,000) - 장부가액(₩9,000,000) = 재평가잉여금(₩1,000,000)

(4) 모든 비유동자산에 대한 감가상각비를 계상하다.

① [회계] ⇨ [고정자산등록] ⇨ [원가경비별감가상각명세서] 메뉴에서 [유형자산총괄]Tab 당기상각비를 반영한다.

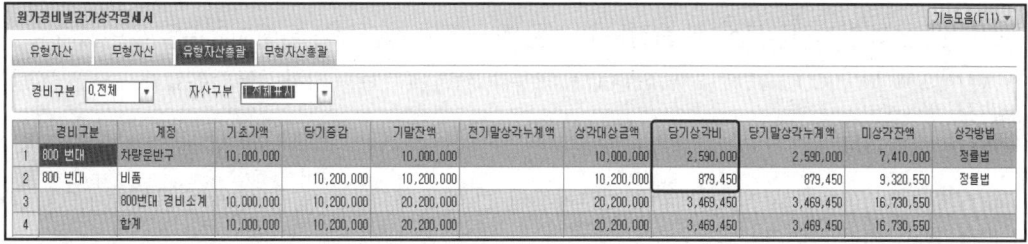

☞ [고정자산등록] 메뉴에서 고정자산 계정과목을 전체로 당기상각범위액을 조회하여도 되며, [무형자산총괄]Tab에서도 무형자산 상각비가 있는지를 확인한다.

② [회계] ⇨ [결산/재무제표I] ⇨ [결산자료입력] 메뉴에서 1월~12월로 조회하여 [매출원가 및 경비선택]창이 열리면 [확인]하여 결산자료를 입력할 수 있는 화면을 만든 후 판매비와 관리비의 감가상각비란에 입력한다.

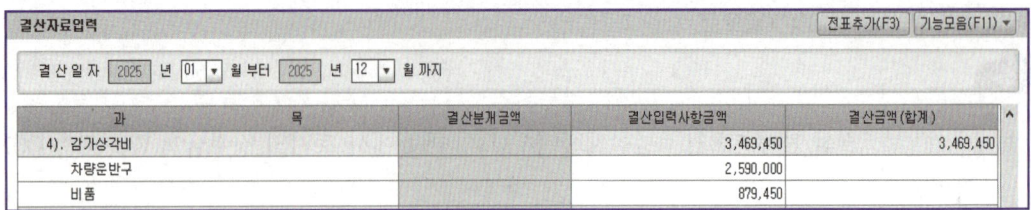

(5) 기말 현재 매출채권 잔액에 대해 1%의 대손충당금(보충법)을 설정하다.

① [회계] ⇨ [결산/재무제표I] ⇨ [합계잔액시산표] 메뉴에서 대손추산액을 계산한다.

☞ 대손충당금 설정액 : 매출채권 잔액 × 설정률 - 대손충당금 잔액
  · 외상매출금 잔액 ₩86,300,000 × 1% - ₩0 = ₩863,000
  · 받을어음 잔액 ₩21,000,000 × 1% - ₩0 = ₩210,000

② [회계] ⇨ [결산/재무제표I] ⇨ [결산자료입력] 메뉴에서 판매비와 관리비의 대손상각란에 입력한다.

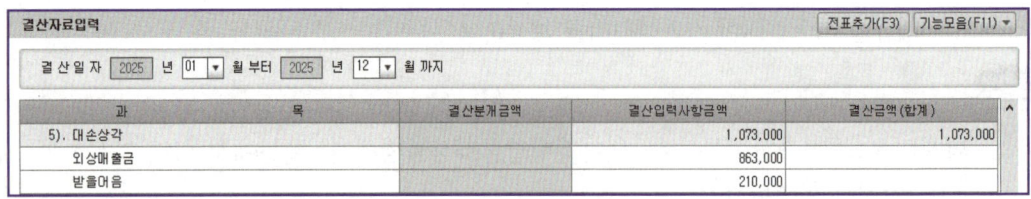

(6) 기말 현재 가지급금 잔액은 출장을 다녀온 홍길동의 정산서가 누락되었음을 확인하다.
    (식대: ₩300,000, 숙박비: ₩385,000, 교통비: ₩280,000, 지사방문시음료대: ₩35,000)

① [회계] ⇨ [결산/재무제표I] ⇨ [합계잔액시산표] 메뉴에서 가지급금 계정의 잔액(₩1,000,000)을 확인한다.

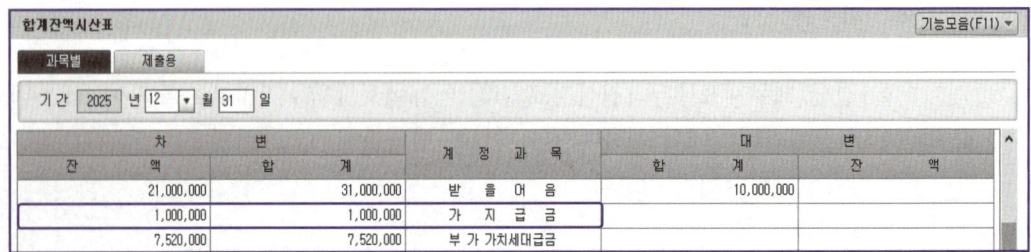

② [회계] ⇨ [전표입력/장부] ⇨ [일반전표입력]

(7) 기말상품재고액을 입력하고 결산 처리하다. 단, 재고평가는 선입선출법으로 한다.

① [물류관리] ⇨ [재고관리] ⇨ [재고자산수불부] 선입선출법으로 일괄 마감한다.

② [물류관리] ⇨ [재고관리] ⇨ [재고자산명세서] 기말상품재고액을 확인한다.

③ [회계] ⇨ [결산/재무제표I] ⇨ [결산자료입력] 기말상품재고액란에 입력한다.

※ 상단의 [전표추가(F3)]를 반드시 클릭하여 [일반전표입력] 메뉴에 결산분개가 자동으로 생성되도록 한다.

④ [회계] ⇨ [전표/장부입력] ⇨ [일반전표입력] 자동생성 분개를 확인한다.

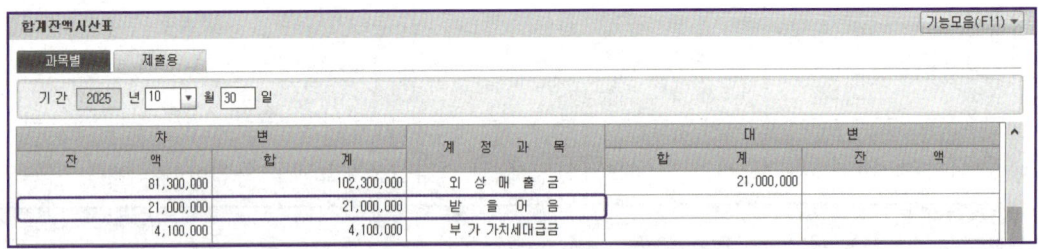

4. 다음 사항을 조회하여 번호 순서대로 단답형 답안에 등록하시오. <12점/각2점>

※ NEW sPLUS는 [답안수록]메뉴에서 답안을 등록 후 [답안저장]버튼을 클릭합니다.
※ 문자 외의 숫자는 ₩, 원, 월, 단위구분자(,) 등을 생략하고 숫자만 입력하되 소수점이 포함되어 있는 숫자의 경우에는 소수점을 입력합니다.
   (예시) 54200(○), 54,251(○), ₩54,200(×), 54,200원(×), 5월(×), 500개(×), 50건(×)

(1) 10월 30일 현재 받을어음 미회수액은 얼마인가? ₩21,000,000

[합계잔액시산표] 또는 [계정별원장] 조회

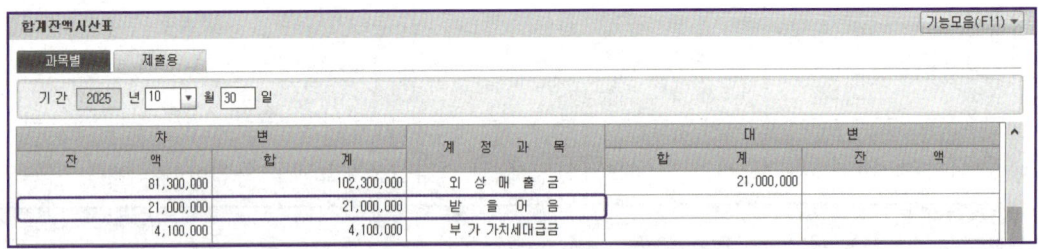

(2) 10월 31일 현재 선풍기의 재고 수량은 몇 EA인가? 100EA

[재고자산수불부] 조회

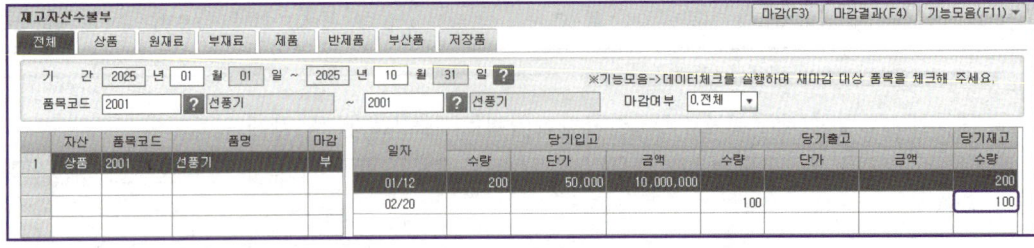

(3) 5월 31일 현재 황해전자의 외상매입금 미지급액은 얼마인가? ₩17,000,000

[거래처원장] 조회

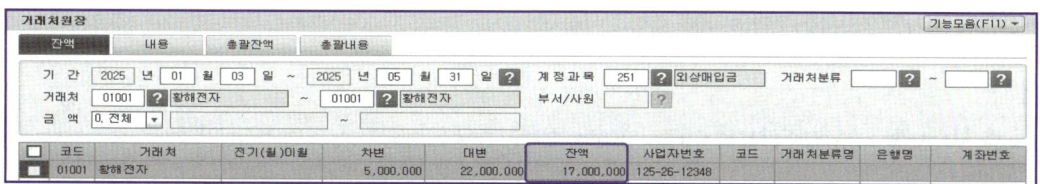

(4) 1월 1일부터 12월 31일까지 한국채택 국제회계기준(K-IFRS)에 의한 포괄손익계산서(기능별)에 표시되는 매출원가는 얼마인가? ₩33,500,000

[K-IFRS포괄손익계산서] 조회

과목	제 1(당)기 [2025/01/03 ~ 2025/12/31] 금액	전기 금액
Ⅰ. 수 익 (매 출 액)	108,000,000	0
상 품 매 출	108,000,000	0
Ⅱ. 매 출 원 가	33,500,000	0
상 품 매 출 원 가	33,500,000	0
기 초 상 품 재 고 액	0	0

(5) 3월 1일부터 10월 31일까지 현금 지출총액은 얼마인가? ₩3,070,000

[일/월계표] (차변현금소계) 또는 [현금출납장] 조회

차 변			계 정 과 목	대 변		
계	대 체	현 금		현 금	대 체	계
100,000	100,000		수 수 료 비 용			
67,739,000	64,669,000	3,070,000	금 일 소 계		64,669,000	64,669,000
6,620,000		6,620,000	< 금일잔고 / 전일잔고 >	9,690,000		9,690,000

(6) 12월 31일 현재 미결제된 지급어음의 합계액은 얼마인가? ₩24,000,000

[합계잔액시산표] 또는 [계정별원장] 조회

차 변		계 정 과 목	대 변	
잔 액	합 계		합 계	잔 액
	9,000,000	외 상 매 입 금	49,100,000	40,100,000
	5,000,000	지 급 어 음	29,000,000	24,000,000
	15,000,000	미 지 급 금	29,094,000	14,094,000

문제 02 원가회계

> **원가회계**
> 상단의 [회사명(연구-(주)무덕상사)]를 클릭 ⇨ [회사코드]를 검색(F2)하여 해당 회사(연구(원가)-(주)경주골프)를 선택한다.

◎ 지시사항 : (주)경주골프의 거래자료이며 회계기간은 2025. 1. 1. ~ 12. 31.이다.

1. **다음의 8월 원가계산 과정을 순서대로 처리하시오. 단, 임금 및 제조경비는 기초 자료에 이미 처리되어 있다.**<20점/각4점>

    (1) 8월 3일 다음의 작업지시서를 발행하고, 같은 날 주요자재를 출고하다.
    ① 작업지시서 내용

제품명	작업장	작업지시량	작업기간
골프공10	제1작업장	400(EA)	8월 3일-8월 31일
골프공20	제2작업장	500(EA)	8월 3일-9월 5일

[물류관리] ⇨ [생산관리] ⇨ [생산(작업)지시서]

① 골프공10 작업지시서 등록

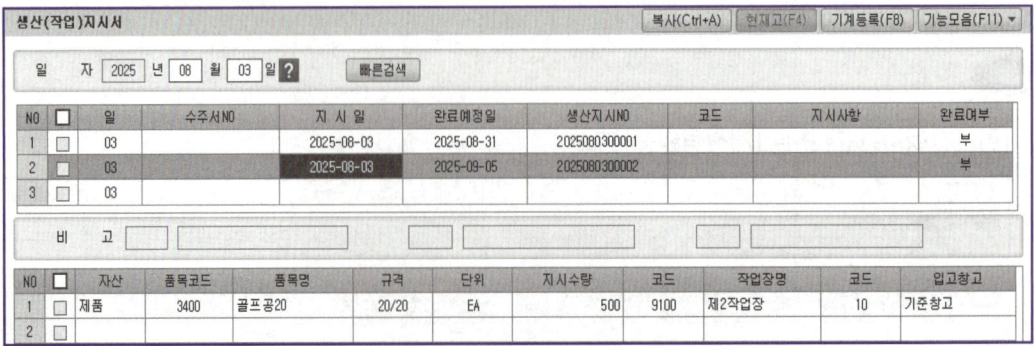

② 골프공20 작업지시서 등록

② 자재사용-(출고)등록
  골프공10 작업지시서 : 자재X 440단위(제1작업장)
  골프공20 작업지시서 : 자재Y 550단위(제2작업장)

[물류관리] ⇨ [생산관리] ⇨ [자재출고입력]

1 골프공10 작업지시에 대한 자재사용등록 (생산지시서는 입력된 내용을 코드도움으로 불러옴)

일	생산지시번호	자산	품목코드	품명	규격	단위	생산량	완료예정일	자재출고번호
03	2025080300001	제품	3300	골프공10	10/10	EA	400	2025-08-31	2025080300001
03									

자산	자재코드	품명	규격	단위	출고수량	코드	출고창고명	코드	작업장명
원재료	3100	자재X	LL	단위	440	10	기준창고	9000	제1작업장

2 골프공20 작업지시에 대한 자재사용등록 (생산지시서는 입력된 내용을 코드도움으로 불러옴)

일	생산지시번호	자산	품목코드	품명	규격	단위	생산량	완료예정일	자재출고번호
03	2025080300001	제품	3300	골프공10	10/10	EA	400	2025-08-31	2025080300001
03	2025080300002	제품	3400	골프공20	20/20	EA	500	2025-09-05	2025080300002
03									

자산	자재코드	품명	규격	단위	출고수량	코드	출고창고명	코드	작업장명
원재료	3200	자재Y	XL	단위	550	10	기준창고	9100	제2작업장

(2) 8월 31일 작업지시서(8월 3일 발행)에 대해 다음과 같이 생산자료를 등록하다.

품목	완성량	재공품		작업(투입)시간	작업장
		월말 수량	작업진행율(완성도)		
골프공10	400(EA)	-	-	100	제1작업장
골프공20	450(EA)	50(EA)	90%	150	제2작업장

※ NEW sPLUS는 완성도(작업진행률등록)를 (3)원가기준정보에서 처리함.

[물류관리] ⇨ [생산관리] ⇨ [생산입고입력]

1 골프공10 작업지시에 대한 생산입고입력 (생산지시서 입력된 내용을 코드도움으로 불러옴)

일	생산지시번호		지시일	완료일	생산입고번호		비고
31	2025080300001		2025-08-03	2025-08-31	2025083100001		
31							

자산	품목코드	품명	규격	단위	생산량	생산단가	생산금액	투입시간	코드	입고창고명	코드	작업장명
제품	3300	골프공10	10/10	EA	400			100	10	기준창고	9000	제1작업장

② 골프공20 작업지시에 대한 생산입고입력 (생산지시서 입력된 내용을 코드도움으로 불러옴)

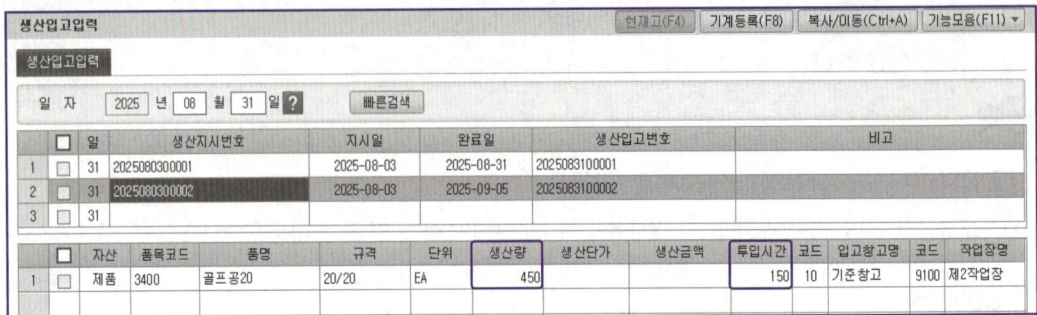

(3) 8월의 원가기준정보를 다음과 같이 등록하다.

① 노무비배부기준등록(총근무시간)

관련부문	절단부	조립부
총근무시간	200	250

② 보조부문비배부기준등록

관련부문	절단부	조립부
동력부	60	40
수선부	50	50

③ 작업진행률등록 [골프공20 : 90%]
　※ NEW sPLUS에서만 적용함.

[물류관리] ⇨ [원가관리(원가기준정보)] ⇨ [배부기준등록]

① 노무비배부기준등록(총근무시간)
　- [노무비배분]Tab에서 상단의 [당월데이터 생성]을 클릭하여 노무비의 데이터를 재집계한 다음 총근무시간을 입력하면 임률은 자동으로 계산된다.

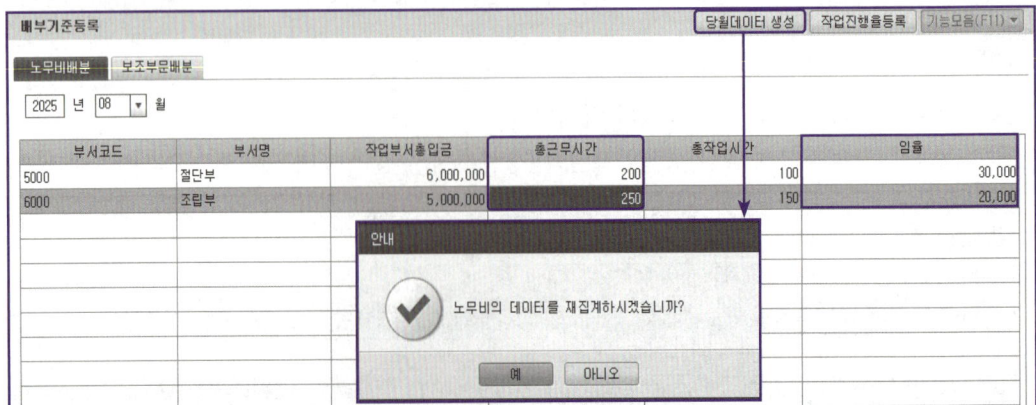

2 보조부문비배부기준등록
- [보조부문배분] Tab에서 상단의 [보조부문 가져오기]를 클릭하여 보조부문의 데이터를 추가집계한 다음 보조부문비 배분기준을 등록한다.

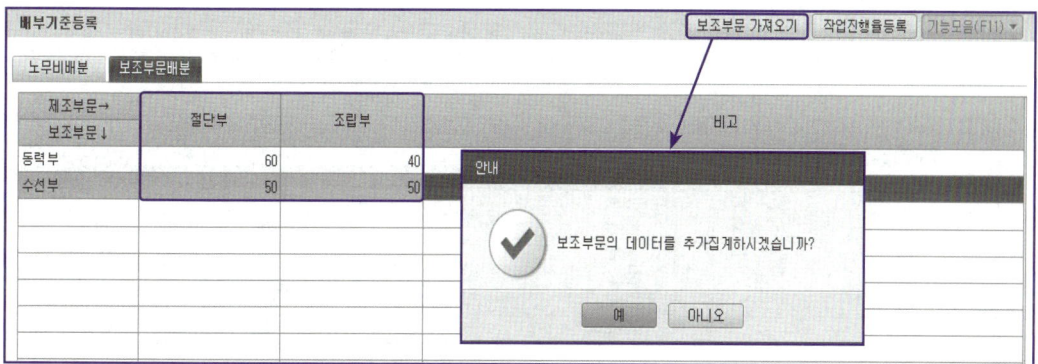

3 작업진행률 등록 (골프공20 : 90%)

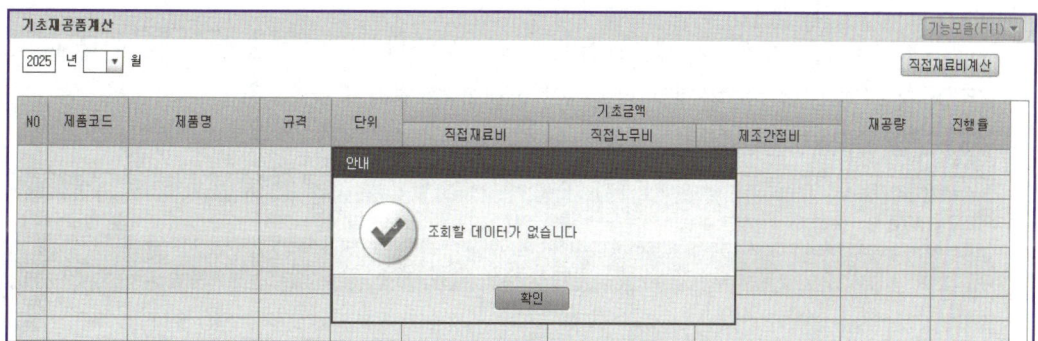

(4) 8월의 실제원가계산을 실시하시오.
① 기초재공품계산　② 직접재료비계산　③ 직접노무비계산
④ 제조간접비계산(제조부문비배부기준 : 투입시간)
⑤ 개별원가계산　⑥ 종합원가계산(평균법)　⑦ 원가반영작업

[물류관리] ⇨ [원가관리(원가계산)]
1 기초재공품계산 : 전월에서 이월된 사항이 없다면 기초재공품은 표기되지 않는다.

2 직접재료비계산 : ❶ 상단의 [마감]을 눌러 [재고자산수불부]에서 원재료만 건별로 [마감] 또는 [원재료] Tab에서 [일괄마감]을 하여 재고평가를 한다.

❷ [직접재료비계산]에서 다시 조회를 하면 자재의 단가와 금액이 자동으로 반영된다.
자재X의 재료비 : ₩17,600,000, 자재Y의 재료비 : ₩16,500,000

3 직접노무비계산

NO	작업지시번호	품목코드	품명	부서코드	부서명	투입시간	임율	직접노무비
1	2025080300001	3300	골프공10	5000	절단부	100	30,000	3,000,000
2	2025080300002	3400	골프공20	6000	조립부	150	20,000	3,000,000
3								

4 제조간접비계산 (제조부문비배부기준 : 투입시간)

제조간접비계산을 위해서는 제조간접비계산(부문별현황), 제조간접비계산(보조부문), 제조간접비계산(제조부문)을 차례로 실행해야 집계할 수 있다.

[제조간접비계산(부문별)]

계정코드	계정명	제조부문		보조부문		합계
		절단부	조립부	동력부	수선부	
51100	복리후생비		400,000			400,000
51500	가스수도료	300,000				300,000
51600	전력비			1,500,000		1,500,000
52000	수선비				200,000	200,000
BBB	간접노무비	3,000,000	2,000,000	2,000,000	1,500,000	8,500,000

[제조간접비계산(보조부문)]

부서코드	부서명	제조부문		합계
		절단부	조립부	
7000	동력부	2,100,000	1,400,000	3,500,000
8000	수선부	850,000	850,000	1,700,000

2025 년 08 월

[제조간접비계산(제조부문)]

2025 년 08 월   제조부문비 배부기준 1. 투입시간

작업지시번호	제품코드	제품명	규격	단위	제조부문		합계
					절단부	조립부	
2025080300001	3300	골프공10	10/10	EA	6,250,000		6,250,000
"	3400	골프공20	20/20	EA		4,650,000	4,650,000

⑤ [완성품원가조회] 제품별 단위당 원가를 조회한다.

완성품원가조회

2025 년 08 월   원가계산방법(종합) 1. 평균법

작업지시번호	제품코드	제품명	[기초]직접재료비 [당기]직접재료비 [기말]직접재료비	[기초]직접노무비 [당기]직접노무비 [기말]직접노무비	[기초]제조간접비 [당기]제조간접비 [기말]제조간접비	[기초]합계 [당기]합계 [기말]합계	완성품수량	총제조원가 완성품제조원가 단위당제조원가
2025080300001 개별	3300	골프공10	17,600,000	3,000,000	6,250,000	26,850,000	400	26,850,000 26,850,000 67,125
" 종합	3400	골프공20	16,500,000 1,650,000	3,000,000 272,727	4,650,000 422,727	24,150,000 2,345,455	450	24,150,000 21,804,545 48,455

⑥ 원가반영작업 : [생산입고입력]을 실행하고 완성품원가조회에서 계산된 단위당 제조원가를 입력한다.

❶ 골프공10의 생산단가 : ₩67,125

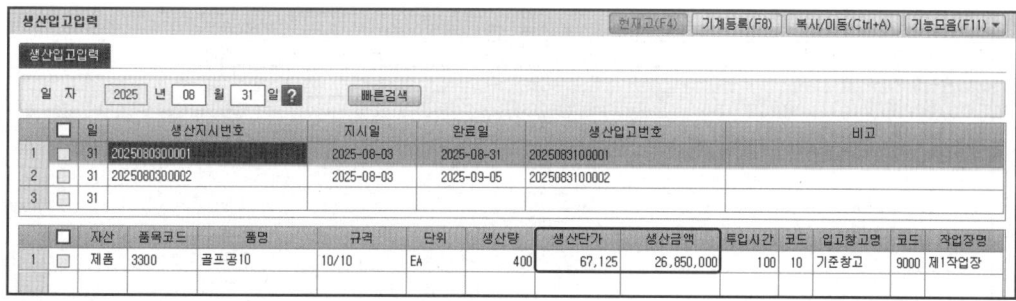

❷ 골프공20의 생산단가 : ₩48,455

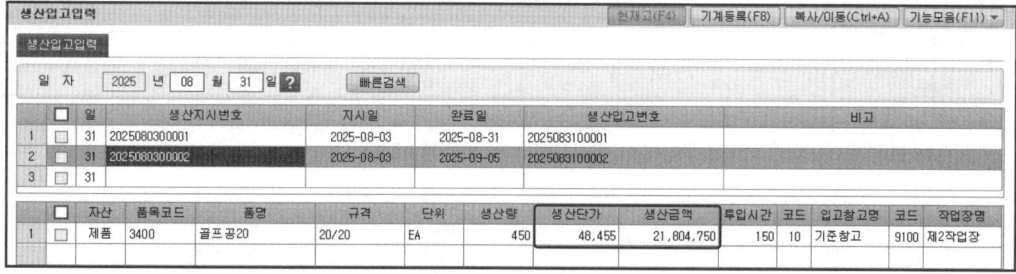

(5) 8월의 원가계산을 마감한 후 제조원가명세서를 조회하시오. 단, 원미만은 버림으로 처리한다.

[물류관리] ⇨ **[원가관리(원가계산)]** ⇨ **[결산자료입력]**

① 결산일자를 1월~8월로 선택한 다음 [매출원가 및 경비선택]창에서 455.제품매출원가, 1.500번대, 제조를 입력한 후 [확인]한다.

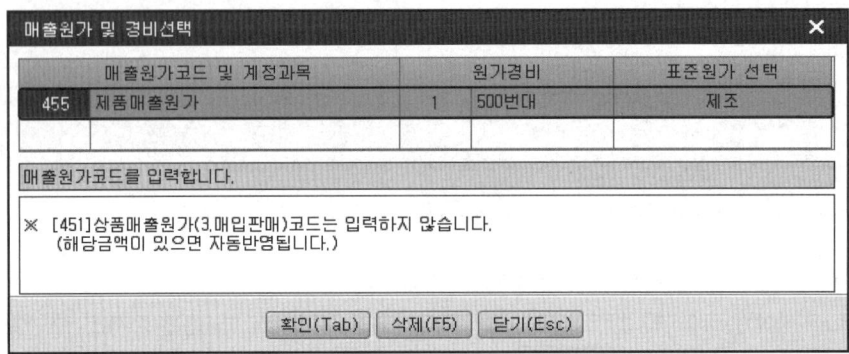

② 상단의 [기능모음(F11)] ⇨ [기말재고반영]버튼을 눌러 원재료, 재공품의 기말재고액을 반영하고 기말제품재고액은 당기완성품제조원가를 직접 입력한 다음 반드시 [전표추가(F3)]를 클릭하여 결산분개를 자동생성 한다.

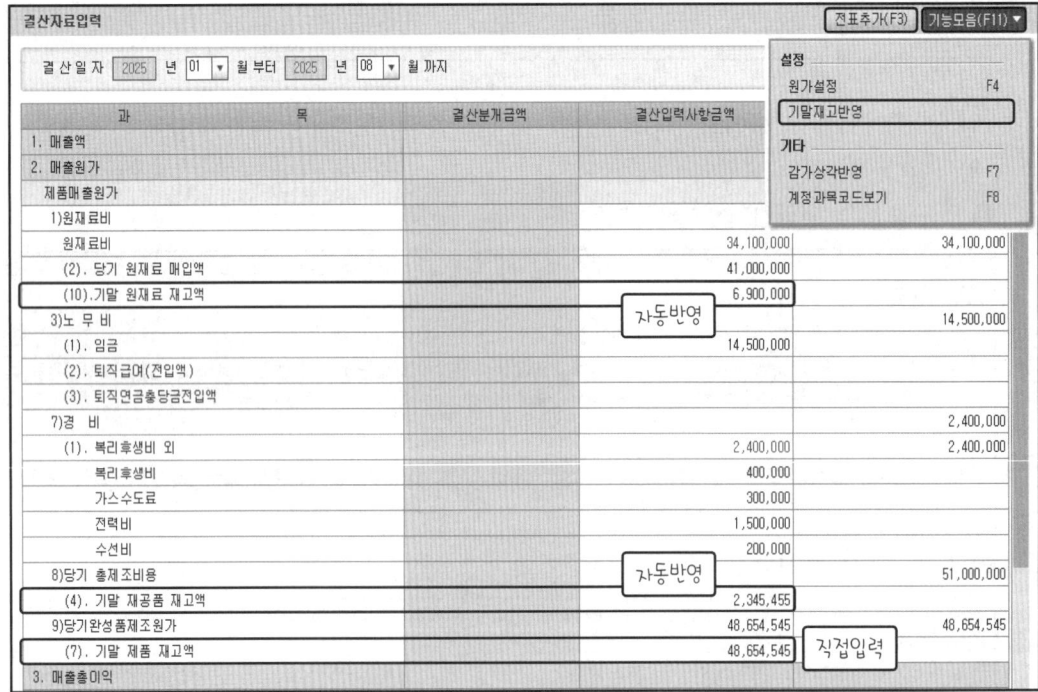

☞ · 원미만 버림으로 처리하는 경우 기말원재료재고액, 기말재공품재고액, 기말제품재고액을 모두 원미만 버림으로 처리하여 제조원가명세서를 작성한다.(실무에서는 [환경설정] 메뉴에서 [물류]Tab의 소수점관리 중 금액부분을 절사로 설정하여 사용한다)
· 기말제품재고액은 당월에 완성된 제품 중 매출이 없으므로 당기완성품제조원가 금액을 모두 직접 입력한 후 상단의 (전표추가(F3))를 클릭하여 분개를 자동 생성시킨다.

3 [회계] ⇨ [전표/장부입력] ⇨ [일반전표입력] 자동생성분개를 확인한다.

4 [물류관리] ⇨ [원가관리(원가계산)] ⇨ [제조원가명세서]

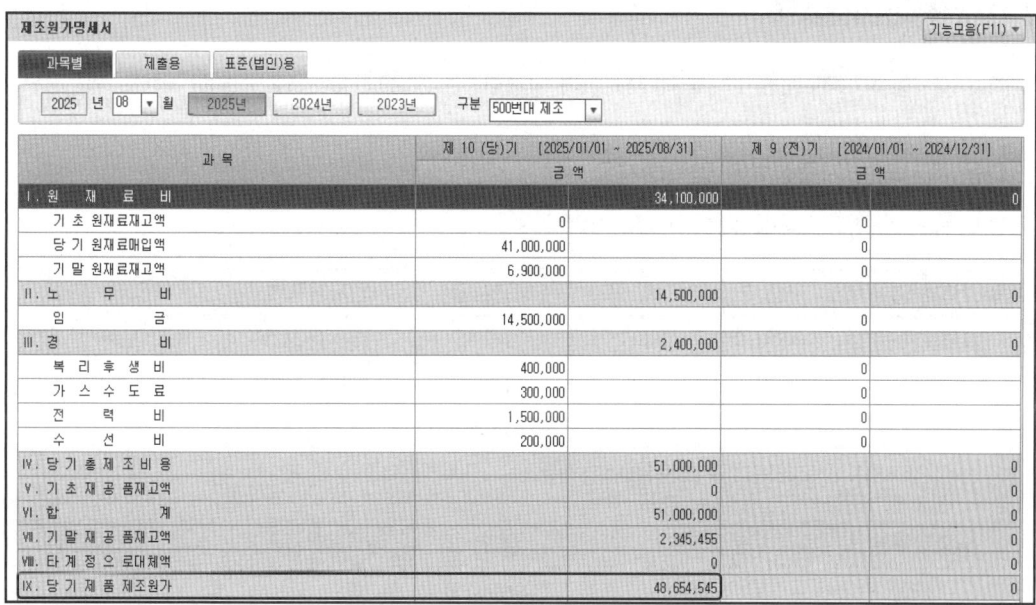

제2장 적중! 실기시험 모의문제

국 가 기 술 자 격 검 정 대 비
2025년 전산회계운용사 실기시험 제1회 모의문제

데이터 다운로드

① LG U+ 웹하드 사이트(www.webhard.co.kr)로 접속한다.
② 나눔클래스 ID : class1234, PW : 1234를 입력하여 로그인한다.
③ [GUEST 폴더] ➡ [2025년 데이터 및 자료] ➡ [전산회계운용사 2급]에서 '전산회계운용사 2급 데이터.exe' 화일을 바탕화면에 다운로드 받아 더블클릭하여 실행하면 자동으로 데이터가 복구되어 [NEW sPLUS 실무교육 프로그램]이 실행된다.
④ 프로그램에서 회사코드 '제1회 – (주)두준전자'를 선택, 로그인하여 모의문제를 해결하도록 한다.

문제 01 재무회계

◎ 지시사항 : '(주)두준전자'의 거래 자료이며 회계연도는 2025.1.1. ~ 12.31.이다.

1. 다음 제시되는 기준정보를 입력하시오.(4점)

(1) 다음의 신규 거래처를 등록하시오.(각1점)

거래처명	구분	거래처코드	대표자명	사업자등록번호	업태/종목
카이전자(주)	매입처	01105	김이래	110-81-23236	제조, 도매/전자제품
수호전자(주)	매출처	02005	이수호	113-81-26697	제조/전자제품

(2) 다음의 신규 상품(품목)을 등록하시오.(2점)

품목구분	품목코드	품 명	(상세)규격	기준단위
상품	5005	전자렌지 B	3구	EA

2. 다음 거래를 매입매출전표입력 메뉴에 입력하시오.〈16점/각4점〉
(단, 채권·채무 및 금융 거래는 거래처 코드를 입력하고 각 문항별 한 개의 전표번호로 입력한다)

(1) 7월 6일   상품을 매입하고 전자세금계산서를 발급받다. 대금 중 ₩10,000,000 당좌예금(시티은행) 계좌에서 이체하여 지급하고 잔액은 다음달에 지급하기로 하다.

전자세금계산서 (공급받는자 보관용) 승인번호 20250706-XXXX0706

	공급자			공급받는자		
등록번호	606-85-07638		등록번호	119-81-07460		
상호	기광전자(주)	성명(대표자)	이기광	상호	(주)두준전자	성명(대표자)	김두준
사업장주소	서울특별시 금천구 금하로30길 53 (시흥동)			사업장주소	서울특별시 강남구 개포로 215 (개포동)		
업태	제조	종사업장번호		업태	제조	종사업장번호	
종목	전자제품			종목	전자제품		
E-Mail	gk@naver.com			E-Mail	doo@bill36524.com		

작성일자	2025.07.06.	공급가액	35,000,000	세액	3,500,000
비고					

월	일	품목명	규격	수량	단가	공급가액	세액	비고
7	6	전자렌지 A		100	250,000	25,000,000	2,500,000	
7	6	전기밥솥		100	100,000	10,000,000	1,000,000	

합계금액	현금	수표	어음	외상미수금	이 금액을	○ 영수 / ● 청구 함
38,500,000	10,000,000			28,500,000		

(2) 7월 18일   상품을 매출하고 전자세금계산서를 발급하다. 대금 중 일부는 전자어음(어음번호: 08120250718202510183, 만기일: 2025년 10월 18일, 발행인: 파란전자(주), 지급은행: 하나은행)으로 받다.

전자세금계산서 (공급자 보관용) 승인번호 20250718-XXXX0718

	공급자			공급받는자		
등록번호	119-81-07460		등록번호	322-12-34567		
상호	(주)두준전자	성명(대표자)	김두준	상호	파란전자(주)	성명(대표자)	신파란
사업장주소	서울특별시 강남구 개포로 215 (개포동)			사업장주소	서울특별시 마포구 마포대로 6 (마포동, 근포빌딩)		
업태	제조	종사업장번호		업태	유통	종사업장번호	
종목	전자제품			종목	스포츠용품		
E-Mail	doo@bill36524.com			E-Mail	paran@hanmail.net		

작성일자	2025.07.18.	공급가액	60,000,000	세액	6,000,000
비고					

월	일	품목명	규격	수량	단가	공급가액	세액	비고
7	18	소형냉장고		100	500,000	50,000,000	5,000,000	
7	18	전기밥솥		50	200,000	10,000,000	1,000,000	

합계금액	현금	수표	어음	외상미수금	이 금액을	○ 영수 / ● 청구 함
66,000,000			30,000,000	36,000,000		

(3) 7월 20일   상품(전자렌지 A, 10EA)을 청해전자(주)에게 판매하고 대금은 신한카드로 결제받고 신용카드매출전표를 발급하다.

단말기번호	4523188308	전표번호	
카드종류	신한카드		
회원번호	4505-1234-4505-1234		
유효기간	거 래 일 시	취소시당초거래일	
	2025.07.20.		
거래유형	승인	품명	전자렌지A
결제방법	일시불	금 액 AMOUNT	1,600,000
매장명		부가세 VAT	160,000
판매자		봉사료 S/C	
대표자	김두준	합 계 TOTAL	1,760,000
알림/NOTICE		승인번호	34452311
가맹점주소	서울특별시 강남구 개포로 215		
가맹점번호	1236541		
사업자등록번호	119-81-07460		
가맹점명	㈜두준전자		
문의전화/HELP DESK TEL:1544-4700 (회원용)		서명/SIGNATURE 청해	

(4) 7월 22일   영업부 직원들과 회식하고 회식비는 현금으로 지급하고 현금영수증을 발급받다.

현금영수증

● 거래정보

거래일시	2025-07-22
승인번호	41268634
거래구분	승인거래
거래용도	지출증빙
발급수단번호	119-81-07460

● 거래금액

품목	공급가액	부가세	봉사료	총거래금액
식대	200,000	20,000	0	220,000

● 가맹점 정보

상호	일미락
사업자번호	119-45-46145
대표자명	김대한
주소	서울특별시 마포구 마포대로 108

3. 다음 거래를 일반전표에 입력하시오. 〈20점/각4점〉
(단, 채권·채무 및 금융 거래는 거래처 코드를 입력하고 각 문항별 한 개의 전표번호로 입력한다)

(1) 7월 3일   장기 투자 목적으로 비상장 회사 (주)기린의 주식 500주(액면가액 @₩5,000)를 1주당 ₩7,000에 구입하고 거래수수료 ₩20,000과 함께 보통예금(국민은행) 계좌에서 지급하다.

(2) 7월 9일   자재부 사원 김소원의 퇴사로 ₩2,000,000의 퇴직금을 현금으로 지급하다. 회사는 퇴직연금 확정기여형제도(DC형)를 채택하고 있다.

(3) 7월 10일 대표이사 업무용 승용차(27고5612, 오피러스)에 대한 보험료 ₩2,100,000 (보험기간: 2025년 7월 10일부터 2026년 7월 9일)을 현대해상보험(주)에 가입하고 보통예금(하나은행) 계좌에서 인터넷뱅킹하다. 단, 업무용 승용차와 관련하여 차량비용현황에 반영한다.

(4) 7월 13일 상품판매시 받은 약속어음이 만기 되어 추심수수료 ₩12,500을 공제하고 당좌예금(시티은행) 계좌에 입금되었음을 확인하다.

약 속 어 음

(주)두준전자 귀하   가나12345670

금   오백만 원정   5,000,000 원

위의 금액을 귀하 또는 귀하의 지시인에게 지급하겠습니다.

지급기일 2025년 7월 13일   발행일 2025년 5월 8일
지 급 지 하나은행   발행지 서울시 중구 남대문로
지급장소 남대문지점   주 소   10길 15
                                 발행인 서연전자(주)

(5) 7월 24일 (주)남부전자에 상품(소형냉장고) ₩5,000,000 판매하기로 계약하고 계약금을 현금으로 받아 당좌예금(시티은행) 계좌에 예입하다.

당좌예금 통장 거래 내역
시티은행

번호	날짜	내용	출금액	입금액	잔액	거래점
	계좌번호 1123-452-85974 (주)두준전자					
1	20250724	(주)남부전자		1,000,000	***	***
이 하 생 략						

4. 다음 기말(12월 31일) 결산 정리 사항을 회계 처리하고 마감하시오. 〈28점/각4점〉

(1) 장기 투자 목적으로 보유중인 주식의 결산일 현재 공정가치는 ₩4,000,000이다.

(2) 기말 현재 소모품 사용액은 ₩350,000이다.

(3) 업무용 토지를 ₩30,000,000으로 재평가하다.

(4) 차입금에 대한 이자 미지급분 ₩500,000을 계상하다.

(5) 매출채권 잔액에 대하여 1%의 대손충당금(보충법)을 설정하다.

(6) 모든 비유동자산에 대하여 감가상각비를 계상하다.

(7) 기말상품재고액을 입력하고 결산 처리하다. 단, 재고평가는 선입선출법으로 한다.

5. 다음 사항을 조회하여 번호 순서대로 단답형 답안에 등록하시오. 〈12점/각2점〉

(1) 5월 31일 현재 가정용 쥬서기의 재고수량은 몇 개(EA)인가?

(2) 제2기 부가가치세 예정신고 시 납부(환급)세액은 얼마인가?

(3) 1월부터 6월까지 외상매입금의 발생액은 얼마인가?

(4) 5월말 현재 현금잔액은 얼마인가?

(5) 1월 1일부터 12월 31일까지 한국채택 국제회계기준(K-IFRS)에 의한 포괄손익계산서(기능별)에 표시되는 기타포괄손익은 얼마인가?

(6) 12월 31일 현재 한국채택 국제회계기준(K-IFRS)에 의한 재무상태표에 표시되는 유동자산의 금액은 얼마인가?

문제 02 원가회계

> **원가회계 시작하기**
> 상단의 [회사명]을 클릭 ⇨ [회사코드]를 검색(F2)하여 해당 회사 제1회(원가)-(주)대한제화를 선택한다.

◎ 지시사항 : '(주)대한제화'의 거래 자료이며 회계연도는 2025. 1. 1. ~ 12. 31.이다.

1. 다음의 3월 원가계산 과정을 순서대로 처리하시오. 단, 임금 및 제조경비는 주어진 기초자료에 이미 처리되어 있다. 〈20점/각4점〉

(1) 다음의 작업지시서를 발행하고, 같은 날 주요자재를 출고하였다.

① 작업지시서 내용

지시일자	제품명	작업장	작업지시량	작업기간
3월 17일	가죽구두	제1작업장	350(EA)	3월 17일 ~ 3월 31일
3월 17일	일반구두	제2작업장	550(EA)	3월 17일 ~ 4월 14일

② 자재사용(출고)등록

가죽구두 작업지시서 : 가죽원단 350(EA)(제1작업장)

일반구두 작업지시서 : 레자원단 550(EA)(제2작업장)

(2) 3월 31일 작업지시서(3월 17일 발행)에 대해 다음과 같이 생산자료를 등록하다.

품목	완성량	재공품 월말 수량	재공품 작업진행률(완성도)	작업(투입)시간	작업장
가죽구두	350(EA)	-	-	200	제1작업장
일반구두	500(EA)	50(EA)	70%	300	제2작업장

(3) 3월의 원가기준정보를 다음과 같이 등록하다.

① 노무비배부기준등록(총근무시간)

관련부문	생산1부	생산2부
총근무시간	400	600

② 보조부문비배부기준등록

관련부문	생산1부	생산2부
동력부	50	50
가공부	40	60

③ 작업진행율등록 [일반구두 : 70%]

(4) 3월의 실제원가계산을 작업하시오.

① 기초재공품계산 ② 직접재료비계산

③ 직접노무비계산 ④ 제조간접비계산(제조부문비배부기준 : 투입시간)

⑤ 개별원가계산 ⑥ 종합원가계산(평균법)

⑦ 원가반영작업

(5) 3월의 원가계산 마감한 후 제조원가명세서를 조회하시오. 단, 원미만은 버림으로 처리한다.

국 가 기 술 자 격 검 정 대 비
2025년 전산회계운용사 실기시험 제2회 모의문제

데이터 다운로드

① LG U+ 웹하드 사이트(www.webhard.co.kr)로 접속한다.
② 나눔클래스 ID : class1234, PW : 1234를 입력하여 로그인한다.
③ [GUEST 폴더] ➡ [2025년 데이터 및 자료] ➡ [전산회계운용사 2급]에서 '전산회계운용사 2급 데이터.exe' 화일을 바탕화면에 다운로드 받아 더블클릭하여 실행하면 자동으로 데이터가 복구되어 [NEW sPLUS 실무교육 프로그램]이 실행된다.
④ 프로그램에서 회사코드 '제2회 – 아침창가구(주)'를 선택, 로그인하여 모의문제를 해결하도록 한다.

문제 01 재무회계

◎ 지시사항 : '아침창가구(주)'의 거래 자료이며 회계연도는 2025.1.1. ~ 12.31.이다.

1. 다음 제시되는 기준정보를 입력하시오.

(1) 다음의 신규 상품(품목)을 등록하시오.

품목구분	품목코드	품 명	(상세)규격	기준단위
상품	5004	테이블	3자	EA

(2) 다음의 신규 거래처를 등록하시오.

거래처명	구분	거래처코드	대표자명	사업자등록번호	업태/종목
크리스가구(주)	매입처	1010	이리아	107-86-19954	제조/가구
백현가구(주)	매출처	1020	전백현	606-85-07638	소매업/가구

2. 다음 거래를 매입매출전표입력 메뉴에 입력하시오.
(단, 채권·채무 및 금융 거래는 거래처 코드를 입력하고 각 문항별 한 개의 전표번호로 입력한다)

(1) 1월 12일   상품을 매입하고 전자세금계산서를 발급받다. 대금 중 ₩14,300,000은 보통예금(하나은행) 계좌에서 지급하다.

전자세금계산서 (공급받는자 보관용)   승인번호 20250112-XXXX0112

공급자	등록번호	110-81-23236			공급받는자	등록번호	132-81-56872	
	상호	리오가구(주)	성명(대표자)	이리오		상호	아침창가구(주)	성명(대표자)	김창환
	사업장주소	서울특별시 구로구 구로중앙로 198 (구로동)				사업장주소	서울특별시 강남구 삼성로 773 (청담동)	
	업태	제조	종사업장번호			업태	제조.도소매	종사업장번호	
	종목	가구				종목	가구	
	E-Mail	rio@naver.com				E-Mail	morning@bill36524.com	

작성일자	2025.01.12.	공급가액	26,000,000	세 액	2,600,000

월	일	품목명	규격	수량	단가	공급가액	세액	비고
1	12	쇼파		40	500,000	20,000,000	2,000,000	
1	12	테이블		40	150,000	6,000,000	600,000	

합계금액	현금	수표	어음	외상미수금	이 금액을 ○ 영수 ● 청구 함
28,600,000	14,300,000			14,300,000	

(2) 1월 20일   상품(쇼파 2EA)을 소연가구(주)에게 판매하고 신용카드 매출전표를 발급하다.

단말기번호	4523188308	전표번호	
카드종류	신한카드		
회원번호	4524-1234-4524-1234		
유효기간	거 래 일 시 2025.01.20.	취소시당초거래일	
거래유형	승인	품명	쇼파
결제방법	일시불	금 액 AMOUNT	1,400,000
매장명		부가세 VAT	140,000
판매자		봉사료 S/C	
대표자	김창환	합 계 TOTAL	1,540,000
알림/NOTICE		승인번호	34452311
가맹점주소	서울특별시 강남구 삼성로 773		
가맹점번호	95101513		
사업자등록번호	132-81-56872		
가맹점명	아침창가구(주)		
문의전화/HELP DESK TEL:1544-4700 (회원용)		서명/SIGNATURE 소연가구	

(3) 1월 22일   상품을 판매하고 전자세금계산서를 발급하다.

전자세금계산서 (공급자 보관용)   승인번호 20250122-XXXX0122

공급자					공급받는자			
등록번호	132-81-56872				등록번호	322-12-34567		
상호	아침창가구(주)	성명(대표자)	김창환		상호	파란가구(주)	성명(대표자)	신파란
사업장주소	서울특별시 강남구 삼성로 773 (청담동)				사업장주소	강원도 태백시 동태백로 100-2 (동점동)		
업태	제조.도소매		종사업장번호		업태	도.소매		종사업장번호
종목	가구				종목	가구		
E-Mail	morning@bill36524.com				E-Mail	paran@naver.com		

작성일자	2025.01.22.	공급가액	22,000,000	세액	2,200,000
비고					

월	일	품목명	규격	수량	단가	공급가액	세액	비고
1	22	쇼파		20	600,000	12,000,000	1,200,000	
1	22	의자		100	100,000	10,000,000	1,000,000	

합계금액	현금	수표	어음	외상미수금	이 금액을	○ 영수 / ● 청구	함
24,200,000	2,200,000			22,000,000			

(4) 1월 28일   회계팀 업무용 참고도서를 외상으로 구입하고 발급받은 전자계산서이다.

전자계산서 (공급받는자 보관용)   승인번호 20250128-XXXX0128

공급자					공급받는자			
등록번호	231-81-29857				등록번호	132-81-56872		
상호	(주)정글북	성명(대표자)	박상현		상호	아침창가구(주)	성명(대표자)	김창환
사업장주소	서울특별시 서초구 효령로12길 5				사업장주소	서울특별시 강남구 삼성로 773 (청담동)		
업태	제조 및 도소매업		종사업장번호		업태	제조.도소매		종사업장번호
종목	출판				종목	가구		
E-Mail	junglebook@naver.com				E-Mail	morning@bill36524.com		

작성일자	2025.01.28	공급가액	600,000
비고			

월	일	품목명	규격	수량	단가	공급가액	비고
1	28	전산회계운용사		20	30,000	600,000	

합계금액	현금	수표	어음	외상미수금	이 금액을	○ 영수 / ● 청구	함
600,000				600,000			

3. 다음 거래를 일반전표에 입력하시오.
(단, 채권·채무 및 금융 거래는 거래처 코드를 입력하고 각 문항별 한 개의 전표번호로 입력한다)

(1) 1월 19일 회사는 자금 조달을 목적으로 사채 10,000좌(액면가액 @₩5,000)를 1좌당 ₩4,000에 발행하면서 사채발행비 ₩1,000,000을 차감한 실수금을 보통예금(하나은행) 계좌로 입금하다.

(2) 1월 20일 거래처 첸가구(주)에게 6개월(수금예정일 : 2025.7.20.) 후에 회수하기로 하고, ₩20,000,000을 대여하면서 선이자 ₩500,000(당기수익으로 인식)을 공제하고, 현금으로 지급하다.

(3) 1월 27일 소진가구(주)의 외상대금을 회수하면서 당좌예금(시티은행)계좌로 ₩5,400,000을 송금받고, 일부는 소진가구(주) 발행 전자어음으로 회수하다.

전 자 어 음

아침창가구(주) 귀하   01120250127987654321

금 일천만 원정   10,000,000 원

위의 금액을 귀하 또는 귀하의 지시인에게 지급하겠습니다.

지급기일 2025년 5월 10일   발행일   2025년 1월 27일
지 급 지   농협은행   발행지   대전시 중구 경상감영길
지급장소 대전지점   주 소   183
                              발행인   소진가구(주)   전자서명

(4) 1월 30일 영업용 화물차의 자동차보험(2025.2.1.~2026.1.31.)을 삼성화재보험(주)에 가입하고 보험료 ₩600,000을 보통예금(하나은행) 계좌에서 송금하다. 단, 자산계정으로 회계처리 한다.

(5) 3월 31일 소연가구(주)에 외상대금으로 발행한 약속어음(어음번호 : 나라12345678, 만기일 : 2025년 3월 31일, 지급은행 : 시티은행)이 만기가 되어 시티은행 당좌예금 계좌에서 인출됨을 은행으로부터 통지받다.

4. 다음 기말(12월 31일) 결산 정리 사항을 회계 처리하고 마감하시오.

(1) 현금과부족의 원인을 조사한 결과 ₩250,000은 경기가구(주)에서 받은 이자가 누락한 거래이고, 나머지는 기말 현재까지 원인이 밝혀지지 않았다.

(2) 기말 현재 이자수익 중 기간이 경과하지 않은 ₩500,000이 포함되어 있다.

(3) 제2기 확정신고기간의 부가가치세를 정리하다.

(4) 기말 현재 5월 1일 1년분(2025.5.1.~2026.4.30.) 보험료에 대한 경과분을 정리하다. 단, 월할 계산 한다.

(5) 모든 비유동자산에 대하여 감가상각비를 계상하다.

(6) 매출채권잔액에 대하여 1%의 대손충당금(보충법)을 설정하다.

(7) 기말상품재고액을 입력하고 결산 처리하다. 단, 재고평가는 선입선출법으로 한다.

5. 다음 사항을 조회하여 번호 순서대로 단답형 답안에 등록하시오.

(1) 6월 30일 현재 의자의 재고액은 얼마인가?

(2) 7월부터 12월까지 소진가구(주)로부터 회수한 외상매출금은 얼마인가?

(3) 10월부터 12월까지 외상매입금에 대한 지급액은 얼마인가?

(4) 7월부터 11월까지 발생한 판매비와 관리비의 금액은 얼마인가?

(5) 1월 1일부터 12월 31일까지 한국채택국제회계기준(K-IFRS)에 의한 포괄손익계산서(기능별)에 표시되는 기타비용은 얼마인가?

(6) 12월 31일까지 한국채택국제회계기준(K-IFRS)에 의한 재무상태표에 표시되는 납입자본의 금액은 얼마인가?

문제 02 원가회계

> **원가회계 시작하기**
> 상단의 [회사명]을 클릭 ⇨ [회사코드]를 검색(F2)하여 해당 회사 제2회(원가)-(주)발해산업을 선택한다.

◎ 지시사항 : '(주)발해산업'의 거래 자료이며 회계연도는 2025. 1. 1. ~ 12. 31.이다.

1. 다음의 4월 원가계산 과정을 순서대로 처리하시오. 단, 임금 및 제조경비는 주어진 기초자료에 이미 처리되어 있다.

(1) 4월 7일 다음의 작업지시서를 발행하고, 같은 날 주요자재를 출고하였다.

① 작업지시서 내용

지시일자	제품명	작업장	작업지시량	작업기간
4월 7일	K제품	제1작업장	500(EA)	4월 7일 ~ 4월 30일
4월 7일	H제품	제2작업장	600(EA)	4월 7일 ~ 5월 6일

② 자재사용(출고)등록

　　K제품 작업지시서 : PCB_X 500(EA), SCC_K 200(EA) (제1작업장)

　　H제품작업지시서 : PCB-Y 600(EA), SCC_K 300(EA) (제2작업장)

(2) 4월 30일 작업지시서(4월 7일 발행)에 대해 다음과 같이 생산자료를 등록하다.

품목	완성량	재공품 월말 수량	재공품 작업진행률(완성도)	작업(투입) 시간	작업장
K제품	500(EA)	-	-	300	제1작업장
H제품	450(EA)	150(EA)	60%	500	제2작업장

(3) 4월의 원가기준정보를 다음과 같이 등록하다.

① 노무비배부기준등록(총근무시간)

관련부문	생산1부	생산2부
총근무시간	500	650

② 보조부문비배부기준등록

관련부문	생산1부	생산2부
동력부	60	40
가공부	20	80

③ 작업진행률등록 [H제품 : 60%]

(4) 4월의 실제원가계산을 작업하시오.

　　① 기초재공품계산　　② 직접재료비계산

　　③ 직접노무비계산　　④ 제조간접비계산(제조부문비배부기준 : 투입시간)

　　⑤ 개별원가계산　　⑥ 종합원가계산(평균법)

　　⑦ 원가반영작업

(5) 4월의 원가계산 마감한 후 제조원가명세서를 조회하시오. 단, 원미만은 버림으로 처리한다.

국 가 기 술 자 격 검 정 대 비
2025년 전산회계운용사 실기시험 제3회 모의문제

데이터 다운로드

① LG U+ 웹하드 사이트(www.webhard.co.kr)로 접속
② 나눔클래스 ID : class1234, PW : 1234 를 입력하여 로그인
③ [GUEST 폴더] ➡ [2025년 데이터 및 자료] ➡ [전산회계운용사 2급]에서 '전산회계운용사 2급 데이터.exe' 화일을 바탕화면에 다운로드 받아 더블클릭하여 실행하면 자동으로 데이터가 복구되어 [NEW sPLUS 실무교육 프로그램]이 실행된다.
④ 프로그램에서 회사코드 '제3회 - (주)무영상사'을 선택, 로그인하여 모의문제를 해결하도록 한다.

문제 01 재무회계

◎ 지시사항 : '(주)무영상사'의 거래 자료이며 회계연도는 2025.1.1. ~ 12.31.이다.

1. 다음 제시되는 기준정보를 입력하시오.

(1) 다음의 신규 거래처를 등록하시오.

거래처명	구분	거래처코드	대표자명	사업자등록번호	업태/종목
토요상사(주)	매입처(일반)	2030	이창조	106-81-14567	제조,도매/휴대폰
동연통신	매출처(일반)	3013	임동연	120-23-33158	도,소매/휴대폰

(2) 다음의 신규 상품(품목)을 등록하시오.

품목코드	품목(품명)	(상세)규격	품목종류(자산)	기준단위
5004	초콜릿폰	DD	상품	EA

2. 다음 거래를 매입매출전표입력 메뉴에 입력하시오.
(단, 채권·채무 및 금융 거래는 거래처 코드를 입력하고 각 문항별 한 개의 전표번호로 입력한다)

(1) 4월 7일   상품을 매입하고, 전자세금계산서를 발급받다. 대금 중 일부는 시티은행 당좌수표를 발행하여 지급하다.

전자세금계산서 (공급받는자 보관용)   승인번호 20250407-XXXX0407

	공급자				공급받는자		
등록번호	113-81-26697			등록번호	132-85-68793		
상호	세기통신(주)	성명(대표자)	이세기	상호	(주)무영상사	성명(대표자)	장현승
사업장주소	서울시 동작구 동작대로 207-33 (동작동)			사업장주소	서울특별시 관악구 관악로 275 (봉천동)		
업태	제조	종사업장번호		업태	제조.도소매	종사업장번호	
종목	휴대폰			종목	휴대폰		
E-Mail	seki@naver.com			E-Mail	moo@bill36524.com		

작성일자	2025.04.07.	공급가액	32,500,000	세 액	3,250,000
비고					

월	일	품목명	규격	수량	단가	공급가액	세액	비고
4	7	초콜릿폰		100	200,000	20,000,000	2,000,000	
4	7	갤럭시폰		30	250,000	7,500,000	750,000	
4	7	블랙베리폰		20	250,000	5,000,000	500,000	

합계금액	현금	수표	어음	외상미수금	이 금액을 ● 영수 / ○ 청구 함
35,750,000	3,250,000	10,000,000		22,500,000	

(2) 4월 13일   상품을 매출하고 전자세금계산서를 발급하다. 대금 중 ₩20,000,000은 기업은행(보통예금) 계좌로 입금되고, 부가가치세는 현금, 잔액은 광교통신(주) 발행 전자어음(어음번호: 00420250413202509135, 만기일: 2025년 9월 13일, 지급은행: 국민은행)으로 회수하다.

전자세금계산서 (공급자 보관용)   승인번호 20250413-XXXX0413

	공급자				공급받는자		
등록번호	132-85-68793			등록번호	113-45-10256		
상호	(주)무영상사	성명(대표자)	장현승	상호	광교통신(주)	성명(대표자)	이혜은
사업장주소	서울특별시 관악구 관악로 275 (봉천동)			사업장주소	경기 용인시 갈천로7번길 51 (신갈동)		
업태	제조.도소매	종사업장번호		업태	유통	종사업장번호	
종목	휴대폰			종목	휴대폰		
E-Mail	moo@bill36524.com			E-Mail	gg@naver.com		

작성일자	2025.04.13.	공급가액	95,000,000	세 액	9,500,000
비고					

월	일	품목명	규격	수량	단가	공급가액	세액	비고
4	13	블랙베리폰		100	500,000	50,000,000	5,000,000	
4	13	아이폰		100	450,000	45,000,000	4,500,000	

합계금액	현금	수표	어음	외상미수금	이 금액을 ● 영수 / ○ 청구 함
105,000,000	29,500,000		75,000,000		

(3) 4월 17일   투자 목적으로 제일건설로부터 토지를 구입하고 전자계산서를 발급받다. 대금은 보관하던 기업은행 발행 자기앞수표로 지급하고 취득세 ₩1,500,000과 중개수수료 ₩3,000,000은 현금으로 지급하다.

전자계산서				(공급받는자 보관용)		승인번호	20250417-XXXX0417
공급자	등록번호	124-40-77140			등록번호	132-85-68793	
	상호	제일건설	성명(대표자)	김태남	상호	(주)무영상사	성명(대표자)	장현승
	사업장주소	서울특별시 서대문구 경기대로 62 (충정로2가)			사업장주소	서울특별시 관악구 관악로 275 (봉천동)	
	업태	서비스	종사업장번호		업태	제조.도소매	종사업장번호	
	종목	건축 및 건축물철거			종목	휴대폰		
	E-Mail	jeil@bill36524.com			E-Mail	moo@bill36524.com	

작성일자	2025.04.17.	공급가액	50,000,000	비 고	
월	일	품목명	규격	수량	단가	공급가액	비고
4	17	토지				50,000,000	

합계금액	현금	수표	어음	외상미수금	이 금액을	● 영수 함
50,000,000		50,000,000				○ 청구

(4) 4월 30일   박민혁에게 상품을 판매하고 현금영수증을 발급해 주다. 대금은 보통예금(기업은행) 계좌로 송금되다.

현금영수증

● 거래정보

거래일시	2025-04-30
승인번호	13546700
거래구분	승인거래
거래용도	소득공제
발급수단번호	010-9595-1233

● 거래금액

품목	수량	공급가액	부가세	봉사료	총거래금액
갤럭시폰	1	600,000	60,000	0	660,000
합계					660,000

● 가맹점 정보

상호	(주)무영상사
사업자번호	132-85-68793
대표자명	장현승
주소	서울특별시 관악구 관악로 275

3. 다음 거래를 일반전표에 입력하시오.
(단, 채권·채무 및 금융 거래는 거래처 코드를 입력하고 각 문항별 한 개의 전표번호로 입력한다)

(1) 4월 2일   국민은행에 당좌거래를 개설하고 ₩10,000,000을 보통예금(기업은행) 계좌에서 인출하여 당좌예입하다.

금융기관명	거래처코드	계좌개설점	예금종류명	계좌번호
국민은행 (당좌)	98005	국민은행	당좌예금	123-12-456123-01

(2) 4월 4일   전년도에 단기 매매 차익을 목적으로 보유하고 있는 (주)장강의 주식 1,000주(취득가액 @₩5,000)를 1주당 ₩4,500에 처분하고, 대금은 국민은행 발행 자기앞수표로 받다.

(3) 4월 9일   이사회의 결의에 의하여 주식발행초과금 중 ₩40,000,000을 자본에 전입하기로 하고, 액면금액 @₩5,000인 보통주 8,000주를 발행하여 주주에게 무상으로 교부하다.

(4) 4월 10일 3월 중에 사용한 법인 신용카드(국민카드) 대금이 보통예금(기업은행) 계좌에서 결제되다.

보통예금 통장 거래 내역   기업은행

번호	날짜	내용	출금액	입금액	잔액	거래점
	계좌번호 236-22-123456 (주)무영상사					
1	20250410	국민카드사	965,000		***	***
이 하 생 략						

(5) 4월 15일 매입처 경인통신(주)에 외상대금 ₩40,000,000 중 매출처 상민상사(주)로부터 받아 보관중인 약속어음을 배서양도 하고 잔액은 당좌수표(시티은행)를 발행하여 지급하다.

약 속 어 음

(주)무영상사 귀하   아라65478520

금   일천오백사십만 원정   15,400,000 원

위의 금액을 귀하 또는 귀하의 지시인에게 지급하겠습니다.

지급기일 2025년 6월 30일   발행일 2025년 2월 6일
지 급 지 하나은행   발행지 서울시 관악구 낙성대로
지급장소 관악지점   주 소   3길 9-21
                            발행인 상민상사(주)

4. 다음 기말(12월 31일) 결산 정리 사항을 회계 처리하고 마감하시오.

(1) 결산일 현재 소모품 미사용액은 ₩150,000이다.

(2) 결산일 현재 종업원의 퇴직급여추계액은 ₩10,000,000이다.

(3) 장기 투자 목적으로 보유중인 (주)강원랜드의 주식(10월 1일 매입)은 2025년 말 공정가치는 ₩7,000,000이다.

(4) 외상매출금 중 CoCo사에 수출하고 미회수된 외화 외상매출금에 대하여 평가하다.
   (수출시 환율 : 1$당 ₩1,400, 결산시 기준환율 : 1$당 ₩1,500)

(5) 매출채권 잔액에 대하여 1%의 대손충당금(보충법)을 설정하다.

(6) 모든 비유동자산에 대하여 감가상각비를 계상하다.

(7) 기말상품재고액을 입력하고 결산 처리하다. 단, 재고평가는 선입선출법으로 한다.

5. 다음 사항을 조회하여 번호 순서대로 단답형 답안에 등록하시오.

(1) 1월 1일부터 12월 31일까지 한국채택 국제회계기준(K-IFRS)에 의한 포괄손익계산서(기능별)에 표시되는 판매비와 관리비는 얼마인가?

(2) 제2기 부가가치세 확정신고 시 납부(환급)세액은 얼마인가?

(3) 7월부터 12월까지 (주)시흥유통에 발생한 외상매출금은 얼마인가?

(4) 4월 중 지출된 현금 총액은 얼마인가?

(5) 12월 31일 현재 한국채택 국제회계기준(K-IFRS)에 의한 재무상태표에 표시되는 재고자산은 얼마인가?

(6) 3월말 현재 재고수불부의 재고 수량의 합계는?

문제 02 원가회계

> **원가회계 시작하기**
> 상단의 [회사명]을 클릭 ⇨ [회사코드]를 검색(F2)하여 해당 회사 제3회(원가)-(주)삼진전자를 선택한다.

◎ 지시사항 : '(주)삼진전자'의 거래 자료이며 회계연도는 2025. 1. 1. ~ 12. 31.이다.

1. 다음의 5월 원가계산 과정을 순서대로 처리하시오. 단, 임금 및 제조경비는 주어진 기초자료에 이미 처리되어 있다.

(1) 5월 9일 다음의 작업지시서를 발행하고, 같은 날 주요자재를 출고하였다.

① 작업지시서 내용

지시일자	제품명	작업장	작업지시량	작업기간
5월 9일	제품_#101	제1작업장	300(EA)	5월 9일 ~ 5월 30일
5월 9일	제품_#102	제2작업장	400(EA)	5월 9일 ~ 6월 5일

② 자재사용(출고)등록

   제품_#101 작업지시서 : 부품_#01 300단위(제1작업장)

   제품_#102 작업지시서 : 부품_#02 400단위(제2작업장)

(2) 5월 31일 작업지시서(5월 9일 발행)에 대해 다음과 같이 생산자료를 등록하다.

품목	완성량	재공품 월말 수량	재공품 작업진행률(완성도)	작업(투입) 시간	작업장
제품_#101	300(EA)	-	-	400	제1작업장
제품_#102	300(EA)	100(EA)	70%	300	제2작업장

(3) 5월의 원가기준정보를 다음과 같이 등록하다.

① 노무비배부기준등록(총근무시간)

관련부문	생산1부	생산2부
총근무시간	400	500

② 보조부문비배부기준등록

관련부문	생산1부	생산2부
동력부	50	50
가공부	60	40

③ 작업진행률등록 [제품_#102 : 70%]

(4) 5월의 실제원가계산을 작업하시오.

   ① 기초재공품계산   ② 직접재료비계산

   ③ 직접노무비계산   ④ 제조간접비계산(제조부문비배부기준 : 투입시간)

   ⑤ 개별원가계산   ⑥ 종합원가계산(평균법)

   ⑦ 원가반영작업

(5) 5월의 원가계산 마감한 후 제조원가명세서를 조회하시오. 단, 원미만은 버림으로 처리한다.

2025년 전산회계운용사 실기시험 제4회 모의문제

국 가 기 술 자 격 검 정 대 비

데이터 다운로드

① LG U+ 웹하드 사이트(www.webhard.co.kr)로 접속
② 나눔클래스 ID : class1234, PW : 1234 를 입력하여 로그인
③ [GUEST 폴더] ➡ [2025년 데이터 및 자료] ➡ [전산회계운용사 2급]에서 '전산회계운용사 2급 데이터.exe' 화일을 바탕화면에 다운로드 받아 더블클릭하여 실행하면 자동으로 데이터가 복구되어[NEW sPLUS 실무교육 프로그램] 이 실행된다.
④ 프로그램에서 회사코드 '제4회 – (주)제이스포츠'를 선택, 로그인하여 모의문제를 해결하도록 한다.

문제 01 재무회계

◎ 지시사항 : '(주)제이스포츠'의 거래 자료이며 회계연도는 2025.1.1. ~ 12.31.이다.

1. 다음 제시되는 기준정보를 입력하시오.

(1) 다음의 신규 거래처를 등록하시오.

거래처(상호)명	거래처분류(구분)	거래처코드	대표자	사업자등록번호	업태/종목
장인상사(주)	매입처(일반)	3100	이태희	121-81-12345	제조/스포츠용품
바른스포츠(주)	매출처(일반)	3200	김미현	105-81-11422	도소매업/스포츠용품

(2) 다음의 신규 상품(품목)을 등록하시오.

품목코드	품목(품명)	(상세)규격	품목종류(자산)	기준단위
5003	테니스라켓	32mm × 2.4M	상품	EA

2. 다음 거래를 매입매출전표입력 메뉴에 입력하시오.
(단, 채권·채무 및 금융 거래는 거래처 코드를 입력하고 각 문항별 한 개의 전표번호로 입력한다)

(1) 12월 5일   영업부에서 사용하던 배달용 화물차를 매각하고 전자세금계산서를 발급하다.
단, 차량의 취득원가는 ₩25,000,000, 감가상각누계액은 ₩4,000,000이다.

전자세금계산서			(공급자 보관용)		승인번호	20251205-XXXX1205	
공급자	등록번호	104-81-47285		공급받는자	등록번호	105-05-23905	
	상호	(주)제이스포츠	성명(대표자)	이부진	상호	(주)한세산업	성명(대표자)	정나무
	사업장주소	서울특별시 동작구 노들로 618 (대방동)			사업장주소	서울특별시 화곡동 가로공원로 65길		
	업태	도소매	종사업장번호		업태	도매	종사업장번호	
	종목	스포츠용품			종목	제조		
	E-Mail	jei@bill36524.com			E-Mail	hansea@naver.com		
작성일자	2025.12.05.	공급가액	20,000,000	세액	2,000,000		
비고							

월	일	품목명	규격	수량	단가	공급가액	세액	비고
12	5	화물차 매각				20,000,000	2,000,000	

합계금액	현금	수표	어음	외상미수금	이 금액을	○ 영수 / ● 청구	함
22,000,000				22,000,000			

(2) 12월 11일   상품을 매입하고 전자세금계산서를 발급받다. 대금 중 부가가치세는 현금, ₩22,000,000은 당좌수표(시티은행)를 발행하여 지급하다.

전자세금계산서			(공급받는자 보관용)		승인번호	20251211-XXXX1211	
공급자	등록번호	132-81-23629		공급받는자	등록번호	104-81-47285	
	상호	(주)온세유통	성명(대표자)	이혜은	상호	(주)제이스포츠	성명(대표자)	이부진
	사업장주소	경기도 시흥시 신현로 128-5 (포동)			사업장주소	서울특별시 동작구 노들로 618 (대방동)		
	업태	제조	종사업장번호		업태	도소매	종사업장번호	
	종목	의류			종목	스포츠용품		
	E-Mail	os@naver.com			E-Mail	jei@bill36524.com		
작성일자	2025.12.11.	공급가액	48,000,000	세액	4,800,000		
비고							

월	일	품목명	규격	수량	단가	공급가액	세액	비고
12	11	축구복		400	50,000	20,000,000	2,000,000	
12	11	농구복		500	40,000	20,000,000	2,000,000	
12	11	스키복		100	80,000	8,000,000	800,000	

합계금액	현금	수표	어음	외상미수금	이 금액을	○ 영수 / ● 청구	함
52,800,000	4,800,000	22,000,000		26,000,000			

(3) 12월 20일   (주)나이키에서 상품(축구복, 75EA)를 매입하고 국민카드로 결제하다.

단말기번호	5151434301	전표번호	
카드종류	국민카드		
회원번호	4567-5241-****-4575		
유효기간		거 래 일 시	취소시당초거래일
		2025.12.20.	
거래유형	승인	품명	축구복
결제방법	일시불	금 액 AMOUNT	3,000,000
매장명		부가세 VAT	300,000
판매자		봉사료 S/C	
대표자	이아리	합 계 TOTAL	3,300,000
알림/NOTICE		승인번호	25012502
가맹점주소	서울시 종로구 종로2가 11		
가맹점번호	84582563		
사업자등록번호	105-05-54107		
가맹점명	(주)나이키		
문의전화/HELP DESK TEL:1544-4700 (회원용)		서명/SIGNATURE (주)제이스포츠	

(4) 12월 30일   상품을 매출하고 전자세금계산서를 발급하다. 대금 중 절반은 당점발행 당좌수표(시티은행)로 받고, 잔액은 (주)스타상사의 당좌수표로 받다.

전자세금계산서		(공급자 보관용)			승인번호	20251230-XXXX1230	
공급자	등록번호	104-81-47285		공급받는자	등록번호	216-81-21652	
	상호	(주)제이스포츠	성명(대표자) 이부진		상호	(주)스타상사	성명(대표자) 이경기
	사업장주소	서울특별시 동작구 노들로 618 (대방동)			사업장주소	서울특별시 강남구 개포로 625 (일원동)	
	업태	도소매	종사업장번호		업태	도매	종사업장번호
	종목	스포츠용품			종목	제조	
	E-Mail	jei@bill36524.com			E-Mail	star@naver.com	
작성일자	2025.12.30.	공급가액	112,000,000		세 액	11,200,000	
비고							
월	일	품목명	규격	수량	단가	공급가액	세액	비고
12	30	테니스복		200	100,000	20,000,000	2,000,000	
12	30	스키복		300	120,000	36,000,000	3,600,000	
12	30	야구복		700	80,000	56,000,000	5,600,000	
합계금액	현금	수표	어음	외상미수금	이 금액을	● 영수 ○ 청구	함
123,200,000		123,200,000					

3. 다음 거래를 일반전표에 입력하시오.
(단, 채권·채무 및 금융 거래는 거래처 코드를 입력하고 각 문항별 한 개의 전표번호로 입력한다)

(1) 12월 4일   (주)아이스의 파산으로 인해 외상매출금 ₩5,000,000이 회수불가능하게 되어 대손처리하다.

(2) 12월 10일 미국의 울트라사에 대여한 장기대여금 $20,000(장부금액 ₩20,000,000)를 회수하여 금일 현금으로 환전하다. 회수당시 환율은 1$당 ₩1,150이다.

(3) 12월 12일 본사 사옥을 신축하고자 동아건설(주)에 건설을 의뢰하고 견적서를 발급받다. 계약금을 보통예금(국민은행) 계좌에서 인터넷뱅킹으로 이체하여 지급하다.

견 적 서

No. _____
2025년 12월 12일
(주)제이스포츠   귀하
아래와 같이 견적합니다.

공급자
- 등록번호: 201-81-13655
- 상호(법인명): (주)동아건설   성명: 김주은 ㊞
- 사업장주소: 서울특별시 강남구 테헤란로 606
- 업태: 건설업   종목: 사무,상업용
- 전화번호: 02-456-7894

합계금액: 이억원整(₩200,000,000)

품명	규격	수량	단가	공급가액	비고
사옥 건설				200,000,000	

중 간 생 략

비고: 계약금은 공급가액의 10%로 한다.

(4) 12월 26일 단기 시세 차익을 목적으로 상장회사 (주)공간마루의 주식 1,000주(액면금액 @₩5,000)를 1주당 ₩7,000에 구입하고, 거래수수료 ₩100,000과 함께 보통예금(신한은행) 계좌에서 이체하다.

보통예금 통장 거래 내역
신한은행

번호	날짜	내용	출금액	입금액	잔액	거래점
	계좌번호 128-02-123456 (주)제이스포츠					
	- 중 간 생 략 -					
10	20251226	유니증권	7,000,000		***	***
11	20251226	수수료	100,000		***	***

(5) 12월 30일 (주)세무에 6개월간 대여한 대여금 ₩10,000,000과 이자 ₩500,000을 회수하면서 이자소득세 ₩77,000을 차감한 후 현금으로 회수하다.

4. 다음 기말(12월 31일) 결산 정리 사항을 회계 처리하고 마감하시오.

(1) 기말 현재 소모품비 계정의 미사용액은 ₩300,000이다.

(2) 당기말 현재 영업부 건물 화재보험료의 기간 미경과분은 ₩1,500,000이다.

(3) 기말 현재 단기차입금 중에는 포르쉐사의 외화차입금 ₩12,000,000(미화 $10,000)이 포함되어 있다. 단, 기준환율은 1$당 ₩1,100이다.

(4) 제2기 확정신고기간의 부가가치세를 정리하다.

(5) 매출채권 잔액에 대해 1%의 대손충당금(보충법)을 설정하다.

(6) 모든 비유동자산에 대한 감가상각비를 계상하다.

(7) 기말상품재고액을 입력하고 결산 처리하다. 단, 재고평가는 선입선출법으로 한다.

5. 다음 사항을 조회하여 번호 순서대로 단답형 답안에 등록하시오.

(1) 5월 31일 현재 축구복의 재고 수량은 몇 개인가?

(2) 8월 31일 현재 보통예금의 잔액은 얼마인가?

(3) 9월 30일 현재 (주)온세유통의 외상매출금 잔액은 얼마인가?

(4) 제1기 부가가치세 확정신고시 납부(환급)세액은 얼마인가?

(5) 10월 31일 현재 한국채택 국제회계기준(K-IFRS)에 의한 재무상태표에 표시되는 유동자산의 금액은 얼마인가?

(6) 1월 1일부터 12월 31일까지 한국채택 국제회계기준(K-IFRS)에 의한 포괄손익계산서(기능별)에 표시되는 기타비용은 얼마인가?

문제 02 원가회계

> **원가회계 시작하기**
> 상단의 [회사명]을 클릭 ⇨ [회사코드]를 검색(F2)하여 해당 회사 제4회(원가)-(주)삼건통상을 선택한다.

◎ 지시사항 : '(주)삼건통상'의 거래 자료이며 회계연도는 2025. 1. 1. ~ 12. 31.이다.

1. 다음의 6월 원가계산 과정을 순서대로 처리하시오. 단, 임금 및 제조경비는 주어진 기초자료에 이미 처리되어 있다.

   (1) 6월 4일 다음의 작업지시서를 발행하고, 같은 날 주요자재를 출고하였다.

   ① 작업지시서 내용

지시일자	제품명	작업장	작업지시량	작업기간
6월 4일	갑제품	제1작업장	500(EA)	6월 4일 ~ 6월 30일
6월 4일	을제품	제2작업장	450(EA)	6월 4일 ~ 7월 5일

   ② 자재사용(출고)등록
      갑제품 작업지시서 : 부품A 500단위(제1작업장)
      을제품 작업지시서 : 부품B 450단위(제2작업장)

   (2) 6월 30일 작업지시서(6월 4일 발행)에 대해 다음과 같이 생산자료를 등록하다.

품목	완성량	재공품 월말 수량	재공품 작업진행률(완성도)	작업(투입)시간	작업장
갑제품	400(EA)	100(EA)	60%	400	제1작업장
을제품	450(EA)	-	-	300	제2작업장

   (3) 6월의 원가기준정보를 다음과 같이 등록하다.

   ① 노무비배부기준등록(총근무시간)

관련부문	생산1부	생산2부
총근무시간	600	500

   ② 보조부문비배부기준등록

관련부문	생산1부	생산2부
동력부	60	40
가공부	30	70

   ③ 작업진행률등록 [갑제품 : 60%]

   (4) 6월의 실제원가계산을 작업하시오.

   ① 기초재공품계산　　② 직접재료비계산
   ③ 직접노무비계산　　④ 제조간접비계산(제조부문비배부기준 : 투입시간)
   ⑤ 개별원가계산　　　⑥ 종합원가계산(평균법)
   ⑦ 원가반영작업

   (5) 6월의 원가계산 마감한 후 제조원가명세서를 조회하시오. 단, 원미만은 버림으로 처리한다.

국 가 기 술 자 격 검 정 대 비
2025년 전산회계운용사 실기시험 제5회 모의문제

데이터 다운로드

① LG U+ 웹하드 사이트(www.webhard.co.kr)로 접속
② 나눔클래스 ID : class1234, PW : 1234 를 입력하여 로그인
③ [GUEST 폴더] ➡ [2025년 데이터 및 자료] ➡ [전산회계운용사 2급]에서 '전산회계운용사 2급 데이터.exe' 화일을 바탕화면에 다운로드 받아 더블클릭하여 실행하면 자동으로 데이터가 복구되어 [NEW sPLUS 실무교육 프로그램]이 실행된다.
④ 프로그램에서 회사코드 '제5회 - 미래전자(주)'를 선택, 로그인하여 모의문제를 해결하도록 한다.

문제 01 재무회계

◎ 지시사항 : '미래전자(주)'의 거래 자료이며 회계연도는 2025.1.1. ~ 12.31.이다.

1. 다음 제시되는 기준정보를 입력하시오.

(1) 다음의 신규 거래처를 등록하시오.

거래처명	구분	거래처코드	대표자명	사업자등록번호	업태/종목
범어전자(주)	매입처	4001	이문호	212-81-35421	제조/전자부품
두산유통(주)	매출처	4002	심광민	409-81-12342	도소매/전자제품

(2) 다음의 신규 상품(품목)을 등록하시오.

품목코드	품목(품명)	(상세)규격	품목종류(자산)	기준단위
5004	전자렌지	262×452×395	상품	EA

2. 다음 거래를 매입매출전표입력 메뉴에 입력하시오.
(단, 채권·채무 및 금융 거래는 거래처 코드를 입력하고 각 문항별 한 개의 전표번호로 입력한다)

(1) 10월 13일   상품을 매출하고 전자세금계산서를 발급하다. 대금은 약속어음(어음번호 : 가나21129044, 만기일 : 2026년 3월 13일, 지급은행 : 국민은행)으로 받다.

전자세금계산서 (공급자 보관용)						승인번호	20251013-XXXX1013	
공급자	등록번호	104-81-23639			공급받는자	등록번호	211-88-51072	
	상호	미래전자(주)	성명(대표자)	김미래		상호	우리전자(주)	성명(대표자)	김우리
	사업장주소	서울시 서초구 효령로14길 51-1 (방배동)				사업장주소	경기도 안양시 동안구 갈산로 10 (호계동)	
	업태	도소매	종사업장번호			업태	유통	종사업장번호	
	종목	전자제품				종목	전자제품	
	E-Mail	mirae@bill36524.com				E-Mail	woori@hanmail.net	
작성일자	2025.10.13.		공급가액	298,000,000		세 액	29,800,000	
비고								
월	일	품목명	규격	수량	단가	공급가액	세액	비고
10	13	냉장고		150	1,800,000	270,000,000	27,000,000	
10	13	세탁기		40	700,000	28,000,000	2,800,000	
합계금액	현금	수표	어음	외상미수금	이 금액을 ● 영수 ○ 청구 함			
327,800,000			327,800,000					

(2) 10월 16일   상품을 매입하고 전자세금계산서를 발급받다. 대금은 전자어음(어음번호 : 02020251016202602165, 만기일 : 2026년 2월 16일, 지급은행 : 우리은행(당좌))으로 발행하여 지급하다. (단, 전자어음 1매를 등록할 것)

전자세금계산서 (공급받는자 보관용)						승인번호	20251016-XXXX1016	
공급자	등록번호	122-81-18380			공급받는자	등록번호	104-81-23639	
	상호	가람기기(주)	성명(대표자)	유가람		상호	미래전자(주)	성명(대표자)	김미래
	사업장주소	서울시 종로구 종로 51 (종로2가, 종로타워)				사업장주소	서울시 서초구 효령로14길 51-1 (방배동)	
	업태	제조	종사업장번호			업태	도소매	종사업장번호	
	종목	전자제품				종목	전자제품	
	E-Mail	gr@naver.com				E-Mail	mirae@bill36524.com	
작성일자	2025.10.16.		공급가액	24,800,000		세 액	2,480,000	
비고								
월	일	품목명	규격	수량	단가	공급가액	세액	비고
10	16	세탁기		40	500,000	20,000,000	2,000,000	
10	16	전자렌지		40	120,000	4,800,000	480,000	
합계금액	현금	수표	어음	외상미수금	이 금액을 ● 영수 ○ 청구 함			
27,280,000			27,280,000					

(3) 10월 28일   ㈜남부유통에 상품(세탁기 4EA)을 판매하고 신용카드매출전표를 발행해 주다.

단말기번호	8523188301	전표번호	
카드종류	삼성카드		
회원번호	4545-2525-4555-2525		
유효기간		거 래 일 시	취소시당초거래일
		2025.10.28.	
거래유형	승인	품명	세탁기
결제방법	일시불	금 액 AMOUNT	2,600,000
매장명		부가세 VAT	260,000
판매자		봉사료 S/C	
대표자	김미래	합 계 TOTAL	2,860,000
알림/NOTICE		승인번호	44485311
가맹점주소	서울시 서초구 효령로14길 15		
가맹점번호	1245124502		
사업자등록번호	104-81-23639		
가맹점명	미래전자(주)		
문의전화/HELP DESK TEL:1544-4700 (회원용)		서명/SIGNATURE ㈜남부유통	

(4) 10월 29일   상품을 홍보하기 위해 고고애드에서 홍보물을 제작하고 대금은 법인 신용카드(국민카드)로 결제하여 신용카드매출전표를 발급받다.

단말기번호	6561434301	전표번호	
카드종류	국민카드		
회원번호	4567-5241-****-4575		
유효기간		거 래 일 시	취소시당초거래일
		2025.10.29.	
거래유형	승인	품명	홍보물 제작
결제방법	일시불	금 액 AMOUNT	350,000
매장명		부가세 VAT	35,000
판매자		봉사료 S/C	
대표자	고진환	합 계 TOTAL	385,000
알림/NOTICE		승인번호	819722
가맹점주소	경기 의정부시 가능동 362-159		
가맹점번호	54914833		
사업자등록번호	127-81-03145		
가맹점명	고고애드		
문의전화/HELP DESK TEL:1544-4700 (회원용)		서명/SIGNATURE 미래전자(주)	

3. 다음 거래를 일반전표에 입력하시오.
(단, 채권·채무 및 금융 거래는 거래처 코드를 입력하고 각 문항별 한 개의 전표번호로 입력한다)

(1) 10월 17일   신축중인 본사 사옥을 위한 장기차입금(하나은행)의 이자 ₩3,000,000을 보통예금(우리은행) 계좌에서 지급하다. 차입금에 대한 이자비용은 자본적 지출에 해당하며, 본사 사옥 완공일은 2026년 12월 31일이다

(2) 10월 19일   매출처 광오상회(주)의 외상대금 중 일부는 보통예금 계좌로 입금되고, ₩1,600,000은 동점이 발행한 당좌수표로 회수하다.

보통예금 통장 거래 내역   우리은행

번호	날짜	내용	출금액	입금액	잔액	거래점
	계좌번호 11032-67-123456 미래전자(주)					
	- 중 간 생 략 -					
5	20251019	광오상회		3,000,000	***	***

(3) 10월 20일   단기차입금의 이자비용 ₩1,200,000을 지급하면서 원천징수세액 ₩184,000을 차감한 금액을 보통예금 계좌에서 이체하다.

보통예금 통장 거래 내역   하나은행

번호	날짜	내용	출금액	입금액	잔액	거래점
	계좌번호 231-52-123456 미래전자(주)					
	- 중 간 생 략 -					
10	20251020	서울유통	1,016,000		***	***

(4) 10월 23일   임대인(대성빌딩)에 대한 9월 30일에 미지급된 임차료 ₩3,000,000을 보통예금(하나은행) 계좌에서 자기앞수표로 인출하여 지급하다.

(5) 10월 25일   신주 보통주 10,000주(액면가액 @₩5,000)를 1주당 ₩4,900에 할인발행하고, 납입금 전액을 보통예금(하나은행) 계좌에 예입하다.

4. 다음 기말(12월 31일) 결산 정리 사항을 회계 처리하고 마감하시오.

(1) 매출채권 잔액에 대해 1%의 대손충당금(보충법)을 설정하다.

(2) 모든 비유동자산에 대한 감가상각비를 계상하다.

(3) 기말상품재고액을 조회하여 매출원가를 산출하다. 단, 재고평가는 선입선출법으로 한다.

(4) 제2기 확정신고기간의 부가가치세를 정리하다.

(5) 기말 현재 소모품 미사용액은 ₩100,000이다.

(6) 전기말 회사가 발행한 사채의 장부가액 ₩950,000, 액면가액 ₩1,000,000에 대한 사채이자를 계상하다. 단, 사채의 유효이자율 연 10%, 액면이자율 연 8%, 원미만은 버림으로 처리한다.

(7) 임대료 선수분을 계상하다. 단, 월할 계산한다.

5. 다음 사항을 조회하여 번호 순서대로 단답형 답안에 등록하시오.

(1) 2월에 구매한 냉장고의 공급가액은 얼마인가?

(2) 2월 1일부터 5월 31일까지 현금 입금 총액은 얼마인가?

(3) 1월 1일부터 9월 30일까지 보통예금 인출액은 얼마인가?

(4) 5월말 현재 (주)서울유통의 외상매입금 잔액은 얼마인가?

(5) 12월 31일 현재 한국채택 국제회계기준(K-IFRS)에 의한 재무상태표에 표시되는 기타유동부채의 금액은 얼마인가?

(6) 1월 1일부터 12월 31일까지 한국채택 국제회계기준(K-IFRS)에 의한 포괄손익계산서 (기능별)에 표시되는 매출총이익은 전년도 대비 증가액은 얼마인가?

문제 02 원가회계

> **원가회계**
> 상단의 [회사명]을 클릭 ⇨ [회사코드]를 검색(F2)하여 해당 회사 제5회(원가)-(주)굿즈통신을 선택한다.

◎ 지시사항 : '(주)굿즈통신'의 거래자료이며 회계연도는 2025. 1. 1. ~ 12. 31.이다.

1. 다음의 7월 원가계산 과정을 순서대로 처리하시오. 단, 임금 및 제조경비는 주어진 기초자료에 이미 처리되어 있다.

(1) 7월 17일 다음의 작업지시서를 발행하고, 같은 날 주요자재를 출고하였다.

① 작업지시서 내용

지시일자	제품명	작업장	작업지시량	작업기간
7월 17일	UNIT-A	제1작업장	450(EA)	7월 17일 ~ 7월 31일
7월 17일	UNIT-B	제2작업장	550(EA)	7월 17일 ~ 8월 14일

② 자재사용(출고)등록

　　UNIT-A 작업지시서 : 부품A　450(EA)(제1작업장)

　　UNIT-B 작업지시서 : 부품B　550(EA), CO-Z 550(EA)(제2작업장)

(2) 7월 31일 작업지시서(7월 17일 발행)에 대해 다음과 같이 생산자료를 등록하다.

품목	완성량	재공품		작업(투입)시간	작업장
		월말 수량	작업진행률(완성도)		
UNIT-A	450(EA)	-	-	300	제1작업장
UNIT-B	500(EA)	50(EA)	60%	400	제2작업장

(3) 7월의 원가기준정보를 다음과 같이 등록하다.

① 노무비배부기준등록(총근무시간)

관련부문	생산1부	생산2부
총근무시간	500	600

② 보조부문비배부기준등록

관련부문	생산1부	생산2부
동력부	60	40
가공부	30	70

③ 작업진행률등록 [UNIT-B : 60%]

(4) 7월의 실제원가계산을 작업하시오.

　① 기초재공품계산　　② 직접재료비계산

　③ 직접노무비계산　　④ 제조간접비계산(제조부문비배부기준 : 투입시간)

　⑤ 개별원가계산　　　⑥ 종합원가계산(평균법)

　⑦ 원가반영작업

(5) 7월의 원가계산 마감한 후 제조원가명세서를 조회하시오. 단, 원미만은 버림으로 처리한다.

국가기술자격검정대비
2025년 전산회계운용사 실기시험 제6회 모의문제

데이터 다운로드

① LG U+ 웹하드 사이트(www.webhard.co.kr)로 접속
② 나눔클래스 ID : class1234, PW : 1234 를 입력하여 로그인
③ [GUEST 폴더] ➡ [2025년 데이터 및 자료] ➡ [전산회계운용사 2급]에서 '전산회계운용사 2급 데이터.exe' 화일을 바탕화면에 다운로드 받아 더블클릭하여 실행하면 자동으로 데이터가 복구되어 [NEW sPLUS 실무교육 프로그램]이 실행된다.
④ 프로그램에서 회사코드 '제6회 – (주)예성산업'을 선택, 로그인하여 모의문제를 해결하도록 한다.

문제 01 재무회계

◎ 지시사항 : '(주)예성산업'의 거래 자료이며 회계연도는 2025.1.1. ~ 12.31.이다.

1. 다음 제시되는 기준정보를 입력하시오.

(1) 다음의 신규 거래처를 등록하시오.

거래처명	구분	거래처코드	대표자명	사업자등록번호	업태/종목
안양산업(주)	매입처	3005	박관준	201-81-83108	제조/헤어 악세서리
환희산업(주)	매출처	4005	김옥희	126-81-72348	도.소매/헤어 악세서리

(2) 다음의 신규 상품(품목)을 등록하시오.

품목코드	품목(품명)	(상세)규격	품목종류(자산)	기준단위
0202001	머리띠	3호	상품	BOX

2. 다음 거래를 매입매출전표입력 메뉴에 입력하시오.
(단, 채권·채무 및 금융 거래는 거래처 코드를 입력하고 각 문항별 한 개의 전표번호로 입력한다)

(1) 12월 10일   상품을 매입하고 전자세금계산서를 발급받다. 대금 중 일부는 보통예금(국민은행) 계좌에서 인출하여 지급하다.

전자세금계산서 (공급받는자 보관용)					승인번호	20251210-XXXX1210	
공급자	등록번호	201-81-83108		공급받는자	등록번호	133-81-12348	
	상호	안양산업(주)	성명(대표자) 박관준		상호	(주)예성산업	성명(대표자) 나예성
	사업장주소	서울특별시 서대문구 충정로7길 31 (충정로2가)			사업장주소	서울특별시 영등포구 여의공원로 111 (여의도동, 여의도 태영빌딩)	
	업태	제조	종사업장번호		업태	도소매	종사업장번호
	종목	헤어악세서리			종목	악세서리	
	E-Mail	anyang@naver.com			E-Mail	yesung@bill36524.com	
작성일자	2025.12.10.	공급가액	47,500,000	세 액	4,750,000		
비고							

월	일	품목명	규격	수량	단가	공급가액	세액	비고
12	10	왕관핀		250	30,000	7,500,000	750,000	
12	10	장미핀		500	80,000	40,000,000	4,000,000	

합계금액	현금	수표	어음	외상미수금	이 금액을	○ 영수	함
52,250,000	35,000,000			17,250,000		● 청구	

(2) 12월 13일   상품의 배송을 위해 (주)굿자동차로부터 트럭을 구입하면서, 대금 중 ₩3,000,000은 보통예금(국민은행) 계좌에서 이체, 나머지는 6개월 무이자 할부로 하다. 또한, 승용차 구입과 관련하여 공채(액면가액 ₩2,000,000)를 현금으로 매입하다. 단, 공채의 구입시 공정가액은 ₩1,750,000이며, 만기(10년)까지 보유할 목적이다.

전자세금계산서 (공급받는자 보관용)					승인번호	20251213-XXXX1213	
공급자	등록번호	116-81-03693		공급받는자	등록번호	133-81-12348	
	상호	(주)굿자동차	성명(대표자) 강현수		상호	(주)예성산업	성명(대표자) 나예성
	사업장주소	서울특별시 강남구 강남대로 252 (도곡동)			사업장주소	서울특별시 영등포구 여의공원로 111 (여의도동, 여의도 태영빌딩)	
	업태	도소매	종사업장번호		업태	도소매	종사업장번호
	종목	자동차			종목	악세서리	
	E-Mail	good@naver.com			E-Mail	yesung@bill36524.com	
작성일자	2025.12.13.	공급가액	15,000,000	세 액	1,500,000		
비고							

월	일	품목명	규격	수량	단가	공급가액	세액	비고
12	13	트럭				15,000,000	1,500,000	

합계금액	현금	수표	어음	외상미수금	이 금액을	○ 영수	함
16,500,000	3,000,000			13,500,000		● 청구	

(3) 12월 24일   상품을 매출하고 전자세금계산서를 발급하다. 대금 중 일부는 보통예금 (국민은행) 계좌로 입금 받고 잔액은 외상으로 하다.

전자세금계산서 (공급자 보관용)					승인번호	20251224-XXXX1224	
공급자	등록번호	133-81-12348		공급받는자	등록번호	513-81-04665	
	상호	(주)예성산업	성명(대표자) 나예성		상호	(주)금성	성명(대표자) 안영국
	사업장주소	서울특별시 영등포구 여의공원로 111 (여의도동, 여의도 태영빌딩)			사업장주소	경상북도 구미시 1공단로 121 (공단동)	
	업태	도소매	종사업장번호		업태	제조	종사업장번호
	종목	악세서리			종목	악세서리	
	E-Mail	yesung@bill36524.com			E-Mail	kumsung@naver.com	
작성일자	2025.12.24.	공급가액	67,000,000		세액	6,700,000	
비고							

월	일	품목명	규격	수량	단가	공급가액	세액	비고
12	24	왕관핀		350	100,000	35,000,000	3,500,000	
12	24	장미핀		200	160,000	32,000,000	3,200,000	

합계금액	현금	수표	어음	외상미수금	이 금액을	○ 영수 / ● 청구	함
73,700,000	45,000,000			28,700,000			

(4) 12월 30일   구로예삐(주)에게 상품을 현금으로 판매하고 현금영수증을 발행해 주다.

현금영수증

● 거래정보

거래일시	2025-12-30
승인번호	85241235
거래구분	승인거래
거래용도	지출증빙용
발급수단번호	123-81-71923

● 거래금액

품목	수량	공급가액	부가세	총거래금액
장미핀	10	1,600,000	160,000	1,760,000
합계				1,760,000

● 가맹점 정보

상호	(주)예성산업
사업자번호	133-81-12348
대표자명	나예성
주소	서울특별시 영등포구 여의공원로 111 (여의도동, 여의도 태영빌딩)

3. 다음 거래를 일반전표에 입력하시오.
(단, 채권·채무 및 금융 거래는 거래처 코드를 입력하고 각 문항별 한 개의 전표번호로 입력한다)

(1) 12월 5일   구로예삐(주)에서 외상대금으로 받은 약속어음이 만기가 되어 추심 의뢰하여 추심수수료 ₩15,000을 제외한 실수령액이 당좌예금(국민은행) 계좌로 입금되다.

약 속 어 음

(주)예성산업 귀하   라마22221112

일금 일백오십만 원정   1,500,000 원

위의 금액을 귀하 또는 귀하의 지시인에게 지급하겠습니다.

지급기일 2025년 12월 5일   발행일 2025년 9월 5일
지 급 지 신한은행   발행지 서울시 구로구 디지털로
지급장소 구로지점   주 소 221
                              발행인 구로예삐(주)

(2) 12월 6일   출장에서 돌아온 직원으로부터 11월 29일 보통예금(하나은행) 계좌로 송금된 금액 중 ₩2,100,000은 (주)하나의 외상대금이고 나머지는 (주)가나의 계약금으로 보고 받다.

(3) 12월 19일 일본에 있는 관계회사 미찌꼬런단으로부터 차입한 단기차입금 ¥1,500,000 (상환일 환율 ¥100당 ₩1,000)을 금일 전액 보통예금(국민은행) 계좌에서 외화로 환전하여 상환하다. 단, 전기 말 평가 당시 기준환율은 ¥100당 ₩1,100이다.

(4) 12월 20일 신규사업의 자금조달목적으로 3년 전 발행한 사채(액면금액 ₩20,000,000, 장부금액 ₩18,558,090)를 상환하다.

당좌예금 통장 거래 내역
하나은행

번호	날짜	내용	출금액	입금액	잔액	거래점
계좌번호 236-12-235 (주)예성산업					
- 중 간 생 략 -					
12	20251220	사채상환	19,500,000		***	***

(5) 12월 30일 개인 박정민의 파산으로 인하여 3월 5일 대여하였던 대여금에 대하여 대손처리하다.

4. 다음 기말(12월 31일) 결산 정리 사항을 회계 처리하고 마감하시오.

(1) 기말 현재 12월분 종업원급여 ₩5,000,000의 지급일은 2026년 1월 5일이다.

(2) 보험료 선급분을 계상하다. 단, 월할 계산한다.

(3) 보통예금(국민은행) 계좌를 확인한 결과 (주)세나의 외상매출금 회수금액 ₩2,000,000이 기장 누락됨을 발견하다.

(4) 현금과부족을 정리하다. 기말 현재까지 원인은 밝혀지지 않았다.

(5) 매출채권 잔액에 대해 1%의 대손충당금(보충법)을 설정하다.

(6) 모든 비유동자산에 대한 감가상각비를 계상하다.

(7) 기말상품재고액을 입력하고 결산 처리하다. 단, 재고평가는 선입선출법으로 한다.

5. 다음 사항을 조회하여 번호 순서대로 단답형 답안에 등록하시오.

(1) 4월 30일 현재 현금의 잔액은 얼마인가?

(2) 5월 31일 현재 헤어밴드의 재고 수량은 몇 박스(BOX)인가?

(3) 10월 31일 현재 구로예삐(주)의 받을어음 미회수액은 얼마인가?

(4) 제1기 부가가치세 예정신고 시 납부(환급)세액은 얼마인가?

(5) 12월 31일 현재 한국채택 국제회계기준(K-IFRS)에 의한 재무상태표에 표시되는 기타유동금융자산의 금액은 얼마인가?

(6) 1월 1일부터 12월 31일까지 한국채택 국제회계기준(K-IFRS)에 의한 포괄손익계산서(기능별)에 표시되는 기타수익은 얼마인가?

문제 02 원가회계

> **원가회계 시작하기**
> 상단의 [회사명]을 클릭 ⇨ [회사코드]를 검색(F2)하여 해당 회사 제6회(원가)-(주)명성산업를 선택한다.

◎ 지시사항 : '(주)명성산업'의 거래 자료이며 회계연도는 2025. 1. 1. ~ 12. 31.이다.

1. 다음의 6월 원가계산 과정을 순서대로 처리하시오. 단, 임금 및 제조경비는 주어진 기초자료에 이미 처리되어 있다.

(1) 6월 1일 다음의 작업지시서를 발행하고, 같은 날 주요자재를 출고하였다.

① 작업지시서 내용

지시일자	제품명	작업장	작업지시량	작업기간
6월 1일	K제품	제1작업장	550(EA)	6월 1일 ~ 6월 30일
6월 1일	M제품	제2작업장	750(EA)	6월 1일 ~ 7월 14일

② 자재사용(출고)등록

　K제품 작업지시서 : 자재X　550(EA)(제1작업장)

　M제품 작업지시서 : 자재Y　750(EA)(제2작업장)

(2) 6월 24일 다음의 각 부서별 수선비를 현금으로 지출하다. 회계 처리하여 원가에 반영하시오.

　생산2부의 기계수선비 : ₩600,000　　　가공부의 기계수선비 : ₩500,000

(3) 6월 30일 작업지시서(6월 1일 발행)에 대해 다음과 같이 생산자료를 등록하다.

품목	완성량	재공품 월말 수량	작업진행률(완성도)	작업(투입)시간	작업장
K제품	550(EA)	-	-	400	제1작업장
M제품	500(EA)	250(EA)	70%	600	제2작업장

(4) 6월의 원가기준정보를 다음과 같이 등록하다.

① 노무비배부기준등록(총근무시간)

관련부문	생산1부	생산2부
총근무시간	400	700

② 보조부문비배부기준등록

관련부문	생산1부	생산2부
동력부	70	30
가공부	30	70

③ 작업진행률등록 [M제품 : 70%]

(5) 6월의 실제원가계산을 작업하시오.

　　① 기초재공품계산　　② 직접재료비계산

　　③ 직접노무비계산　　④ 제조간접비계산(제조부문비배부기준 : 투입시간)

　　⑤ 개별원가계산　　　⑥ 종합원가계산(평균법)

　　⑦ 원가반영작업

(6) 6월의 원가계산 마감한 후 제조원가명세서를 조회하시오. 단, 원미만은 버림으로 처리한다.

2025년 전산회계운용사 실기시험 제7회 모의문제

국 가 기 술 자 격 검 정 대 비

📥 데이터 다운로드

① LG U+ 웹하드 사이트(www.webhard.co.kr)로 접속
② 나눔클래스 ID : class1234, PW : 1234 를 입력하여 로그인
③ [GUEST 폴더] ➡ [2025년 데이터 및 자료] ➡ [전산회계운용사 2급]에서 '전산회계운용사 2급 데이터.exe' 파일을 바탕화면에 다운로드 받아 더블클릭하여 실행하면 자동으로 데이터가 복구되어 [NEW sPLUS 실무교육 프로그램]이 실행된다.
④ 프로그램에서 회사코드 '제7회 – (주)실속가전'을 선택, 로그인하여 모의문제를 해결하도록 한다.

문제 01 재무회계

◎ 지시사항 : '(주)실속가전'의 거래 자료이며 회계연도는 2025.1.1. ~ 12.31.이다.

1. 다음 제시되는 기준정보를 입력하시오.

(1) 다음의 신규 거래처를 등록하시오.

거래처명	구분	거래처코드	대표자명	사업자등록번호	업태/종목
(주)신한상사	매입처	4001	박선일	208-81-62797	제조/가전기기
효성상회	매출처	4002	신종근	104-03-11251	도소매/가전기기

(2) 다음의 신규 상품(품목)을 등록하시오.

품목코드	품목(품명)	(상세)규격	품목종류(자산)	기준단위
5005	소형다리미	5호	상품	EA

2. 다음 거래를 매입매출전표입력 메뉴에 입력하시오.
(단, 채권·채무 및 금융 거래는 거래처 코드를 입력하고 각 문항별 한 개의 전표번호로 입력한다)

(1) 7월 10일 상품을 매입하고 전자세금계산서를 발급받다. 대금 중 절반은 하나은행 보통예금 계좌에서 이체하고, 잔액은 당좌수표(시티은행)를 발행하여 지급하다.

전자세금계산서 (공급받는자 보관용)

승인번호: 20250710-XXXX0710

공급자
- 등록번호: 123-81-10829
- 상호: (주)온누리전자
- 성명(대표자): 성무경
- 사업장주소: 경기도 안양시 동안구 갈산로 10 (호계동)
- 업태: 도매
- 종목: 전자
- E-Mail: onnuri@naver.com

공급받는자
- 등록번호: 120-81-12056
- 상호: (주)실속가전
- 성명(대표자): 김실속
- 사업장주소: 인천광역시 계양구 장제로 1070 (박촌동)
- 업태: 도소매
- 종목: 소형가전
- E-Mail: ss@bill36524.com

작성일자: 2025.07.10. | 공급가액: 20,000,000 | 세액: 2,000,000

월	일	품목명	규격	수량	단가	공급가액	세액	비고
7	10	가습기		200	50,000	10,000,000	1,000,000	
7	10	전기오븐		100	90,000	9,000,000	900,000	
7	10	소형다리미		50	20,000	1,000,000	100,000	

합계금액	현금	수표	어음	외상미수금	이 금액을 ● 영수 함 ○ 청구
22,000,000	11,000,000	11,000,000			

(2) 7월 15일 이승신에게 상품(가습기 3EA)을 판매하고 신용카드매출전표를 발행해 주다.

- 단말기번호: 4523188308 전표번호:
- 카드종류: 삼성카드
- 회원번호: 1234-2525-1234-2525
- 유효기간: 거래일시   취소시당초거래일
- 2025.07.15.
- 거래유형: 승인   품명: 가습기
- 결제방법: 일시불   금액/AMOUNT: 240000
- 매장명: 부가세/VAT: 24000
- 판매자: 봉사료/SC:
- 대표자: 김실속   합계/TOTAL: 264000
- 알림/NOTICE   승인번호: 85232311
- 가맹점주소: 인천광역시 계양구 장제로 1070
- 가맹점번호: 1245124503
- 사업자등록번호: 120-81-12056
- 가맹점명: (주)실속가전
- 문의전화/HELP DESK TEL:1544-4700 (회원용)
- 서명/SIGNATURE: 승신

(3) 7월 18일   직원들 작업복을 구입하고 세금계산서를 발급받다. 대금은 보통예금 (하나은행) 계좌에서 현금으로 인출하여 결제하다.

세금계산서				(공급받는자 보관용)		번호	07-18
공급자	등록번호	451-02-7983			등록번호	120-81-12056	
	상호	대풍물산	성명(대표자)	김부자	상호	(주)싱속가전	성명(대표자)	김싱속
	사업장주소	인천 남동구 정각로 77			사업장주소	인천광역시 계양구 장제로 1070 (박촌동)	
	업태	도소매	종사업장번호		업태	도소매	종사업장번호	
	종목	의류			종목	소형가전		
	E-Mail	daepoong@naver.com			E-Mail	ss@bill36524.com		
작성일자	2025.7.18.	공급가액	2,500,000	세 액	250,000
비고					

월	일	품목명	규격	수량	단가	공급가액	세액	비고
7	18	작업복				2,500,000	250,000	

합계금액	현금	수표	어음	외상미수금	이 금액을 ● 영수 ○ 청구 함
2,750,000	2,750,000				

(4) 7월 30일   상품을 매출하고 전자세금계산서를 발급하다. 대금 중 ₩20,000,000은 하나은행 보통예금 계좌로 송금받고, 잔액은 (주)잘나가무역이 발행한 약속어음(어음번호 : 나가53123261, 만기일 : 2025년 10월 30일, 지급은행 : 하나은행)으로 회수하다.

전자세금계산서				(공급자 보관용)		승인번호	20250730-XXXX0730
공급자	등록번호	120-81-12056			등록번호	124-81-00606	
	상호	(주)싱속가전	성명(대표자)	김싱속	상호	(주)잘나가무역	성명(대표자)	정금화
	사업장주소	인천광역시 계양구 장제로 1070 (박촌동)			사업장주소	서울특별시 강남구 강남대로 302-2 (역삼동)	
	업태	도소매	종사업장번호		업태	무역	종사업장번호	
	종목	소형가전			종목	전자제품		
	E-Mail	ss@bill36524.com			E-Mail	zahl@bill36524.com		
작성일자	2025.07.30.	공급가액	37,000,000	세 액	3,700,000
비고					

월	일	품목명	규격	수량	단가	공급가액	세액	비고
7	30	토스터기		100	70,000	7,000,000	700,000	
7	30	전기오븐		100	300,000	30,000,000	3,000,000	

합계금액	현금	수표	어음	외상미수금	이 금액을 ● 영수 ○ 청구 함
40,700,000	20,000,000		20,700,000		

3. 다음 거래를 일반전표에 입력하시오.
(단, 채권·채무 및 금융 거래는 거래처 코드를 입력하고 각 문항별 한 개의 전표번호로 입력한다)

(1) 6월 4일   3월 (주)회계상사에 일시적으로 대여한 자금 ₩5,000,000과 이자가 금일 보통예금 계좌로 입금되다.

보통예금 통장 거래 내역   하나은행

번호	날짜	내용	출금액	입금액	잔액	거래점
	계좌번호 136-82-456235 (주)실속가전					
	- 중 간 생 략 -					
7	20250604	(주)회계상사		5,400,000	***	***

(2) 6월 5일   다음과 같은 조건으로 사채를 발행하고, 납입금은 당좌예금(시티은행)에 예입하다.

- 액면가액 : ₩80,000,000
- 약정이자율 : 액면가액의 10%
- 이자지급일 : 매년 12월 31일
- 만기 : 3년
- 발행가액 : ₩95,000,000
- 사채발행비 : ₩1,000,000

(3) 6월 10일   장기 투자 목적으로 구입한 장부가액 ₩8,000,000의 (주)삼성물산 주식 200주를 1주당 ₩30,000에 전부 처분하고, 대금은 현금으로 회수하다. 단, 전기말 기타포괄손익-공정가치측정금융자산평가이익은 ₩1,000,000이다.

(4) 7월 18일   업무용 승용차(제네시스-035가2018) ₩55,000,000을 현대자동차(주)에서 구입하고, 대금은 10개월 할부로 하다. 승용차 구입과 관련한 취득세 및 부대비용 ₩1,000,000을 현금으로 지급하고 업무용 승용차로 별도 관리하기로 하다.

자산코드	계정과목	자산명	수량	내용연수	상각방법
1002	차량운반구	제네시스-035가2018	1대	5년	정액법

(5) 7월 31일   영업부 7월분 경비 사용내역은 다음과 같으며 대금은 모두 현금으로 지급하다.

경 비 사 용 내 역 서

부서	영업부	직위	사원	성명	박성동
사용기간	7월 1일 ~ 7월 31일				
세부 사용 내역					
직원 생일 선물비	₩324,000		우편요금 및 등기료		₩14,300
차량 주유비 및 수리비	₩465,000		거래처 선물비		₩520,000
7월분 영업부 경비 사용내역을 청구합니다.					

4. 다음 기말(12월 31일) 결산 정리 사항을 회계 처리하고 마감하시오.

(1) 기말 현재 소모품 사용액은 ₩355,000이다.

(2) 기말 현재 임대료(2025.9.1~2026.8.31.) 선수분을 계상하다. 단, 월할 계산한다.

(3) 가수금 중 ₩2,600,000은 매출처 씽씽가전(주)에서 송금한 외상대금이고, 나머지는 보통예금 이자가 발생하여 통장으로 입금된 내역이다.

(4) 장기차입금에 대한 이자 미지급액 ₩1,400,000을 계상하다.

(5) 매출채권 잔액에 대해 1%의 대손충당금(보충법)을 설정하다.

(6) 모든 비유동자산에 대한 감가상각비를 계상하다.

(7) 기말상품재고액을 입력하고 결산 처리하다. 단, 재고평가는 선입선출법으로 한다.

5. 다음 사항을 조회하여 번호 순서대로 단답형 답안에 등록하시오.

(1) 8월 1일부터 10월 31일까지 상품매출액은 총 얼마인가?

(2) 6월 말 현재 토스터기의 재고 수량은 몇 개인가?

(3) 9월 30일 현재 (주)경인전자의 외상매입금 잔액은 얼마인가?

(4) 2025년 제1기 부가가치세 확정신고 시 납부(환급)세액은 얼마인가?

(5) 12월 31일 현재 한국채택 국제회계기준(K-IFRS)에 의한 재무상태표에 표시되는 매출채권의 순장부가액은 얼마인가?

(6) 1월 1일부터 12월 31일까지 한국채택 국제회계기준(K-IFRS)에 의한 포괄손익계산서(기능별)에 표시되는 금융원가 중 이자비용은 얼마인가?

문제 02 원가회계

> **원가회계 시작하기**
> 상단의 [회사명]을 클릭 ⇨ [회사코드]를 검색(F2)하여 해당 회사 제7회(원가)-(주)선진산업을 선택한다.

> ◎ 지시사항 : '(주)선진산업'의 거래자료이며 회계연도는 2025. 1. 1. ~ 12. 31.이다.

1. **다음의 7월 원가계산 과정을 순서대로 처리하시오. 단, 임금 및 제조경비는 주어진 기초자료에 이미 처리되어 있다.**

   (1) 7월 15일 다음의 작업지시서를 발행하고, 같은 날 주요자재를 출고하였다.

   ① 작업지시서 내용

지시일자	제품명	작업장	작업지시량	작업기간
7월 15일	PART_#101	제1작업장	600(EA)	7월 15일 ~ 7월 25일
7월 15일	PART_#102	제2작업장	750(EA)	7월 15일 ~ 8월 5일

   ② 자재사용(출고)등록

   　　PART_#101 작업지시서 : 갑부품 600(EA)(제1작업장)

   　　PART_#102 작업지시서 : 을부품 750(EA)(제2작업장)

   (2) 7월 31일 작업지시서(7월 15일 발행)에 대해 다음과 같이 생산자료를 등록하다.

품목	완성량	재공품		작업(투입)시간	작업장
		월말 수량	작업진행률(완성도)		
PART_#101	600(EA)	-	-	400	제1작업장
PART_#102	650(EA)	100(EA)	60%	600	제2작업장

   (3) 7월의 원가기준정보를 다음과 같이 등록하다.

   ① 노무비배부기준등록(총 근무시간)

관련부문	생산1부	생산2부
총근무시간	500	700

   ② 보조부문비배부기준등록

관련부문	생산1부	생산2부
동력부	60	40
수선부	40	60

   ③ 작업진행률등록 [PART_#102 : 60%]

   (4) 7월의 실제원가계산을 작업하시오.

   ① 기초재공품계산　　② 직접재료비계산
   ③ 직접노무비계산　　④ 제조간접비계산(제조부문비배부기준 : 투입시간)
   ⑤ 개별원가계산　　　⑥ 종합원가계산(평균법)
   ⑦ 원가반영작업

   (5) 7월의 원가계산 마감한 후 제조원가명세서를 조회하시오. 단, 원미만은 버림으로 처리한다.

국 가 기 술 자 격 검 정 대 비
2025년 전산회계운용사 실기시험 제8회 모의문제

데이터 다운로드

① LG U+ 웹하드 사이트(www.webhard.co.kr)로 접속
② 나눔클래스 ID : class1234, PW : 1234 를 입력하여 로그인
③ [GUEST 폴더] ➡ [2025년 데이터 및 자료] ➡ [전산회계운용사 2급]에서 '전산회계운용사 2급 데이터.exe' 화일을 바탕화면에 다운로드 받아 더블클릭하여 실행하면 자동으로 데이터가 복구되어 [NEW sPLUS 실무교육 프로그램]이 실행된다.
④ 프로그램에서 회사코드 '제8회 – (주)예쁜신발'을 선택, 로그인하여 모의문제를 해결하도록 한다.

문제 01 재무회계

◎ 지시사항 : '(주)예쁜신발'의 거래 자료이며 회계연도는 2025.1.1. ~ 12.31.이다.

1. 다음 제시되는 기준정보를 입력하시오.

(1) 다음의 부서를 등록하시오.

부서명	부서코드	제조/판관	부문구분
서울사업부	61	판관	공통
경기사업부	62	판관	공통

(2) 다음의 신규 상품(품목)을 등록하시오.

품목코드	품목(품명)	품목종류(자산)	기준단위	(상세)규격
5005	아동구두	상품	EA	6호

2. 다음 거래를 매입매출전표입력 메뉴에 입력하시오.
(단, 채권·채무 및 금융 거래는 거래처 코드를 입력하고 각 문항별 한 개의 전표번호로 입력한다)

(1) 9월 7일 친절마트에서 갈비세트를 외상으로 구입하고 수취한 전자계산서이다. 갈비세트 중 2개는 직원 생일선물로 지급하고, 3개는 우수 매출거래처에 선물로 지급하다.

전자계산서	(공급받는자 보관용)	승인번호	20250907-XXXX0907

	등록번호	114-51-25414			등록번호	113-81-12344	
공급자	상호	친절마트	성명(대표자)	우장현	공급받는자	상호	(주)예쁜신발	성명(대표자)	이예쁜
	사업장주소	서울특별시 강남구 봉은사로 700			사업장주소	서울특별시 강동구 동남로49길 21-15 (둔촌동, 강남빌딩)	
	업태	도소매업	종사업장번호		업태	도소매	종사업장번호
	종목	잡화외			종목	신발	
	E-Mail	kind@hanmail.net			E-Mail	pretty@bill36524.com	

작성일자	2025.09.07	공급가액	1,000,000
비고			

월	일	품목명	규격	수량	단가	공급가액	비고
9	7	갈비세트		5	200,000	1,000,000	

합계금액	현금	수표	어음	외상미수금	이 금액을	○ 영수 / ● 청구	함
1,000,000				1,000,000			

(2) 9월 11일 상품을 매입하고 전자세금계산서를 발급받다. 대금 중 수취인을 ㈜수제화로 하여 약속어음(어음번호 : 가나11110001, 만기일 : 2025년 12월 28일, 지급은행 : 외환은행)을 발행하여 지급하다.

전자세금계산서	(공급받는자 보관용)	승인번호	20250911-XXXX0911

	등록번호	132-81-11332			등록번호	113-81-12344	
공급자	상호	(주)수제화	성명(대표자)	김정수	공급받는자	상호	(주)예쁜신발	성명(대표자)	이예쁜
	사업장주소	경기도 부천시 경인로 100 (송내동)			사업장주소	서울특별시 강동구 동남로49길 21-15 (둔촌동, 강남빌딩)	
	업태	제조	종사업장번호		업태	도소매	종사업장번호
	종목	신발			종목	신발	
	E-Mail	shoes@naver.com			E-Mail	pretty@bill36524.com	

작성일자	2025.09.11.	공급가액	30,000,000	세액	3,000,000
비고					

월	일	품목명	규격	수량	단가	공급가액	세액	비고
9	11	여성운동화		300	50,000	15,000,000	1,500,000	
9	11	남성운동화		500	30,000	15,000,000	1,500,000	

합계금액	현금	수표	어음	외상미수금	이 금액을	○ 영수 / ● 청구	함
33,000,000			30,000,000	3,000,000			

(3) 9월 18일   영업부 직원이 신규 거래처 방문 시 출장지에서 법인카드로 숙박비를 결제하고 받은 신용카드 영수증이다.

```
              카드매출전표
-----------------------------
카드종류 : 국민카드
회원번호 : 8822-2226-****-1471
거래일시 : 2025.09.18. 12:40:56
거래유형 : 신용승인
매   출 :   100,000원
부 가 세 :    10,000원
합   계 :   110,000원
결제방법 : 일시불
승인번호 : 81972299
카드사   : 국민카드사
=============================
가맹점명 : 크리스탈
            - 이 하 생 략 -
```

(4) 9월 30일   상품을 매출하고 전자세금계산서를 발급하다. 대금 중 절반은 동점발행 당좌수표로 회수하고, 나머지는 다음 달 말일에 회수하기로 하다.

전자세금계산서			(공급자 보관용)		승인번호	20250930-XXXX0930	
공급자	등록번호	113-81-12344		공급받는자	등록번호	124-81-00606	
	상호	(주)예쁜신발	성명(대표자) 이예쁜		상호	(주)엘칸토	성명(대표자) 김부자
	사업장주소	서울특별시 강동구 동남로49길 21-15 (둔촌동, 강남빌딩)			사업장주소	서울특별시 은평구 가좌로 271 (신사동)	
	업태	도소매	종사업장번호		업태	도소매	종사업장번호
	종목	신발			종목	신발	
	E-Mail	pretty@bill36524.com			E-Mail	elcanto@naver.com	
작성일자	2025.09.30.		공급가액	41,000,000	세액	4,100,000	
비고							

월	일	품목명	규격	수량	단가	공급가액	세액	비고
9	30	여성구두		200	100,000	20,000,000	2,000,000	
9	30	남성구두		300	70,000	21,000,000	2,100,000	

합계금액	현금	수표	어음	외상미수금	이 금액을	○ 영수	함
45,100,000		22,550,000		22,550,000		● 청구	

3. 다음 거래를 일반전표에 입력하시오.
(단, 채권·채무 및 금융 거래는 거래처 코드를 입력하고 각 문항별 한 개의 전표번호로 입력한다)

(1) 9월 5일   전월 (주)트위스트에 외상으로 처분한 비품 대금이 보통예금(하나은행) 계좌로 금일 입금 되다.

보통예금 통장 거래 내역 (하나은행)

번호	날짜	내용	출금액	입금액	잔액	거래점
계좌번호 11224-01-22332 (주)예쁜신발						
- 중 간 생 략 -						
15	20250905	(주)트위스트		250,000	***	***

(2) 9월 10일   장기 투자 목적으로 구입한 (주)금정물산의 주식(장부가액 : ₩6,000,000) 200주 중 100주를 1주당 ₩40,000에 처분하고, 거래수수료 ₩15,000을 제외하고 현금으로 받다.

(3) 9월 12일   (주)랜드로바의 경영악화로 외상매출금 ₩5,000,000이 회수불가능하게 되어 대손처리하다.

(4) 9월 26일   신제품 매출액이 증대 되어 강남지역으로 사업을 확장하기 위한 자금의 필요성을 느껴 당사의 보통주 1,000주(액면가액 @₩10,000)를 1주당 ₩15,000에 발행하고, 주식발행비 ₩100,000을 차감한 실수금을 현금으로 받다.

(5) 9월 30일   (주)경기에 다음달 2일 상품(여성운동화) ₩15,000,000을 납품받기로 계약하고, 계약금 ₩3,000,000을 보통예금(하나은행) 계좌에서 인출하여 자기앞수표로 지급하다.

4. 다음 기말(12월 31일) 결산 정리 사항을 회계 처리하고 마감하시오.

(1) 하나은행 보통예금 통장거래를 확인해본 결과 차입금의 12월분 이자 ₩300,000이 인출되었으나 회계처리가 누락되었음을 확인하다.

(2) 12말 현재 발생한 임차료 미지급분은 ₩1,000,000이다.

(3) 기말 현재 장기 투자 목적으로 보유하고 있는 (주)금정물산의 주식 100주(장부가액 ₩3,000,000)의 공정가액이 1주당 ₩25,000으로 평가하다.

(4) 제2기 확정 신고 기간의 부가가치세를 정리하다.

(5) 매출채권 잔액에 대해 1%의 대손충당금(보충법)을 설정하다.

(6) 모든 비유동자산에 대한 감가상각비를 계상하다.

(7) 기말 상품 재고액을 입력하고 결산 처리하다. 단, 재고평가는 선입선출법으로 한다.

5. 다음 사항을 조회하여 번호 순서대로 단답형 답안에 등록하시오.

(1) 5월에 판매된 여성구두의 판매 수량은 몇 개(EA)인가?

(2) 6월 30일 현재 외상매출금의 잔액은 얼마인가?

(3) 7월 1일부터 9월 30일까지 현금 지출 총액은 얼마인가?

(4) 1월부터 6월까지의 판매비와 관리비 중 대체로 지출한 금액은 얼마인가?

(5) 12월 31일 현재 한국채택 국제회계기준(K-IFRS)에 의한 재무상태표에 표시되는 보통주자본금은 얼마인가?

(6) 1월 1일부터 12월 31일까지 한국채택 국제회계기준(K-IFRS)에 의한 포괄손익계산서(기능별)에 표시되는 상품매출원가는 얼마인가?

문제 02 원가회계

> **원가회계 시작하기**
> 상단의 [회사명]을 클릭 ⇨ [회사코드]를 검색(F2)하여 해당 회사 제8회(원가)-(주)바울상사를 선택한다.

◎ 지시사항 : '(주)바울상사'의 거래 자료이며 회계연도는 2025. 1. 1. ~ 12. 31.이다.

1. 다음의 8월 원가계산 과정을 순서대로 처리하시오. 단, 임금 및 제조경비는 주어진 기초자료에 이미 처리되어 있다.

(1) 8월 5일 다음의 작업지시서를 발행하고, 같은 날 주요자재를 출고하였다.

① 작업지시서 내용

지시일자	제품명	작업장	작업지시량	작업기간
8월 5일	빌트인냉장고	제1작업장	350(EA)	8월 5일 ~ 8월 30일
8월 5일	텔레비전	제2작업장	600(EA)	8월 5일 ~ 9월 10일

② 자재사용(출고)등록

빌트인냉장고 작업지시서 : P부품 350(EA)(제1작업장)

텔레비전   작업지시서 : Q부품 600(EA)(제2작업장)

(2) 8월 31일 작업지시서(8월 5일 발행)에 대해 다음과 같이 생산자료를 등록하다.

품목	완성량	재공품 월말 수량	재공품 작업진행률(완성도)	작업(투입)시간	작업장
빌트인냉장고	350(EA)	-	-	200	제1작업장
텔레비전	500(EA)	100(EA)	70%	400	제2작업장

(3) 8월의 원가기준정보를 다음과 같이 등록하다.

① 노무비배부기준등록(총근무시간)

관련부문	생산1부	생산2부
총근무시간	450	500

② 보조부문비배부기준등록

관련부문	생산1부	생산2부
동력부	50	50
수선부	40	60

③ 작업진행률등록 [텔레비전 : 70%]

(4) 8월의 실제원가계산을 작업하시오.

① 기초재공품계산   ② 직접재료비계산

③ 직접노무비계산   ④ 제조간접비계산(제조부문비배부기준 : 투입시간)

⑤ 개별원가계산   ⑥ 종합원가계산(평균법)

⑦ 원가반영작업

(5) 8월의 원가계산 마감한 후 제조원가명세서를 조회하시오. 단, 원미만은 버림으로 처리한다.

국 가 기 술 자 격 검 정 대 비

2025년 전산회계운용사 실기시험 제9회 모의문제

데이터 다운로드

① LG U+ 웹하드 사이트(www.webhard.co.kr)로 접속
② 나눔클래스 ID : class1234, PW : 1234 를 입력하여 로그인
③ [GUEST 폴더] ➡ [2025년 데이터 및 자료] ➡ [전산회계운용사 2급]에서 '전산회계운용사 2급 데이터.exe' 화일을 바탕화면에 다운로드 받아 더블클릭하여 실행하면 자동으로 데이터가 복구되어 [NEW sPLUS 실무교육 프로그램]이 실행된다.
④ 프로그램에서 회사코드 '제9회 - 현일의류(주)'를 선택, 로그인하여 모의문제를 해결하도록 한다.

문제 01 재무회계

◎ 지시사항 : '현일의류(주)'의 거래 자료이며 회계연도는 2025.1.1. ~ 12.31.이다.

1. 다음 제시되는 기준정보를 입력하시오.

(1) 다음의 신규 거래처를 등록하시오.

구분	거래처명	사업자등록번호	거래처코드	대표자명	업태/종목
매입처	가족상사	110-25-23230	2020	오누이	제조/의류
매출처	누구상사	113-13-26698	3020	노이지	도소매/의류

(2) 다음의 신규 상품(품목)을 등록하시오.

품목종류(자산)	품목코드	품목(품명)	(상세)규격	기준단위
상품	5004	운동복	4호	벌

2. 다음 거래를 매입매출전표입력 메뉴에 입력하시오.
(단, 채권·채무 및 금융 거래는 거래처 코드를 입력하고 각 문항별 한 개의 전표번호로 입력한다)

(1) 11월 13일 　상품을 매출하고 전자세금계산서를 발급하다. 대금은 미리 받은 계약금을 제외하고 일부는 동점발행 전자어음(어음번호 : 00420251113202603135, 만기일 : 2026년 3월 13일, 지급은행 : 국민은행)으로 받다.

전자세금계산서 (공급자 보관용) 　승인번호 20251113-XXXX1113

공급자		공급받는자	
등록번호	123-81-23421	등록번호	120-81-23873
상호	현일의류(주) 성명(대표자) 박현일	상호	우리의류(주) 성명(대표자) 한우리
사업장주소	서울특별시 종로구 백석동1가길 45 (부암동)	사업장주소	서울특별시 성북구 삼선교로 2 (삼선동1가)
업태	도소매 　종사업장번호	업태	도매 　종사업장번호
종목	의류	종목	의류
E-Mail	hyounil@bill36524.com	E-Mail	woori@bill36524.com

작성일자	2025.11.13.	공급가액	125,000,000	세액	12,500,000
비고					

월	일	품목명	규격	수량	단가	공급가액	세액	비고
11	13	숙녀복		500	150,000	75,000,000	7,500,000	
11	13	남성복		500	100,000	50,000,000	5,000,000	

합계금액	현금	수표	어음	외상미수금	이 금액을 ● 영수 / ○ 청구 함
137,500,000	12,500,000		50,000,000	75,000,000	

(2) 11월 16일 　상품을 매입하고 전자세금계산서를 발급받다. 대금 중 일부는 약속어음(어음번호 : 하나12341212, 만기일 : 2026년 2월 16일, 지급은행 : 시티은행)을 발행하여 지급하다.

전자세금계산서 (공급받는자 보관용) 　승인번호 20251116-XXXX1116

공급자		공급받는자	
등록번호	208-81-62797	등록번호	123-81-23421
상호	가람의류(주) 성명(대표자) 노다지	상호	현일의류(주) 성명(대표자) 박현일
사업장주소	경기도 용인시 수지구 수지로 31 (상현동)	사업장주소	서울특별시 종로구 백석동1가길 45 (부암동)
업태	제조 　종사업장번호	업태	도소매 　종사업장번호
종목	의류	종목	의류
E-Mail	garam@bill36524.com	E-Mail	hyounil@bill36524.com

작성일자	2025.11.16.	공급가액	15,000,000	세액	1,500,000
비고					

월	일	품목명	규격	수량	단가	공급가액	세액	비고
11	16	남성복		200	60,000	12,000,000	1,200,000	
11	16	운동복		100	30,000	3,000,000	300,000	

합계금액	현금	수표	어음	외상미수금	이 금액을 ● 영수 / ○ 청구 함
16,500,000	3,200,000		13,300,000		

(3) 11월 22일   거래처 결혼식에 보낼 화환을 구입하고 대금은 현금으로 지급하다.

현금영수증

● 거래정보

거래일시	2025-11-22
승인번호	41225844
거래구분	승인거래
거래용도	지출증빙
발급수단번호	123-81-23421

● 거래금액

품목	공급가액	부가세	봉사료	총거래금액
화환	150,000	0	0	150,000

● 가맹점 정보

상호	꽃피우니
사업자번호	137-86-11216
대표자명	김소현
주소	서울특별시 성북구 동소문로 50

(4) 11월 25일   지구의류(주)에 상품(숙녀복 20벌)을 판매하고 신용카드매출전표를 발행해 주다.

단말기번호	4523188308		전표번호	
카드종류	롯데카드			
회원번호	8855-1234-1234-1234			
유효기간	거 래 일 시		취소시당초거래일	
	2025.11.25.			
거래유형	승인	품명	숙녀복	
결제방법	일시불	금 액 AMOUNT	3 000000	
매장명		부가세 VAT	300000	
판매자	박현일	봉사료 S/C		
대표자		합 계 TOTAL	3 300000	
알림/NOTICE		승인번호	34452311	
가맹점주소	서울특별시 종로구 백석동1가길 45			
가맹점번호	1245124504			
사업자등록번호	123-81-23421			
가맹점명	현일의류(주)			
문의전화/HELP DESK TEL:1544-4700 (회원용)		서명/SIGNATURE 지구의류(주)		

3. 다음 거래를 일반전표에 입력하시오.
(단, 채권·채무 및 금융 거래는 거래처 코드를 입력하고 각 문항별 한 개의 전표번호로 입력한다)

(1) 11월 10일 10월 급여 지급시 공제한 소득세, 건강보험료와 회사 부담분을 다음과 같이 현금으로 납부하다.

소득세	건강보험료		합계
	종업원 부담분	회사 부담분	
₩200,000	₩50,000	₩50,000	₩300,000

(2) 11월 17일 10월 30일 지급한 출장비를 다음과 같이 정산하고 잔액은 현금으로 회수하다.

여 비 정 산 서

소 속	총무부	직위	사원	성명	정진수
출장일정	일 시	2025년 10월 30일 ~ 2025년 11월 5일			
	출장지	부산 출장			
지급받은 금액	₩500,000	사용금액	₩450,000	반납금액	₩50,000
사용내역					
숙박비	₩200,000	식대	₩100,000	교통비	₩150,000
비고	식대 전액은 거래처 직원과 식사한 비용이다.				

(3) 11월 21일 장기 투자 목적으로 천사의류(주)로부터 건물을 취득하면서 ₩30,000,000은 보통예금(하나은행) 계좌에서 이체하여 지급하고, ₩20,000,000은 약속어음(어음번호 : 가나21129047, 만기일 : 2026년 1월 21일, 지급은행 : 국민은행)을 발행하여 지급하다.

(4) 11월 25일 업무와 관련하여 다음에 해당하는 경비를 현금으로 지급하다.

경 비 사 용 내 역 서

부서	경리부	직위	사원	성명	전지현
사용기간		11월 25일			
세부 사용 내역					
업무 서적 구입		₩125,000	문구류 구입비		₩54,000
교육 강사비		₩350,000	-		-
- 이 하 여 백 -					

(5) 11월 27일 단기 시세 차익을 목적으로 남동전자의 주식 100주(액면금액 @₩6,000)을 1주당 ₩10,000에 취득하고, 대금은 거래수수료 ₩10,000을 포함하여 보통예금(하나은행) 계좌에서 자기앞수표와 현금으로 인출하여 지급하다.

4. 다음 기말(12월 31일) 결산 정리 사항을 회계 처리하고 마감하시오.

(1) 매출채권 잔액에 대해 1%의 대손충당금(보충법)을 설정하다.

(2) 모든 비유동자산에 대한 감가상각비를 계상하다.

(3) 기말상품재고액을 입력하고 결산 처리하다. 평가방법은 선입선출법으로 한다.

(4) 기말 현재 정기예금에 대한 이자 발생액 ₩300,000을 계상하다.

(5) 기말 현재 장기 투자 목적으로 보유중인 비상장 주식의 공정가액은 ₩13,000,000이다. 단, 장부상 기타포괄손익-공정가치측정금융자산평가손실은 ₩2,000,000이다.

(6) 당기말 현재 소모품 잔액은 ₩180,000이다.

(7) 전기말 회사가 발행한 사채의 장부가액 ₩1,700,000, 유효이자율 10%, 액면이자는 매년말 ₩150,000씩 계산하여 다음달 초에 지급하기로 하다. 기말 현재 당기 사채할인발행차금 상각액은 ₩20,000이다.

5. 다음 사항을 조회하여 번호 순서대로 단답형 답안에 등록하시오.

(1) 당기 중 가람의류(주)의 지급어음 잔액은 얼마인가?

(2) 6월 30일 현재 (주)경기의류의 외상매출금 잔액은 얼마인가?

(3) 6월 30일 현재 남성복 재고 수량은 몇 벌인가?

(4) 1월 1일부터 6월 30일까지 현금 출금액은 얼마인가?

(5) 1월 1일부터 12월 31일까지 한국채택 국제회계기준(K-IFRS)에 의한 포괄손익계산서(기능별)에 표시되는 기타포괄손익은 얼마인가?

(6) 12월 31일 현재 한국채택 국제회계기준(K-IFRS)에 의한 재무상태표에 표시되는 차량운반구의 장부금액은 얼마인가?

문제 02 원가회계

> **원가회계 시작하기**
> 상단의 [회사명]을 클릭 ⇨ [회사코드]를 검색(F2)하여 해당 회사 제9회(원가)-(주)웅지기계를 선택한다.

◎ 지시사항 : '(주)웅지기계'의 거래자료이며 회계연도는 2025. 1. 1 ~ 12. 31이다.

1. 다음의 8월 원가계산 과정을 순서대로 처리하시오. 단, 임금 및 제조경비는 주어진 기초자료에 이미 처리되어 있다.

(1) 8월 15일 다음의 작업지시서를 발행하고, 같은 날 주요자재를 출고하였다.

① 작업지시서 내용

지시일자	제품명	작업장	작업지시량	작업기간
8월 15일	S501	제1작업장	300(EA)	8월 15일 ~ 8월 30일
8월 15일	S503	제2작업장	800(EA)	8월 15일 ~ 9월 20일

② 자재사용(출고)등록

S501 작업지시서 : #201 300(EA)(제1작업장)

S503 작업지시서 : #301 800(EA)(제2작업장)

(2) 8월 31일 작업지시서(8월 15일 발행)에 대해 다음과 같이 생산자료를 등록하다.

품목	완성량	재공품 월말 수량	재공품 작업진행률(완성도)	작업(투입)시간	작업장
S501	300(EA)	-	-	350	제1작업장
S503	650(EA)	150(EA)	80%	500	제2작업장

(3) 8월의 원가기준정보를 다음과 같이 등록하다.

① 노무비배부기준등록(총근무시간)

관련부문	생산1부	생산2부
총근무시간	500	650

② 보조부문비배부기준등록

관련부문	생산1부	생산2부
동력부	40	60
수선부	45	55

③ 작업진행률등록 [S503 : 80%]

(4) 8월의 실제원가계산을 작업하시오.

① 기초재공품계산 ② 직접재료비계산

③ 직접노무비계산 ④ 제조간접비계산(제조부문비배부기준 : 투입시간)

⑤ 개별원가계산 ⑥ 종합원가계산(평균법)

⑦ 원가반영작업

(5) 8월의 원가계산 마감한 후 제조원가명세서를 조회하시오. 단, 원미만은 버림으로 처리한다.

국가기술자격검정대비
2025년 전산회계운용사 실기시험 제10회 모의문제

> **데이터 다운로드**
> ① LG U+ 웹하드 사이트(www.webhard.co.kr)로 접속
> ② 나눔클래스 ID : class1234, PW : 1234 를 입력하여 로그인
> ③ [GUEST 폴더] ➡ [2025년 데이터 및 자료] ➡ [전산회계운용사 2급]에서 '전산회계운용사 2급 데이터.exe' 화일을 바탕화면에 다운로드받아 더블클릭하여 실행하면 자동으로 데이터가 복구되어 [NEW sPLUS 실무교육 프로그램]이 실행된다.
> ④ 프로그램에서 회사코드 '제10회 – 정민가구(주)'를 선택, 로그인하여 모의문제를 해결하도록 한다.

문제 01 재무회계

◎ 지시사항 : '정민가구(주)'의 거래 자료이며 회계연도는 2025.1.1. ~ 12.31.이다.

1. 다음 제시되는 기준정보를 입력하시오.

(1) 다음의 유형자산을 등록하시오.

자산코드	자산명	계정코드	취득원가	취득일	취득수량	내용연수	상각방법
8001	화물차	차량운반구	₩25,000,000	2025. 1. 15.	1대	5년	정액법

(2) 다음의 부서 등록을 하시오.

부서코드	부서명	제조/판관	부문구분	사용자여부	비고
70	수출지원부	판관	공통	여	
80	고객상담부	판관	공통	여	

2. 다음 거래를 매입매출전표입력 메뉴에 입력하시오.
   (단, 채권·채무 및 금융 거래는 거래처 코드를 입력하고 각 문항별 한 개의 전표번호로 입력한다)

   (1) 12월 13일   상품을 매출하고 전자세금계산서를 발급하다. 대금은 11월 28일 계약금을 제외하고 외상으로 하다.

전자세금계산서		(공급자 보관용)		승인번호	20251213-XXXX1213	
공급자	등록번호	101-81-11231		등록번호	211-88-51072	
	상호	정민가구(주)	성명(대표자) 박정민	상호	우리집가구(주)	성명(대표자) 박나리
	사업장주소	서울특별시 강남구 삼성로149길 10 (청담동)		사업장주소	서울특별시 구로구 디지털로33길 27 (구로동, 삼성IT밸리)	
	업태	도소매	종사업장번호	업태	도매업	종사업장번호
	종목	가구		종목	가구류	
	E-Mail	jmin@bill36524.com		E-Mail	home@naver.com	
작성일자	2025.12.13.	공급가액	12,500,000	세액	1,250,000	
비고						

월	일	품목명	규격	수량	단가	공급가액	세액	비고
12	13	서랍장		100	50,000	5,000,000	500,000	
12	13	옷장		50	60,000	3,000,000	300,000	
12	13	쇼파		100	45,000	4,500,000	450,000	

합계금액	현금	수표	어음	외상미수금	이 금액을	○ 영수 / ● 청구 함
13,750,000	4,000,000			9,750,000		

   (2) 12월 16일   상품을 매입하고 전자세금계산서를 발급받다. 대금은 미리 지급한 계약금 ₩1,500,000을 제외하고, 잔액은 보통예금(하나은행) 계좌에서 자기앞수표로 인출하여 지급하다.

전자세금계산서		(공급받는자 보관용)		승인번호	20251216-XXXX1216	
공급자	등록번호	122-81-18380		등록번호	101-81-11231	
	상호	가람가구(주)	성명(대표자) 최장원	상호	정민가구(주)	성명(대표자) 박정민
	사업장주소	서울특별시 구로구 가마산로 134-11 (구로동)		사업장주소	서울특별시 강남구 삼성로149길 10 (청담동)	
	업태	도매업	종사업장번호	업태	도소매	종사업장번호
	종목	가구		종목	가구	
	E-Mail	garam@bill36524.com		E-Mail	jmin@bill36524.com	
작성일자	2025.12.16.	공급가액	6,000,000	세액	600,000	
비고						

월	일	품목명	규격	수량	단가	공급가액	세액	비고
12	16	옷장		50	60,000	3,000,000	300,000	
12	16	쇼파		100	30,000	3,000,000	300,000	

합계금액	현금	수표	어음	외상미수금	이 금액을	○ 영수 / ● 청구 함
6,600,000	6,600,000					

(3) 12월 17일   본사 직원의 명함 및 안내서를 인쇄하고 법인카드로 결제하고 신용카드
               매출전표를 발급받다.

단말기번호	5151434301	전표번호	
카드종류	국민카드		
회원번호	4567-5241-8695-4575		
유효기간	거래일시	취소시당초거래일	
	2025.12.17.		
거래유형	승인	품명	명함제작외
결제방법	일시불	금액 AMOUNT	180000
매장명		부가세 VAT	18000
판매자		봉사료 S/C	
대표자	김정식	합계 TOTAL	198000
알림/NOTICE		승인번호	45850302
가맹점주소	서울시 서대문구 간호대로 12-10		
가맹점번호	85154584		
사업자등록번호	129-81-17306		
가맹점명	친절한인쇄(주)		
문의전화/HELP DESK TEL:1544-4700 (회원용)		서명/SIGNATURE 정민가구(주)	

(4) 12월 20일   최선교에게 상품을 판매하고 현금영수증을 발행해 주다. 대금은 현금으로
               받은 후 보통예금(하나은행) 계좌에 예입하다.

현금영수증

● 거래정보

거래일시	2025-12-20
승인번호	45851235
거래구분	승인거래
거래용도	소득공제
발급수단번호	010-6565-6565

● 거래금액

품목	수량	공급가액	부가세	총거래금액
서랍장	1	150,000	15,000	165,000
쇼파	1	800,000	80,000	880,000
합계				1,045,000

● 가맹점 정보

상호	정민가구(주)
사업자번호	101-81-11231
대표자명	박정민
주소	서울특별시 강남구 삼성로 149길

3. 다음 거래를 일반전표에 입력하시오.
   (단, 채권·채무 및 금융 거래는 거래처 코드를 입력하고 각 문항별 한 개의 전표번호로 입력한다)

   (1) 12월 17일   만기(3년)까지 보유할 목적으로 상장회사 (주)새롬전자의 사채 1,000좌(액면금액 @₩9,000)을 1좌당 ₩8,000에 구입하고, 대금은 거래수수료 ₩18,000을 포함하여 현금으로 지급하다.

   (2) 12월 20일   투자 목적으로 취득한 토지를 ₩35,000,000(취득원가 ₩30,000,000)에 처분하고, 수수료 ₩250,000을 차감한 금액은 자기앞수표로 받아 즉시 보통예금(하나은행) 계좌에 입금하다.

   보통예금 통장 거래 내역
   하나은행

번호	날짜	내용	출금액	입금액	잔액	거래점
	계좌번호 2378-65-879111		정민가구(주)			
	- 중 간 생 략 -					
10	20251220	CD		30,000,000	***	***
11	20251220	CD		4,000,000	***	***
12	20251220	CD		750,000	***	***

   (3) 12월 22일   발해가구(주)로부터 외상 대금으로 받아 보관하고 있는 약속어음(어음번호 : 마가14949129, 만기일 : 2026년 3월 22일, 지급은행 : 하나은행)을 자금부족으로 인해 당점 거래은행인 시티은행에서 어음을 할인하여 당좌예금(시티은행) 계좌에 예입하다. 단, 이자율은 연 10%이며, 할인료는 월할 계산한다.

   (4) 12월 23일   자본감소(주식소각)을 위해 당사의 기 발행주식 중 4,000주(액면가액 @₩5,000)을 1주당 ₩4,500으로 매입하여 소각하고, 매입대금은 당사 보통예금(하나은행) 계좌에서 지급하다.

   (5) 12월 28일   12월 종업원 급여를 보통예금(하나은행) 계좌에서 종업원계좌로 이체하다.

   2025년 12월 급여명세서

성 명	박 소 현	지 급 일	2025년 12월 28일
기 본 급	5,000,000원	국 민 연 금	120,000원
		건 강 보 험	110,000원
		고 용 보 험	18,800원
		소 득 세	300,000원
		지 방 소 득 세	30,000원
		공 제 합 계	578,800원
급 여 계	5,000,000원	지 급 총 액	4,421,200원

4. 다음 기말(12월 31일) 결산 정리 사항을 회계 처리하고 마감하시오.

(1) 매출채권 잔액에 대해 1%의 대손충당금(보충법)을 설정하다.

(2) 모든 비유동자산에 대한 감가상각비를 계상하다.

(3) 기말 상품재고액을 입력하고 결산 처리하다. 단, 재고평가는 선입선출법으로 한다.

(4) 토지를 ₩19,000,000으로 재평가하다.

(5) 3월 1일에 가입한 보험료(2025. 3. 1~2026. 2. 28)에 대한 미경과분을 계상하다. 단, 월할 계산한다.

(6) 퇴직급여부채를 계상하다. 전체 임직원 퇴직 시 필요한 퇴직금은 ₩23,000,000이며, 회사는 별도로 퇴직연금에 가입하지 않았다.

(7) 기말 현재 PMT로부터 차입한 외화장기차입금 $50,000에 대하여 평가하다. 단, 기준환율은 ₩1,200/$이다.

5. 다음 사항을 조회하여 번호 순서대로 단답형 답안에 등록하시오.

(1) 5월 현재 서랍장의 재고 수량은 몇 개(EA)인가?

(2) 1월 1일부터 1월 31까지 보통예금 인출액은 얼마인가?

(3) 12월 31일 현재 받을어음잔액은 얼마인가?

(4) 1월 1일부터 10월 31일까지 (주)경기가구유통의 외상대금 중 지급액은 얼마인가?

(5) 1월 1일부터 12월 31일까지 한국채택 국제회계기준(K-IFRS)에 의한 포괄손익계산서(기능별)에 표시되는 기타비용은 얼마인가?

(6) 12월 31일 현재 한국채택 국제회계기준(K-IFRS)에 의한 재무상태표에 표시되는 비유동부채는 얼마인가?

문제 02 원가회계

> **원가회계 시작하기**
> 상단의 [회사명]을 클릭 ⇨ [회사코드]를 검색(F2)하여 해당 회사 제10회(원가)-(주)한백상사를 선택한다.

◎ 지시사항 : '(주)한백상사'의 거래자료이며 회계연도는 2025. 1. 1. ~ 12. 31.이다.

1. 다음의 9월 원가계산 과정을 순서대로 처리하시오. 단, 임금 및 제조경비는 주어진 기초자료에 이미 처리되어 있다.

(1) 9월 20일 다음의 작업지시서를 발행하고, 같은 날 주요자재를 출고하였다.

① 작업지시서 내용

지시일자	제품명	작업장	작업지시량	작업기간
9월 20일	아일랜드씽크대	제1작업장	550(EA)	9월 20일 ~ 9월 30일
9월 20일	ㄱ자씽크대	제2작업장	700(EA)	9월 20일 ~ 10월 15일

② 자재사용(출고)등록

    아일랜드씽크대   작업지시서 : 철재프래임 550(EA)(제1작업장)
    ㄱ자씽크대   작업지시서 : 인조대리석 700(EA)(제2작업장)

(2) 9월 30일 작업지시서(9월 20일 발행)에 대해 다음과 같이 생산자료를 등록하다.

| 품목 | 완성량 | 재공품 | | 작업(투입)시간 | 작업장 |
		월말 수량	작업진행률(완성도)		
아일랜드씽크대	550(EA)	-	-	300	제1작업장
ㄱ자씽크대	500(EA)	200(EA)	75%	350	제2작업장

(3) 9월의 원가기준정보를 다음과 같이 등록하다.

① 노무비배부기준등록(총근무시간)

관련부문	생산1부	생산2부
총근무시간	450	600

② 보조부문비배부기준등록

관련부문	생산1부	생산2부
동력부	75	25
수선부	20	80

③ 작업진행률등록 [ㄱ자씽크대 : 75%]

(4) 9월의 실제원가계산을 작업하시오.

    ① 기초재공품계산   ② 직접재료비계산
    ③ 직접노무비계산   ④ 제조간접비계산(제조부문비배부기준 : 투입시간)
    ⑤ 개별원가계산   ⑥ 종합원가계산(평균법)
    ⑦ 원가반영작업

(5) 9월의 원가계산 마감한 후 제조원가명세서를 조회하시오. 단, 원미만은 버림으로 처리한다.

국가기술자격검정대비
2025년 전산회계운용사 실기시험 제11회 모의문제

데이터 다운로드

① LG U+ 웹하드 사이트(www.webhard.co.kr)로 접속
② 나눔클래스 ID : class1234, PW : 1234 를 입력하여 로그인
③ [GUEST 폴더] ➡ [2025년 데이터 및 자료] ➡ [전산회계운용사 2급]에서 '전산회계운용사 2급 데이터.exe' 화일을 바탕화면에 다운로드받아 더블클릭하여 실행하면 자동으로 데이터가 복구되어 [NEW sPLUS 실무교육 프로그램]이 실행된다.
④ 프로그램에서 회사코드 '제11회 – 자연사랑(주)'를 선택, 로그인하여 모의문제를 해결하도록 한다.

문제 01 재무회계

◎ 지시사항 : '자연사랑(주)'의 거래 자료이며 회계연도는 2025.1.1. ~ 12.31.이다.

1. 다음 제시되는 기준정보를 입력하시오.

(1) 다음의 신규 거래처를 등록하시오.

거래처명	구분	거래처코드	대표자명	사업자등록번호	업태/종목
(주)성찬원목	매입처	2004	박지훈	201-81-83108	도매/원목
삼건가구(주)	매출처	2005	이남열	126-81-72348	도·소매/가구

(2) 다음의 신규 상품(품목)을 등록하시오.

품목종류(자산)	품목코드	품목(품명)	(상세)규격	기준단위
상품	5006	책상세트	3호	EA

2. 다음 거래를 매입매출전표입력 메뉴에 입력하시오.
(단, 채권·채무 및 금융 거래는 거래처 코드를 입력하고 각 문항별 한 개의 전표번호로 입력한다)

(1) 8월 2일 상품을 매출하고 전자세금계산서를 발급하다. 대금 중 ₩13,500,000은 보통예금(외환은행)으로 회수하고 잔액은 한 달 후에 받기로 하다.

전자세금계산서					(공급자 보관용)		승인번호	20250802-XXXX0802
공급자	등록번호	132-81-56872			공급받는자	등록번호	119-81-07460	
	상호	자연사랑(주)	성명(대표자)	장나인		상호	(주)코리아	성명(대표자)	이대창
	사업장주소	서울특별시 종로구 종로 285 (종로6가)				사업장주소	서울특별시 금천구 금하로 611 (시흥동, 금성빌딩)	
	업태	제조.도소매	종사업장번호			업태	도매업	종사업장번호	
	종목	가구				종목	가구	
	E-Mail	nature@bill36524.com				E-Mail	korea@naver.com	
작성일자	2025.08.02.	공급가액	34,500,000	세 액	3,450,000			
비고	송금계좌 :1235-852862-9 외환은행, 예금주 : 자연사랑(주)							

월	일	품목명	규격	수량	단가	공급가액	세액	비고
8	2	장롱		12	2,500,000	30,000,000	3,000,000	
8	2	쇼파		5	900,000	4,500,000	450,000	

합계금액	현금	수표	어음	외상미수금	이 금액을	○ 영수 / ● 청구	함
37,950,000	13,500,000			24,450,000			

(2) 8월 4일 상품을 매입하고 전자세금계산서를 발급받다. 대금 중 ₩4,000,000은 당좌수표(시티은행)를 발행하여 지급하다.

전자세금계산서					(공급받는자 보관용)		승인번호	20250804-XXXX0804
공급자	등록번호	216-81-21652			공급받는자	등록번호	132-81-56872	
	상호	(주)남부원목	성명(대표자)	남궁민		상호	자연사랑(주)	성명(대표자)	장나인
	사업장주소	경기도 용인시 처인구 백암면 근창로 49 (이천공사)				사업장주소	서울특별시 종로구 종로 285 (종로6가)	
	업태	제조.도매업	종사업장번호			업태	제조.도소매	종사업장번호	
	종목	의류				종목	가구	
	E-Mail	nambu@naver.com				E-Mail	nature@bill36524.com	
작성일자	2025.08.04.	공급가액	10,200,000	세 액	1,020,000			
비고								

월	일	품목명	규격	수량	단가	공급가액	세액	비고
8	4	식탁세트		15	400,000	6,000,000	600,000	
8	4	장식장		10	300,000	3,000,000	300,000	
8	4	책상세트		10	120,000	1,200,000	120,000	

합계금액	현금	수표	어음	외상미수금	이 금액을	○ 영수 / ● 청구	함
11,220,000		4,000,000		7,220,000			

(3) 8월 15일   직원용 휴게실에 사용할 가전제품(3LED TV)을 구입하고 신용카드 매출전표를 발급받다.

단말기번호	3141434201	전표번호	
카드종류	국민카드		
회원번호	4567-5241-****-4575		
유효기간	거래일시 2025.08.15.	취소시당초거래일	
거래유형	승인	품명	가전제품
신용승인			
결제방법	일시불	금액 AMOUNT	2,000,000
판매자		부가세 VAT	200,000
대표자	이찬열	합계 TOTAL	2,200,000
알림/NOTICE		승인번호	33013302
가맹점주소	서울시 영등포구 양평4가 45		
가맹점번호	74914813		
사업자등록번호	606-33-89534		
가맹점명	롯데마트		
문의전화/HELP DESK TEL:1544-4700 (회원용)		서명/SIGNATURE 자연사랑(주)	

(4) 8월 25일   (주)한생으로부터 업무용 토지를 취득하면서 ₩70,000,000은 시티은행 당좌예금 계좌에서 (주)한생의 외환은행 계좌로 이체하고, 나머지는 30일 후에 지급하기로 하다. 또한, 이전등기 시 취득세 ₩4,500,000와 수수료 ₩500,000은 현금으로 지급하다.

전자계산서 (공급받는자 보관용)   승인번호 20250825-XXXX0825

	공급자				공급받는자		
등록번호	110-81-23236			등록번호	132-81-56872		
상호	(주)한생	성명(대표자)	이리오	상호	자연사랑(주)	성명(대표자)	장나인
사업장주소	서울특별시 마포구 월드컴로 102			사업장주소	서울특별시 종로구 종로 285 (종로6가)		
업태	부동산업	종사업장번호		업태	제조.도소매	종사업장번호	
종목	부동산개발 및 공급			종목	가구		
E-Mail	hansaeng45@kcci.com			E-Mail	nature@bill36524.com		

작성일자	2025.08.25	공급가액	90,000,000

비고

월	일	품목명	규격	수량	단가	공급가액	비고
08	25	토지				90,000,000	

합계금액	현금	수표	어음	외상미수금	이 금액을	● 영수 / ○ 청구	함
90,000,000	70,000,000			20,000,000			

3. 다음 거래를 일반전표에 입력하시오.
(단, 채권 ; 채무 및 금융 거래는 거래처 코드를 입력하고 각 문항별 한 개의 전표번호로 입력한다)

(1) 8월 7일   상품 보관 창고 신축을 위해 (주)부림건설에서 차입한 차입금에 대한 이번 달 이자 ₩1,200,000이 보통예금(외환은행) 계좌에서 인출되다.

(2) 8월 10일   한도물산(주)에 6개월간 대여한 대여금 ₩5,000,000과 그에 따른 이자 ₩600,000(미수수익 ₩200,000 포함)을 현금으로 회수하여 보통예금(외환은행)에 입금하다.

(3) 8월 20일   신입사원들의 직업훈련을 강화하기 위하여 교육을 실시하고 강사료 ₩900,000 중 소득세 등 ₩29,700을 원천징수한 후 보통예금(외환은행) 계좌에서 인출하여 지급하다.

보통예금 통장 거래 내역
외환은행

번호	날짜	내용	출금액	입금액	잔액	거래점
	계좌번호 1235-852862-9 자연사랑(주)					
	- 중 간 생 략 -					
15	20250820	강사료	870,300		***	***

(4) 8월 27일   진수가구(주)로부터 받아 보관중인 약속어음(어음번호 : 아자20011001, 만기일 : 2025년 9월 10일, 지급은행 : 농협은행) ₩30,000,000을 시티은행에서 할인받고, 할인료 ₩350,000을 제외한 실수령액은 당좌예금(시티은행)계좌로 입금되다.

(5) 8월 31일   특허권(장부금액 ₩5,000,000)을 아주산업(주)에게 매각하고 대금은 모두 보통예금(외환은행) 계좌로 송금받다.

보통예금 통장 거래 내역
외환은행

번호	날짜	내용	출금액	입금액	잔액	거래점
	계좌번호 1235-852862-9 자연사랑(주)					
	- 중 간 생 략 -					
18	20250831	아주산업(주)		4,200,000	***	***

4. 다음 기말(12월 31일) 결산 정리 사항을 회계 처리하고 마감하시오.

(1) 제2기 확정신고에 대한 부가가치세를 정리하시오.

(2) 매출채권 잔액에 대해 1%의 대손충당금(보충법)을 설정하다.

(3) 현금과부족의 원인은 다음과 같다. 현금과부족 계정을 정리하다.
   · 11월 25일 지급한 가스요금은 ₩310,000을 ₩130,000으로 잘못 기장되다.
   · 11월 25일 관리부에서 고객상담실에 비치할 잡지 구입비 ₩120,000이 기장 누락되다.
   · 잔액은 원인을 알 수 없어 비용처리하다.

(4) 모든 비유동자산에 대한 감가상각비를 계상하다.

(5) 8월 1일에 지급한 차기분에 대한 보험료 계상하다. 단, 월할 계산한다.

(6) 기말상품재고액을 입력하고 결산 처리하다. 단, 재고평가는 선입선출법으로 한다.

(7) 9월 1일에 기업은행으로부터 차입한 차입금 ₩40,000,000에 대한 이자를 계상하다. 단, 이자지급일은 다음년도 8월 31일, 이자율은 연12%, 월할 계산한다.

5. 다음 사항을 조회하여 번호 순서대로 단답형 답안에 등록하시오.

(1) 7월 말까지 수진가구(주)의 외상대금 회수액은 얼마인가?

(2) 3월 현재 의자의 재고수량은 몇 개(EA)인가?

(3) 4월부터 8월까지 받을어음의 회수액은 얼마인가?

(4) 12월 31일 현재 한국채택 국제회계기준(K-IFRS)에 의한 재무상태표에 표시되는 전년대비 납입자본의 증가액은 얼마인가?

(5) 1월 1일부터 12월 31일까지 한국채택 국제회계기준(K-IFRS)에 의한 포괄손익계산서(기능별)에 표시되는 기타비용은 얼마인가?

(6) 3월부터 10월까지 상품 중 식탁세트의 판매 수량은 몇 개(EA)인가?

문제 02 원가회계

> **원가회계 시작하기**
> 상단의 [회사명]을 클릭 ⇨ [회사코드]를 검색(F2)하여 해당 회사 제11회(원가)-(주)하나상사를 선택한다.

◎ 지시사항 : '(주)하나상사'의 거래 자료이며 회계연도는 2025. 1. 1. ~ 12. 31.이다.

1. 다음의 9월 원가계산 과정을 순서대로 처리하시오. 단, 임금 및 제조경비는 주어진 기초자료에 이미 처리되어 있다.

(1) 다음의 품목의 내용 중 오류부분이 있다. 찾아서 수정하시오.

품목코드	품목구분(종류)	품목(품명)	(상세)규격	기준단위	원가구분
3002	제품	EDBDP	CM-1	EA	종합

(2) 9월 23일 다음의 작업지시서를 발행하고, 같은 날 주요자재를 출고하였다.

① 작업지시서 내용

지시일자	제품명	작업장	작업지시량	작업기간
9월 23일	QDOR	제1작업장	600(EA)	9월 23일 ~ 9월 30일
9월 23일	EDBDP	제2작업장	750(EA)	9월 23일 ~ 10월 5일

② 자재사용(출고)등록
   QDOR 작업지시서 : AL6061   600단위(제1작업장)
                           BS   600단위(제1작업장)
  EDBDP 작업지시서 : AL5052   750단위(제2작업장)

(3) 9월 30일 작업지시서(9월 23일 발행)에 대해 다음과 같이 생산자료를 등록하다.

품목	완성량	재공품 월말 수량	재공품 작업진행률(완성도)	작업(투입)시간	작업장
QDOR	600(EA)	-	-	400	제1작업장
EDBDP	650(EA)	100(EA)	65%	600	제2작업장

(4) 9월의 원가기준정보를 다음과 같이 등록하다.

① 노무비배부기준등록(총근무시간)

관련부문	생산1부	생산2부
총근무시간	470	640

② 보조부문비배부기준등록

관련부문	생산1부	생산2부
동력부	35	65
수선부	55	45

③ 작업진행률등록 [EDBDP : 65%]

(5) 9월의 실제원가계산을 작업하시오.
  ① 기초재공품계산   ② 직접재료비계산
  ③ 직접노무비계산   ④ 제조간접비계산(제조부문비배부기준 : 투입시간)
  ⑤ 개별원가계산   ⑥ 종합원가계산(평균법)
  ⑦ 원가반영작업

(6) 9월의 원가계산 마감한 후 제조원가명세서를 조회하시오. 단, 원미만은 버림으로 처리한다.

국가기술자격검정대비
2025년 전산회계운용사 실기시험 제12회 모의문제

📥 데이터 다운로드

① LG U+ 웹하드 사이트(www.webhard.co.kr)로 접속
② 나눔클래스 ID : class1234, PW : 1234 를 입력하여 로그인
③ [GUEST 폴더] ➡ [2025년 데이터 및 자료] ➡ [전산회계운용사 2급]에서 '전산회계운용사 2급 데이터.exe' 화일을 바탕화면에 다운로드받아 더블클릭하여 실행하면 자동으로 데이터가 복구되어 [NEW sPLUS 실무교육 프로그램] 이 실행된다.
④ 프로그램에서 회사코드 '제12회 - 손오공(주)'를 선택, 로그인하여 모의문제를 해결하도록 한다.

문제 01 재무회계

◎ 지시사항 : '손오공(주)'의 거래 자료이며 회계연도는 2025.1.1. ~ 12.31.이다.

1. 다음 제시되는 기준정보를 입력하시오.

(1) 다음의 신규 상품(품목)을 등록하시오.

품목코드	품목(품명)	(상세)규격	품목종류(자산)	기준단위
5007	마징가로봇	30/120	상품	EA

(2) 다음의 신규 부서를 등록하시오.

조직(부서)명	조직(부서)코드	제조/판관	비고
영업기획부	80	판관	
마케팅관리부	90	판관	

2. 다음 거래를 매입매출전표입력 메뉴에 입력하시오.
(단, 채권·채무 및 금융 거래는 거래처 코드를 입력하고 각 문항별 한 개의 전표번호로 입력한다)

(1) 7월 2일 상품을 매출하고 전자세금계산서를 발급하다. 대금 중 절반은 보통예금 (신한은행) 계좌로 송금받고, 잔액은 동점발행 전자어음(어음번호 : 08120250702202510205, 만기일 : 2025년 10월 20일, 지급은행 : 하나은행)으로 받다.

전자세금계산서 (공급자 보관용) 승인번호 20250702-XXXX0702

	공급자				공급받는자	
등록번호	107-81-56876			등록번호	606-85-07638	
상호	손오공(주)	성명(대표자)	한사랑	상호	청하장난감(주)	성명(대표자) 이청하
사업장주소	서울특별시 영등포구 여의나루로 77 (여의도동)			사업장주소	대구광역시 달서구 달구벌대로 1001 (호산동)	
업태	제조.도소매	종사업장번호		업태	도소매	종사업장번호
종목	완구류			종목	완구류	
E-Mail	sonoo@bill36524.com			E-Mail	chungha@hanmail.net	

작성일자	2025.07.02.	공급가액	70,000,000	세 액	7,000,000

비고

월	일	품목명	규격	수량	단가	공급가액	세액	비고
7	2	바비인형		200	200,000	40,000,000	4,000,000	
7	2	마론인형		200	100,000	20,000,000	2,000,000	
7	2	미미인형		100	100,000	10,000,000	1,000,000	

합계금액	현금	수표	어음	외상미수금	이 금액을 ●영수 ○청구 함
77,000,000	38,500,000		38,500,000		

(2) 7월 5일 상품을 매입하고 전자세금계산서를 발급받다. 대금 중 ₩2,000,000은 보통예금(신한은행) 계좌에서 인출하여 지급하고, 잔액은 당좌수표(수표번호 : 가나22220015, 지급은행 : 시티은행)를 발행하여 지급하다.

전자세금계산서 (공급받는자 보관용) 승인번호 20250705-XXXX0705

	공급자				공급받는자	
등록번호	113-45-10256			등록번호	132-11-56879	
상호	중기토이(주)	성명(대표자)	정나무	상호	손오공(주)	성명(대표자) 한사랑
사업장주소	서울특별시 용산구 백범로 342-1 (문배동)			사업장주소	서울특별시 영등포구 어의나루로 77 (여의도동)	
업태	제조	종사업장번호		업태	제조.도소매	종사업장번호
종목	완구류			종목	완구류	
E-Mail	ear@naver.com			E-Mail	sonoo@bill36524.com	

작성일자	2025.07.05.	공급가액	5,250,000	세 액	525,000

비고

월	일	품목명	규격	수량	단가	공급가액	세액	비고
7	5	쥬쥬인형		50	25,000	1,250,000	125,000	
7	5	미미인형		50	30,000	1,500,000	150,000	
7	5	마징가로봇		50	50,000	2,500,000	250,000	

합계금액	현금	수표	어음	외상미수금	이 금액을 ●영수 ○청구 함
5,775,000	2,000,000	3,775,000			

(3) 7월 10일   정일토이(주)에 상품(태권브이 100개)을 판매하고 신용카드매출전표를 발행하다.

단말기번호	4523188308	전표번호	
카드종류	기업카드		
회원번호	3535-1234-3525-1234		
유효기간		거 래 일 시	취소시당초거래일
		2025.07.10.	
거래유형	승인	품명	태권브이
결제방법	일시불	금액 AMOUNT	5,000,000
매장명		부가세 VAT	500,000
판매자		봉사료 S/C	
대표자	한사랑	합계 TOTAL	5,500,000
알림/NOTICE		승인번호	53452311
가맹점주소	서울특별시 영등포구 여의나루 77		
가맹점번호	5512548		
사업자등록번호	107-81-56876		
가맹점명	손오공(주)		
문의전화/HELP DESK TEL:1544-4700 (회원용)		서명/SIGNATURE 정일토이(주)	

(4) 7월 13일   평화토이(주)로부터 상품(미미인형 15개)을 법인카드로 구입하고 신용카드매출전표를 발급받다.

단말기번호	5186534301	전표번호	
카드종류	국민카드		
회원번호	4567-5241-****-4575		
유효기간		거 래 일 시	취소시당초거래일
		2025.07.13.	
거래유형	승인	품명	미미인형
결제방법	일시불	금액 AMOUNT	600,000
매장명		부가세 VAT	60,000
판매자		봉사료 S/C	
대표자	이화전	합계 TOTAL	660,000
알림/NOTICE		승인번호	66013302
가맹점주소	서울특별시 성북구 길음로 20		
가맹점번호	88915713		
사업자등록번호	119-81-07607		
가맹점명	평화토이(주)		
문의전화/HELP DESK TEL:1544-4700 (회원용)		서명/SIGNATURE 손오공(주)	

3. 다음 거래를 일반전표에 입력하시오.
(단, 채권·채무 및 금융 거래는 거래처 코드를 입력하고 각 문항별 한 개의 전표번호로 입력한다)

(1) 7월 6일　　단기 시세 차익을 목적으로 구입하였던 KS전자의 주식 150주(매입시 주당 @₩55,000)를 1주당 ₩62,000에 매각하고 대금은 주식거래수수료 ₩10,000을 공제하고 현금으로 받아 당좌예금(시티은행) 계좌에 예입하다.

(2) 7월 20일　　분홍토이(주)로부터 받아 보관중인 약속어음(어음번호 : 라자20114001, 만기일 : 2025년 7월 20일, 지급은행 : 국민은행) ₩5,000,000이 만기되어 추심수수료 ₩30,000을 제외한 실수금이 당좌예금(시티은행) 계좌에 입금됨을 거래은행으로부터 통지받다.

(3) 7월 25일　　업무용 토지를 청담건설(주)에 매각하고 ₩50,000,000은 당좌예금(시티은행) 계좌로 송금받고, ₩10,000,000은 1주일 후에 받기로 하다. 단, 신규거래처를 등록하시오.

구분	거래처명	사업자번호	거래처코드	대표자명	업태/종목
전체	청담건설(주)	502-81-84562	03009	김소담	건설업/건물건설업

(4) 7월 26일　　현대자동차로부터 전기에 구입한 자동차 할부금이 보통예금(신한은행) 계좌에서 자동이체가 되다.

[자동차 할부 명세서]

차수	결제일	상환액	납입원금	잔금	비고
1	2025-07-26	1,500,000	1,500,000	18,500,000	
2	2025-08-26	1,550,000	1,500,000	17,000,000	
3	2025-09-26	1,550,000	1,500,000	15,500,000	

(5) 7월 31일　　7월 중 발생한 지출 내역은 다음과 같으며 법인카드(국민카드)로 결제하다.

지출결의서

2025년 7월 31일

결재 : 경미 / 계 / 과장 / 부장

번호	적요	금액(원)	비고
1	운송부 화물차 타이어 교체비	360,000	국민카드 결제
2	운송부 화물차 자동차세	123,000	국민카드 결제
3	관리부 직원 회식비	265,000	국민카드 결제
4	영업부 신문 광고료	130,000	국민카드 결제
	합　계	878,000	
	이　하　생　략		

4. 다음 기말(12월 31일) 결산 정리 사항을 회계 처리하고 마감하시오.

(1) 모든 비유동자산에 대한 감가상각비를 계상하다.

(2) 매출채권 잔액에 대해 1%의 대손충당금(보충법)을 설정하다.

(3) 기말상품재고액을 입력하고 결산 처리하다. 단, 재고평가는 선입선출법으로 한다.

(4) 퇴직급여추계액 ₩20,000,000을 계상하다.

(5) 정기예금에 대해 연 10%에 이자를 계상하다. 단, 월할 계산 한다.

(6) 기말 현재 장기 보유 목적으로 보유중인 주식의 공정가액은 ₩10,500,000으로 평가되다.

(7) 사채(액면가액 : ₩5,000,000, 장부가액 : ₩4,500,000)에 대한 이자를 계상하다. 단, 사채의 표시 이자율 10%, 유효이자율 12%, 원미만은 버린다.

5. 다음 사항을 조회하여 번호 순서대로 단답형 답안에 등록하시오.

(1) 6월말 현재 강북토이(주)의 외상매출금 잔액은 얼마인가?

(2) 6월 30일 현재 마론인형(상품)의 재고 수량은 몇 개(EA)인가?

(3) 4월부터 7월까지 받을어음으로 수취한 금액은 얼마인가?

(4) 6월 30일 현재 한국채택 국제회계기준(K-IFRS)에 의한 재무상태표에 표시되는 유동부채의 전년도대비 증가액은 얼마인가?

(5) 1월 1일부터 12월 31일까지 한국채택 국제회계기준(K-IFRS)에 의한 포괄손익계산서(기능별)에 표시되는 판매비와 관리비에 해당하는 금액은 얼마인가?

(6) 1월부터 12월까지 하이랜드(주)에 미지급한 외상대금은 얼마인가?

문제 02 원가회계

> **원가회계 시작하기**
> 상단의 [회사명]을 클릭 ⇨ [회사코드]를 검색(F2)하여 해당 회사 제12회(원가)-(주)와이엠을 선택한다.

◎ 지시사항 : '(주)와이엠'의 거래 자료이며 회계연도는 2025. 1. 1. ~ 12. 31.이다.

1. 다음의 10월 원가계산 과정을 순서대로 처리하시오. 단, 임금 및 제조경비는 주어진 기초자료에 이미 처리되어 있다.

(1) 10월 15일 다음의 작업지시서를 발행하고, 같은 날 주요자재를 출고하였다.

① 작업지시서 내용

지시일자	제품명	작업장	작업지시량	작업기간
10월 15일	QJK	제1작업장	400(EA)	10월 15일 ~ 10월 31일
10월 15일	PRT	제2작업장	700(EA)	10월 15일 ~ 11월 10일

※ 단, 제품 PRT는 종합원가계산을 하고 있다.

② 자재사용(출고)등록

QJK 작업지시서 : ASL 400단위(제1작업장)
PRT 작업지시서 : ETT 700단위(제2작업장)
　　　　　　　　 BUK 700단위(제2작업장)

(2) 10월 31일 작업지시서(10월 15일 발행)에 대해 다음과 같이 생산자료를 등록하다.

품목	완성량	재공품 월말 수량	재공품 작업진행률(완성도)	작업(투입) 시간	작업장
QJK	400(EA)	-	-	500	제1작업장
PRT	600(EA)	100(EA)	80%	600	제2작업장

(3) 10월의 원가기준정보를 다음과 같이 등록하다.

① 노무비배부기준등록(총근무시간)

관련부문	생산1부	생산2부
총근무시간	500	700

② 보조부문비배부기준등록

관련부문	생산1부	생산2부
동력부	70	30
수선부	10	90

③ 작업진행률등록 [PRT : 80%]

(4) 10월의 실제원가계산을 작업하시오.

① 기초재공품계산　　② 직접재료비계산
③ 직접노무비계산　　④ 제조간접비계산(제조부문비배부기준 : 투입시간)
⑤ 개별원가계산　　　⑥ 종합원가계산(평균법)
⑦ 원가반영작업

(5) 10월의 원가계산 마감한 후 제조원가명세서를 조회하시오. 단, 원미만은 버림으로 처리한다.

국가기술자격검정대비
2025년 전산회계운용사 실기시험 제13회 모의문제

데이터 다운로드

① LG U+ 웹하드 사이트(www.webhard.co.kr)로 접속
② 나눔클래스 ID : class1234, PW : 1234 를 입력하여 로그인
③ [GUEST 폴더] ➡ [2025년 데이터 및 자료] ➡ [전산회계운용사 2급]에서 '전산회계운용사 2급 데이터.exe' 파일을 바탕화면에 다운로드받아 더블클릭하여 실행하면 자동으로 데이터가 복구되어 [NEW sPLUS 실무교육 프로그램]이 실행된다.
④ 프로그램에서 회사코드 '제13회 – 도화세상(주)'를 선택, 로그인하여 모의문제를 해결하도록 한다.

문제 01 재무회계

◎ 지시사항 : '도화세상(주)'의 거래 자료이며 회계연도는 2025.1.1. ~ 12.31.이다.

1. 다음 제시되는 기준정보를 입력하시오.

(1) 다음의 신규 거래처를 등록하시오.

거래처명	구분	거래처코드	대표자명	사업자등록번호	업태/종목
미소래신발	매입처	05001	신동하	120-81-11945	도매/운동화
두산타운(주)	매출처	05002	박정선	124-81-00606	도소매/구두

(2) 다음의 신규 상품(품목)을 등록하시오.

품목코드	품목(품명)	(상세)규격	품목종류(자산)	기준단위
5004	어그부츠	230	상품	EA

2. 다음 거래를 매입매출전표입력 메뉴에 입력하시오.
(단, 채권·채무 및 금융 거래는 거래처 코드를 입력하고 각 문항별 한 개의 전표번호로 입력한다)

(1) 12월 13일 상품을 매출하고 전자세금계산서를 발급하다. 대금 중 일부는 전자어음 (어음번호 : 02020251213202603137, 만기일 : 2026년 3월 13일, 지급은행 : 우리은행)으로 받다.

전자세금계산서 (공급자 보관용)
승인번호: 20251213-XXXX1213

공급자
- 등록번호: 140-81-12346
- 상호: 도화세상(주) / 성명(대표자): 김태평
- 사업장주소: 경기도 시흥시 경기과기대로 219 (정왕동)
- 업태: 도소매 / 종목: 신발
- E-Mail: dohwa@bill36524.com

공급받는자
- 등록번호: 307-81-06054
- 상호: 창제신발(주) / 성명(대표자): 박준혁
- 사업장주소: 대전광역시 대덕구 대청로 149 (신탄진동)
- 업태: 도소매 / 종목: 신발
- E-Mail: cj@naver.com

작성일자	공급가액	세액
2025.12.13.	30,500,000	3,050,000

월	일	품목명	규격	수량	단가	공급가액	세액	비고
12	13	남성구두		500	50,000	25,000,000	2,500,000	
12	13	여성운동화		100	25,000	2,500,000	250,000	
12	13	남성운동화		100	30,000	3,000,000	300,000	

합계금액	현금	수표	어음	외상미수금	이 금액을 ○ 영수 ● 청구 함
33,550,000	550,000		30,000,000	3,000,000	

(2) 12월 16일 상품을 매입하고 전자세금계산서를 발급받다. 대금 중 일부는 약속어음 (어음번호 : 하라12341219, 만기일 : 2026년 1월 10일, 지급은행 : 우리은행)을 발행하여 지급하다.

전자세금계산서 (공급받는자 보관용)
승인번호: 20251216-XXXX1216

공급자
- 등록번호: 211-10-12347
- 상호: 명성신발(주) / 성명(대표자): 정나무
- 사업장주소: 경기도 안양시 만안구 경수대료 1141-5 (안양동)
- 업태: 제조 / 종목: 스포츠용품
- E-Mail: ms@naver.com

공급받는자
- 등록번호: 140-81-12346
- 상호: 도화세상(주) / 성명(대표자): 김태평
- 사업장주소: 경기도 시흥시 경기과기대로 219 (정왕동)
- 업태: 도소매 / 종목: 신발
- E-Mail: dohwa@bill36524.com

작성일자	공급가액	세액
2025.12.16.	7,850,000	785,000

월	일	품목명	규격	수량	단가	공급가액	세액	비고
12	16	웨딩슈즈		60	100,000	6,000,000	600,000	
12	16	남성운동화		50	25,000	1,250,000	125,000	
12	16	여성운동화		30	20,000	600,000	60,000	

합계금액	현금	수표	어음	외상미수금	이 금액을 ○ 영수 ● 청구 함
8,635,000			7,000,000	1,635,000	

(3) 12월 17일   김병조에게 상품을 판매하고 현금영수증을 발급하다. 대금은 현금으로 받아 보통예금(하나은행) 계좌에 입금하다.

현금영수증

● 거래정보

거래일시	2025-12-17
승인번호	89651235
거래구분	승인거래
거래용도	소득공제용
발급수단번호	010-6006-1234

● 거래금액

품목	수량	공급가액	부가세	총거래금액
남성구두	5	1,500,000	150,000	1,650,000
남성운동화	3	450,000	45,000	495,000
합계				2,145,000

● 가맹점 정보

상호	도화세상(주)
사업자번호	140-81-12346
대표자명	김태평
주소	경기도 시흥시 경기과기대로 219

(4) 12월 19일   사무실에서 사용하는 냉장고를 수리하고 현금으로 지급하고 현금영수증을 발급받다. 수리비는 비용으로 처리한다.

현금영수증

● 거래정보

거래일시	2025-12-19
승인번호	12388934
거래구분	승인거래
거래용도	지출증빙용
발급수단번호	140-81-12346

● 거래금액

품목	공급가액	부가세	봉사료	총거래금액
수리비	55,000	5,500	0	60,500

● 가맹점 정보

상호	주은상사
사업자번호	107-25-65874
대표자명	김주은
주소	경기도 시흥시 역전로 290

3. 다음 거래를 입력하시오. 단, 채권, 채무 및 금융 거래는 거래처를 입력한다.

(1) 2월 22일   주주총회에서 전기분 이익잉여금처분계산서대로 처분이 확정되다.
이익잉여금 처분에 관한 회계처리를 하다.
〈전기분 이익잉여금처분계산서 처분 내역〉
· 이익준비금 : ₩1,000,000
· 현금배당 : ₩10,000,000
· 주식배당 : ₩20,000,000

(2) 12월 20일   동해물산(주)의 파산으로 인하여 매출채권인 외상매출금 전액을 대손처리하다.

(3) 12월 23일   한짝두짝(주)의 외상대금을 인터넷뱅킹으로 이체하여 지급하면서 이체수수료도 함께 인출됨을 확인하다.

당좌예금 통장 거래 내역

우리은행

번호	날짜	내용	출금액	입금액	잔액	거래점
	계좌번호 02011-12-654123 도화세상(주)					
1	20251223	한짝두짝(주)	3,300,000		***	***
2	20251223	이체수수료	1,000		***	***
이 하 생 략						

(4) 12월 24일   경리부 직원 박기정이 퇴사하게 되어 퇴직금 ₩2,500,000을 퇴직연금(우리은행) 확정급여(DB)형에서 ₩1,700,000을 지급하고 퇴직소득세 ₩85,000와 지방소득세 ₩8,500를 제외한 잔액은 현금으로 지급하다.

(5) 12월 26일   상법에서 정하는 절차에 따라 자기주식 5,000주(액면금액 @₩5,000)를 주당 ₩6,500에 매입하고, 보통예금(하나은행) 계좌에서 이체하다.

4. 다음 기말(12월 31일) 결산 정리 사항을 회계 처리하고 마감하시오.

(1) 매출채권 잔액에 대해 1%의 대손충당금(보충법)을 설정하다.

(2) 모든 비유동자산에 대한 감가상각비를 계상하다.

(3) 기말상품재고액을 입력하고 결산 처리하다. 단, 재고평가는 선입선출법으로 한다.

(4) 자산처리한 보험료 경과분을 정리하다. 단, 월할 계산한다.

(5) 기말 현재 보통예금(하나은행) 계좌에서 확인한 결과 회계사무실의 기장수수료 ₩300,000이 인출되었으나 회계처리가 누락됨을 발견하다.

(6) 당해 연도 법인세등 총액 ₩3,500,000을 계상하다. 단, 이연법인세는 고려하지 않는다.

(7) 단기차입금에 대한 이자 ₩820,000을 계상하다.

5. 다음 사항을 조회하여 번호 순서대로 단답형 답안에 등록하시오.

(1) 1월부터 6월까지 받을어음 증가액은 얼마인가?

(2) 1월부터 6월까지 발생된 판매비와관리비 총액은 얼마인가?

(3) 6월 30일 현재 여성운동화의 재고 수량은 몇 개(EA)인가?

(4) 9월 30일 현재 영업외비용은 얼마인가?

(5) 1월 1일부터 12월 31일까지 한국채택 국제회계기준(K-IFRS)에 의한 포괄손익계산서(기능별)에 표시되는 매출액는 얼마인가?

(6) 12월 31일 현재 한국채택 국제회계기준(K-IFRS)에 의한 재무상태표에 표시되는 미지급법인세는 얼마인가?

문제 02 원가회계

> **원가회계 시작하기**
> 상단의 [회사명]을 클릭 ⇨ [회사코드]를 검색(F2)하여 해당 회사 제13회(원가)-(주)용인산업을 선택한다.

◎ 지시사항 : '(주)용인산업'의 거래 자료이며 회계연도는 2025. 1. 1. ~ 12. 31.이다.

1. 다음의 10월 원가계산 과정을 순서대로 처리하시오. 단, 임금 및 제조경비는 주어진 기초자료에 이미 처리되어 있다.

   (1) 10월 11일 다음의 작업지시서를 발행하고, 같은 날 주요자재를 출고하였다.
   ① 작업지시서 내용

지시일자	제품명	작업장	작업지시량	작업기간
10월 11일	갑제품	제1작업장	600(EA)	10월 11일 ~ 10월 31일
10월 11일	을제품	제2작업장	900(EA)	10월 11일 ~ 11월 10일

   ※ 단, 갑제품은 개별원가 계산방식으로 원가계산하고 있다.

   ② 자재사용(출고)등록
   　　갑제품 작업지시서 : 자재X　　600단위(제1작업장)
   　　을제품 작업지시서 : 자재Y　　900단위(제2작업장)
   　　　　　　　　　　　부자재B　 900단위(제2작업장)

   (2) 10월 31일 작업지시서(10월 11일 발행)에 대해 다음과 같이 생산자료를 등록하다.

품목	완성량	재공품		작업(투입) 시간	작업장
		월말 수량	작업진행률(완성도)		
갑제품	600(EA)	-	-	600	제1작업장
을제품	700(EA)	200(EA)	90%	1,300	제2작업장

   (3) 10월의 원가기준정보를 다음과 같이 등록하다.
   ① 노무비배부기준등록(총근무시간)

관련부문	생산1부	생산2부
총근무시간	750	2,000

   ② 보조부문비배부기준등록

관련부문	생산1부	생산2부
동력부	80	20
수선부	70	30

   ③ 작업진행률등록 [을제품 : 90%]

   (4) 10월의 실제원가계산을 작업하시오.
   ① 기초재공품계산　　　② 직접재료비계산
   ③ 직접노무비계산　　　④ 제조간접비계산(제조부문비배부기준 : 투입시간)
   ⑤ 개별원가계산　　　　⑥ 종합원가계산(평균법)
   ⑦ 원가반영작업

   (5) 10월의 원가계산 마감한 후 제조원가명세서를 조회하시오. 단, 원미만은 버림으로 처리한다.

국 가 기 술 자 격 검 정 대 비
2025년 전산회계운용사 실기시험 제14회 모의문제

데이터 다운로드

① LG U+ 웹하드 사이트(www.webhard.co.kr)로 접속
② 나눔클래스 ID : class1234, PW : 1234 를 입력하여 로그인
③ [GUEST 폴더] ➡ [2025년 데이터 및 자료] ➡ [전산회계운용사 2급]에서 '전산회계운용사 2급 데이터.exe' 화일을 바탕화면에 다운로드받아 더블클릭하여 실행하면 자동으로 데이터가 복구되어 [NEW sPLUS 실무교육 프로그램]이 실행된다.
④ 프로그램에서 회사코드 '제14회 – 한수상사(주)'를 선택, 로그인하여 모의문제를 해결하도록 한다.

문제 01 재무회계

◎ 지시사항 : '한수상사(주)'의 거래 자료이며 회계연도는 2025.1.1. ~ 12.31.이다.

1. 다음 제시되는 기준정보를 입력하시오.

(1) 다음의 신규 거래처를 등록하시오.

구분	거래처명	사업자등록번호	거래처코드	대표자명	업태/종목
매입처	케이투(주)	110-81-23236	10010	공민지	제조/문구
매출처	엠티두(주)	113-81-26697	20010	박분수	도매/문구

(2) 다음의 부서 등록을 하시오.

부서코드	부서명	제조/판관	부문구분	사용자여부	비고
70	판촉부	판관	공통	여	

2. 다음 거래를 매입매출전표입력 메뉴에 입력하시오.
   (단, 채권·채무 및 금융 거래는 거래처 코드를 입력하고 각 문항별 한 개의 전표번호로 입력한다)

   (1) 10월 13일   상품을 매출하고 전자세금계산서를 발급하다. 대금 중 ₩20,000,000은 문구닷컴(주) 발행의 약속어음(어음번호 : 바가33331111, 만기일 : 2026년 4월 13일, 지급은행 : 하나은행)으로 받고 잔액은 당사가 발행한 약속어음(어음번호: 마바12345675, 만기일 : 2026년 3월 20일, 지급은행 : 하나은행)으로 회수하다.

   전자세금계산서 (공급자 보관용) 승인번호 20251013-XXXX1013

	공급자				공급받는자		
등록번호	133-81-12348			등록번호	211-81-57795		
상호	한수상사(주)	성명(대표자)	나예성	상호	문구닷컴(주)	성명(대표자)	이성실
사업장주소	서울특별시 영등포구 여의나루로 77 (여의도동)			사업장주소	서울특별시 은평구 가좌로 275-15 (신사동)		
업태	도소매	종사업장번호		업태	도소매	종사업장번호	
종목	문구			종목	문구		
E-Mail	hansu@bill36524.com			E-Mail	moon@naver.com		

작성일자	2025.10.13.	공급가액	40,000,000	세 액	4,000,000
비고					

월	일	품목명	규격	수량	단가	공급가액	세액	비고
10	13	클리어화일		1,000	10,000	10,000,000	1,000,000	
10	13	포켓노트		2,000	15,000	30,000,000	3,000,000	

합계금액	현금	수표	어음	외상미수금	이 금액을	● 영수 / ○ 청구	함
44,000,000			44,000,000				

   (2) 10월 15일   개인 박정민에게 현금으로 상품을 판매하고 현금영수증을 발급하다.

   현금영수증

   ● 거래정보

거래일시	2025-10-15
승인번호	16879235
거래구분	승인거래
거래용도	소득공제용
발급수단번호	010-7951-1004

   ● 거래금액

품목	수량	공급가액	부가세	총거래금액
포켓노트	10	200,000	20,000	220,000

   ● 가맹점 정보

상호	한수상사(주)
사업자번호	133-81-12348
대표자명	나예성
주소	서울특별시 영등포구 여의나로 77

(3) 10월 20일   상품을 매입하고 전자세금계산서를 발급받다. 대금 중 매출처 한백상사(주)에서 받아 보관중인 약속어음(어음번호 : 나다10012222, 만기일 : 2025년 12월 12일, 지급은행 : 국민은행)을 배서양도 하다.

전자세금계산서 (공급받는자 보관용)   승인번호 20251020-XXXX1020

공급자					공급받는자			
등록번호	514-81-21726				등록번호	133-81-12348		
상호	선우완구(주)	성명(대표자)	박영희		상호	한수상사(주)	성명(대표자)	나예성
사업장주소	대구광역시 서구 북비산로31길 8 (평리동, 월성타운)				사업장주소	서울특별시 영등포구 여의나루로 77 (여의도동)		
업태	도소매	종사업장번호			업태	도소매	종사업장번호	
종목	문구				종목	문구		
E-Mail	sunwoon@naver.com				E-Mail	hansu@bill36524.com		

작성일자	2025.10.20.	공급가액	45,000,000	세 액	4,500,000
비고					

월	일	품목명	규격	수량	단가	공급가액	세액	비고
10	20	파워레이저 범핑카		500	60,000	30,000,000	3,000,000	
10	20	필기구		1,000	15,000	15,000,000	1,500,000	

합계금액	현금	수표	어음	외상미수금	이 금액을	○ 영수	함
49,500,000			36,500,000	13,000,000		● 청구	

(4) 10월 22일   매출거래처에 보낼 회계실무서를 구입하고 현금영수증을 발급받다. 대금은 보통예금(하나은행) 계좌에서 현금으로 인출하여 지급하다.

현금영수증

● 거래정보

거래일시	2025-10-22
승인번호	22235622
거래구분	승인거래
거래용도	지출증빙용
발급수단번호	133-81-12348

● 거래금액

품목	공급가액	부가세	봉사료	총거래금액
회계실무서	80,000	0	0	80,000

● 가맹점 정보

상호	바른문고
사업자번호	109-81-35144
대표자명	강성민
주소	서울특별시 영등포구 양평로 22

3. 다음 거래를 일반전표에 입력하시오.

(단, 채권·채무 및 금융 거래는 거래처 코드를 입력하고 각 문항별 한 개의 전표번호로 입력한다)

(1) 10월 17일 현금 잔액을 검토하던 중 장부상 현금보다 실제 현금이 ₩65,000 더 많은 것을 발견하다.

(2) 11월 19일 전기에 대손처리하였던 (주)대유국의 외상매출금을 보통예금 계좌로 입금받다. 단, 부가가치세는 고려하지 않는다.

보통예금 통장 거래 내역
하나은행

번호	날짜	내용	출금액	입금액	잔액	거래점
	계좌번호 236-02-23526 한수상사(주)					
1	20251119	(주)대유국		1,000,000	***	***
- 이 하 생 략 -						

(3) 11월 22일 문구아울렛(주)에서 수취한 ₩24,000,000의 약속어음(어음번호 : 나마 10105544, 만기일 : 2026년 1월 20일, 지급은행 : 외환은행)을 연 10%로 할인받고, 할인료를 차감한 잔액을 당좌예금(하나은행) 계좌로 입금됨을 통지받다. 단, 어음의 만기일은 2개월 남았으며, 할인액은 월 단위로 계산한다.

(4) 11월 26일 단기매매차익을 목적으로 보유하고 있는 삼일전자(주)의 주식 1,000주를 1주당 ₩35,000에 처분하고 거래수수료 ₩15,000을 제외한 대금은 보통예금(하나은행) 계좌로 입금받다.

(5) 12월 10일 사랑의 공동모금회에 보낼 선물세트를 ₩1,500,000에 구매하고 대금은 법인카드(삼성카드)로 결제하다.

4. 다음 기말(12월 31일) 결산 정리 사항을 회계 처리하고 마감하시오.

(1) 매출채권 잔액에 대해 2%의 대손충당금(보충법)을 설정하다.

(2) 모든 비유동자산에 대한 감가상각비를 계상하다.

(3) 기말 상품재고액을 입력하고 결산 처리하다. 단, 재고평가는 선입선출법으로 한다.

(4) 기말 현재 다음과 같이 현금과부족을 정리하다.(보통예금이자 발생액 ₩45,000, 나머지는 원인이 밝혀지지 않다)

(5) 기말 현재 임대료 선수분 ₩800,000을 계상하다.

(6) 12월 종업원 급여 ₩3,000,000을 계상하다. 단, 급여지급일은 2026년 1월 5일이다.

(7) 장기 투자 목적으로 보유중인 주식의 결산일 현재 공정가치는 ₩4,000,000이다.

5. 다음 사항을 조회하여 번호 순서대로 단답형 답안에 등록하시오.

(1) 제2기 부가가치세 확정신고 시 납부(환급)세액은 얼마인가?

(2) 12월 31일 현재 상품의 재고수량은 몇 개인가?

(3) 6월 30일 현재 (주)종합문구의 외상매입금 잔액은 얼마인가?

(4) 1월부터 10월까지 클리어화일의 판매수량은 몇 개인가?

(5) 1월 1일부터 12월 31일까지 한국채택 국제회계기준(K-IFRS)에 의한 포괄손익계산서(기능별)에 표시되는 금융수익은 얼마인가?

(6) 12월 31일 현재 한국채택 국제회계기준(K-IFRS)에 의한 재무상태표에 표시되는 비유동자산의 합계액은 얼마인가?

문제 02 원가회계

> **원가회계 시작하기**
> 상단의 [회사명]을 클릭 ▷ [회사코드]를 검색(F2)하여 해당 회사 제14회(원가)-(주)연진가구를 선택한다.

◎ 지시사항 : '(주)연진가구'의 거래 자료이며 회계연도는 2025. 1. 1. ~ 12. 31.이다.

1. 다음의 11월 원가계산 과정을 순서대로 처리하시오. 단, 임금 및 제조경비는 주어진 기초자료에 이미 처리되어 있다.

   (1) 11월 17일 다음의 작업지시서를 발행하고, 같은 날 주요자재를 출고하였다.

   ① 작업지시서 내용

지시일자	제품명	작업장	작업지시량	작업기간
11월 17일	제품#101	제1작업장	450(EA)	11월 17일 ~ 11월 30일
11월 17일	제품#102	제2작업장	700(EA)	11월 17일 ~ 12월 15일

   ※ 단, 제품#101은 개별원가, 제품#102는 종합원가이다.

   ② 자재사용(출고)등록

   　　제품#101 작업지시서 : 자재Q　　450단위(제1작업장)
   　　　　　　　　　　　　부자재B　450단위(제1작업장)
   　　제품#102 작업지시서 : 자재P　　700단위(제2작업장)
   　　　　　　　　　　　　부자재B　700단위(제2작업장)

   (2) 11월 30일 작업지시서(11월 17일 발행)에 대해 다음과 같이 생산자료를 등록하다.

품목	완성량	재공품 월말 수량	재공품 작업진행률(완성도)	작업(투입) 시간	작업장
제품#101	450(EA)	-	-	500	제1작업장
제품#102	500(EA)	200(EA)	75%	800	제2작업장

   (3) 11월의 원가기준정보를 다음과 같이 등록하다.

   ① 노무비배부기준등록(총근무시간)

관련부문	생산1부	생산2부
총근무시간	600	950

   ② 보조부문비배부기준등록

관련부문	생산1부	생산2부
동력부	40	60
수선부	75	25

   ③ 작업진행률등록 [제품#102 : 75%]

   (4) 11월의 실제원가계산을 작업하시오.

   ① 기초재공품계산　　　② 직접재료비계산(선입선출법)
   ③ 직접노무비계산　　　④ 제조간접비계산(제조부문비배부기준 : 투입시간)
   ⑤ 개별원가계산　　　　⑥ 종합원가계산(평균법)
   ⑦ 원가반영작업

   (5) 11월의 원가계산 마감한 후 제조원가명세서를 조회하시오. 단, 원미만은 버림으로 처리한다.

국 가 기 술 자 격 검 정 대 비
2025년 전산회계운용사 실기시험 제15회 모의문제

데이터 다운로드

① LG U+ 웹하드 사이트(www.webhard.co.kr)로 접속
② 나눔클래스 ID : class1234, PW : 1234 를 입력하여 로그인
③ [GUEST 폴더] ➡ [2025년 데이터 및 자료] ➡ [전산회계운용사 2급]에서 '전산회계운용사 2급 데이터.exe' 화일을 바탕화면에 다운로드받아 더블클릭하여 실행하면 자동으로 데이터가 복구되어 [NEW sPLUS 실무교육 프로그램] 이 실행된다.
④ 프로그램에서 회사코드 '제15회 – 형지의류(주)'를 선택, 로그인하여 모의문제를 해결하도록 한다.

문제 01 재무회계

◎ 지시사항 : '형지의류(주)'의 거래 자료이며 회계연도는 2025.1.1. ~ 12.31.이다.

1. 다음 제시되는 기준정보를 입력하시오.

(1) 다음의 신규 거래처를 등록하시오.

거래처(상호)명	거래처분류(구분)	거래처코드	대표자	사업자등록번호	업태/종목
한울패션(주)	전체(일반)	2100	김한울	431-21-14566	제조/의류
소서패션(주)	전체(일반)	3100	서미진	220-81-64529	도·소매업/캐쥬얼의류

(2) 다음의 신규 부서를 등록하시오.

조직(부서)명	조직(부서)코드	제조/판관	비고
전략사업부	70	판관	
경영혁신부	80	판관	

2. 다음 거래를 매입매출전표입력 메뉴에 입력하시오.
(단, 채권·채무 및 금융 거래는 거래처 코드를 입력하고 각 문항별 한 개의 전표번호로 입력한다)

(1) 5월 8일   상품을 매입하고 전자세금계산서를 발급받다. 대금 중 일부는 약속어음
(어음번호 : 가나12258922, 만기일 : 2025년 9월 1일, 지급은행 : 시티은행)을
발행하여 지급하다.

전자세금계산서 (공급받는자 보관용)

승인번호 : 20250508-XXXX0508

공급자
- 등록번호 : 221-12-13556
- 상호 : 상계의류(주)
- 성명(대표자) : 이혜은
- 사업장 주소 : 서울특별시 서대문구 경기대로 21-13 (충정로3가)
- 업태 : 도소매
- 종목 : 의류
- E-Mail : sanggye@naver.com

공급받는자
- 등록번호 : 107-81-76789
- 상호 : 형지의류(주)
- 성명(대표자) : 이기광
- 사업장 주소 : 서울특별시 영등포구 여의공원로 119 (여의도동)
- 업태 : 제조.도소매
- 종목 : 의류
- E-Mail : hyungji@bill36524.com

- 작성일자 : 2025.05.08.
- 공급가액 : 12,000,000
- 세액 : 1,200,000

월	일	품목명	규격	수량	단가	공급가액	세액	비고
5	8	아기드레스		100	50,000	5,000,000	500,000	
5	8	여아 원피스		100	30,000	3,000,000	300,000	
5	8	남아 바지		100	40,000	4,000,000	400,000	

합계금액	현금	수표	어음	외상미수금	이 금액을 ○ 영수 / ● 청구 함
13,200,000			5,000,000	8,200,000	

(2) 5월 20일   상품을 매출하고 전자세금계산서를 발급하다. 또한, 상품의 발송 운임
₩250,000은 현금으로 지급하다.

전자세금계산서 (공급자 보관용)

승인번호 : 20250520-XXXX0520

공급자
- 등록번호 : 107-81-76789
- 상호 : 형지의류(주)
- 성명(대표자) : 이기광
- 사업장 주소 : 서울특별시 영등포구 여의공원로 119 (여의도동)
- 업태 : 제조.도소매
- 종목 : 의류
- E-Mail : hyungji@bill36524.com

공급받는자
- 등록번호 : 606-85-07638
- 상호 : 청하패션(주)
- 성명(대표자) : 이청하
- 사업장 주소 : 서울특별시 서초구 강남대로 156-4 (양재동, 태양빌딩)
- 업태 : 도소매
- 종목 : 의류
- E-Mail : chungha@bill36524.com

- 작성일자 : 2025.05.20.
- 공급가액 : 18,000,000
- 세액 : 1,800,000

월	일	품목명	규격	수량	단가	공급가액	세액	비고
5	20	남아바지		150	80,000	12,000,000	1,200,000	
5	20	여아바지		75	80,000	6,000,000	600,000	

합계금액	현금	수표	어음	외상미수금	이 금액을 ○ 영수 / ● 청구 함
19,800,000	1,800,000			18,000,000	

(3) 5월 22일   직원 식당에 사용할 쌀과 잡곡을 영등포마트에서 구입하다.

전자계산서				(공급받는자 보관용)		승인번호	20250522-XXXX0522
공급자	등록번호	108-23-20560		공급받는자	등록번호	107-81-76789	
	상호	영등포마트	성명(대표자) 김석진		상호	형지의류(주)	성명(대표자) 이기광
	사업장 주소	서울특별시 영등포구 여의공원로 20 (여의도동)			사업장 주소	서울특별시 영등포구 여의공원로 119 (여의도동)	
	업태	유통	종사업장번호		업태	제조.도소매	종사업장번호
	종목	식료품등			종목	의류	
	E-Mail	martsjin@naver.com			E-Mail	hyungji@bill36524.com	

작성일자	2025.05.22	공급가액	350,000
비고			

월	일	품목명	규격	수량	단가	공급가액	비고
5	22	쌀		6	50,000	300,000	
5	22	잡곡		5	10,000	50,000	

합계금액	현금	수표	어음	외상미수금	이 금액을	● 영수 / ○ 청구	함
350,000				350,000			

(4) 6월 22일   매출 촉진을 위한 전체 직원 회식비를 법인카드로 결제하다.

단말기번호	3355434301	전표번호	
카드종류	국민카드		
회원번호	4567-5241-8695-4575		
유효기간		거 래 일 시	취소시당초거래일
		2025.06.22.	
거래유형	승인	품명	
결제방법	일시불	금 액 AMOUNT	1,300,000
매장명		부가세 VAT	130,000
판매자		봉사료 S/C	
대표자	박정훈	합 계 TOTAL	1,430,000
알림/NOTICE		승인번호	67890302
가맹점주소	서울시 영등포구 국제금융로 17		
가맹점번호	65654813		
사업자등록번호	130-81-50950		
가맹점명	은미홍		
문의전화/HELP DESK TEL:1544-4700 (회원용)		서명/SIGNATURE 형지의류(주)	

3. 다음 거래를 일반전표에 입력하시오.
(단, 채권·채무 및 금융 거래는 거래처 코드를 입력하고 각 문항별 한 개의 전표번호로 입력한다)

(1) 5월 3일   영업부 윤청원 사원의 출장여비 ₩500,000을 현금으로 지급하다.

(2) 5월 6일   단기 매매 차익을 목적으로 영주전자(주)의 주식 200주(액면가액 @₩5,000)를 1주당 ₩6,500에 매입하고 대금은 거래수수료 ₩50,000과 함께 보통예금 (신한은행) 계좌에서 현금으로 인출하여 지급하다.

(3) 5월 9일   신한통상(주)로부터 정수기 5대를 3년간 렌탈하여 사용하고 있다. 4월분 렌탈료는 보통예금 계좌에서 자동이체되다.

보통예금 통장 거래 내역
국민은행

번호	날짜	내용	출금액	입금액	잔액	거래점
	계좌번호 345-12-12333	형지의류(주)				
1	20250509	신한통상(주)	175,000		***	***

- 이 하 생 략 -

(4) 5월 10일   사업 축소를 위하여 임시 주주총회의 특별결의에 따라 주식 10,000주 (액면가 @₩5,000)를 1주당 ₩4,500에 매입하여 소각하다. 매입대금은 신한은행 보통예금 계좌에서 현금으로 인출하여 지급하다. 단, 감자차손은 없는 것으로 간주한다.

(5) 5월 25일   업무와 관련하여 다음에 해당하는 비용을 현금으로 지출하다.

지출결의서
2025년 5월 25일

결재: 계 / 과장 / 부장

번호	적요	금액(원)	비고
1	불우이웃돕기 성금	500,000	
2	정기주차 요금	150,000	
3	종업원 안전화 구입비	180,000	
4	주차위반 과태료	32,000	
	합 계	862,000	

이 하 생 략

4. 다음 기말(12월 31일) 결산 정리 사항을 회계 처리하고 마감하시오.

(1) 기말 현재 시티은행 당좌예금 잔액을 정리하다.

(2) 정기예금에 대한 이자를 계상하다. 단, 월할 계산한다.

(3) 기말 현재 이자비용 선급분 ₩91,800을 정리하다.

(4) 거래처 미얀마상사에 단기대여금 ₩30,000,000에 대하여 평가하다.
(대여시 기준환율 : ₩1,500   결산시 기준환율 : ₩1,200)

(5) 매출채권잔액에 대하여 1%의 대손충당금(보충법)을 설정하다.

(6) 모든 비유동자산에 대하여 감가상각비를 계상하다.

(7) 기말상품재고액을 입력하고 결산 처리하다. 단, 재고평가는 선입선출법으로 한다.

5. 다음 사항을 조회하여 번호 순서대로 단답형 답안에 등록하시오.

(1) 1월 1일부터 12월 30일까지 상품 판매시 가장 큰 거래처의 공급가액은 얼마인가?

(2) 8월 1일부터 11월 30일까지 외상매출금 발생액은 얼마인가?

(3) 3월부터 7월까지 강북통상(주)의 주니어 원피스 매입수량은 몇 개인가?

(4) 12월 31일 현재 한국채택 국제회계기준(K-IFRS)에 의한 재무상태표에 표시되는 기타유동금융자산의 금액은 얼마인가?

(5) 1월의 보통예금 인출액은 총 얼마인가?

(6) 1월 1일부터 12월 31일까지 한국채택 국제회계기준(K-IFRS)에 의한 포괄손익계산서(기능별)에 표시되는 금융원가 중 이자비용은 얼마인가?

문제 02 원가회계

> **원가회계 시작하기**
> 상단의 [회사명]을 클릭 ⇨ [회사코드]를 검색(F2)하여 해당 회사 제15회(원가)-(주)목동가구를 선택한다.

◎ 지시사항 : '(주)목동가구'의 거래 자료이며 회계연도는 2025. 1. 1. ~ 12. 31.이다.

1. 다음의 12월 원가계산 과정을 순서대로 처리하시오. 단, 임금 및 제조경비는 주어진 기초자료에 이미 처리되어 있다.

(1) 12월 12일 다음의 작업지시서를 발행하고, 같은 날 주요자재를 출고하였다.

① 작업지시서 내용

지시일자	제품명	작업장	작업지시량	작업기간
12월 12일	제품#101	제1작업장	600(EA)	12월 12일 ~ 12월 31일
12월 12일	제품#102	제2작업장	850(EA)	12월 12일 ~ 2025년 1월 12일

※ 단, 제품#101는 개별원가, 제품#102는 종합원가이다.

② 자재사용(출고)등록

제품#101작업지시서 : 자재X   600단위(제1작업장)
　　　　　　　　　　부자재B 600단위(제1작업장)
제품#102 작업지시서 : 자재Y   850단위(제2작업장)
　　　　　　　　　　부자재B 800단위(제2작업장)

(2) 12월 31일 작업지시서(12월 12일 발행)에 대해 다음과 같이 생산자료를 등록하다.

품목	완성량	재공품		작업(투입)시간	작업장
		월말 수량	작업진행률(완성도)		
제품#101	600(EA)	-	-	550	제1작업장
제품#102	700(EA)	150(EA)	90%	600	제2작업장

(3) 12월의 원가기준정보를 다음과 같이 등록하다.

① 노무비배부기준등록(총근무시간)

관련부문	생산1부	생산2부
총근무시간	700	1,000

② 보조부문비배부기준등록

관련부문	생산1부	생산2부
동력부	20	80
가공부	15	85

③ 작업진행률등록 [제품#102 : 90%]

(4) 12월의 실제원가계산을 작업하시오.
① 기초재공품계산　　② 직접재료비계산
③ 직접노무비계산　　④ 제조간접비계산(제조부문비배부기준 : 투입시간)
⑤ 개별원가계산　　　⑥ 종합원가계산(평균법)
⑦ 원가반영작업

(5) 12월의 원가계산 마감한 후 제조원가명세서를 조회하시오. 단, 원미만은 버림으로 처리한다.

정답 및 풀이

제1회 실기시험 모의문제 정답 및 풀이

문제 01 재무회계

1. 기준정보입력

(1) [회계]⇒[기초정보관리]⇒[거래처등록] 또는 [물류관리] ⇒[기준정보관리]⇒[거래처등록]⇒
[일반] Tab에서 거래처를 입력한다.

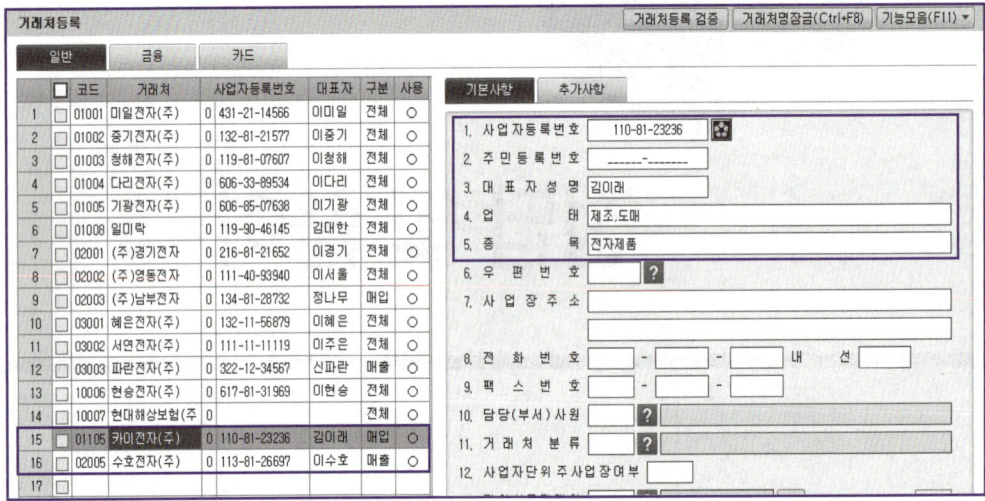

☞ 거래처 구분은 문제에서 제시한 경우 매입처와 매출처로 입력한다.

(2) [물류관리] ⇒ [기준정보관리] ⇒ [품목등록] ⇒ [전체]Tab에서 품목정보를 입력한다.

2. 매입매출전표입력

(1) 7월 6일

① [물류관리]⇒[구매관리]⇒[입고입력] 메뉴에서 처리구분을 21.건별과세, 거래처, 지급구분을 4.혼합으로 선택하고 상품을 입력한 다음 하단의 예금란(₩10,000,000)과 외상란(₩28,500,000)에 입력, 상단의 [전표추가] ⇒ [확인] ⇒ [전송]을 클릭하여 자동으로 전표를 생성시킨다.

② [회계]⇒[전표입력/장부]⇒[매입매출전표입력] 메뉴에 반영된 전표에서 '보통예금' 계정을 '당좌예금' 계정과 거래처코드(시티은행)를 수정 입력한다.

거래유형	품명	공급가액	부가세	거래처	전자세금
51.과세	전자렌지A외	35,000,000	3,500,000	기광전자(주)	1.전자입력
분개유형	(차) 상품	35,000,000	(대) 당좌예금(시티은행)		10,000,000
3.혼합	부가가치세대급금	3,500,000	외상매입금		28,500,000

(2) 7월 18일

① [물류관리]⇒[판매관리]⇒[출고입력] 메뉴에서 처리구분을 21.건별과세, 거래처, 수금구분을 4.혼합으로 선택하고 상품을 입력한 다음 하단의 어음란(₩30,000,000)과 외상란(₩36,000,000)에 입력, 상단의 [전표추가] ⇒ [확인] ⇒ [전송]을 클릭하여 자동으로 전표를 생성시킨다.

② [회계]⇒[전표입력/장부]⇒[매입매출전표입력]

거래유형	품명	공급가액	부가세	거래처	전자세금
11.과세	소형냉장고외	60,000,000	6,000,000	파란전자(주)	1.전자입력
분개유형	(차) 외상매출금	36,000,000	(대) 상품매출		60,000,000
3.혼합	받을어음	30,000,000	부가가치세예수금		6,000,000

③ [자금관리(F3)-받을어음 관리] ⇒ 어음상태 : 1.보관, 어음종류: 6.전자, 어음번호, 만기일, 지급은행을 입력한다.

자금관리

● 받을어음 관리

어음상태	1 보관	어음종류	6 전자	어음번호	08120250718202510183			수취구분	1 자수
발 행 인	03003 파란전자(주)			발 행 일	2025-07-18	만 기 일	2025-10-18	배 서 인	
지 급 은 행	001 하나은행	지 점		할 인 기 관		지 점		할 인 율 (%)	
지급거래처					* 수령된 어음을 타거래처에 지급하는 경우에 입력합니다.				

※ 어음의 상태를 입력합니다.[1:보관,7:회수]   삭제(F5)   닫기

(3) 7월 20일

① [물류관리]⇒[판매관리]⇒[출고입력] 메뉴에서 처리구분을 27.건별카과, 신용카드거래처(신한카드)를 선택, 거래처(청해전자(주)), 수금구분을 3.카드로 선택하고 상품을 입력한 다음 상단의 [전표추가] ⇒ [확인] ⇒ [전송]을 클릭하여 자동으로 전표를 생성시킨다.

② [회계]⇒[전표입력/장부]⇒[매입매출전표입력]

거래유형	품명	공급가액	부가세	거래처	전자세금
17.카과	전자렌지 A	1,600,000	160,000	청해전자(주)	
분개유형	(차) 외상매출금	1,760,000	(대) 상품매출		1,600,000
4.카드	(신한카드)		부가가치세예수금		160,000

☞ 일반적인 상거래(재고자산-상품)로 차변에 외상매출금 계정, 거래처코드는 99601.신한카드로 자동반영된다.

(4) 7월 22일

[회계]⇒[전표입력/장부]⇒[매입매출전표입력]

거래유형	품명	공급가액	부가세	거래처	전자세금
61.현과	식대	200,000	20,000	일미락	
분개유형	(차) 복리후생비	200,000	(대) 현금		220,000
1.현금	부가가치세대급금	20,000			

☞ 부가가치세가 분리된 현금영수증을 수취한 경우 유형 61.현과를 선택한다.
· 공급가액란에 총거래금액(공급대가=공급가액+부가세)을 입력하면 공급가액과 부가세가 자동 분리된다.
· 종업원을 위한 비용임으로 하단의 상품 계정을 복리후생비 계정으로 수정한다.

3. 일반전표입력

(1) 7월 3일

[회계]⇒[전표입력/장부]⇒[일반전표입력]

차변	기타포괄손익-공정가치측정 금융자산(비유동)	3,520,000	대변	보통예금(국민은행)	3,520,000

☞ · 500주 × ₩7,000 + 거래수수료 ₩20,000 = ₩3,520,000(취득원가)
　· 비상장 회사의 장기투자목적으로 매입한 주식은 기타포괄손익-공정가치측정금융자산(비유동) 계정으로 회계처리하며, 거래수수료는 취득원가에 포함한다.

(2) 7월 9일

[회계]⇒[전표입력/장부]⇒[일반전표입력]

차변	퇴직급여(808)	2,000,000	대변	현금	2,000,000

☞ 퇴직연금 확정기여형제도(DC형)는 사용자(회사)가 납부하여야할 부담금을 비용으로 인식하여 퇴직급여 계정으로 회계처리한다.

(3) 7월 10일

① [회계]⇒[기초정보관리]⇒[업무용승용차등록] 메뉴에서 10.보험기간을 입력한다.

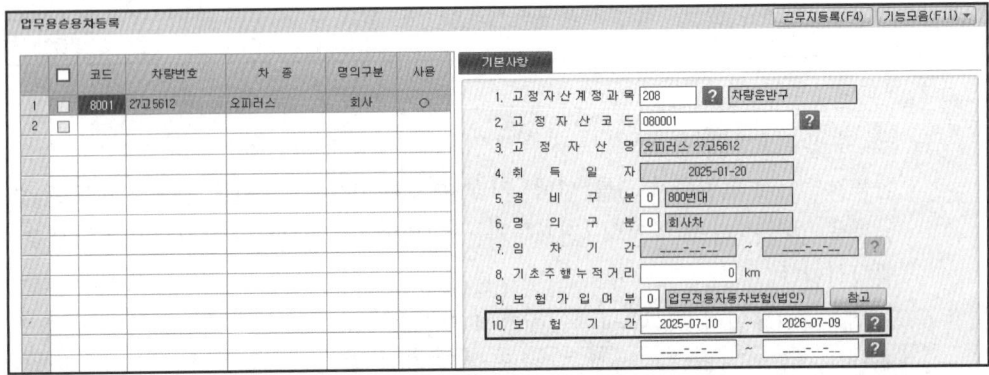

② [회계]⇒[전표입력/장부]⇒[일반전표입력] 메뉴 적요란에서 F3을 선택하여 업무용 승용차 관리를 한다.

차변	보험료	2,100,000	대변	보통예금(하나은행)	2,100,000

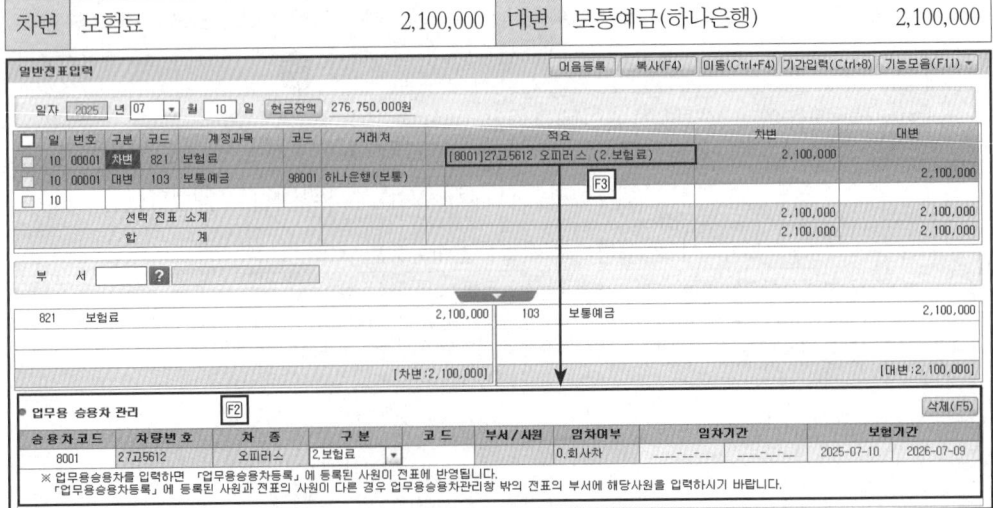

(4) 7월 13일

① [회계]⇒[전표입력/장부]⇒[일반전표입력]

차변	당좌예금(시티은행)	4,987,500	대변	받을어음(서연전자(주))	5,000,000
	수수료비용(831)	12,500			

② [자금관리(F3)]-받을어음관리] ⇒ 어음상태 : 4.만기, 어음번호란에서 F2 조회하여 선택한다.

● 받을어음 관리									삭제(F5)
어음상태	4 만기	어음번호	가나12345670	수취구분	1 자수	발행일	2025-05-08	만기일	2025-07-13
발행인	03002	서연전자(주)		지급은행	001 하나은행			지점	
배서인		할인기관		지점		할인율(%)		어음종류	1 약속(일반)
지급거래처					*수령된 어음을 타거래처에 지급하는 경우에 입력합니다.				

(5) 7월 24일

[회계]⇒[전표입력/장부]⇒[일반전표입력]

차변	당좌예금(시티은행)	1,000,000	대변	선수금((주)남부전자)	1,000,000

☞ 미리 받은 계약금은 당좌예금 통장 거래내역 중 입금액에 해당되며 선수금 계정으로 회계처리한다.

4. 결산작업

(1) 12월 31일

① [회계]⇒[결산/재무제표Ⅰ]⇒[합계잔액시산표] 메뉴에서 기타포괄손익-공정가치측정금융자산(비유동)의 잔액(₩3,520,000)을 확인한다.

② [회계]⇒[전표입력/장부]⇒[일반전표입력]

차변	기타포괄손익-공정가치측정 금융자산(비유동)	480,000	대변	기타포괄손익-공정가치측정 금융자산평가이익	480,000

☞ 공정가치(₩4,000,000)-장부가액(₩3,520,000)=기타포괄손익-공정가치측정금융자산평가이익(₩480,000)

(2) 12월 31일

① [회계]⇒[결산/재무제표Ⅰ]⇒[합계잔액시산표] 메뉴에서 소모품비 금액(₩500,000)을 확인한다.

② [회계]⇒[전표입력/장부]⇒[일반전표입력]

차변	소모품	150,000	대변	소모품비	150,000

☞ 소모품비 금액(₩500,000)-사용액(₩350,000)=미사용액(₩150,000)

(3) 12월 31일

① [회계]⇒[결산/재무제표Ⅰ]⇒[합계잔액시산표] 메뉴에서 토지의 잔액(₩20,000,000)을 확인한다.

② [회계]⇒[전표입력/장부]⇒[일반전표입력]

차변	토지	10,000,000	대변	재평가잉여금	10,000,000

☞ 토지 재평가 금액(₩30,000,000)-토지 잔액(₩20,000,000)=재평가잉여금(₩10,000,000)

(4) 12월 31일

[회계]⇒[전표입력/장부]⇒[일반전표입력]

| 차변 | 이자비용 | 500,000 | 대변 | 미지급비용 | 500,000 |

(5) ① [회계]⇒[결산/재무제표Ⅰ]⇒[합계잔액시산표] 메뉴에서 매출채권(외상매출금, 받을어음)을 조회한다.

　　대손충당금 설정액 : 매출채권 잔액 × 설정률 − 대손충당금 잔액
　　외상매출금 : (₩106,510,000 × 1%) − ₩500,0000 = ₩565,100
　　받을어음　 : (₩40,000,000 × 1%) − 　　　　₩0 = ₩400,000

② [회계]⇒[결산/재무제표Ⅰ]⇒[결산자료입력] 메뉴에서 5). 대손상각 해당계정과목 금액란에 설정액을 입력한다.

(6) ① [회계]⇒[고장자산등록]⇒[원가경비별감가상각명세서] 메뉴에서 [유형자산총괄]Tab과 [무형자산총괄]Tab의 당기상각비를 확인한다. (건물 ₩15,450,000, 차량운반구 ₩4,400,000, 비품 ₩4,576,782)

② [회계]⇒[결산/재무제표Ⅰ]⇒[결산자료입력] 메뉴에서 4). 감가상각비 해당계정과목 금액란에 감가상각비를 입력한다.

(7) ① [물류관리]⇒[재고관리]⇒[재고자산수불부] 메뉴에서 상단의 [기능모음(F11)]⇒[평가방법]에서 재고자산평가방법을 선입선출법으로 선택하고 적용한 후 상단의 [마감]을 클릭해서 [마감] 또는 [일괄마감]을 체크 후 재고평가를 진행한다.

② [물류관리]⇒[재고관리]⇒[재고자산명세서] 메뉴에서 상품별 재고금액 ₩106,850,000을 확인한다.

③ [회계]⇒[결산/재무제표Ⅰ]⇒[결산자료입력] 메뉴에서 (10). 기말상품재고액(₩106,850,000)을 입력한다.

　　※ (5),(6),(7)항목은 반드시 상단의 [전표추가(F3)]를 클릭하여 [일반전표입력] 메뉴에 결산분개를 자동으로 생성시킨다.

④ [회계]⇒[전표입력/장부]⇒[일반전표입력] 메뉴에서 12월 31일 결산분개를 확인한다.

5. 단답형 답안

(1) [물류관리]⇒[재고관리]⇒[재고자산수불부] : 800EA

(2) [회계]⇒[부가가치세Ⅰ]⇒[부가가치세신고서]⇒[7-9월 27번란] : ₩2,240,000

(3) [회계]⇒[전표입력/장부]⇒[월계표] 또는 [계정별원장 : 대변금액] : ₩140,250,000

(4) [회계]⇒[전표입력/장부]⇒[합계잔액시산표] 또는 [현금출납장] : ₩278,550,000

(5) [회계]⇒[K-IFRS재무제표]⇒[K-IFRS포괄손익계산서] : ₩480,000

(6) [회계]⇒[K-IFRS재무제표]⇒[K-IFRS재무상태표] : ₩755,772,400

문제 02 원가회계

1. (1) 3월 17일 작업지시등록

① [물류관리]⇒[생산관리]⇒[생산(작업)지시서] : 지시일과 완료예정일을 입력 후 지시내용(품목명, 지시수량, 작업장 등)을 입력한다.

① 가죽구두 작업지시서 등록

② 일반구두 작업지시서 등록

② 3월 17일 자재사용(출고)등록

[물류관리]⇒[생산관리]⇒[자재출고입력] : 생산지시번호란에서 코드도움(F2) 조회하여 사용할 자재의 출고수량과 작업장을 입력한다.

③ 가죽구두 자재출고입력

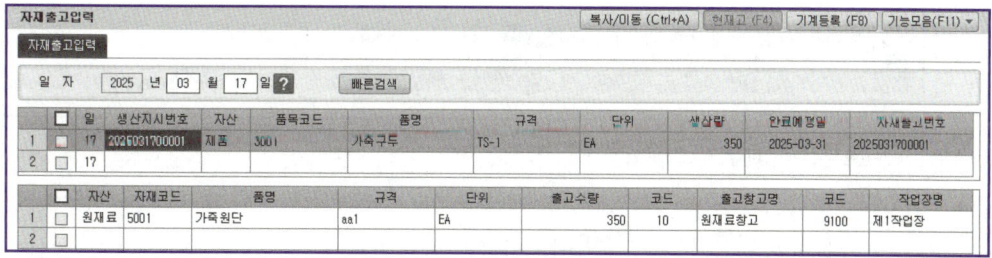

④ 일반구두 자재출고입력

(2) 3월 31일 생산자료등록

[물류관리]⇒[생산관리]⇒[생산입고입력] : 생산지시번호란에서 코드도움(F2) 조회하여 제품의 생산량과 투입시간을 입력한다.

① 가죽구두 생산입고입력

일	생산지시번호	지시일	완료일	생산입고번호	비고
31	2025031700001	2025-03-17	2025-03-31	2025033100001	
31					

자산	품목코드	품명	규격	단위	생산량	생산단가	생산금액	투입시간	코드	입고창고명	코드	작업장명
제품	3001	가죽구두	TS-1	EA	350			200	20	제품창고	9100	제1작업장

② 일반구두 생산입고입력

일	생산지시번호	지시일	완료일	생산입고번호	비고
31	2025031700001	2025-03-17	2025-03-31	2025033100001	
31	2025031700002	2025-03-17	2025-04-14	2025033100002	
31					

자산	품목코드	품명	규격	단위	생산량	생산단가	생산금액	투입시간	코드	입고창고명	코드	작업장명
제품	3002	일반구두	CH-1	EA	500			300	20	제품창고	9200	제2작업장

(3) 3월의 원가기준정보

① 노무비배부기준등록(총근무시간)

[물류관리]⇒[원가관리(원가기준정보)]⇒[배부기준등록]⇒[노무비배분] Tab에서 상단의 [당월 데이터 생성]을 클릭하여 노무비의 데이터를 재집계한 다음 총근무시간을 입력하면 임률은 자동으로 계산된다.

부서코드	부서명	작업부서총임금	총근무시간	총작업시간	임률
2100	생산1부	8,000,000	400	200	20,000
2200	생산2부	7,000,000	600	300	11,666

② 보조부문비배부기준등록

[보조부문배분]Tab에서 상단의 [보조부문 가져오기]를 클릭하여 보조부문의 데이터를 추가집계한 다음 보조부문비배분기준을 등록한다.

제조부문→ 보조부문↓	생산1부	생산2부	비고
동력부	50	50	
가공부	40	60	

③ 작업진행률등록 [일반구두 : 70%]

상단의 [작업진행율등록] 또는 [물류관리]⇒[원가관리(원가기준정보)]⇒[작업진행율등록] 메뉴에서 진행율을 입력한다.

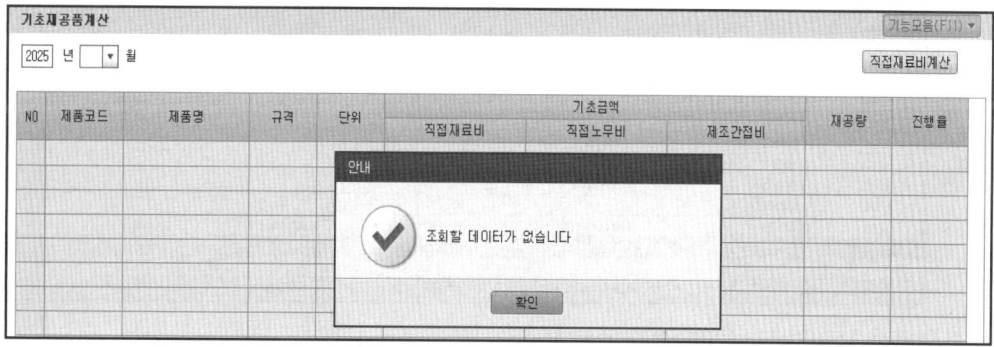

(4) 3월의 실제원가계산

[물류관리]⇒[원가관리(원가계산)]

① 기초재공품계산 : 전월에서 이월된 사항이 없다면 기초재공품은 표기되지 않는다.

② 직접재료비계산 : ❶ 상단의 [마감]을 눌러 [재고자산수불부] 메뉴에서 원재료에 대해서만 [일괄마감]을 하여 재고 평가를 한다.

❷ [직접재료비계산] 메뉴에서 다시 조회를 하면 자재의 단가와 금액이 자동으로 반영된다.

가죽구두의 가죽원단 재료비 : ₩7,100,000

일반구두의 레자원단 재료비 : ₩5,650,000

③ 직접노무비계산

[직접노무비계산]

NO	작업지시번호	품목코드	품명	부서코드	부서명	투입시간	임율	직접노무비
1	2025031700001	3001	가죽구두	2100	생산1부	200	20,000	4,000,000
2	2025031700002	3002	일반구두	2200	생산2부	300	11,666	3,499,800

④ 제조간접비계산 (제조부문비배부기준 : 투입시간)

제조간접비계산을 위해서는 제조간접비계산(부문별현황), 제조간접비계산(보조부문), 제조간접비계산(제조부문)을 차례로 실행해야 집계할 수 있다.

[제조간접비계산(부문별)]

계정코드	계정명	제조부문 생산1부	제조부문 생산2부	보조부문 동력부	보조부문 가공부	합계
51100	복리후생비		800,000			800,000
51600	전력비			900,000		900,000
51900	임차료				500,000	500,000
52000	수선비		600,000		500,000	1,100,000
52100	보험료	500,000				500,000
52400	운반비	450,000				450,000
52500	교육훈련비	1,000,000				1,000,000
53000	소모품비		300,000			300,000
BBB	간접노무비	4,000,000	3,500,200	4,000,000	3,000,000	14,500,200
	합계	5,950,000	5,200,200	4,900,000	4,000,000	20,050,200

[제조간접비계산(보조부문)]

부서코드	부서명	제조부문 생산1부	제조부문 생산2부	합계
3100	동력부	2,450,000	2,450,000	4,900,000
3200	가공부	1,600,000	2,400,000	4,000,000

[제조간접비계산(제조부문)]

제조부문비 배부기준 1. 투입시간

작업지시번호	제품코드	제품명	규격	단위	제조부문 생산1부	제조부문 생산2부	합계
2025031700001	3001	가죽구두	TS-1	EA	10,000,000		10,000,000
*	3002	일반구두	CH-1	EA		10,050,200	10,050,200

⑤ [완성품원가조회] 제품별 단위당 원가를 계산 시 종합원가의 경우 1.평균법으로 계산하여 조회한다.

[완성품원가조회] 원가계산방법(종합) 1. 평균법

작업지시번호	제품코드	제품명	[기초]직접재료비 [당기]직접재료비 [기말]직접재료비	[기초]직접노무비 [당기]직접노무비 [기말]직접노무비	[기초]제조간접비 [당기]제조간접비 [기말]제조간접비	[기초]합계 [당기]합계 [기말]합계	완성품수량	총제조원가 완성품제조원가 단위당제조원가
2025031700001 개별	3001	가죽구두	7,100,000	4,000,000	10,000,000	21,100,000	350	21,100,000 21,100,000 60,286
* 종합	3002	일반구두	5,650,000 513,636	3,499,800 228,959	10,050,200 657,490	19,200,000 1,400,085	500	19,200,000 17,799,915 35,600

⑥ 원가반영작업 : [생산입고입력]을 실행하고 완성품원가조회에서 계산된 단위당 제조원가를 입력한다.

❶ 가죽구두의 생산단가 : ₩60,286

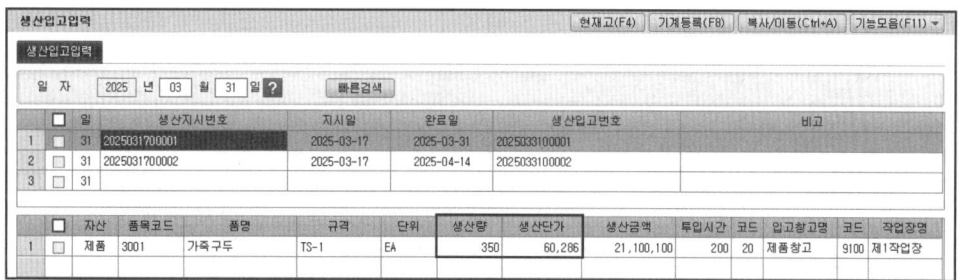

❷ 일반구두의 생산단가 : ₩35,600

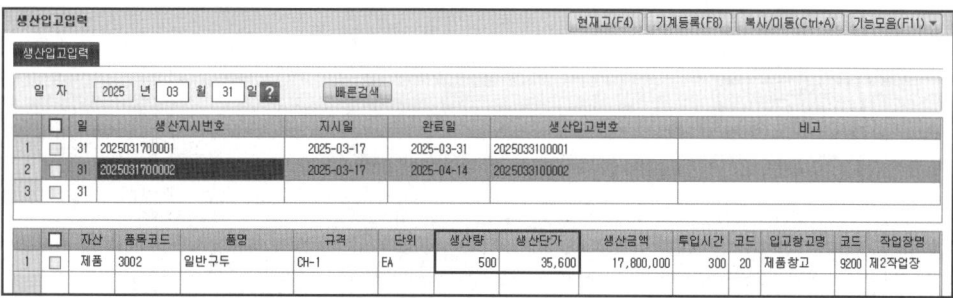

(5) 원가계산을 마감한 후 제조원가명세서 조회

[물류관리]⇒[원가관리(원가계산)]⇒[결산자료입력]

① 결산일자를 1월~3월로 선택한 다음 [매출원가 및 경비선택]창에서 455.제품매출원가, 1.500번대, 제조를 입력한 후 [확인]한다.

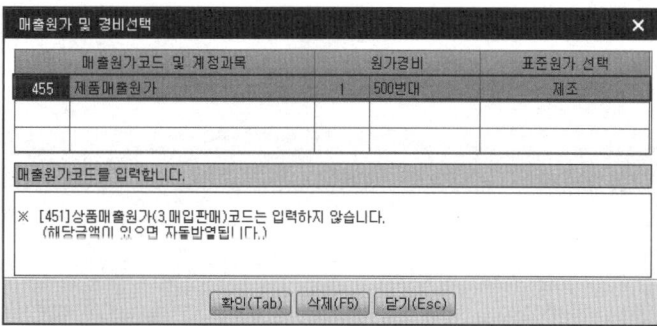

② 상단의 [기능모음(F11)]⇒[기말재고반영]버튼을 눌러 원재료, 재공품의 기말재고액을 반영하고 반드시 [전표추가(F3)]를 클릭하여 결산분개를 자동생성한다.

과목	결산분개금액	결산입력사항금액	
1. 매출액			
2. 매출원가			
제품매출원가			
1)원재료비			
원재료비		12,750,000	12,750,000
(2). 당기 원재료 매입액		23,200,000	
(10). 기말 원재료 재고액		10,450,000	
3)노 무 비			22,000,000
(1). 임금		22,000,000	
(2). 퇴직급여(전입액)			
(3). 퇴직연금충당금전입액			
7)경 비			5,550,000
(1). 복리후생비 외		5,550,000	5,550,000
복리후생비		800,000	
전력비		900,000	
임차료		500,000	
수선비		1,100,000	
보험료		500,000	
운반비		450,000	
교육훈련비		1,000,000	
소모품비		300,000	
8)당기 총제조비용			40,300,000
(4). 기말 재공품 재고액		1,400,085	
9)당기완성품제조원가		38,899,915	38,899,915
(7). 기말 제품 재고액		38,899,915	
3. 매출총이익			

③ [회계]⇒[전표/장부입력]⇒[일반전표입력] 자동생성분개를 확인한다.

④ [물류관리]⇒[원가관리(원가계산)]⇒[제조원가명세서]

과목	제 2 (당)기 [2025/01/01 ~ 2025/03/31] 금액	제 1 (전)기 [2024/01/01 ~ 2024/12/31] 금액
I. 원 재 료 비	12,750,000	0
기 초 원재료재고액	0	0
당 기 원재료매입액	23,200,000	0
기 말 원재료재고액	10,450,000	0
II. 노 무 비	22,000,000	0
임 금	22,000,000	0
III. 경 비	5,550,000	0
복 리 후 생 비	800,000	0
전 력 비	900,000	0
임 차 료	500,000	0
수 선 비	1,100,000	0
보 험 료	500,000	0
운 반 비	450,000	0
교 육 훈 련 비	1,000,000	0
소 모 품 비	300,000	0
IV. 당 기 총 제 조 비 용	40,300,000	0
V. 기 초 재 공 품 재 고 액	0	0
VI. 합 계	40,300,000	0
VII. 기 말 재 공 품 재 고 액	1,400,085	0
VIII. 타 계 정 으 로 대 체 액	0	0
IX. 당 기 제 품 제 조 원 가	38,899,915	0

☞ 제조원가명세서 작성시 원미만 버림으로 작성한다.

제2회 실기시험 모의문제 정답 및 풀이

문제 01 재무회계

1. 기준정보입력

(1) [물류관리]⇒[기준정보관리]⇒[품목등록]⇒[전체]Tab에서 품목정보를 입력한다.

(2) [회계]⇒[기초정보관리]⇒[거래처등록] 또는 [물류관리]⇒[기준정보관리]⇒[거래처등록]⇒ [일반]Tab에서 거래처를 입력한다.

☞ 거래처 구분을 반드시 매입처와 매출처로 입력하고 구분이 없는 경우 전체로 입력한다.

2. 매입매출전표입력

(1) 1월 12일

① [물류관리]⇒[구매관리]⇒[입고입력] 메뉴에서 처리구분을 21.건별과세, 거래처, 지급구분을 4.혼합으로 선택하고 상품을 입력한 다음 하단의 예금란(₩14,300,000)과 외상란(₩14,300,000)에 입력, 상단의 [전표추가] ⇒ [확인] ⇒ [전송]을 클릭하여 자동으로 전표를 생성시킨다.

② [회계]⇒[전표입력/장부]⇒[매입매출전표입력] 메뉴에 반영된 전표에서 '보통예금' 계정의 거래처코드(하나은행)를 수정 입력한다.

거래유형	품명	공급가액	부가세	거래처	전자세금
51.과세	쇼파외	26,000,000	2,600,000	리오가구(주)	1.전자입력
분개유형	(차) 상품	26,000,000	(대) 보통예금(하나은행)		14,300,000
3.혼합	부가가치세대급금	2,600,000	외상매입금		14,300,000

(2) 1월 20일

① [물류관리]⇒[판매관리]⇒[출고입력] 메뉴에서 처리구분을 27.건별카과, 거래처, 수금구분을 3.카드로 선택하고 상품을 입력한 다음 상단의 [전표추가] ⇒ [확인] ⇒ [전송]을 클릭하여 자동으로 전표를 생성시킨다.

② [회계]⇒[전표입력/장부]⇒[매입매출전표입력]

거래유형	품명	공급가액	부가세	거래처	전자세금
17.카과	쇼파	1,400,000	140,000	소연가구(주)	
분개유형	(차) 외상매출금	1,540,000	(대) 상품매출		1,400,000
4.카드	(신한카드)		부가가치세예수금		140,000

☞ 일반적인 상거래(재고자산-상품)로 차변에 외상매출금 계정, 거래처는 신한카드가 자동반영된다.

(3) 1월 22일

① [물류관리]⇒[판매관리]⇒[출고입력] 메뉴에서 처리구분을 21.건별과세, 거래처, 수금구분을 4.혼합으로 선택하고 상품을 입력한 다음 하단의 현금란(₩2,200,000)과 외상란(₩22,000,000)에 입력, 상단의 [전표추가] ⇒ [확인] ⇒ [전송]을 클릭하여 자동으로 전표를 생성시킨다.

② [회계]⇒[전표입력/장부]⇒[매입매출전표입력]

거래유형	품명	공급가액	부가세	거래처	전자세금
11.과세	쇼파외	22,000,000	2,200,000	파란가구(주)	1.전자입력
분개유형	(차) 외상매출금	22,000,000	(대) 상품매출		22,000,000
3.혼합	현금	2,200,000	부가가치세예수금		2,200,000

(4) 1월 28일

[회계]⇒[전표입력/장부]⇒[매입매출전표입력]

거래유형	품명	공급가액	부가세	거래처	전자세금
53.면세	전산회계운용사	600,000		㈜정글북	1.전자입력
분개유형 3.혼합	(차) 도서인쇄비	600,000	(대) 미지급금		600,000

☞ 하단의 상품 계정은 도서구입을 위한 비용임으로 도서인쇄비 계정으로 수정하고, 일반적인 상거래외의 거래임으로 미지급금 계정으로 회계처리한다.

3. 일반전표입력

(1) 1월 19일

[회계]⇒[전표입력/장부]⇒[일반전표입력]

차변	보통예금(하나은행) 사채할인발행차금	39,000,000 11,000,000	대변	사채	50,000,000

☞ 사채를 할인 발행하는 경우 차액과 사채발행비(부대비용)는 사채할인발행차금 계정으로 회계처리한다.

(2) 1월 20일

① [회계]⇒[전표입력/장부]⇒[일반전표입력]

차변	단기대여금(첸가구(주))	20,000,000	대변	이자수익 현금	500,000 19,500,000

☞ 대여시 1년을 초과하지 않으므로 단기대여금 계정과 이자수익 계정으로 회계처리한다.

(3) 1월 27일

① [회계]⇒[전표입력/장부]⇒[일반전표입력]

차변	당좌예금(시티은행) 받을어음(소진가구(주))	5,400,000 10,000,000	대변	외상매출금(소진가구(주))	15,400,000

② [자금관리(F3)-받을어음 관리] ⇒ 어음상태 : 1.보관, 어음종류 : 6.전자, 어음번호, 만기일, 지급은행, 지점명을 입력한다.

● 받을어음 관리   삭제(F5)

어음상태	1 보관	어음종류	6 전자	어음번호	01120250127987654321	수취구분	1 자수
발행인	03001	소진가구(주)		발행일	2025-01-27	만기일	2025-05-10	배서인	
지급은행	003	농협은행		지점		할인기관		지점		할인율(%)	
지급거래처					* 수령된 어음을 타거래처에 지급하는 경우에 입력합니다.		

(4) 1월 30일

[회계]⇒[전표입력/장부]⇒[일반전표입력]

| 차변 | 선급비용 | 600,000 | 대변 | 보통예금(하나은행) | 600,000 |

☞ 보험료(비용)를 자산처리하는 경우 선급비용 계정으로 회계처리한다.

(5) 3월 31일

① [회계]⇒[전표입력/장부]⇒[일반전표입력]

| 차변 | 지급어음(소연가구(주)) | 6,875,000 | 대변 | 당좌예금(시티은행) | 6,875,000 |

☞ 지급어음현황에서 3월 31일 만기되는 소연가구(주)의 어음번호와 금액(₩6,875,000)을 확인한다.

② [자금관리(F3)-지급어음관리] ⇒ 어음상태 : 3.결제 어음번호란에서 F2 조회 후 만기된 어음을 선택하면 자동으로 반영된다.

● 지급어음 관리   삭제(F5)

| 어음상태 | 3 | 결제 | 어음번호 | 나라12345678 | | 어음종류 | 1 | 어음 | 발 행 일 | 2025-01-25 |
| 만 기 일 | | 2025-03-31 | 지 급 은 행 | 98002 | 시티은행(당좌예금) | 지   점 | | | | |

4. 결산작업

(1) 12월 31일

① [회계]⇒[전표입력/장부]⇒[합계잔액시산표] 메뉴에서 현금과부족 잔액(₩-300,000)을 확인한다.

② [회계]⇒[전표입력/장부]⇒[일반전표입력]

| 차변 | 현금과부족 | 300,000 | 대변 | 이자수익
잡이익 | 250,000
50,000 |

☞ 결산일까지 원인을 알 수 없는 경우 잡이익 계정으로 회계처리한다.

(2) 12월 31일

[회계]⇒[전표입력/장부]⇒[일반전표입력]

| 차변 | 이자수익 | 500,000 | 대변 | 선수수익 | 500,000 |

☞ 이자수익 중 기간이 미경과된 경우에는 선수수익 계정으로 회계처리한다.

(3) 12월 31일

① [회계]⇒[부가가치세Ⅰ]⇒[부가가치세신고서] 10월~12월로 조회

② [회계]⇒[전표입력/장부]⇒[일반전표입력]

| 차변 | 부가가치세예수금 | 6,450,000 | 대변 | 부가가치세대급금
미지급세금 | 1,000,000
5,450,000 |

☞ 차변: 매출세(㉮란)-부가가치세예수금 계정, 대변: 매입세(㉯란)-부가가치세대급금 계정, 대변: 차감세(27번란)-미지급세금(미지급금) 또는 -인 경우 차변: 미수금 계정으로 회계처리한다.

(4) 12월 31일
　① [회계]⇒[전표입력/장부]⇒[일반전표입력] 메뉴에서 5월 1일 조회하여 선급비용 금액
　　(₩600,000)을 확인한다.
　② [회계]⇒[전표입력/장부]⇒[일반전표입력]

차변	보험료	400,000	대변	선급비용	400,000

　☞ 선급비용(₩600,000)×8/12=경과분(₩400,000)

(5) ① [회계]⇒[고장자산등록]⇒[원가경비별감가상각명세서] 메뉴에서 [유형자산총괄]
　　Tab과 [무형자산총괄]Tab의 당기상각비를 확인한다.(건물 ₩25,000,000, 차량운반구
　　₩18,491,000, 비품 ₩120,000)
　② [회계]⇒[결산/재무제표Ⅰ]⇒[결산자료입력] 메뉴에서 4). 감가상각비 해당계정과목
　　금액란에 감가상각비를 입력한다.

(6) ① [회계]⇒[결산/재무제표Ⅰ]⇒[합계잔액시산표] 메뉴에서 매출채권(외상매출금,
　　받을어음)을 조회한다.
　　대손충당금 설정액 : 매출채권잔액×설정률-대손충당금 잔액
　　외상매출금 : (₩170,390,000 × 1%) - ₩500,000 = ₩1,203,900
　　받을어음　 : (₩20,400,000 × 1%) -　　 ₩0 = ₩204,000
　② [회계]⇒[결산/재무제표Ⅰ]⇒[결산자료입력] 메뉴에서 5). 대손상각 해당계정과목
　　금액란에 설정액을 입력한다.

(7) ① [물류관리]⇒[재고관리]⇒[재고자산수불부] 메뉴에서 상단의 [기능모음(F11)]⇒[평가방법]에서
　　재고자산평가방법을 선입선출법으로 선택하고 적용한 후 상단의 [마감]을 클릭해서 [마감]
　　또는 [일괄마감]을 체크 후 재고평가를 진행한다.
　② [물류관리]⇒[재고관리]⇒[재고자산명세서] 메뉴에서 상품별 재고금액 ₩125,775,000을
　　확인한다.
　③ [회계]⇒[결산/재무제표Ⅰ]⇒[결산자료입력] 메뉴에서 (10). 기말상품재고액(₩125,775,000)을
　　입력한다.
　　※ (5),(6),(7)항목은 반드시 상단의 [전표추가(F3)]를 클릭하여 [일반전표입력] 메뉴에
　　　결산분개를 자동으로 생성시킨다.
　④ [회계]⇒[전표입력/장부]⇒[일반전표입력] 메뉴에서 12월 31일 결산분개를 확인한다.

5. 단답형 답안

(1) [물류관리]⇒[재고관리]⇒[재고자산수불부(마감)]⇒[재고자산명세서] : ₩43,575,000
　☞ [재고자산수불부] 메뉴에서 12월 '의자'만 마감취소한 다음 6월로 마감 후 [재고자산명세서] 메뉴에서 재고금액을
　　확인한 다음 다시 12월로 재마감한다.

(2) [회계]⇒[전표입력/장부]⇒[거래처원장 : 대변] : ₩5,000,000

(3) [회계]⇒[전표입력/장부]⇒[일/월계표 : 차변] : ₩10,000,000

(4) [회계]⇒[전표입력/장부]⇒[월계표 : 차변 계] : ₩4,550,000
(5) [회계]⇒[K-IFRS재무제표]⇒[K-IFRS포괄손익계산서] : ₩500,000
(6) [회계]⇒[K-IFRS재무제표]⇒[K-IFRS재무상태표] : ₩350,000,000

문제 02 원가회계

1. (1) 4월 7일 작업지시등록
    ① [물류관리]⇒[생산관리]⇒[생산(작업)지시서] : 지시일과 완료예정일을 입력 후 지시내용(품목명, 지시수량, 작업장 등)을 입력한다.
    ② 4월 7일 자재사용(출고)등록
    [물류관리⇒[생산관리]⇒[자재출고입력] : 생산지시번호란에서 코드도움(F2) 조회하여 사용할 자재의 출고수량과 작업장을 입력한다.

(2) 4월 30일 생산자료등록
   [물류관리]⇒[생산관리]⇒[생산입고입력] : 생산지시번호란에서 코드도움(F2) 조회하여 제품의 생산량과 투입시간을 입력한다.

(3) 4월의 원가기준정보
   ① 노무비배부기준등록(총근무시간)
   [물류관리]⇒[원가관리(원가기준정보)]⇒[배부기준등록]⇒[노무비배분]Tab에서 상단의 [당월 데이터 생성]을 클릭하여 노무비의 데이터를 재집계한 다음 총근무시간을 입력하면 임률은 자동으로 계산된다.
   ② 보조부문비배부기준등록
   [보조부문배분]Tab에서 상단의 [보조부문 가져오기]를 클릭하여 보조부문의 데이터를 추가집계한 다음 보조부문비배분기준을 등록한다.
   ③ 작업진행률등록 [H제품 : 60%]
   상단의 [작업진행율등록] 또는 [물류관리]⇒[원가관리(원가기준정보)]⇒[작업진행율등록] 메뉴에서 진행률을 입력한다.

(4) 4월의 실제원가계산
   [물류관리]⇒[원가관리(원가계산)]
   [1] 기초재공품계산 : 전월에서 이월된 사항이 없다면 기초재공품은 표기되지 않는다.
   [2] 직접재료비계산 : ❶ 상단의 [마감]을 눌러 [재고자산수불부]에서 원재료에 대해서만 [일괄마감]을 하여 재고 평가를 한다.
   ❷ [직접재료비계산]에서 다시 조회를 하면 자재의 단가와 금액이 자동으로 반영된다.
     K제품의 PCB_X 재료비 : ₩25,400,000
        SCC_K재료비 : ₩2,000,000
     H제품의 PCB-Y재료비 : ₩18,500,000
        SCC_K재료비 : ₩3,000,000

③ 직접노무비계산

④ 제조간접비계산 (제조부문비배부기준 : 투입시간)

제조간접비계산을 위해서는 제조간접비계산(부문별), 제조간접비계산(보조부문), 제조간접비 계산(제조부문)을 차례로 실행해야 집계할 수 있다.

[제조간접비계산(부문별)]⇒[제조간접비계산(보조부문)]⇒[제조간접비계산(제조부문)]

⑤ [완성품원가조회] 제품별 단위당 원가를 계산 시 종합원가의 경우 1.평균법으로 계산하여 조회한다.

⑥ 원가반영작업 : [생산입고입력]을 실행하고 완성품원가조회에서 계산된 단위당 제조원가를 입력한다.

❶ K제품의 생산단가 : ₩87,780

❷ H제품의 생산단가 : ₩65,574

(5) 원가계산을 마감한 후 제조원가명세서조회

[물류관리]⇒[원가관리(원가계산)]⇒[결산자료입력]

① 결산일자를 1월~4월로 선택한 다음 [매출원가 및 경비선택]창에서 455.제품매출원가, 1.500번대, 제조를 입력한 후 [확인]한다.

② 상단의 [기능모음(F11)]⇒[기말재고반영]버튼을 눌러 원재료, 재공품의 기말재고액을 반영하고 반드시 [전표추가(F3)]를 클릭하여 결산분개를 자동생성한다.

❶ 기말 원재료 재고액 : ₩20,900,000

❷ 기말 부재료 재고액 : ₩5,000,000

❸ 기말 재공품 재고액 : ₩8,051,667

❹ 기말 제품 재고액 : ₩73,398,333

③ [회계]⇒[전표/장부입력]⇒[일반전표입력] 자동생성분개를 확인한다.

④ [물류관리]⇒[원가관리(원가계산)]⇒[제조원가명세서]

당기 제품 제조원가 : ₩73,398,333

※ 프로그램 버전에 따라 ±1원의 차이가 발생할 수 있다.

제3회 실기시험 모의문제 정답 및 풀이

문제 01 재무회계

1. 기준정보입력

(1) [회계]⇒[기초정보관리]⇒[거래처등록]⇒[일반]Tab에서 거래처를 입력한다.

☞ 거래처 구분을 반드시 매입처와 매출처로 입력한다.

(2) [물류관리]⇒[기준정보관리]⇒[품목등록]⇒[전체]Tab에서 품목정보를 입력한다.

2. 매입매출전표입력

(1) 4월 7일

① [물류관리]⇒[구매관리]⇒[입고입력] 메뉴에서 처리구분을 21.건별과세, 거래처, 지급구분을 4.혼합으로 선택하고 상품을 입력한 다음 하단의 현금란(₩3,250,000)과 수표(당좌수표란)(₩10,000,000), 외상란(₩22,500,000)에 입력, 상단의 [전표추가] ⇒ [확인] ⇒ [전송]을 클릭하여 자동으로 전표를 생성시킨다.

② [회계]⇒[전표입력/장부]⇒[매입매출전표입력] 메뉴에 반영된 전표에서 '당좌예금' 계정의 거래처코드(시티은행)를 수정 입력한다.

거래유형	품명	공급가액	부가세	거래처	전자세금
51.과세	초콜릿폰외	32,500,000	3,250,000	세기통신(주)	1.전자입력
분개유형	(차) 상품	32,500,000	(대) 현금		3,250,000
3.혼합	부가가치세대급금	3,250,000	당좌예금(시티은행)		10,000,000
			외상매입금		22,500,000

(2) 4월 13일

① [물류관리]⇒[판매관리]⇒[출고입력] 메뉴에서 처리구분을 21.건별과세, 거래처, 수금구분을 4.혼합으로 선택하고 상품을 입력한 다음 하단의 현금란(₩9,500,000)과 어음란(₩75,000,000), 예금란(₩20,000,000)에 입력, 상단의 [전표추가] ⇒ [확인] ⇒ [전송]을 클릭하여 자동으로 전표를 생성시킨다.

② [회계]⇒[전표입력/장부]⇒[매입매출전표입력] 메뉴에 반영된 전표에서 '보통예금' 계정의 거래처코드(기업은행)를 수정 입력한다.

거래유형	품명	공급가액	부가세	거래처	전자세금
11.과세	블랙베리폰외	95,000,000	9,500,000	광교통신(주)	1.전자입력
분개유형	(차) 현금	9,500,000	(대) 상품매출		95,000,000
3.혼합	보통예금(기업은행)	20,000,000	부가가치세예수금		9,500,000
	받을어음	75,000,000			

③ [자금관리($F3$)-받을어음 관리] ⇒ 어음상태 : 1.보관, 어음종류: 6.전자, 어음번호, 만기일, 지급은행을 입력한다.

자금관리									
● 받을어음 관리									
어음상태	1 보관	어음종류	6 전자	어음번호	00420250413202509135			수취구분	1 자수
발행인	03001	광교통신(주)		발행일	2025-04-13	만기일	2025 00 13	배서인	
지급은행	002	국민은행	지점		할인기관		지점	할인율(%)	
지급거래처					・수령된 어음을 타거래처에 지급하는 경우에 입력합니다.				

※ 어음의 상태를 입력합니다.[1:보관,7:회수]   삭제(F5) 닫기

(3) 4월 17일

[회계]⇒[전표입력/장부]⇒[매입매출전표입력]

거래유형	품명	공급가액	부가세	거래처	전자세금
53.면세	토지	50,000,000		제일건설	1.전자입력
분개유형	(차) 투자부동산	54,500,000	(대) 현금		54,500,000
3.혼합					

☞ 투자 목적의 토지를 구입하는 경우 투자부동산 계정으로 회계처리하며, 취득세(부대비용) 등은 취득가액에 포함한다.
・분개는 혼합 또는 현금을 선택하여 부대비용을 포함한 금액으로 수정하고 대변도 현금 계정을 입력한다.

(4) 4월 30일

① [물류관리]⇒[판매관리]⇒[출고입력] 메뉴에서 처리구분을 212.건별현과, 거래처, 수금구분을 4.혼합으로 선택하고 상단의 [전표추가] ⇒ [확인] ⇒ [전송]을 클릭하여 자동으로 전표를 생성시킨다.

② [회계]⇒[전표입력/장부]⇒[매입매출전표입력]

거래유형	품명	공급가액	부가세	거래처	전자세금
22.현과	갤럭시폰	600,000	60,000	박민혁	
분개유형	(차) 보통예금(기업은행)	660,000	(대) 상품매출		600,000
3.혼합			부가가치세예수금		60,000

3. 일반전표입력

(1) 4월 2일

① [회계]⇒[전표입력/장부]⇒[일반전표입력]

② 거래처등록은 거래처코드란에서 '+' 버튼 또는 '00000'으로 거래처를 등록한다.

차변	당좌예금(국민은행)	10,000,000	대변	보통예금(기업은행)	10,000,000

☞ 금융거래처인 경우는 세부적인 사항이 있으므로 [거래처등록]⇒[금융]Tab에서 먼저 등록 후 회계처리한다.

(2) 4월 4일

① [회계]⇒[전표입력/장부]⇒[일반전표입력]

차변	현금	4,500,000	대변	당기손익-공정가치측정금융자산	5,000,000
	당기손익-공정가치측정금융자산처분손실	500,000			

☞ · 처분가액(1,000주×₩4,500) - 장부가액(1,000주×₩5,000) = ₩-500,000(당기손익-공정가치측정금융자산처분손실)
  · 은행발행 자기앞수표는 현금 계정으로 회계처리한다.

(3) 4월 9일

[회계]⇒[전표입력/장부]⇒[일반전표입력]

차변	주식발행초과금	40,000,000	대변	보통주자본금	40,000,000

☞ 보통주자본금(₩40,000,000) = 8,000주×₩5,000

(4) 4월 10일

① [회계]⇒[전표입력/장부]⇒[거래처원장] 메뉴에서 3월의 미지급금(국민카드) 금액(₩965,000)을 확인한다.

② [회계]⇒[전표입력/장부]⇒[일반전표입력]

차변	미지급금(국민카드)	965,000	대변	보통예금(기업은행)	965,000

(5) 4월 15일

① [회계]⇒[전표입력/장부]⇒[일반전표입력]

차변	외상매입금(경인통신(주))	40,000,000	대변	받을어음(상민상사(주))	15,400,000
				당좌예금(시티은행)	24,600,000

② [자금관리(F3)-받을어음관리] ⇒ 어음상태 : 3.배서, 어음번호란에서 F2 조회하여 배서할 어음을 선택한 후 지급거래처는 경인통신(주)를 입력한다.

	받을어음 관리										삭제(F5)
어음상태	3	배서	어음번호	아라65478520	수취구분	1	자수	발행일	2025-02-06	만기일	2025-06-30
발행인	00103	상민상사(주)			지급은행	001	하나은행			지점	
배서인			할인기관		지점			할인율(%)		어음종류	1 약속(일반)
지급거래처	00104	경인통신(주)					* 수령된 어음을 타거래처에 지급하는 경우에 입력합니다.				

4. 결산작업

(1) 12월 31일

[회계]⇒[전표입력/장부]⇒[일반전표입력]

차변	소모품	150,000	대변	소모품비	150,000

☞ [회계]→[전표입력/장부]→[합계잔액시산표] 메뉴에서 소모품비를 확인한다.

(2) ① [회계]⇒[결산/재무제표Ⅰ]⇒[합계잔액시산표] 메뉴에서 퇴직급여부채 잔액(₩1,700,000)을 확인한다.

☞ 퇴직급여추계액(₩10,000,000) - 퇴직급여부채(₩1,700,000) = 추가전입액(₩8,300,000)

② [회계]⇒[결산/재무제표Ⅰ]⇒[결산자료입력] 메뉴에서 2). 퇴직급여(전입액)란에 ₩8,300,000을 입력한다.

(3) 12월 31일

① [회계]⇒[결산/재무제표Ⅰ]⇒[합계잔액시산표] 메뉴 또는 10월 1일자 [일반전표입력] 메뉴에서 기타포괄손익-공정가치측정금융자산(비유동) 금액(₩5,000,000)을 확인한다.

② [회계]⇒[전표입력/장부]⇒[일반전표입력]

차변	기타포괄손익-공정가치측정금융 자산(비유동)	2,000,000	대변	기타포괄손익-공정가치측정금융 자산평가이익	2,000,000

☞ 공정가치(₩7,000,000) - 장부가액(₩5,000,000) = 평가이익(₩2,000,000)

(4) 12월 31일

① [회계]⇒[결산/재무제표Ⅰ]⇒[합계잔액시산표] 메뉴에서 외상매출금 CoCo사의 금액(₩15,400,000)을 확인한다.

② [회계]⇒[전표입력/장부]⇒[일반전표입력]

차변	외상매출금(CoCo사)	1,100,000	대변	외화환산이익	1,100,000

☞ CoCo사의 외상매출금 수출시(₩15,400,000/₩1,400=$11,000)
외화환산이익(₩1,100,000) = $11,000×(₩1,500-₩1,400)

(5) ① [회계]⇒[결산/재무제표Ⅰ]⇒[합계잔액시산표] 메뉴에서 매출채권(외상매출금, 받을어음)을 조회한다.

대손충당금 설정액 : 매출채권 잔액×설정률 - 대손충당금 잔액

외상매출금 : (₩359,150,000×1%) - ₩500,000 = ₩3,091,500

받을어음 : (₩85,000,000×1%) -   ₩0 =   ₩850,000

② [회계]⇒[결산/재무제표Ⅰ]⇒[결산자료입력] 메뉴에서 5). 대손상각 해당계정과목 금액란에 설정액을 입력한다.

(6) ① [회계]⇒[고정자산등록]⇒[원가경비별감가상각명세서] 메뉴에서 [유형자산총괄]Tab과 [무형자산총괄]Tab의 당기상각비를 확인한다. (건물 ₩15,000,000, 비품 ₩1,022,000)

② [회계]⇒[결산/재무제표I]⇒[결산자료입력] 메뉴에서 4). 감가상각비 해당계정과목 금액란에 감가상각비를 입력한다.

(7) ① [물류관리]⇒[재고관리]⇒[재고자산수불부] 메뉴에서 상단의 [기능모음(F11)] ⇒[평가방법]에서 재고 자산평가방법을 선입선출법으로 선택하고 적용한 후 상단의 [마감]을 클릭해서 [마감] 또는 [일괄마감]을 체크 후 재고평가를 진행한다.

② [물류관리]⇒[재고관리]⇒[재고자산명세서] 메뉴에서 상품별 재고금액 ₩83,200,000을 확인한다.

③ [회계]⇒[결산/재무제표I]⇒[결산자료입력] 메뉴에서 (10). 기말상품재고액 (₩83,200,000)을 입력한다.

※ (2),(5),(6),(7)항목은 반드시 상단의 [전표추가(F3)]를 클릭하여 [일반전표입력] 메뉴에 결산분개를 자동으로 생성시킨다.

④ [회계]⇒[전표입력/장부]⇒[일반전표입력] 메뉴에서 12월 31일 결산분개를 확인한다.

5. 단답형 답안

(1) [회계]⇒[K-IFRS재무제표]⇒[K-IFRS포괄손익계산서] : ₩39,828,500

(2) [회계]⇒[부가가치세 I]⇒ [부가가치세신고서(10월~12월) : 27번란] : ₩7,300,000

(3) [회계]⇒[전표입력/장부]⇒[거래처원장 : 차변] : ₩45,650,000

(4) [회계]⇒[전표입력/장부]⇒[현금출납장 : 출금] : ₩69,750,000

(5) [회계]⇒[K-IFRS재무제표]⇒[K-IFRS재무상태표] : ₩83,350,000

(6) [물류관리]⇒[재고관리]⇒[재고자산수불부(마감)]⇒[재고자산명세서] : 660

문제 02 원가회계

1. (1) 5월 9일 작업지시등록

① [물류관리]⇒[생산관리]⇒[생산(작업)지시서] : 지시일과 완료예정일을 입력 후 지시내용(품목명, 지시수량, 작업장 등)을 입력한다.

② 5월 9일 자재사용(출고)등록

[물류관리]⇒[생산관리]⇒[자재출고입력] : 생산지시번호란에서 코드도움(F2) 조회하여 사용할 자재의 출고수량과 작업장을 입력한다.

(2) 5월 31일 생산자료등록

[물류관리]⇒[생산관리]⇒[생산입고입력] : 생산지시번호란에서 코드도움(F2) 조회하여 제품의 생산량과 투입시간을 입력한다.

(3) 5월의 원가기준정보

① 노무비배부기준등록(총근무시간) [물류관리]⇒[원가관리(원가기준정보)]⇒[배부기준등록]⇒[노무비배분]Tab에서 상단의 [당월 데이터 생성]을 클릭하여 노무비의 데이터를 재집계한 다음 총근무시간을 입력하면 임률은 자동으로 계산된다.

② 보조부문비배부기준등록
[보조부문배분]Tab에서 상단의 [보조부문 가져오기]를 클릭하여 보조부문의 데이터를 추가집계 한 다음 보조부문비배분기준을 등록한다.

③ 작업진행률등록 [제품_#102 : 70%]
상단의 [작업진행율등록] 또는 [물류관리]⇒[원가관리(원가기준정보)]⇒[작업진행율등록] 메뉴에서 진행률을 입력한다.

(4) 5월의 실제원가계산
[물류관리]⇒[원가관리(원가계산)]

① 기초재공품계산 : 전월에서 이월된 사항이 없다면 기초재공품은 표기되지 않는다.

② 직접재료비계산 : ❶ 상단의 [마감]을 눌러 [재고자산수불부]에서 원재료에 대해서만 [일괄마감]을 하여 재고 평가를 한다.
❷ [직접재료비계산]에서 다시 조회를 하면 자재의 단가와 금액이 자동으로 반영된다.
제품_#101의 부품_#01 재료비 : ₩30,000,000
제품_#102의 부품_#02 재료비 : ₩12,000,000

③ 직접노무비계산

④ 제조간접비계산 (제조부문비배부기준 : 투입시간)
제조간접비계산을 위해서는 제조간접비계산(부문별), 제조간접비계산(보조부문), 제조간접비 계산(제조부문)을 차례로 실행해야 집계할 수 있다.
[제조간접비계산(부문별)]⇒[제조간접비계산(보조부문)]⇒[제조간접비계산(제조부문)]

⑤ [완성품원가조회] 제품별 단위당 원가를 계산 시 종합원가의 경우 1.평균법으로 계산하여 조회한다.

⑥ 원가반영작업 : [생산입고입력]을 실행하고 완성품원가조회에서 계산된 단위당 제조원가를 입력한다.
❶ 제품_#101의 생산단가 : ₩144,333
❷ 제품_#102의 생산단가 : ₩57,703

(5) 원가계산을 마감한 후 제조원가명세서 조회
[물류관리]⇒[원가관리(원가계산)]⇒[결산자료입력]

① 결산일자를 1월~5월로 선택한 다음 [매출원가 및 경비선택]창에서 455.제품매출원가, 1.500번대, 제조를 입력한 후 [확인]한다.

② 상단의 [기능모음(F11)]⇒[기말재고반영]버튼을 눌러 원재료, 재공품의 기말재고액을 반영하고 반드시 [전표추가(F3)]를 클릭하여 결산분개를 자동생성한다.
❶ 기말 원재료 재고액 : ₩57,800,000
❷ 기말 재공품재고액 : ₩4,939,189

③ [회계]⇒[전표/장부입력]⇒[일반전표입력] 자동생성분개를 확인한다.
④ [물류관리]⇒[원가관리(원가계산)]⇒[제조원가명세서]

   당기 제품 제조원가 : ₩60,610,811
   ※ 프로그램 버전에 따라 ±1원의 차이가 발생할 수 있다.

제4회 실기시험 모의문제 정답 및 풀이

문제 01 재무회계

1. 기준정보입력

(1) [회계]⇒[기초정보관리]⇒[거래처등록]⇒[일반]Tab에서 거래처를 입력한다.
   ☞ 거래처 구분을 반드시 매입처와 매출처로 입력한다.

(2) [물류관리]⇒[기준정보관리]⇒[품목등록]⇒[전체]Tab에서 품목정보를 입력한다.

2. 매입매출전표입력

(1) 12월 5일

[회계]⇒[전표입력/장부]⇒[매입매출전표입력]

거래유형	품명	공급가액	부가세	거래처	전자세금
11.과세	화물차 매각	20,000,000	2,000,000	㈜한세산업	1.전자입력
분개유형	(차) 감가상각누계액(209)	4,000,000	(대) 부가가치세예수금		2,000,000
3.혼합	미수금	22,000,000	차량운반구		25,000,000
	유형자산처분손실	1,000,000			

☞ 상품매출을 차량운반구 계정으로 변경하고 유형자산 처분시 감가상각누계액은 모두 상계처리하며 차액은 처분손실이나 처분이익으로 처리한다. 일반적인 상거래가 아니므로 미수금 계정으로 회계처리한다.

(2) 12월 11일

① [물류관리]⇒[구매관리]⇒[입고입력] 메뉴에서 처리구분을 21.건별과세, 거래처, 지급구분을 4.혼합으로 선택하고 상품을 입력한 다음 하단의 현금란(₩4,800,000)과 수표(당좌수표)란(₩22,000,000), 외상란(₩26,000,000)에 입력, 상단의 [전표추가] ⇒ [확인] ⇒ [전송]을 클릭하여 자동으로 전표를 생성시킨다.

② [회계]⇒[전표입력/장부]⇒[매입매출전표입력] 메뉴에 반영된 전표에서 '당좌예금' 계정의 거래처코드(시티은행)를 수정 입력한다.

거래유형	품명	공급가액	부가세	거래처	전자세금
51.과세	축구복외	48,000,000	4,800,000	㈜온세유통	1.전자입력
분개유형	(차) 상품	48,000,000	(대) 현금		4,800,000
	부가가치세대급금	4,800,000	당좌예금(시티은행)		22,000,000
3.혼합			외상매입금		26,000,000

(3) 12월 20일

① [물류관리]⇒[구매관리]⇒[입고입력] 메뉴에서 처리구분을 27.건별카과, 신용카드 거래처(국민카드)를 선택하고 거래처, 지급구분을 3.카드, 상품을 입력한 다음 하단의

카드란(₩3,300,000)에 입력, 상단의 [전표추가] ⇒ [확인] ⇒ [전송]을 클릭하여 자동으로 전표를 생성시킨다.

② [회계]⇒[전표입력/장부]⇒[매입매출전표입력] 메뉴에 반영된 전표에서 분개유형을 2.외상으로 수정한 후 '외상매입금' 계정의 거래처코드(국민카드)를 수정 입력한다.

거래유형	품명	공급가액	부가세	거래처	전자세금
57.카과	축구복	3,000,000	300,000	㈜나이키	
분개유형	(차) 상품	3,000,000	(대) 외상매입금		3,300,000
2.외상	부가가치세대급금	300,000	(국민카드)		

☞ 상품을 구입하고 카드로 결제시 외상매입금 계정으로 처리하며, 거래처코드는 카드사인 국민카드를 입력한다.

(4) 12월 30일

① [물류관리]⇒[판매관리]⇒[출고입력] 메뉴에서 처리구분을 21.건별과세, 거래처, 수금구분을 4.혼합으로 선택하고 상품을 입력한 다음 하단의 수표란(₩123,200,000)에 입력, 상단의 [전표추가] ⇒ [확인] ⇒ [전송]을 클릭하여 자동으로 전표를 생성시킨다.

② [회계]⇒[전표입력/장부]⇒[매입매출전표입력] 메뉴에 반영된 전표에서 분개를 수정한 후 '당좌예금' 계정과 거래처코드(시티은행), '현금' 계정을 추가 입력한다.

거래유형	품명	공급가액	부가세	거래처	전자세금
11.과세	스키복외	112,000,000	11,200,000	㈜스타상사	1.전자입력
분개유형	(차) 현금	61,600,000	(대) 상품매출		112,000,000
3.혼합	당좌예금(시티은행)	61,600,000	부가가치세예수금		11,200,000

☞ 당점이 발행한 당좌수표를 수취한 경우 당좌예금 계정, 동점이 발행한 당좌수표를 수취한 경우 현금 계정으로 회계처리한다.

3. 일반전표입력

(1) 12월 4일

① [회계]⇒[전표입력/장부]⇒[합계잔액시산표] 메뉴에서 외상매출금의 대손충당금 잔액 ₩500,000을 확인한다.

② [회계]⇒[전표입력/장부]⇒[일반전표입력]

차변	대손충당금(109)	500,000	대변	외상매출금((주)아이스)	5,000,000
	대손상각비	4,500,000			

☞ 대손충당금 잔액이 있는 경우 먼저 상계처리하고 나머지는 당기비용(판관비)인 대손상각비 계정으로 회계처리한다.

(2) 12월 10일

[회계]⇒[전표입력/장부]⇒[일반전표입력]

차변	현금	23,000,000	대변	장기대여금(울트라사)	20,000,000
				외환차익	3,000,000

☞ $20,000×(회수시 환율₩1,150-대여시 환율 ₩1,000)=₩3,000,000(외환차익)

(3) 12월 12일

[회계]⇒[전표입력/장부]⇒[일반전표입력]

차변	건설중인자산	20,000,000	대변	보통예금(국민은행)	20,000,000

☞ 건물을 건설하기로 하고 계약금을 지급한 경우 건설중인자산 계정으로 회계처리하였다가 완공되면 건물 계정으로 반제처리한다.

(4) 12월 26일

[회계]⇒[전표입력/장부]⇒[일반전표입력]

| 차변 | 당기손익-공정가치측정금융자산
수수료비용(946) | 7,000,000
100,000 | 대변 | 보통예금(신한은행) | 7,100,000 |

☞ 당기손익-공정가치측정금융자산 취득시 수수료는 별도로 영업외비용인 수수료비용 계정으로 회계처리한다.

(5) 12월 30일

[회계]⇒[전표입력/장부]⇒[일반전표입력]

| 차변 | 선납세금
현금 | 77,000
10,423,000 | 대변 | 단기대여금((주)세무)
이자수익 | 10,000,000
500,000 |

☞ 미리 납부한 이자소득세는 선납세금 계정으로 회계처리한다.

4. 결산작업

(1) 12월 31일

[회계]⇒[전표입력/장부]⇒[일반전표입력]

| 차변 | 소모품 | 300,000 | 대변 | 소모품비 | 300,000 |

☞ [회계]→[전표입력/장부]→[합계잔액시산표]에서 소모품비를 확인한다.

(2) 12월 31일

① [회계]⇒[전표입력/장부]⇒[합계잔액시산표] 메뉴에서 선급비용 금액(₩2,000,000)을 확인한다.

② [회계]⇒[전표입력/장부]⇒[일반전표입력]

| 차변 | 보험료 | 500,000 | 대변 | 선급비용 | 500,000 |

☞ 선급비용(₩2,000,000)−미경과분(₩1,500,000)=경과분(₩500,000)

(3) 12월 31일

[회계]⇒[전표입력/장부]⇒[일반전표입력]

| 차변 | 단기차입금(포르쉐사) | 1,000,000 | 대변 | 외화환산이익 | 1,000,000 |

☞ 포르쉐사의 단기차입금 (₩12,000,000/$10,000=₩1,200)
외화환산이익(₩1,000,000)=$10,000×(₩1,200−₩1,100)

(4) 12월 31일

① [회계]⇒[부가가치세Ⅰ]⇒[부가가치세신고서] 10월~12월로 조회

② [회계]⇒[전표입력/장부]⇒[일반전표입력]

| 차변 | 부가가치세예수금 | 14,150,000 | 대변 | 부가가치세대급금
미지급세금 | 6,600,000
7,550,000 |

☞ 부가가치세예수금(매출세 또는 9번 ㉮란) − 부가가치세대급금(매입세 또는 17번 ㉯란) = 납부세액(차감세 또는 27번란)을 확인하여 회계처리한다.

(5) ① [회계]⇒[결산/재무제표Ⅰ]⇒[합계잔액시산표] 메뉴에서 매출채권(외상매출금, 받을어음)을 조회한다.

대손충당금 설정액 : 매출채권 잔액×설정률−대손충당금 잔액

외상매출금 : (₩83,550,000 × 1%) – ₩　　　0 = ₩835,500
받을어음 　: (₩15,000,000 × 1%) – ₩50,000 = ₩100,000

② [회계]⇒[결산/재무제표I]⇒[결산자료입력] 메뉴에서 5). 대손상각 해당계정과목 금액란에 설정액을 입력한다.

(6) ① [회계]⇒[고정자산등록]⇒[원가경비별감가상각명세서] 메뉴에서 [유형자산총괄]Tab과 [무형자산총괄]Tab의 당기상각비를 확인한다. (건물 ₩15,000,000, 비품 ₩120,000)
② [회계]⇒[결산/재무제표I]⇒[결산자료입력] 메뉴에서 4). 감가상각비 해당계정과목 금액란에 감가상각비를 입력한다.

(7) ① [물류관리]⇒[재고관리]⇒[재고자산수불부] 메뉴에서 상단의 [기능모음(F11)] ⇒[평가방법]에서 재고자산평가방법을 선입선출법으로 선택하고 적용한 후 상단의 [마감]을 클릭해서 [마감] 또는 [일괄마감]을 체크 후 재고평가를 진행한다.
② [물류관리]⇒[재고관리]⇒[재고자산명세서] 메뉴에서 상품별 재고금액 ₩153,500,000을 확인한다.
③ [회계]⇒[결산/재무제표I]⇒[결산자료입력] 메뉴에서 (10). 기말상품재고액(₩153,500,000)을 입력한다.
※ (5),(6),(7)항목은 반드시 상단의 [전표추가(F3)]를 클릭하여 [일반전표입력] 메뉴에 결산분개를 자동으로생성시킨다.
④ [회계]⇒[전표입력/장부]⇒[일반전표입력] 메뉴에서 12월 31일 결산분개를 확인한다.

5. 단답형 답안

(1) [물류관리]⇒[재고관리]⇒[재고자산수불부] : 1,800EA
(2) [회계]⇒[전표입력/장부]⇒[합계잔액시산표] : ₩185,860,000
(3) [회계]⇒[전표입력/장부]⇒[거래처원장] : ₩39,600,000
(4) [회계]⇒[부가가치세Ⅰ]⇒[부가가치세신고서] : ₩-150,000
(5) [회계]⇒[K-IFRS재무제표]⇒[K-IFRS재무상태표] : ₩763,920,000
(6) [회계]⇒[K-IFRS재무제표]⇒[K-IFRS포괄손익계산서] : ₩1,600,000

문제 02 원가회계

1. (1) 6월 4일 작업지시등록
① [물류관리]⇒[생산관리]⇒[생산(작업)지시서] : 지시일과 완료예정일을 입력 후 지시내용(품목명, 지시수량, 작업장 등)을 입력한다.
② 6월 4일 자재사용(출고)등록
[물류관리]⇒[생산관리]⇒[자재출고입력] : 생산지시번호란에서 코드도움(F2) 조회하여 사용할 자재의 출고수량과 작업장을 입력한다.

(2) 6월 30일 생산자료등록

[물류관리]⇒[생산관리]⇒[생산입고입력] : 생산지시번호란에서 코드도움(F2) 조회하여 제품의 생산량과 투입시간을 입력한다.

(3) 6월의 원가기준정보

① 노무비배부기준등록(총근무시간)

[물류관리]⇒[원가관리(원가기준정보)]⇒[배부기준등록]⇒[노무비배분]Tab에서 상단의 [당월데이터 생성]을 클릭하여 노무비의 데이터를 재집계한 다음 총근무시간을 입력하면 임률은 자동으로 계산된다.

② 보조부문비배부기준등록

[보조부문배분]Tab에서 상단의 [보조부문 가져오기]를 클릭하여 보조부문의 데이터를 추가집계한 다음 보조부문비배분기준을 등록한다.

③ 작업진행률등록 [갑제품 : 60%]

상단의 [작업진행율등록] 또는 [물류관리]⇒[원가관리(원가기준정보)]⇒[작업진행율등록] 메뉴에서 진행률을 입력한다.

(4) 6월의 실제원가계산

[물류관리]⇒[원가관리(원가계산)]

1 기초재공품계산 : 전월에서 이월된 사항이 없다면 기초재공품은 표기되지 않는다.

2 직접재료비계산 : ❶ 상단의 [마감]을 눌러[재고자산수불부]에서 원재료에 대해서만 [일괄마감]을 하여 재고평가를 한다.

❷ [직접재료비계산]에서 다시 조회를 하면 자재의 단가와 금액이 자동으로 반영된다.

갑제품의 부품A 재료비 : ₩50,400,000

을제품의 부품B 재료비 : ₩13,500,000

3 직접노무비계산

4 제조간접비계산 (제조부문비배부기준 : 투입시간)

제조간접비계산을 위해서는 제조간접비계산(부문별), 제조간접비계산(보조부문), 제조간접비계산(제조부문)을 차례로 실행해야 집계할 수 있다.

[제조간접비계산(부문별)]⇒[제조간접비계산(보조부문)]⇒[제조간접비계산(제조부문)]

5 [완성품원가 조회] 제품별 단위당 원가를 계산 시 종합원가의 경우 1.평균법으로 계산하여 조회한다.

6 원가반영작업 : [생산입고입력]을 실행하고 완성품원가조회에서 계산된 단위당 제조원가를 입력한다.

❶ 갑제품의 생산단가 : ₩128,930

❷ 을제품의 생산단가 : ₩56,800

(5) 원가계산을 마감한 후 제조원가명세서 조회

[물류관리]⇒[원가관리(원가계산)]⇒[결산자료입력]

① 결산일자를 1월~6월로 선택한 다음 [매출원가 및 경비선택]창에서 455.제품매출원가, 1.500번대, 제조를 입력한 후 [확인]한다.

② 상단의 [기능모음(F11)]⇒[기말재고반영]버튼을 눌러 원재료, 재공품의 기말재고액을 반영하고 반드시 [전표추가(F3)]를 클릭하여 결산분개를 자동생성한다.

   ❶ 기말 원재료 재고액 : ₩35,900,000
   ❷ 기말 재공품 재고액 : ₩11,767,826

③ [회계]⇒[전표/장부입력]⇒[일반전표입력] 자동생성분개를 확인한다.

④ [물류관리]⇒[원가관리(원가계산)]⇒[제조원가명세서]

   당기 제품 제조원가 : ₩77,132,174

   ※ 프로그램 버전에 따라 ±1원의 차이가 발생할 수 있다.

제5회 실기시험 모의문제 정답 및 풀이

문제 01 재무회계

1. 기준정보입력

(1) [회계]⇒[기초정보관리]⇒[거래처등록]⇒[일반]Tab에서 거래처를 입력한다.
   ☞ 거래처 구분을 반드시 매입처와 매출처로 입력한다.

(2) [물류관리]⇒[기준정보관리]⇒[품목등록]⇒[전체]Tab에서 품목정보를 입력한다.

2. 매입매출전표입력

(1) 10월 13일

① [물류관리]⇒[판매관리]⇒[출고입력] 메뉴에서 처리구분을 21.건별과세, 거래처, 수금구분을 4.혼합으로 선택하고 상품을 입력한 다음 하단의 어음란(₩327,800,000)에 입력, 상단의 [전표추가] ⇒ [확인] ⇒ [전송]을 클릭하여 자동으로 전표를 생성시킨다.

② [회계]⇒[전표입력/장부]⇒[매입매출전표입력]

거래유형	품명	공급가액	부가세	거래처	전자세금
11.과세	냉장고외	298,000,000	29,800,000	우리전자(주)	1.전자입력
분개유형	(차) 받을어음	327,800,000	(대) 상품매출		298,000,000
3.혼합			부가가치세예수금		29,800,000

③ [자금관리(F3)-받을어음 관리] ⇒ 어음상태 : 1.보관, 어음종류: 1.약속, 어음번호, 만기일, 지급은행을 입력한다.

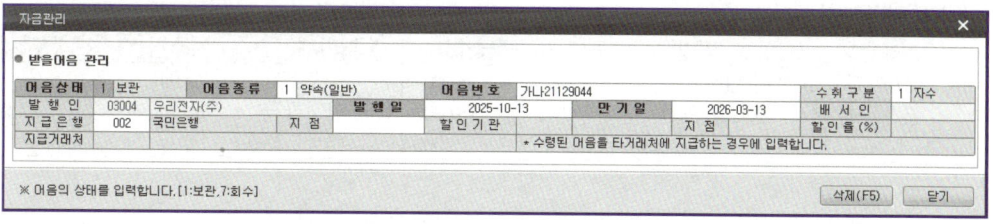

(2) 10월 16일

① [물류관리]⇒[구매관리]⇒[입고입력] 메뉴에서 처리구분을 21.건별과세, 거래처, 지급구분을 4.혼합으로 선택하고 상품을 입력한 다음 하단의 어음란(₩27,280,000)에 입력, 상단의 [전표추가] ⇒ [확인] ⇒ [전송]을 클릭하여 자동으로 전표를 생성시킨다.

② [회계]⇒[전표입력/장부]⇒[매입매출전표입력]

거래유형	품명	공급가액	부가세	거래처	전자세금
51.과세	세탁기외	24,800,000	2,480,000	가람기기(주)	1.전자입력
분개유형	(차) 상품	24,800,000	(대) 지급어음		27,280,000
3.혼합	부가가치세대급금	2,480,000			

③ 어음등록

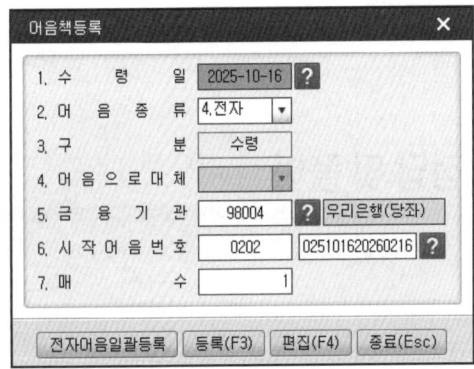

④ [자금관리(F3)]-지급어음 관리] ⇒ 어음상태 : 2.발행, 어음번호란에서 F2 조회하여 발행할 어음을 선택한 후 만기일을 반드시 입력한다.

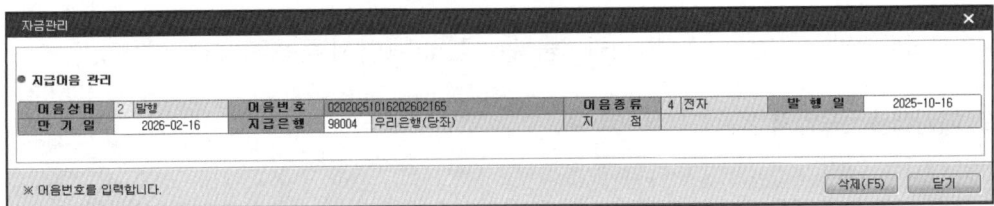

(3) 10월 28일

① [물류관리]⇒[판매관리]⇒[출고입력] 메뉴에서 처리구분을 27.건별카과, 신용카드 거래처(삼성카드)를 선택, 거래처, 수금구분을 3.카드로 선택하고 상품을 입력한 다음 상단의 [전표추가] ⇒ [확인] ⇒ [전송]을 클릭하여 자동으로 전표를 생성시킨다.

② [회계]⇒[전표입력/장부]⇒[매입매출전표입력]

거래유형	품명	공급가액	부가세	거래처	전자세금
17.카과	세탁기	2,600,000	260,000	㈜남부유통	
분개유형	(차) 외상매출금	2,860,000	(대) 상품매출		2,600,000
4.카드	(삼성카드)		부가가치세예수금		260,000

(4) 10월 29일

거래유형	품명	공급가액	부가세	거래처	전자세금
57.카과	홍보물 제작	350,000	35,000	고고애드	
분개유형	(차) 광고선전비	350,000	(대) 미지급금		385,000
4.카드	부가가치세대급금	35,000	(국민카드)		

☞ · 부가가치세가 분리된 신용카드매출전표를 수취한 경우 유형 57.카과매입을 선택한다.
· 공급가액란은 공급대가를 입력하면 공급가액과 부가세가 자동 분리된다.
· 하단의 상품 계정을 홍보물 제작이므로 광고선전비 계정으로 수정한다.

3. 일반전표입력

(1) 10월 17일

[회계]⇒[전표입력/장부]⇒[일반전표입력]

차변	건설중인자산	3,000,000	대변	보통예금(우리은행)	3,000,000

☞ 건물의 자본적 지출인 경우 건물 계정으로 회계처리하여야 하나 건설중에 있는 건물이므로 건설중인자산 계정으로 회계처리한다.

(2) 10월 19일

[회계]⇒[전표입력/장부]⇒[일반전표입력]

차변	보통예금(우리은행) 현금	3,000,000 1,600,000	대변	외상매출금(광오상회(주))	4,600,000

☞ 동점이 발행한 당좌수표는 현금 계정으로 회계처리한다.

(3) 10월 20일

[회계]⇒[전표입력/장부]⇒[일반전표입력]

차변	이자비용	1,200,000	대변	예수금 보통예금(하나은행)	184,000 1,016,000

☞ 원천징수세액은 이자소득세를 말하며, 예수금 계정으로 회계처리하였다가 납부시 차변으로 반제처리한다.

(4) 10월 23일

[회계]⇒[전표입력/장부]⇒[일반전표입력]

차변	미지급금(대성빌딩)	3,000,000	대변	보통예금(하나은행)	3,000,000

(5) 10월 25일

① [회계]⇒[전표입력/장부]⇒[합계잔액시산표] 메뉴에서 주식발행초과금(₩50,000,000)을 확인한다.

② [회계]⇒[전표입력/장부]⇒[일반전표입력]

차변	보통예금(하나은행) 주식발행초과금	49,000,000 1,000,000	대변	보통주자본금	50,000,000

☞ 주식을 할인 발행하는 경우 주식발행초과금 계정 잔액이 있는 경우 먼저 상계처리한다.

4. 결산작업

(1) ① [회계]⇒[결산/재무제표Ⅰ]⇒[합계잔액시산표] 메뉴에서 매출채권(외상매출금, 받을어음)을 조회한다.

대손충당금 설정액 : 매출채권 잔액×설정률-대손충당금 잔액

외상매출금 : (₩578,510,000 × 1%) - ₩500,000 = ₩5,285,100

받을어음 : (₩339,450,000 × 1%) - ₩100,000 = ₩3,294,500

② [회계]⇒[결산/재무제표I]⇒[결산자료입력] 메뉴에서 5). 대손상각 해당계정과목 금액란에 설정액을 입력한다.

(2) ① [회계]⇒[고정자산등록]⇒[원가경비별감가상각명세서] 메뉴에서 [유형자산총괄]Tab과 [무형자산총괄]Tab의 당기상각비를 확인한다. (건물 ₩15,000,000, 차량운반구 ₩4,422,218, 비품 ₩3,969,600)

② [회계]⇒[결산/재무제표I]⇒[결산자료입력] 메뉴에서 4). 감가상각비 해당계정과목 금액란에 감가상각비를 입력한다.

(3) ① [물류관리]⇒[재고관리]⇒[재고자산수불부] 메뉴에서 상단의 [기능모음(F11)] ⇒[평가방법]에서 재고자산평가방법을 선입선출법으로 선택하고 적용한 후 상단의 [마감]을 클릭해서 [마감] 또는 [일괄마감]을 체크 후 재고평가를 진행한다.

② [물류관리]⇒[재고관리]⇒[재고자산명세서] 메뉴에서 상품별 재고금액 ₩786,300,000을 확인한다.

③ [회계]⇒[결산/재무제표I]⇒[결산자료입력] 메뉴에서 (10). 기말상품재고액(₩786,300,000)을 입력한다.

(4) 12월 31일

① [회계]⇒[부가가치세Ⅰ]⇒[부가가치세신고서] 10월~12월로 조회
② [회계]⇒[전표입력/장부]⇒[일반전표입력]

차변	부가가치세예수금	57,310,000	대변	부가가치세대급금 미지급세금	49,515,000 7,795,000

(5) 12월 31일

[회계]⇒[전표입력/장부]⇒[일반전표입력]

차변	소모품	100,000	대변	소모품비	100,000

(6) 12월 31일

[회계]⇒[전표입력/장부]⇒[일반전표입력]

차변	이자비용	95,000	대변	미지급비용 사채할인발행차금	80,000 15,000

☞ 사채할인발행차금 상각액(₩15,000)=유효이자율(₩950,000×10%)-액면이자율(₩1,000,000×8%)

(7) 12월 31일

① [회계]⇒[전표입력/장부]⇒[합계잔액시산표] 메뉴에서 임대료 금액(₩360,000)을 확인한다.

② [회계]⇒[전표입력/장부]⇒[일반전표입력]

차변	임대료(904)	240,000	대변	선수수익	240,000

☞ ₩360,000×8/12=₩240,000(선수수익)

※ (1),(2),(3)항목은 반드시 상단의 [전표추가(F3)]를 클릭하여 [일반전표입력] 메뉴에 결산분개를 자동으로 생성시킨다.

③ [회계]⇒[전표입력/장부]⇒[일반전표입력] 메뉴에서 12월 31일 결산분개를 확인한다.

5. 단답형 답안

(1) [물류관리]⇒[구매관리]⇒[구매일(월)보] : ₩300,000,000

(2) [회계]⇒[전표입력/장부]⇒[일/월계표-대변] 또는 [현금출납장] : ₩105,000,000

(3) [회계]⇒[전표입력/장부]⇒[일/월계표] 또는 [계정별원장] : ₩31,850,000

(4) [회계]⇒[전표입력/장부]⇒[거래처원장] : ₩275,000,000

(5) [회계]⇒[K-IFRS재무제표]⇒[K-IFRS재무상태표] : ₩6,440,000

(6) [회계]⇒[K-IFRS재무제표]⇒[K-IFRS포괄손익계산서] : ₩101,700,000
  ☞ 당기 ₩154,200,000-전기 ₩52,500,000=₩101,700,000

문제 02 원가회계

1. (1) 7월 17일 작업지시등록
    ① [물류관리]⇒[생산관리]⇒[생산(작업)지시서] : 지시일과 완료예정일을 입력 후 지시내용(품목명, 지시수량, 작업장 등)을 입력한다.
    ② 7월 17일 자재사용(출고)등록
    [물류관리]⇒[생산관리]⇒[자재출고입력] : 생산지시번호란에서 코드도움(F2) 조회하여 사용할 자재의 출고수량과 작업장을 입력한다.
  (2) 7월 31일 생산자료등록
    [물류관리]⇒[생산관리]⇒[생산입고입력] : 생산지시번호란에서 코드도움(F2) 조회하여 제품의 생산량과 투입시간을 입력한다.
  (3) 7월의 원가기준정보
    ① 노무비배부기준등록(총근무시간)
    [물류관리]⇒[원가관리(원가기준정보)]⇒[배부기준등록]⇒[노무비배분]Tab에서 상단의 [당월데이터 생성]을 클릭하여 노무비의 데이터를 새집계한 다음 총근무시간을 입력하면 임률은 자동으로 계산된다.
    ② 보조부문비배부기준등록
    [보조부문배분]Tab에서 상단의 [보조부문 가져오기]를 클릭하여 보조부문의 데이터를 추가집계한 다음 보조부문비배분기준을 등록한다.
    ③ 작업진행률등록 [UNIT-B : 60%]
    상단의 [작업진행율등록] 또는 [물류관리]⇒[원가관리(원가기준정보)]⇒[작업진행율등록] 메뉴에서 진행률을 입력한다.

(4) 7월의 실제원가계산

[물류관리]⇒[원가관리(원가계산)]

① 기초재공품계산 : 전월에서 이월된 사항이 없다면 기초재공품은 표기되지 않는다.

② 직접재료비계산 : ❶ 상단의 [마감]을 눌러[재고자산수불부]에서 원재료와 부재료에 대해서만 [일괄마감]을 하여 재고평가를 한다.

❷ [직접재료비계산]에서 다시 조회를 하면 자재의 단가와 금액이 자동으로 반영된다.
　　UNIT-A의 부품A 재료비 : ₩9,000,000
　　UNIT-B의 부품B 재료비 : ₩5,500,000
　　UNIT-B의 COZ 재료비 : ₩2,750,000

③ 직접노무비계산

④ 제조간접비계산 (제조부문비배부기준 : 투입시간)

제조간접비계산을 위해서는 제조간접비계산(부문별), 제조간접비계산(보조부문), 제조간접비계산(제조부문)을 차례로 실행해야 집계할 수 있다.

[제조간접비계산(부문별)]⇒[제조간접비계산(보조부문)]⇒[제조간접비계산(제조부문)]

⑤ [완성품원가조회] 제품별 단위당 원가를 계산 시 종합원가의 경우 1.평균법으로 계산하여 조회한다.

⑥ 원가반영작업 : [생산입고입력]을 실행하고 완성품원가조회에서 계산된 단위당 제조원가를 입력한다.

❶ UNIT-A의 생산단가 : ₩50,978
❷ UNIT-B의 생산단가 : ₩40,868

(5) 원가계산을 마감한 후 제조원가명세서 조회

[물류관리]⇒[원가관리(원가계산)]⇒[결산자료입력]

① 결산일자를 1월~7월로 선택한 다음 [매출원가 및 경비선택]창에서 455.제품매출원가, 1.500번대, 제조를 입력한 후 [확인]한다.

② 상단의 [기능모음(F11)]⇒[기말재고반영]버튼을 눌러 원재료, 재공품의 기말재고액을 반영하고 반드시 [전표추가(F3)]를 클릭하여 결산분개를 자동생성한다.

❶ 기말 원재료 재고액 : ₩13,700,000
❷ 기말 부재료 재고액 : ₩500,000
❸ 기말 재공품 재고액 : ₩1,526,038

③ [회계]⇒[전표/장부입력]⇒[일반전표입력] 자동생성분개를 확인한다.

④ [물류관리]⇒[원가관리(원가계산)]⇒[제조원가명세서]

당기 제품 제조원가 : ₩43,373,962

※ 프로그램 버전에 따라 ±1원의 차이가 발생할 수 있다.

제6회 실기시험 모의문제 정답 및 풀이

문제 01 재무회계

1. 기준정보입력

(1) [회계]⇒[기초정보관리]⇒[거래처등록]⇒[일반]Tab에서 거래처를 입력한다.
　☞ 거래처 구분을 반드시 매입처와 매출처로 입력한다.

(2) [물류관리]⇒[기준정보관리]⇒[품목등록]⇒[전체]Tab에서 품목정보를 입력한다.

2. 매입매출전표입력

(1) 12월 10일

① [물류관리]⇒[구매관리]⇒[입고입력] 메뉴에서 처리구분을 21.건별과세, 거래처, 지급구분을 4.혼합으로 선택하고 상품을 입력한 다음 하단의 예금란(₩35,000,000)과 외상란(₩17,250,000)에 입력, 상단의 [전표추가] ⇒ [확인] ⇒ [전송]을 클릭하여 자동으로 전표를 생성시킨다.

② [회계]⇒[전표입력/장부]⇒[매입매출전표입력] 메뉴에 반영된 전표에서 '보통예금' 거래처코드(국민은행)를 수정 입력한다.

거래유형	품명	공급가액	부가세	거래처	전자세금
51.과세	장미핀외	47,500,000	4,750,000	안양산업(주)	1.전자입력
분개유형	(차) 상품	47,500,000	(대) 보통예금(국민은행)		35,000,000
3.혼합	부가가치세대급금	4,750,000	외상매입금		17,250,000

(2) 12월 13일

[회계]⇒[전표입력/장부]⇒[매입매출전표입력]

거래유형	품명	공급가액	부가세	거래처	전자세금
51.과세	트럭	15,000,000	1,500,000	㈜굿자동차	1.전자입력
분개유형	(차) 차량운반구	15,250,000	(대) 미지급금		13,500,000
3.혼합	부가가치세대급금	1,500,000	보통예금(국민은행)		3,000,000
	상각후원가측정금융자산(비유동)	1,750,000	현금		2,000,000

☞ 차량 구입시 구입한 공채는 만기일까지 보유 목적임으로 공정가액만 상각후원가측정금융자산(비유동) 계정으로 회계 처리하고, 나머지 금액은 차량의 취득원가에 가산한다.

(3) 12월 24일

① [물류관리]⇒[판매관리]⇒[출고입력] 메뉴에서 처리구분을 21.건별과세, 거래처, 수금구분을 4.혼합으로 선택하고 상품을 입력한 다음 하단의 예금란(₩45,000,000)과 외상란(₩28,700,000)에 입력, 상단의 [전표추가] ⇒ [확인] ⇒ [전송]을 클릭하여 자동으로 전표를 생성시킨다.

② [회계]⇒[전표입력/장부]⇒[매입매출전표입력] 메뉴에 반영된 전표에서 '보통예금' 거래처코드(국민은행)를 수정 입력한다.

거래유형	품명	공급가액	부가세	거래처	전자세금
11.과세	왕관핀외	67,000,000	6,700,000	㈜금성	1.전자입력
분개유형	(차) 보통예금(국민은행)	45,000,000	(대) 상품매출		67,000,000
3.혼합	외상매출금	28,700,000	부가가치세예수금		6,700,000

(4) 12월 30일

① [물류관리]⇒[판매관리]⇒[출고입력] 메뉴에서 처리구분을 212.건별현과, 거래처, 수금구분을 1.현금으로 선택하고 상품을 입력한 다음 상단의 [전표추가] ⇒ [확인] ⇒ [전송]을 클릭하여 자동으로 전표를 생성시킨다.

② [회계]⇒[전표입력/장부]⇒[매입매출전표입력]

거래유형	품명	공급가액	부가세	거래처	전자세금
22.현과	장미핀	1,600,000	160,000	구로예삐(주)	
분개유형	(차) 현금	1,760,000	(대) 상품매출		1,600,000
1.현금			부가가치세예수금		160,000

3. 일반전표입력

(1) 12월 5일

① [회계]⇒[전표입력/장부]⇒[일반전표입력]

차변	수수료비용(831)	15,000	대변	받을어음(구로예삐(주))	1,500,000
	당좌예금(국민은행)	1,485,000			

☞ 만기된 어음의 추심수수료(부대비용) 등은 수수료비용 계정으로 회계처리한다.

② [자금관리(F3)-받을어음관리] ⇒ 어음상태 : 4.만기, 어음번호란에서 조회한 후 만기되는 어음을 선택하여 입력한다.

어음상태	4 만기	어음번호	라마22221112	수취구분	1 자수	발행일	2025-09-05	만기일	2025-12-05
발행인	30002	구로예삐(주)		지급은행	040	신한은행		지점	
배서인		할인기관		지점		할인율(%)		어음종류	1 약속(일반)
지급거래처									

(2) 12월 6일

① [회계]⇒[전표입력/장부]⇒[일반전표입력] 메뉴에서 11월 29일 가수금 금액(₩5,000,000)을 확인한다.

② [회계]⇒[전표입력/장부]⇒[일반전표입력]

차변	가수금	5,000,000	대변	외상매출금((주)하나)	2,100,000
				선수금((주)가나)	2,900,000

☞ 미리 받은 계약금은 선수금 계정으로 회계처리한다.

(3) 12월 19일

[회계]⇒[전표입력/장부]⇒[일반전표입력]

차변	단기차입금(미찌꼬런단)	16,500,000	대변	보통예금(국민은행)	15,000,000
				외환차익	1,500,000

☞ 외환차익(₩1,500,000)=¥1,500,000×(평가시(₩1,100/¥100)-상환시(₩1,000/¥100))

(4) 12월 20일

[회계]⇒[전표입력/장부]⇒[일반전표입력]

| 차변 | 사채
사채상환손실 | 20,000,000
941,910 | 대변 | 당좌예금(하나은행)
사채할인발행차금 | 19,500,000
1,441,910 |

☞ 사채상환시 사채할인발행차금 계정을 상계처리한 후 손실액을 당기비용인 사채상환손실 계정으로 회계처리한다.

(5) 12월 30일

① [회계]⇒[전표입력/장부]⇒[합계잔액시산표] 메뉴에서 박정민의 단기대여금 금액 (₩1,000,000)과 단기대여금의 대손충당금 잔액이 없음을 확인한다.

② [회계]⇒[전표입력/장부]⇒[일반전표입력]

| 차변 | 기타의대손상각비 | 1,000,000 | 대변 | 단기대여금(박정민) | 1,000,000 |

☞ 일반채권을 대손처리하는 경우 대손충당금 잔액이 있는 경우 먼저 상계처리하고, 부족한 금액은 영업외비용인 기타의 대손상각비 계정으로 회계처리한다.

4. 결산작업

(1) 12월 31일

[회계]⇒[전표입력/장부]⇒[일반전표입력]

| 차변 | 종업원 급여 | 5,000,000 | 대변 | 미지급비용 | 5,000,000 |

(2) 12월 31일

① [회계]⇒[전표입력/장부]⇒[합계잔액시산표] 메뉴에서 보험료 금액(₩1,200,000)을 확인한다.

② [회계]⇒[전표입력/장부]⇒[일반전표입력]

| 차변 | 선급비용 | 200,000 | 대변 | 보험료 | 200,000 |

☞ ₩1,200,000×2/12=₩200,000(선급분)

(3) 12월 31일

[회계]⇒[전표입력/장부]⇒[일반전표입력]

| 차변 | 보통예금(국민은행) | 2,000,000 | 대변 | 외상매출금((주)세나) | 2,000,000 |

(4) 12월 31일

① [회계]⇒[전표입력/장부]⇒[합계잔액시산표] 메뉴에서 현금과부족 잔액(₩400,500)을 확인한다.

② [회계]⇒[전표입력/장부]⇒[일반전표입력]

| 차변 | 현금과부족 | 400,500 | 대변 | 잡이익 | 400,500 |

(5) ① [회계]⇒[결산/재무제표Ⅰ]⇒[합계잔액시산표] 메뉴에서 매출채권(외상매출금, 받을어음)을 조회한다.
　　　대손충당금 설정액 : 매출채권 잔액 × 설정률 − 대손충당금 잔액
　　　외상매출금 : (₩81,300,000 × 1%) − ₩50,000 = ₩763,000
　　　받을어음　 : (₩2,000,000 × 1%) − ₩0　　　 = ₩20,000
② [회계]⇒[결산/재무제표Ⅰ]⇒[결산자료입력] 메뉴에서 5). 대손상각 해당계정과목 금액란에 설정액을 입력한다.

(6) ① [회계]⇒[고정자산등록]⇒[원가경비별감가상각명세서] 메뉴에서 [유형자산총괄]Tab과 [무형자산총괄]Tab의 당기상각비를 확인한다. (차량운반구 ₩573,145, 비품 ₩394,625)
② [회계]⇒[결산/재무제표Ⅰ]⇒[결산자료입력] 메뉴에서 4). 감가상각비 해당계정과목 금액란에 감가상각비를 입력한다.

(7) ① [물류관리]⇒[재고관리]⇒[재고자산수불부] 메뉴에서 상단의 [기능모음(F11)]⇒ [평가방법]에서 재고자산평가방법을 선입선출법으로 선택하고 적용한 후 상단의 [마감]을 클릭해서 [마감] 또는 [일괄마감]을 체크 후 재고평가를 진행한다.
② [물류관리]⇒[재고관리]⇒[재고자산명세서] 메뉴에서 상품별 재고금액 ₩93,800,000을 확인한다.
③ [회계]⇒[결산/재무제표Ⅰ]⇒[결산자료입력] 메뉴에서 (10). 기말상품재고액(₩93,800,000)을 입력한다.
※ (5),(6),(7)항목은 반드시 상단의 [전표추가(F3)]를 클릭하여 [일반전표입력] 메뉴에 결산분개를 자동으로 생성시킨다.
④ [회계]⇒[전표입력/장부]⇒[일반전표입력] 메뉴에서 12월 31일 결산분개를 확인한다.

5. 단답형 답안

(1) [회계]⇒[전표입력/장부]⇒[현금출납장] 또는 [합계잔액시산표] : ₩24,995,500

(2) [물류관리]⇒[재고관리]⇒[재고자산수불부] : 500BOX

(3) [회계]⇒[전표입력/장부]⇒[거래처원장] : ₩1,500,000

(4) [회계]⇒[부가가치세Ⅰ]⇒[부가가치세신고서][1월~3월] : ₩−10,100,000

(5) [회계]⇒[K-IFRS재무제표]⇒[K-IFRS재무상태표] : ₩4,800,000

(6) [회계]⇒[K-IFRS재무제표]⇒[K-IFRS포괄손익계산서] : ₩1,600,500

문제 02　원가회계

1. (1) 6월 1일 작업지시등록
① [물류관리]⇒[생산관리]⇒[생산(작업)지시서] : 지시일과 완료예정일을 입력 후 지시내용(품목명, 지시수량, 작업장 등)을 입력한다.

② 6월 1일 자재사용(출고)등록

[물류관리]⇒[생산관리]⇒[자재출고입력] : 생산지시번호란에서 코드도움(F2) 조회하여 사용할 자재의 출고수량과 작업장을 입력한다.

(2) 6월 24일 일반전표입력

구분	코드	계정과목	코드	거래처	적요	차변	대변	부서
3(차변)	520	수 선 비			기계수선비 지급	600,000		2200(생산2부)
3(차변)	520	수 선 비			기계수선비 지급	500,000		3200(가공부)
4(대변)	101	현　　금			기계수선비 지급		1,100,000	
분개	(차)	수선비 수선비	600,000 500,000	(대)	현　　금		1,100,000	

(3) 6월 30일 생산자료등록

[물류관리]⇒[생산관리]⇒[생산입고입력] : 생산지시번호란에서 코드도움(F2) 조회하여 제품의 생산량과 투입시간을 입력한다.

(4) 6월의 원가기준정보

① 노무비배부기준등록(총근무시간)

[물류관리]⇒[원가관리(원가기준정보)]⇒[배부기준등록]⇒[노무비배분]Tab에서 상단의 [당월데이터 생성]을 클릭하여 노무비의 데이터를 재집계한 다음 총근무시간을 입력하면 임률은 자동으로 계산된다.

② 보조부문비배부기준등록

[보조부문배분]Tab에서 상단의 [보조부문 가져오기]를 클릭하여 보조부문의 데이터를 추가집계한 다음 보조부문비배분기준을 등록한다.

③ 작업진행률등록 [M제품 : 70%]

상단의 [작업진행율등록] 또는 [물류관리]⇒[원가관리(원가기준정보)]⇒[작업진행율등록] 메뉴에서 진행률을 입력한다.

(5) 6월의 실제원가계산

[물류관리]⇒[원가관리(원가계산)]

① 기초재공품계산 : 전월에서 이월된 사항이 없다면 기초재공품은 표기되지 않는다.

② 직접재료비계산 : ❶ 상단의 [마감]을 눌러 [재고자산수불부]에서 원재료에 대해서만 [일괄마감]을 하여 재고평가를 한다.

　❷ [직접재료비계산]에서 다시 조회를 하면 자재의 단가와 금액이 자동으로 반영된다.
　　K제품의 자재X 재료비 : ₩55,500,000
　　M제품의 자재Y 재료비 : ₩23,750,000

③ 직접노무비계산

④ 제조간접비계산 (제조부문비배부기준 : 투입시간)

제조간접비계산을 위해서는 제조간접비계산(부문별), 제조간접비계산(보조부문), 제조간접비계산(제조부문)을 차례로 실행해야 집계할 수 있다.

[제조간접비계산(부문별)]⇒[제조간접비계산(보조부문)]⇒[제조간접비계산(제조부문)]

⑤ [완성품원가조회] 제품별 단위당 원가를 계산 시 종합원가의 경우 1.평균법으로 계산하여 조회한다.

⑥ 원가반영작업 : [생산입고입력]을 실행하고 완성품원가조회에서 계산된 단위당 제조원가를 입력한다.

❶ K제품의 생산단가 : ₩125,145
❷ M제품의 생산단가 : ₩48,956

(6) 원가계산을 마감한 후 제조원가명세서 조회

[물류관리]⇒[원가관리(원가계산)]⇒[결산자료입력]

① 결산일자를 1월~6월로 선택한 다음 [매출원가 및 경비선택]창에서 455.제품매출원가, 1.500번대, 제조를 입력한 후 [확인]한다.

② 상단의 [기능모음(F11)]⇒[기말재고반영]버튼을 눌러 원재료, 재공품의 기말재고액을 반영하고 반드시 [전표추가(F3)]를 클릭하여 결산분개를 자동생성한다.

❶ 기말 원재료 재고액 : ₩20,550,000
❷ 기말 재공품 재고액 : ₩10,942,222

③ [회계]⇒[전표/장부입력]⇒[일반전표입력] 자동생성분개를 확인한다.

④ [물류관리]⇒[원가관리(원가계산)]⇒[제조원가명세서]

당기 제품 제조원가 : ₩93,307,778

※ 프로그램 버전에 따라 ±1원의 차이가 발생할 수 있다.

제7회 실기시험 모의문제 정답 및 풀이

문제 01 재무회계

1. 기준정보입력

(1) [회계]⇒[기초정보관리]⇒[거래처등록]⇒[일반]Tab에서 거래처를 입력한다.
　☞ 거래처 구분을 반드시 매입처와 매출처로 입력한다.
(2) [물류관리]⇒[기준정보관리]⇒[품목등록]⇒[전체]Tab에서 품목정보를 입력한다.

2. 매입매출전표 입력

(1) 7월 10일

① [물류관리]⇒[구매관리]⇒[입고입력] 메뉴에서 처리구분을 21.건별과세, 거래처, 지급구분을 4.혼합으로 선택하고 상품을 입력한 다음 하단의 수표(당좌수표)(₩11,000,000)과 예금란(₩11,000,000)에 입력, 상단의 [전표추가] ⇒ [확인] ⇒ [전송]을 클릭하여 자동으로 전표를 생성시킨다.

② [회계]⇒[전표입력/장부]⇒[매입매출전표입력] 메뉴에 반영된 전표에서 '보통예금'과 '당좌예금' 계정의 거래처코드를 수정 입력한다.

거래유형	품명	공급가액	부가세	거래처	전자세금
51.과세	가습기 외	20,000,000	2,000,000	㈜온누리전자	1.전자입력
분개유형	(차) 상품	20,000,000	(대) 당좌예금(시티은행)		11,000,000
3.혼합	부가가치세대급금	2,000,000	보통예금(하나은행)		11,000,000

(2) 7월 15일

① [물류관리]⇒[판매관리]⇒[출고입력] 메뉴에서 처리구분을 27.건별카과, 신용카드거래처(삼성카드)를 선택, 거래처, 수금구분을 3.카드로 선택하고 상품을 입력한 다음 상단의 [전표추가] ⇒ [확인] ⇒ [전송]을 클릭하여 자동으로 전표를 생성시킨다.

② [회계]⇒[전표입력/장부]⇒[매입매출전표입력]

거래유형	품명	공급가액	부가세	거래처	전자세금
17.카과	가습기	240,000	24,000	이승신	
분개유형	(차) 외상매출금	264,000	(대) 상품매출		240,000
4.카드	(삼성카드)		부가가치세예수금		24,000

(3) 7월 18일

[회계]⇒[전표입력/장부]⇒[매입매출전표입력]

거래유형	품명	공급가액	부가세	거래처	전자세금
51.과세	작업복	2,500,000	250,000	대풍물산	
분개유형	(차) 복리후생비	2,500,000	(대) 보통예금		2,750,000
3.혼합	부가가치세대급금	250,000	(하나은행)		

☞ 종업원의 작업복을 구입한 경비는 복리후생비 계정, 종이세금계산서를 수취한 경우 전자세금란은 빈공란으로 처리한다.

(4) 7월 30일

① [물류관리]⇒[판매관리]⇒[출고입력] 메뉴에서 처리구분을 21.건별과세, 거래처, 수금구분을 4.혼합으로 선택하고 상품을 입력한 다음 하단의 어음란(₩20,700,000)과 예금란(₩20,000,000)에 입력, 상단의 [전표추가] ⇒ [확인] ⇒ [전송]을 클릭하여 자동으로 전표를 생성시킨다.

② [회계]⇒[전표입력/장부]⇒[매입매출전표입력] 메뉴에 반영된 전표에서 '보통예금' 거래처코드(하나은행)를 수정 입력한다.

거래유형	품명	공급가액	부가세	거래처	전자세금
11.과세	전기오븐외	37,000,000	3,700,000	㈜잘나가무역	1.전자입력
분개유형	(차) 보통예금(하나은행)	20,000,000	(대) 상품매출		37,000,000
3.혼합	받을어음	20,700,000	부가가치세예수금		3,700,000

③ [자금관리(F3)-받을어음 관리] ⇒ 어음상태 : 1.보관, 어음종류: 1.약속, 어음번호, 만기일, 지급은행을 입력한다.

자금관리						
● 받을어음 관리						
어음상태	1 보관	어음종류	1 약속(일반)	어음번호	나가53123261	수 혜 구 분 1 자수
발 행 인	03008 ㈜잘나가무역		발행일	2025-07-30	만 기 일 2025-10-30	배 서 인
지 급 은 행	001 하나은행	지 점		할인기관		지 점 / 할인율(%)
지급거래처				* 수령된 어음을 타거래처에 지급하는 경우에 입력합니다.		

※ 어음의 상태를 입력합니다.[1:보관,7:회수]   삭제(F5) / 닫기

3. 일반전표입력

(1) 6월 4일

[회계]⇒[전표입력/장부]⇒[일반전표입력]

차변	보통예금(하나은행)	5,400,000	대변	단기대여금((주)회계상사)	5,000,000
				이자수익	400,000

(2) 6월 5일

[회계]⇒[전표입력/장부]⇒[일반전표입력]

차변	당좌예금(시티은행)	94,000,000	대변	사채	80,000,000
				사채할증발행차금	14,000,000

☞ · 사채를 할증하여 발행한 경우 사채할증발행차금 계정으로 회계처리한다.
· 사채발행비는 사채할증발행차금에서 차감한다.

(3) 6월 10일

[회계]⇒[전표입력/장부]⇒[일반전표입력]

차변	현금	6,000,000	대변	기타포괄손익-공정가치 측정금융자산(비유동)	8,000,000
	기타포괄손익-공정가치측정금융자산평가이익	1,000,000			
	기타포괄손익-공정가치측정금융자산처분손실	1,000,000			

☞ 기타포괄손익-공정가치측정금융자산 처분시 평가이익이 있는 경우 먼저 상계처리하고 나머지는 처분손실로 인식한다.

(4) 7월 18일

① [회계]⇒[전표입력/장부]⇒[일반전표입력]

차변	차량운반구	56,000,000	대변	미지급금(현대자동차(주)) 현금	55,000,000 1,000,000

☞ 차량 구입시 취득세 및 부대비용은 취득원가에 가산한다.

② [회계]⇒[고정자산등록]⇒[고정자산등록] 메뉴에 차량운반구계정에서 등록한다.

③ [회계]⇒[기초정보관리]⇒[업무용승용차등록] 메뉴에 업무용 승용차를 등록한다.

(5) 7월 31일

[회계]⇒[전표입력/장부]⇒[일반전표입력]

차변	복리후생비 통신비 차량유지비 접대비(기업업무추진비)	324,000 14,300 465,000 520,000	대변	현금	1,323,300

4. 결산작업

(1) 12월 31일

① [회계]⇒[전표입력/장부]⇒[합계잔액시산표] 메뉴에서 소모품비 금액(₩500,000)을 확인한다.

② [회계]⇒[전표입력/장부]⇒[일반전표입력]

차변	소모품	145,000	대변	소모품비	145,000

☞ 소모품비(₩500,000)-사용액(₩355,000)=미사용액(₩145,000)

(2) 12월 31일
① [회계]⇒[전표입력/장부]⇒[합계잔액시산표] 메뉴에서 임대료 금액(₩1,200,000)을 확인한다.
② [회계]⇒[전표입력/장부]⇒[일반전표입력]

차변	임대료(904)	800,000	대변	선수수익	800,000

☞ ₩1,200,000×8/12=₩800,000

(3) 12월 31일
① [회계]⇒[전표입력/장부]⇒[합계잔액시산표] 메뉴에서 가수금 잔액(₩2,700,000)을 확인한다.
② [회계]⇒[전표입력/장부]⇒[일반전표입력]

차변	가수금	2,700,000	대변	외상매출금(씽씽가전(주)) 이자수익	2,600,000 100,000

(4) 12월 31일
[회계]⇒[전표입력/장부]⇒[일반전표입력]

차변	이자비용	1,400,000	대변	미지급비용	1,400,000

(5) ① [회계]⇒[결산/재무제표Ⅰ]⇒[합계잔액시산표] 메뉴에서 매출채권(외상매출금, 받을어음)을 조회한다.

대손충당금 설정액 : 매출채권 잔액×설정률-대손충당금 잔액
외상매출금 : (₩109,714,000 × 1%) - ₩500,000 = ₩597,140
받을어음 　: (₩35,700,000 　× 1%) - 　　₩0 = ₩357,000

② [회계]⇒[결산/재무제표Ⅰ]⇒[결산자료입력] 메뉴에서 5). 대손상각 해당계정과목 금액란에 설정액을 입력한다.

(6) ① [회계]⇒[고장자산등록]⇒[원가경비별감가상각비명세] 메뉴에서 [유형자산총괄]Tab의 당기상각비를 확인한다. (건물 ₩15,000,000, 차량운반구 ₩12,952,202, 비품 ₩1,800,000)
② [회계]⇒[결산/재무제표Ⅰ]⇒[결산자료입력] 메뉴에서 4). 감가상각비 해당계정과목 금액란에 감가상각비를 입력한다.

(7) ① [물류관리]⇒[재고관리]⇒[재고자산수불부] 메뉴에서 상단의 [기능모음(F11)]⇒ [평가방법]에서 재고 자산평가방법을 선입선출법으로 선택하고 적용한 후 상단의 [마감]을 클릭해서 [마감] 또는 [일괄마감]을 체크 후 재고평가를 진행한다.
② [물류관리]⇒[재고관리]⇒[재고자산명세서] 메뉴에서 상품별 재고금액 ₩128,850,000을 확인한다.

③ [회계]⇒[결산/재무제표]⇒[결산자료입력] 메뉴에서 (10). 기말상품재고액(₩128,850,000)을 입력한다.

※ (5),(6),(7)항목은 반드시 상단의 [전표추가(F3)]를 클릭하여 [일반전표입력] 메뉴에 결산분개를 자동으로 생성시킨다.

④ [회계]⇒[전표입력/장부]⇒[일반전표입력] 메뉴에서 12월 31일 결산분개를 확인한다.

5. 단답형 답안

(1) [회계]⇒[전표입력/장부]⇒[일/월계표] 또는 [계정별원장] : ₩9,500,000

(2) [물류관리]⇒[재고관리]⇒[재고자산수불부] : 1,700

(3) [회계]⇒[전표입력/장부]⇒[거래처원장] : ₩19,250,000

(4) [회계]⇒[부가가치세Ⅰ]⇒[부가가치세신고서]⇒[4월~6월] : ₩150,000

(5) [회계]⇒[K-IFRS재무제표]⇒[K-IFRS재무상태표] : ₩143,959,860
☞ 매출채권 잔액(외상매출금 ₩109,714,000 + 받을어음 ₩35,700,000) - 대손충당금 잔액(₩1,097,140+₩357,000) = 순장부가액 ₩143,959,860

(6) [회계]⇒[K-IFRS재무제표]⇒[K-IFRS포괄손익계산서] : ₩1,400,000

문제 02 원가회계

1. (1) 7월 15일 작업지시등록

① [물류관리]⇒[생산관리]⇒[생산(작업)지시서] : 지시일과 완료예정일을 입력 후 지시내용(품목명, 지시수량, 작업장 등)을 입력한다.

② 7월 15일 자재사용(출고)등록

[물류관리]⇒[생산관리]⇒[자재출고입력] : 생산지시번호란에서 코드도움(F2) 조회하여 사용할 자재의 출고수량과 작업장을 입력한다.

(2) 7월 31일 생산자료등록

[물류관리]⇒[생산관리]⇒[생산입고입력] : 생산지시번호란에서 코드도움(F2) 조회하여 제품의 생산량과 투입시간을 입력한다.

(3) 7월의 원가기준정보

① 노무비배부기준등록(총근무시간)

[물류관리]⇒[원가관리(원가기준정보)]⇒[배부기준등록]⇒[노무비배분]Tab에서 상단의 [당월데이터 생성]을 클릭하여 노무비의 데이터를 재집계한 다음 총근무시간을 입력하면 임률은 자동으로 계산된다.

② 보조부문비배부기준등록

[보조부문배분]Tab에서 상단의 [보조부문 가져오기]를 클릭하여 보조부문의 데이터를 추가집계한 다음 보조부문비배분기준을 등록한다.

③ 작업진행률등록 [PART_#102 : 60%]

상단의 [작업진행율등록] 또는 [물류관리]⇒[원가관리(원가기준정보)]⇒[작업진행율등록] 메뉴에서 진행률을 입력한다.

(4) 7월의 실제원가계산

[물류관리]⇒[원가관리(원가계산)]

① 기초재공품계산 : 전월에서 이월된 사항이 없다면 기초재공품은 표기되지 않는다.
② 직접재료비계산 : ❶ 상단의 [마감]을 눌러[재고자산수불부]에서 원재료에 대해서만 [일괄마감]을 하여 재고평가를 한다.

❷ [직접재료비계산]에서 다시 조회를 하면 자재의 단가와 금액이 자동으로 반영된다.
　　PART_#101의 갑부품 재료비 : ₩37,500,000
　　PART_#102의 을부품 재료비 : ₩37,500,000

③ 직접노무비계산
④ 제조간접비계산 (제조부문비배부기준 : 투입시간)

제조간접비계산을 위해서는 제조간접비계산(부문별), 제조간접비계산(보조부문), 제조간접비계산(제조부문)을 차례로 실행해야 집계할 수 있다.

[제조간접비계산(부문별)]⇒[제조간접비계산(보조부문)]⇒[제조간접비계산(제조부문)]

⑤ [완성품원가조회] 제품별 단위당 원가를 계산 시 종합원가의 경우 1.평균법으로 계산하여 조회한다.
⑥ 원가반영작업 : [생산입고입력]을 실행하고 완성품원가조회에서 계산된 단위당 제조원가를 입력한다.

❶ PART_#101의 생산단가 : ₩79,950
❷ PART_#102의 생산단가 : ₩65,324

(5) 원가계산을 마감한 후 제조원가명세서 조회

[물류관리]⇒[원가관리(원가계산)]⇒[결산자료입력]

① 결산일자를 1월~7월로 선택한 다음 [매출원가 및 경비선택]창에서 455.제품매출원가, 1.500번대, 제조를 입력한 후 [확인]한다.
② 상단의 [기능모음(F11)]⇒[기말재고반영]버튼을 눌러 원재료, 재공품의 기말재고액을 반영하고 반드시 [전표추가(F3)]를 클릭하여 결산분개를 자동생성한다.

❶ 기말 원재료 재고액 : ₩9,000,000
❷ 기말 재공품 재고액 : ₩5,919,437

③ [회계]⇒[전표/장부입력]⇒[일반전표입력] 자동생성분개를 확인한다.
④ [물류관리]⇒[원가관리(원가계산)]⇒[제조원가명세서]

당기 제품 제조원가 : ₩90,430,563

※ 프로그램 버전에 따라 ±1원의 차이가 발생할 수 있다.

제8회 실기시험 모의문제 정답 및 풀이

문제 01 재무회계

1. 기준정보입력

(1) [물류관리]⇒[기준정보관리]⇒[부서/사원등록]에서 부서를 입력한다.

(2) [물류관리]⇒[기준정보관리]⇒[품목등록]⇒[전체]Tab에서 품목정보를 입력한다.

2. 매입매출전표입력

(1) 9월 7일

[회계]⇒[전표입력/장부]⇒[매입매출전표입력]

거래유형	품명	공급가액	부가세	거래처	전자세금
53.면세	갈비세트	1,000,000		친절마트	1.전자입력
분개유형	(차) 복리후생비	400,000	(대) 미지급금		1,000,000
3.혼합	접대비(기업업무추진비)	600,000			

☞ 종업원을 위한 비용은 복리후생비 계정, 거래처 선물비는 접대비(기업업무추진비) 계정으로 회계처리한다.

(2) 9월 11일

① [물류관리]⇒[구매관리]⇒[입고입력] 메뉴에서 처리구분을 21.건별과세, 거래처, 지급구분을 4.혼합으로 선택하고 상품을 입력한 다음 하단의 어음란(₩30,000,000)과 외상란(₩3,000,000)에 입력, 상단의 [전표추가] ⇒ [확인] ⇒ [전송]을 클릭하여 자동으로 전표를 생성시킨다.

② [회계]⇒[전표입력/장부]⇒[매입매출전표입력]

거래유형	품명	공급가액	부가세	거래처	전자세금
51.과세	여성운동화외	30,000,000	3,000,000	㈜수제화	1.전자입력
분개유형	(차) 상품	30,000,000	(대) 외상매입금		3,000,000
3.혼합	부가가치세대급금	3,000,000	지급어음		30,000,000

③ [자금관리(F3)]-지급어음 관리] ⇒ 어음상태 : 2.발행, 어음번호란에서 F2 조회한 후 발행할 어음번호를 선택하고, 만기일을 입력한다.

지급어음 관리					삭제(F5)
어음상태	2 발행	어음번호	가나11110001	어음종류 1 어음	발행일 2025-09-11
만 기 일	2025-12-28	지급은행	98003 외환은행	지 점	

(3) 9월 18일

[회계]⇒[전표입력/장부]⇒[매입매출전표입력]

거래유형	품명	공급가액	부가세	거래처	전자세금
57.카과	숙박비	100,000	10,000	크리스탈	
분개유형	(차) 여비교통비	100,000	(대) 미지급금		110,000
4.카드	부가가치세대급금	10,000	(국민카드)		

☞ 부가가치세가 분리된 신용카드매출전표를 수취한 경우 유형 57.카과매입을 선택한다.
· 공급가액란은 공급대가를 입력하면 공급가액과 부가세가 자동 분리된다.
· 하단의 상품 계정을 출장시 숙박비임으로 여비교통비 계정으로 회계처리한다.

(4) 9월 30일

① [물류관리]⇒[판매관리]⇒[출고입력] 메뉴에서 처리구분을 21.건별과세, 거래처, 수금구분을 4.혼합으로 선택하고 상품을 입력한 다음 하단의 수표란(₩22,550,000)과 외상란(₩22,550,000)에 금액을 입력, 상단의 [전표추가] ⇒ [확인] ⇒ [전송]을 클릭하여 자동으로 전표를 생성시킨다.

② [회계]⇒[전표입력/장부]⇒[매입매출전표입력]

거래유형	품명	공급가액	부가세	거래처	전자세금
11.과세	남성구두외	41,000,000	4,100,000	㈜엘칸토	1.전자입력
분개유형	(차) 외상매출금	22,550,000	(대) 상품매출		41,000,000
3.혼합	현금	22,550,000	부가가치세예수금		4,100,000

3. 일반전표입력

(1) 9월 5일

[회계]⇒[전표입력/장부]⇒[일반전표입력]

차변	보통예금(하나은행)	250,000	대변	미수금((주)트위스트)	250,000

(2) 9월 10일

① [회계]⇒[전표입력/장부]⇒[합계잔액시산표] 메뉴에서 기타포괄손익-공정가치측정금융자산평가손실 금액(₩1,000,000)을 확인한다.

② [회계]⇒[전표입력/장부]⇒[일반전표입력]

차변	현금	3,985,000	대변	기타포괄손익-공정가치측정금융자산(비유동)	3,000,000
				기타포괄손익-공정가치측정금융자산평가손실	500,000
				기타포괄손익-공정가치측정금융자산처분이익	485,000

☞ · 기타포괄손익-공정가치측정금융자산을 처분할 경우 평가손실이 있는 경우 먼저 상계처리한다.
  · ₩1,000,000×100주/200주=₩500,000(기타포괄손익-공정가치측정금융자산평가손실)
  · 거래수수료는 기타포괄손익-공정가치측정금융자산처분이익에서 차감한다.

(3) 9월 12일

① [회계]⇒[전표입력/장부]⇒[합계잔액시산표] 메뉴에서 외상매출금의 대손충당금 잔액(₩2,000,000)을 확인한다.

② [회계]⇒[전표입력/장부]⇒[일반전표입력]

차변	대손충당금(109)	2,000,000	대변	외상매출금((주)랜드로바)	5,000,000
	대손상각비	3,000,000			

☞ 매출채권의 대손처리시 대손충당금을 먼저 상계처리하고 나머지는 당기 비용인 대손상각비 계정으로 회계처리한다.

(4) 9월 26일

① [회계]⇒[전표입력/장부]⇒[합계잔액시산표] 메뉴에서 주식할인발행차금 금액이 없음을 확인한다.

② [회계]⇒[전표입력/장부]⇒[일반전표입력]

| 차변 | 현금 | 14,900,000 | 대변 | 보통주자본금
주식발행초과금 | 10,000,000
4,900,000 |

☞ · 주식을 할증발행하는 경우 주식할인발행차금 계정의 잔액이 있는 경우 우선 상계처리하고 나머지는 주식발행초과금 계정, 주식발행비는 주식발행초과금 계정에서 차감하여 회계처리한다.
· 주식수 1,000주×(발행가액 ₩15,000-액면가액 ₩10,000)-주식발행비 ₩100,000=₩4,900,000(주식발행초과금)

(5) 9월 30일

[회계]⇒[전표입력/장부]⇒[일반전표입력]

| 차변 | 선급금((주)경기) | 3,000,000 | 대변 | 보통예금(하나은행) | 3,000,000 |

☞ 상품을 매입하기로 계약하고 계약금을 지급한 경우 선급금 계정으로 회계처리한다.

4. 결산작업

(1) 12월 31일

[회계]⇒[전표입력/장부]⇒[일반전표입력]

| 차변 | 이자비용 | 300,000 | 대변 | 보통예금(하나은행) | 300,000 |

(2) 12월 31일

[회계]⇒[전표입력/장부]⇒[일반전표입력]

| 차변 | 임차료 | 1,000,000 | 대변 | 미지급비용 | 1,000,000 |

(3) 12월 31일

[회계]⇒[전표입력/장부]⇒[일반전표입력]

| 차변 | 기타포괄손익-공정가치측정
금융자산평가손실 | 500,000 | 대변 | 기타포괄손익-공정가치측정
금융자산(비유동) | 500,000 |

☞ · 공정가액(100주×₩25,000)-장부가액(₩3,000,000)=₩-500,000(평가손실)
· [합계잔액시산표] 메뉴를 조회하여 기타포괄손익-공정가치측정금융자산평가이익 계정의 잔액이 있는 경우 반드시 상계처리함을 유의한다.

(4) 12월 31일

① [회계]⇒[부가가치세Ⅰ]⇒[부가가치세신고서] 10월~12월로 조회
② [회계]⇒[전표입력/장부]⇒[일반전표입력]

| 차변 | 부가가치세예수금 | 1,950,000 | 대변 | 부가가치세대급금
미지급세금 | 1,500,000
450,000 |

(5) ① [회계]⇒[결산/재무제표Ⅰ]⇒[합계잔액시산표] 메뉴에서 매출채권(외상매출금, 받을어음)을 조회한다.

　　대손충당금 설정액 : 매출채권 잔액×대손율-대손충당금 잔액

　　외상매출금 : (₩112,950,000 × 1%) - ₩0 = ₩1,129,500

　　받을어음　: (₩10,000,000 × 1%) - ₩0 =　₩100,000

② [회계]⇒[결산/재무제표Ⅰ]⇒[결산자료입력] 메뉴에서 5). 대손상각 해당계정과목 금액란에 설정액을 입력한다.

(6) ① [회계]⇒[고정자산등록]⇒[원가경비별감가상각명세서] 메뉴에서 [유형자산총괄]Tab의 당기상각비를 확인한다. (차량운반구 ₩12,628,000, 비품 ₩3,781,400)
② [회계]⇒[결산/재무제표Ⅰ]⇒[결산자료입력] 메뉴에서 4). 감가상각비 해당계정과목 금액란에 감가상각비를 입력한다.

(7) ① [물류관리]⇒[재고관리]⇒[재고자산수불부] 메뉴에서 상단의 [기능모음(F11)]⇒ [평가방법]에서 재고 자산평가방법을 선입선출법으로 선택하고 적용한 후 상단의 [마감]을 클릭해서 [마감] 또는 [일괄마감]을 체크 후 재고평가를 진행한다.
② [물류관리]⇒[재고관리]⇒[재고자산명세서] 메뉴에서 상품별 재고금액 ₩115,250,000을 확인한다.
③ [회계]⇒[결산/재무제표Ⅰ]⇒[결산자료입력] 메뉴에서 (10). 기말상품재고액 (₩115,250,000)을 입력한다.
※ (5),(6),(7)항목은 반드시 상단의 [전표추가(F3)]를 클릭하여 [일반전표입력] 메뉴에 결산분개를 자동으로 생성시킨다.
④ [회계]⇒[전표입력/장부]⇒[일반전표입력] 메뉴에서 12월 31일 결산분개를 확인한다.

5. 단답형 답안

(1) [물류관리]⇒[판매관리]⇒[품목별 판매현황] : 200EA

(2) [회계]⇒[전표입력/장부]⇒[합계잔액시산표] 또는 [계정별원장] : ₩80,450,000

(3) [회계]⇒[전표입력/장부]⇒[현금출납장] : ₩1,800,000

(4) [회계]⇒[전표입력/장부]⇒[일/월계표 : 차변 대체] : ₩2,000,000

(5) [회계]⇒[K-IFRS재무제표]⇒[K-IFRS재무상태표] : ₩318,000,000

(6) [회계]⇒[K-IFRS재무제표]⇒[K-IFRS포괄손익계산서] : ₩39,750,000

문제 02 원가회계

1. (1) 8월 5일 작업지시등록
① [물류관리]⇒[생산관리]⇒[생산(작업)지시서] : 지시일과 완료예정일을 입력 후 지시내용(품목명, 지시수량, 작업장 등)을 입력한다.
② 8월 5일 자재사용(출고)등록
[물류관리]⇒[생산관리]⇒[자재출고입력] : 생산지시번호란에서 코드도움(F2) 조회하여 사용할 자재의 출고수량과 작업장을 입력한다.

(2) 8월 31일 생산자료등록
[물류관리]⇒[생산관리]⇒[생산입고입력] : 생산지시번호란에서 코드도움(F2) 조회하여 제품의 생산량과 투입시간을 입력한다.

(3) 8월의 원가기준정보

　① 노무비배부기준등록(총근무시간)

　　[물류관리]⇒[원가관리(원가기준정보)]⇒[배부기준등록]⇒[노무비배분]Tab에서 상단의 [당월데이터 생성]을 클릭하여 노무비의 데이터를 재집계한 다음 총근무시간을 입력하면 임률은 자동으로 계산된다.

　② 보조부문비배부기준등록

　　[보조부문배분]Tab에서 상단의 [보조부문 가져오기]를 클릭하여 보조부문의 데이터를 추가집계한 다음 보조부문비배분기준을 등록한다.

　③ 작업진행률등록 [텔레비젼 : 70%]

　　상단의 [작업진행율등록] 또는 [물류관리]⇒[원가관리(원가기준정보)]⇒[작업진행율등록] 메뉴에서 진행률을 입력한다.

(4) 8월의 실제원가계산

　[물류관리]⇒[원가관리(원가계산)]

　1 기초재공품계산 : 전월에서 이월된 사항이 없다면 기초재공품은 표기되지 않는다.

　2 직접재료비계산 : ❶ 상단의 [마감]을 눌러[재고자산수불부]에서 원재료에 대해서만 [일괄마감]을 하여 재고평가를 한다.

　　❷ [직접재료비계산]에서 다시 조회를 하면 자재의 단가와 금액이 자동으로 반영된다.

　　　빌트인냉장고의 P부품 재료비 : ₩21,250,000

　　　텔레비전의 Q부품 재료비　 : ₩30,000,000

　3 직접노무비계산

　4 제조간접비계산 (제조부문비배부기준 : 투입시간)

　　제조간접비계산을 위해서는 제조간접비계산(부문별), 제조간접비계산(보조부문), 제조간접비계산(제조부문)을 차례로 실행해야 집계할 수 있다.

　　[제조간접비계산(부문별)]⇒[제조간접비계산(보조부문)]⇒[제조간접비계산(제조부문)]

　5 [완성품원가조회] 제품별 단위당 원가를 계산 시 종합원가의 경우 1.평균법으로 계산하여 조회한다.

　6 원가반영작업 : [생산입고입력]을 실행하고 완성품원가조회에서 계산된 단위당 제조원가를 입력한다.

　　❶ 빌트인냉장고의 생산단가 : ₩95,857

　　❷ 텔레비젼의 생산단가　　 : ₩75,877

(5) 원가계산을 마감한 후 제조원가명세서 조회

　[물류관리]⇒[원가관리(원가계산)]⇒[결산자료입력]

　1 결산일자를 1월~8월로 선택한 다음 [매출원가 및 경비선택]창에서 455.제품매출원가, 1.500번대, 제조를 입력한 후 [확인]한다.

2 상단의 [기능모음(F11)]⇒[기말재고반영]버튼을 눌러 원재료, 재공품의 기말재고액을 반영하고 반드시 [전표추가(F3)]를 클릭하여 결산분개를 자동생성한다.
  ❶ 기말 원재료 재고액 : ₩27,750,000
  ❷ 기말 재공품재고액 : ₩6,811,404
3 [회계]⇒[전표/장부입력]⇒[일반전표입력] 자동생성분개를 확인한다.
4 [물류관리]⇒[원가관리(원가계산)]⇒[제조원가명세서]
  당기 제품 제조원가 : ₩71,488,596
  ※ 프로그램 버전에 따라 ±1원의 차이가 발생할 수 있다.

제9회 실기시험 모의문제 정답 및 풀이

문제 01 재무회계

1. 기준정보입력

(1) [회계]⇒[기초정보관리]⇒[거래처등록]⇒[일반]Tab에서 거래처를 입력한다.
  ☞ 거래처 구분을 반드시 매입처와 매출처로 입력한다.

(2) [물류관리]⇒[기준정보관리]⇒[품목등록]⇒[전체]Tab에서 품목정보를 입력한다.

2. 매입매출전표입력

(1) 11월 13일
  ① [물류관리]⇒[판매관리]⇒[출고입력] 메뉴에서 처리구분을 21.건별과세, 거래처, 수금구분을 4.혼합으로 선택하고 상품을 입력한 다음 하단의 어음란(₩50,000,000), 선수금(선급금)란(₩12,500,000)과 외상란(₩75,000,000)에 입력, 상단의 [전표추가] ⇒ [확인] ⇒ [전송]을 클릭하여 자동으로 전표를 생성시킨다.
  ② [회계]⇒[전표입력/장부]⇒[매입매출전표입력]

거래유형	품명	공급가액	부가세	거래처	전자세금
11.과세	숙녀복외	125,000,000	12,500,000	우리의류(주)	1.전자입력
분개유형	(차) 외상매출금	75,000,000	(대) 상품매출		125,000,000
	받을어음	50,000,000	부가가치세예수금		12,500,000
3.혼합	선수금	12,500,000			

  ☞ [거래처원장] 메뉴에서 미리 받은 계약금인 선수금 계정 금액 ₩12,500,000을 확인하여 반제처리한다.

  ③ [자금관리(F3)-받을어음 관리] ⇒ 어음상태 : 1.보관, 어음종류: 6.전자, 어음번호, 만기일, 지급은행을 입력한다.

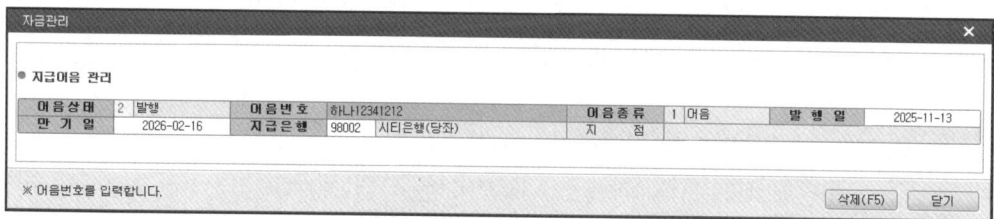

(2) 11월 16일

① [물류관리]⇒[구매관리]⇒[입고입력] 메뉴에서 처리구분을 21.건별과세, 거래처, 지급구분을 4.혼합으로 선택하고 상품을 입력한 다음 하단의 현금란(₩3,200,000)과 어음란(₩13,300,000)에 입력, 상단의 [전표추가] ⇒ [확인] ⇒ [전송]을 클릭하여 자동으로 전표를 생성시킨다.

② [회계]⇒[전표입력/장부]⇒[매입매출전표입력]

거래유형	품명	공급가액	부가세	거래처	전자세금
51.과세	남성복외	15,000,000	1,500,000	가람의류(주)	1.전자입력
분개유형	(차) 상품	15,000,000	(대) 현금		3,200,000
3.혼합	부가가치세대급금	1,500,000	지급어음		13,300,000

③ [자금관리(F3)-지급어음 관리] ⇒ 어음상태 : 2.발행, 어음번호란에서 F2 조회한 후 발행할 어음번호를 선택하고, 만기일을 입력한다.

(3) 11월 22일

[회계]⇒[전표입력/장부]⇒[매입매출전표입력]

거래유형	품명	공급가액	부가세	거래처	전자세금
62.현면	화환	150,000		꽃피우니	
분개유형	(차) 접대비(기업업무추진비)	150,000	(대) 현금		150,000
1.현금					

(4) 11월 25일

① [물류관리]⇒[판매관리]⇒[출고입력] 메뉴에서 처리구분을 27.건별카과, 신용카드거래처(롯데카드)를 선택, 거래처, 수금구분을 3.카드로 선택하고 상품을 입력한 다음 상단의 [전표추가] ⇒ [확인] ⇒ [전송]을 클릭하여 자동으로 전표를 생성시킨다.

② [회계]⇒[전표입력/장부]⇒[매입매출전표입력]

거래유형	품명	공급가액	부가세	거래처	전자세금
17.카과	숙녀복	3,000,000	300,000	지구의류(주)	
분개유형	(차) 외상매출금	3,300,000	(대) 상품매출		3,000,000
4.카드	(롯데카드)		부가가치세예수금		300,000

3. 일반전표입력

(1) 11월 10일

[회계]⇒[전표입력/장부]⇒[일반전표입력]

차변	예수금	250,000	대변	현금	300,000
	복리후생비	50,000			

☞ 종업원이 부담하는 소득세와 건강보험료는 예수금 계정, 건강보험료 회사부담분은 복리후생비 계정으로 회계처리한다.

(2) 11월 17일

[회계]⇒[전표입력/장부]⇒[일반전표입력]

차변	여비교통비	350,000	대변	가지급금(정진수)	500,000
	접대비(기업업무추진비)	100,000			
	현금	50,000			

☞ 출장시 종업원을 위해 사용한 경비는 여비교통비 계정, 거래처 직원과 식사한 비용은 접대비(기업업무추진비) 계정으로 회계처리한다.

(3) 11월 21일

[회계]⇒[전표입력/장부]⇒[일반전표입력]

차변	투자부동산	50,000,000	대변	보통예금(하나은행)	30,000,000
				미지급금(천사의류(주))	20,000,000

☞ 투자목적의 건물을 구입한 경우 투자부동산 계정, 일반적인 상거래외의 거래(투자부동산 구입)시 어음을 발행하는 경우 미지급금 계정으로 회계처리한다.

(4) 11월 25일

[회계]⇒[전표입력/장부]⇒[일반전표입력]

차변	도서인쇄비	125,000	대변	현금	529,000
	사무용품비	54,000			
	교육훈련비	350,000			

(5) 11월 27일

[회계]⇒[전표입력/장부]⇒[일반전표입력]

차변	당기손익-공정가치측정금융자산	1,000,000	대변	보통예금(하나은행)	1,010,000
	수수료비용(946)	10,000			

☞ 100주×₩10,000=₩1,000,000

4. 결산작업

(1) ① [회계]⇒[결산/재무제표Ⅰ]⇒[합계잔액시산표] 메뉴에서 매출채권(외상매출금, 받을어음)을 조회한다.

　　대손충당금 설정액 : 매출채권 잔액×설정률-대손충당금 잔액
　　외상매출금 : (₩183,350,000 × 1%) - ₩1,000,000 = ₩833,500
　　받을어음　 : (₩60,000,000 × 1%) - ₩500,000 = ₩100,000

② [회계]⇒[결산/재무제표Ⅰ]⇒[결산자료입력]메뉴에서 5). 대손상각 해당계정과목 금액란에 설정액을 입력한다.

(2) ① [회계]⇒[고정자산등록]⇒[원가경비별감가상각명세서] 메뉴에서 [유형자산총괄]Tab과 [무형자산총괄]Tab의 당기상각비를 확인한다.(차량운반구 ₩5,003,880, 비품 ₩1,800,000)

② [회계]⇒[결산/재무제표I]⇒[결산자료입력] 메뉴에서 4). 감가상각비 해당계정과목 금액란에 감가상각비를 입력한다.

(3) ① [물류관리]⇒[재고관리]⇒[재고자산수불부] 메뉴에서 상단의 [기능모음(F11)]⇒[평가방법]에서 재고자산평가방법을 선입선출법으로 선택하고 적용한 후 상단의 [마감]을 클릭해서 [마감] 또는 [일괄마감]을 체크 후 재고평가를 진행한다.

② [물류관리]⇒[재고관리]⇒[재고자산명세서] 메뉴에서 상품별 재고금액 ₩100,100,000을 확인한다.

③ [회계]⇒[결산/재무제표I]⇒[결산자료입력] 메뉴에서 (10). 기말상품재고액(₩100,100,000)을 입력한다.

(4) 12월 31일

[회계]⇒[전표입력/장부]⇒[일반전표입력]

차변	미수수익	300,000	대변	이자수익	300,000

(5) 12월 31일

① [회계]⇒[전표입력/장부]⇒[합계잔액시산표] 메뉴에서 기타포괄손익-공정가치측정금융자산 장부가액 (₩10,000,000)을 확인한다.

② [회계]⇒[전표입력/장부]⇒[일반전표입력]

차변	기타포괄손익-공정가치측정금융자산	3,000,000	대변	기타포괄손익-공정가치측정금융자산평가손실 기타포괄손익-공정가치측정금융자산평가이익	2,000,000 1,000,000

☞ · 기타포괄손익-공정가치측정금융자산 평가시 평가손실이 있는 경우 먼저 상계처리하고, 나머지는 기타포괄손익-공정가치측정금융자산평가이익 계정으로 회계처리한다.
· 공정가액(₩13,000,000) - 장부가액(₩10,000,000) = ₩3,000,000(평가이익)

(6) 12월 31일

[회계]⇒[전표입력/장부]⇒[일반전표입력]

차변	소모품	180,000	대변	소모품비	180,000

☞ [합계잔액시산표] 메뉴에서 구입시 비용(소모품비 ₩500,000)으로 처리됨을 확인하고 미사용액을 자산(소모품)으로 회계처리한다.

(7) 12월 31일

① [회계]⇒[전표입력/장부]⇒[일반전표입력]

차변	이자비용	170,000	대변	미지급비용 사채할인발행차금	150,000 20,000

☞ 이자비용(₩170,000) = 사채 장부가액 ₩1,700,000 × 유효이자율 10%

※ (1),(2),(3)항목은 반드시 상단의 [전표추가(F3)]를 클릭하여 [일반전표입력] 메뉴에 결산분개를 자동으로 생성시킨다.

② [회계]⇒[전표입력/장부]⇒[일반전표입력] 메뉴에서 12월 31일 결산분개를 확인한다.

5. 단답형 답안

(1) [회계]⇒[전표입력/장부]⇒[거래처원장] : ₩13,300,000

(2) [회계]⇒[전표입력/장부]⇒[거래처원장] : ₩19,250,000

(3) [물류관리]⇒[재고관리]⇒[재고자산수불부] : 1,300벌

(4) [회계]⇒[전표입력/장부]⇒[현금출납장] 또는 [일/월계표 : 금일소계 차변 현금] : ₩26,450,000

(5) [회계]⇒[K-IFRS재무제표]⇒[K-IFRS포괄손익계산서] : ₩3,000,000

(6) [회계]⇒[K-IFRS재무제표]⇒[K-IFRS재무상태표] : ₩14,316,120

　　☞ 차량운반구 ₩25,000,000-감가상각누계액 ₩10,683,880=장부금액 ₩14,316,120

문제 02 원가회계

1. (1) 8월 15일 작업지시등록

① [물류관리]⇒[생산관리]⇒[생산(작업)지시서] : 지시일과 완료예정일을 입력 후 지시내용(품목명, 지시수량, 작업장 등)을 입력한다.

② 8월 15일 자재사용(출고)등록

[물류관리]⇒[생산관리]⇒[자재출고입력] : 생산지시번호란에서 코드도움(F2) 조회하여 사용할 자재의 출고수량과 작업장을 입력한다.

(2) 8월 31일 생산자료등록

[물류관리]⇒[생산관리]⇒[생산입고입력] : 생산지시번호란에서 코드도움(F2) 조회하여 제품의 생산량과 투입시간을 입력한다.

(3) 8월의 원가기준정보

① 노무비배부기준등록(총근무시간)

[물류관리]⇒[원가관리(원가기준정보)]⇒[배부기준등록]⇒[노무비배분]Tab에서 상단의 [당월데이터 생성]을 클릭하여 노무비의 데이터를 재집계한 다음 총근무시간을 입력하면 임률은 자동으로 계산된다.

② 보조부문비배부기준등록

[보조부문배분]Tab에서 상단의 [보조부문 가져오기]를 클릭하여 보조부문의 데이터를 추가집계한 다음 보조부문비배분기준을 등록한다.

③ 작업진행률등록 [S503 : 80%]

상단의 [작업진행율등록] 또는 [물류관리]⇒[원가관리(원가기준정보)]⇒[작업진행율등록] 메뉴에서 진행률을 입력한다.

(4) 8월의 실제원가계산

[물류관리]⇒[원가관리(원가계산)]

① 기초재공품계산 : 전월에서 이월된 사항이 없다면 기초재공품은 표기되지 않는다.

② 직접재료비계산 : ❶ 상단의 [마감]을 눌러[재고자산수불부]에서 원재료에 대해서만 [일괄마감]을 하여 재고평가를 한다.

❷ [직접재료비계산]에서 다시 조회를 하면 자재의 단가와 금액이 자동으로 반영된다.
　　S501의 #201 재료비 : ₩18,000,000
　　S503의 #301 재료비 : ₩40,000,000
③ 직접노무비계산
④ 제조간접비계산 (제조부문비배부기준 : 투입시간)
　제조간접비계산을 위해서는 제조간접비계산(부문별), 제조간접비계산(보조부문), 제조간접비계산(제조부문)을 차례로 실행해야 집계할 수 있다.
　[제조간접비계산(부문별)]⇒[제조간접비계산(보조부문)]⇒[제조간접비계산(제조부문)]
⑤ [완성품원가조회] 제품별 단위당 원가를 계산 시 종합원가의 경우 1.평균법으로 계산하여 조회한다.
⑥ 원가반영작업 : [생산입고입력]을 실행하고 완성품원가조회에서 계산된 단위당 제조원가를 입력한다.
　❶ S501의 생산단가 : ₩104,617
　❷ S503의 생산단가 : ₩68,136

(5) 원가계산을 마감한 후 제조원가명세서 조회
　[물류관리]⇒[원가관리(원가계산)]⇒[결산자료입력]
　① 결산일자를 1월~8월로 선택한 다음 [매출원가 및 경비선택]창에서 455.제품매출원가, 1.500번대, 제조를 입력한 후 [확인]한다.
　② 상단의 [기능모음(F11)]⇒[기말재고반영]버튼을 눌러 원재료, 재공품의 기말재고액을 반영하고 반드시 [전표추가(F3)]를 클릭하여 결산분개를 자동생성한다.
　　❶ 기말 원재료 재고액 : ₩56,000,000
　　❷ 기말 재공품 재고액 : ₩9,676,364
　③ [회계]⇒[전표/장부입력]⇒[일반전표입력] 자동생성분개를 확인한다.
　④ [물류관리]⇒[원가관리(원가계산)]⇒[제조원가명세서]
　　당기 제품 제조원가 : ₩75,673,636
　※ 프로그램 버전에 따라 ±1원의 차이가 발생할 수 있다.

제10회 실기시험 모의문제 정답 및 풀이

문제 01 재무회계

1. 기준정보입력

(1) [회계]⇒[고정자산등록]⇒[고정자산등록] 메뉴에서 유형자산인 차량운반구를 등록한다.
☞ 당기에 취득한 차량운반구는 4.신규 취득 및 증가란(₩25,000,000), 상각방법(1.정액법), 내용연수(5), 취득수량(1), 경비구분(0.800번대)를 입력하면 20.회사계상상각비(₩5,000,000)가 자동계산된다.

(2) [물류관리]⇒[기준정보관리]⇒[부서/사원등록] 메뉴에서 부서를 입력한다.

2. 매입매출전표 입력

(1) 12월 13일

① [물류관리]⇒[판매관리]⇒[출고입력] 메뉴에서 처리구분을 21.건별과세, 거래처, 수금구분을 4.혼합으로 선택하고 상품을 입력한 다음 하단의 선수금(선급금)란(₩4,000,000)과 외상란(₩9,750,000)에 입력, 상단의 [전표추가] ⇒ [확인] ⇒ [전송]을 클릭하여 자동으로 전표를 생성시킨다.

② [회계]⇒[전표입력/장부]⇒[매입매출전표입력]

거래유형	품명	공급가액	부가세	거래처	전자세금
11.과세	서랍장외	12,500,000	1,250,000	우리집가구(주)	1.전자입력
분개유형	(차) 외상매출금	9,750,000	(대) 상품매출		12,500,000
3.혼합	선수금	4,000,000	부가가치세예수금		1,250,000

☞ 11월 28일 일반전표에서 미리 받은 계약금인 선수금 계정의 금액(₩4,000,000)을 확인한다.

(2) 12월 16일

① [물류관리]⇒[구매관리]⇒[입고입력] 메뉴에서 처리구분을 21.건별과세, 거래처, 지급구분을 4.혼합으로 선택하고 상품을 입력한 다음 하단의 예금란(₩5,100,000)과 선수금(선급금)란(₩1,500,000)에 입력, 상단의 [전표추가] ⇒ [확인] ⇒ [전송]을 클릭하여 자동으로 전표를 생성시킨다.

② [회계]⇒[전표입력/장부]⇒[매입매출전표입력] 메뉴에 반영된 전표에서 '보통예금' 거래처코드(하나은행)를 수정 입력한다.

거래유형	품명	공급가액	부가세	거래처	전자세금
51.과세	옷장외	6,000,000	600,000	가랍가구(주)	1.전자입력
분개유형	(차) 상품	6,000,000	(대) 보통예금(하나은행)		5,100,000
3.혼합	부가가치세대급금	600,000	선급금		1,500,000

(3) 12월 17일

[회계]⇒[전표입력/장부]⇒[매입매출전표입력]

거래유형	품명	공급가액	부가세	거래처	전자세금
57.카과	명함제작외	180,000	18,000	친절한인쇄(주)	
분개유형	(차) 도서인쇄비	180,000	(대) 미지급금		198,000
4.카드	부가가치세대급금	18,000	(국민카드)		

(4) 12월 20일

① [물류관리]⇒[판매관리]⇒[출고입력] 메뉴에서 처리구분을 212.건별현과, 거래처, 수금구분을 4.혼합로 선택하고 상품을 입력한 다음 하단의 예금란(₩1,045,000)을 입력, 상단의 [전표추가] ⇒ [확인] ⇒ [전송]을 클릭하여 자동으로 전표를 생성시킨다.

② [회계]⇒[전표입력/장부]⇒[매입매출전표입력]

거래유형	품명	공급가액	부가세	거래처	전자세금
22.현과	쇼파외	950,000	95,000	최선교	
분개유형	(차) 보통예금	1,045,000	(대) 상품매출		950,000
3.혼합	(하나은행)		부가가치세예수금		95,000

3. 일반전표입력

(1) 12월 17일

[회계]⇒[전표입력/장부]⇒[일반전표입력]

| 차변 | 상각후원가측정금융자산(비유동) 8,018,000 | 대변 | 현금 | 8,018,000 |

☞ 만기(3년)까지 보유할 목적의 사채는 상각후원가측정금융자산(비유동) 계정으로 회계처리하며, 거래수수료는 취득가액에 포함한다.

(2) 12월 20일

[회계]⇒[전표입력/장부]⇒[일반전표입력]

| 차변 | 보통예금(하나은행) 34,750,000 | 대변 | 투자부동산
투자자산처분이익 | 30,000,000
4,750,000 |

☞ 투자 목적의 토지를 처분하는 경우 투자부동산 계정으로 처리하고 거래수수료는 처분이익에서 차감한다.
· 처분가액 ₩35,000,000-취득원가 ₩30,000,000-거래수수료 ₩250,000=₩4,750,000(투자자산처분이익)

(3) 12월 22일

① [회계]⇒[전표입력/장부]⇒[받을어음현황] 메뉴에서 발해가구(주)의 할인할 어음 금액 (₩5,000,000)을 확인한다.

② [회계]⇒[전표입력/장부]⇒[일반전표입력]

| 차변 | 매출채권처분손실 125,000
당좌예금(시티은행) 4,875,000 | 대변 | 받을어음(발해가구(주)) | 5,000,000 |

☞ 할인료 계산 : (₩5,000,000×10%)×3/12=₩125,000(매출채권처분손실)

③ [자금관리 F3 - 받을어음 관리] ⇒ 어음상태 : 2.할인, 어음번호란에서 F2 조회한 후 할인할 어음을 선택하여 할인기관(시티은행(당좌)), 할인율(10%)를 입력한다.

받을어음 관리											삭제(F5)
어음상태	2 할인(전액)	어음번호	마가14949129		수취구분	1 자수	발행일	2025-10-22	만기일		2026-03-22
발행인	03008	발해가구(주)			지급은행	001	하나은행		지점		
배서인		할인기관	98002	시티은행(당좌)	지점		할인율(%)	10	어음종류	1	약속(일반)
지급거래처							* 수령된 어음을 타거래처에 지급하는 경우에 입력합니다.				

(4) 12월 23일

[회계]⇒[전표입력/장부]⇒[일반전표입력]

| 차변 | 보통주자본금 20,000,000 | 대변 | 보통예금(하나은행)
감자차익 | 18,000,000
2,000,000 |

☞ · 자본금 감소를 위하여 주식 소각시 차액은 감자차익 계정으로 회계처리한다.
· 보통주자본금 : 4,000주×₩5,000=₩20,000,000

(5) 12월 28일

[회계]⇒[전표입력/장부]⇒[일반전표입력]

| 차변 | 종업원급여 5,000,000 | 대변 | 예수금
보통예금(하나은행) | 578,800
4,421,200 |

4. 결산작업

(1) ① [회계]⇒[결산/재무제표Ⅰ]⇒[합계잔액시산표] 메뉴에서 매출채권(외상매출금, 받을어음)을 조회한다.

대손충당금 설정액 : 매출채권 잔액×설정률-대손충당금 잔액

외상매출금 : (₩204,300,000 × 1%) - ₩460,000 = ₩1,583,000

받을어음 : (₩10,000,000 × 1%) -   ₩0 =   ₩100,000

② [회계]⇒[결산/재무제표I]⇒[결산자료입력] 메뉴에서 5). 대손상각 해당계정과목 금액란에 설정액을 입력한다.

(2) ① [회계]⇒[고정자산등록]⇒[원가경비별감가상각명세서] 메뉴에서 [유형자산총괄]Tab과 [무형자산총괄]Tab의 당기상각비를 확인한다. (건물 ₩14,400,000, 차량운반구 ₩5,000,000)

② [회계]⇒[결산/재무제표I]⇒[결산자료입력] 메뉴에서 4). 감가상각비 해당계정과목 금액란에 감가상각비를 입력한다.

(3) ① [물류관리]⇒[재고관리]⇒[재고자산수불부] 메뉴에서 상단의 [기능모음(F11)]⇒[평가방법]에서 재고자산평가방법을 선입선출법으로 선택하고 적용한 후 상단의 [마감]을 클릭해서 [마감] 또는 [일괄마감]을 체크 후재고평가를 진행한다.

② [물류관리]⇒[재고관리]⇒[재고자산명세서] 메뉴에서 상품별 재고금액 ₩101,705,000을 확인한다.

③ [회계]⇒[결산/재무제표I]⇒[결산자료입력] 메뉴에서 (10). 기말상품재고액(₩101,705,000)을 입력한다.

(4) 12월 31일

① [회계]⇒[전표입력/장부]⇒[합계잔액시산표] 메뉴에서 토지의 장부가액(₩20,000,000)을 확인한다.

② [회계]⇒[전표입력/장부]⇒[일반전표입력]

차변	재평가손실	1,000,000	대변	토지	1,000,000

☞ 토지 재평가 차액은 재평가손실 계정을 회계처리한다.

(5) 12월 31일

① [회계]⇒[전표입력/장부]⇒[합계잔액시산표] 메뉴에서 보험료 금액(₩1,200,000)을 확인한다.

② [회계]⇒[전표입력/장부]⇒[일반전표입력]

차변	선급비용	200,000	대변	보험료	200,000

☞ 선급비용 : ₩1,200,000×2/12=₩200,000

(6) 12월 31일

① [회계]⇒[전표입력/장부]⇒[합계잔액시산표] 메뉴에서 퇴직급여부채 잔액이 없음을 확인하고 전액 계상한다.

② [회계]⇒[결산/재무제표I]⇒[결산자료입력] 메뉴에서 2). 퇴직급여(전입액)란(₩23,000,000)에 입력한다.

(7) 12월 31일

① [회계]⇒[전표입력/장부]⇒[합계잔액시산표] 또는 [거래처원장] 메뉴에서 외화장기차입금 잔액(₩50,000,000)을 확인한다.

② [회계]⇒[전표입력/장부]⇒[일반전표입력]

| 차변 | 외화환산손실 | 10,000,000 | 대변 | 외화장기차입금(PMT) | 10,000,000 |

☞ 외화환산손실: $50,000 × (₩1,200 − (₩50,000,000/$50,000)) = ₩10,000,000

※ (1),(2),(3),(6)항목은 반드시 상단의 [전표추가(F3)]를 클릭하여 [일반전표입력] 메뉴에 결산분개를 자동으로 생성시킨다.

③ [회계]⇒[전표입력/장부]⇒[일반전표입력] 메뉴에서 12월 31일 결산분개를 확인한다.

5. 단답형 답안

(1) [물류관리]⇒[재고관리]⇒[재고자산수불부] : 1,800EA

(2) [회계]⇒[전표입력/장부]⇒[계정별원장] 또는 [합계잔액시산표] : ₩31,850,000

(3) [회계]⇒[전표입력/장부]⇒[합계잔액시산표] : ₩10,000,000

(4) [회계]⇒[전표입력/장부]⇒[거래처원장] : ₩11,000,000

☞ 외상대금 지급액은 외상매입금 계정의 차변금액을 확인한다.

(5) [회계]⇒[K-IFRS재무제표]⇒[K-IFRS포괄손익계산서] : ₩1,625,000

(6) [회계]⇒[K-IFRS재무제표]⇒[K-IFRS재무상태표] : ₩183,000,000

문제 02 원가회계

1. (1) 9월 20일 작업지시등록

① [물류관리]⇒[생산관리]⇒[생산(작업)지시서] : 지시일과 완료예정일을 입력 후 지시내용(품목명, 지시수량, 작업장 등)을 입력한다.

② 9월 20일 자재사용(출고)등록

[물류관리]⇒[생산관리]⇒[자재출고입력] : 생산지시번호란에서 코드도움(F2) 조회하여 사용할 자재의 출고수량과 작업장을 입력한다.

(2) 9월 30일 생산자료등록

[물류관리]⇒[생산관리]⇒[생산입고입력] : 생산지시번호란에서 코드도움(F2) 조회하여 제품의 생산량과 투입시간을 입력한다.

(3) 9월의 원가기준정보

① 노무비배부기준등록(총근무시간)

[물류관리]⇒[원가관리(원가기준정보)]⇒[배부기준등록]⇒[노무비배분]Tab에서 상단의 [당월데이터 생성]을 클릭하여 노무비의 데이터를 재집계한 다음 총근무시간을 입력하면 임률은 자동으로 계산된다.

② 보조부문비배부기준등록

[보조부문배분]Tab에서 상단의 [보조부문 가져오기]를 클릭하여 보조부문의 데이터를 추가집계한 다음 보조부문비배분기준을 등록한다.

③ 작업진행률등록 [ㄱ자씽크대 : 75%]

상단의 [작업진행율등록] 또는 [물류관리]⇒[원가관리(원가기준정보)]⇒[작업진행율등록] 메뉴에서 진행률을 입력한다.

(4) 9월의 실제원가계산

[물류관리]⇒[원가관리(원가계산)]

① 기초재공품계산 : 전월에서 이월된 사항이 없다면 기초재공품은 표기되지 않는다.

② 직접재료비계산 : ❶ 상단의 [마감]을 눌러[재고자산수불부]에서 원재료에 대해서만 [일괄마감]을 하여 재고평가를 한다.

❷ [직접재료비계산]에서 다시 조회를 하면 자재의 단가와 금액이 자동으로 반영된다.

아일랜드씽크대의 철재프레임 재료비 : ₩34,250,000

ㄱ자씽크대의 인조대리석 재료비 : ₩35,000,000

③ 직접노무비계산

④ 제조간접비계산 (제조부문비배부기준 : 투입시간)

제조간접비계산을 위해서는 제조간접비계산(부문별), 제조간접비계산(보조부문), 제조간접비계산(제조부문)을 차례로 실행해야 집계할 수 있다.

[제조간접비계산(부문별)]⇒[제조간접비계산(보조부문)]⇒[제조간접비계산(제조부문)]

⑤ [완성품원가조회] 제품별 단위당 원가를 계산 시 종합원가의 경우 1.평균법으로 계산하여 조회한다.

⑥ 원가반영작업 : [생산입고입력]을 실행하고 완성품원가조회에서 계산된 단위당 제조원가를 입력한다.

❶ 아일랜드씽크대의 생산단가 : ₩87,591

❷ ㄱ자씽크대의 생산단가 : ₩70,192

(5) 원가계산을 마감한 후 제조원가명세서 조회

[물류관리]⇒[원가관리(원가계산)]⇒[결산자료입력]

① 결산일자를 1월~9월로 선택한 다음 [매출원가 및 경비선택]창에서 455.제품매출원가, 1.500번대, 제조를 입력한 후 [확인]한다.

② 상단의 [기능모음(F11)]⇒[기말재고반영]버튼을 눌러 원재료, 재공품의 기말재고액을 반영하고 반드시 [전표추가(F3)]를 클릭하여 결산분개를 자동생성한다.

❶ 기말 원재료 재고액 : ₩9,750,000

❷ 기말 재공품 재고액 : ₩13,028,846

③ [회계]⇒[전표/장부입력]⇒[일반전표입력] 자동생성분개를 확인한다.

④ [물류관리]⇒[원가관리(원가계산)]⇒[제조원가명세서]

당기 제품 제조원가 : ₩83,271,154

※ 프로그램 버전에 따라 ±1원의 차이가 발생할 수 있다.

제11회 실기시험 모의문제 정답 및 풀이

문제 01 재무회계

1. 기준정보입력

(1) [회계]⇒[기초정보관리]⇒[거래처등록]⇒[일반]Tab에서 거래처를 입력한다.
    ☞ 거래처 구분을 반드시 매입처와 매출처로 입력한다.

(2) [물류관리]⇒[기준정보관리]⇒[품목등록]⇒[전체]Tab에서 품목정보를 입력한다.

2. 매입매출전표입력

(1) 8월 2일

① [물류관리]⇒[판매관리]⇒[출고입력] 메뉴에서 처리구분을 21.건별과세, 거래처, 수금구분을 4.혼합으로 선택하고 상품을 입력한 다음 하단의 예금란(₩13,500,000)과 외상란(₩24,450,000)에 입력, 상단의 [전표추가] ⇒ [확인] ⇒ [전송]을 클릭하여 자동으로 전표를 생성시킨다.

② [회계]⇒[전표입력/장부]⇒[매입매출전표입력] 메뉴에 반영된 전표에서 '보통예금' 거래처코드(외환은행)를 수정 입력한다.

거래유형	품명	공급가액	부가세	거래처	전자세금
11.과세	장롱외	34,500,000	3,450,000	㈜코리아	1.전자입력
분개유형	(차) 보통예금(외환은행)	13,500,000	(대) 상품매출		34,500,000
3.혼합	외상매출금	24,450,000	부가가치세예수금		3,450,000

(2) 8월 4일

① [물류관리]⇒[구매관리]⇒[입고입력] 메뉴에서 처리구분을 21.건별과세, 거래처, 지급구분을 4.혼합으로 선택하고 상품을 입력한 다음 히단의 수표(당좌수표)란(₩4,000,000)과 외상란(₩7,220,000)에 입력, 상단의 [전표추가] ⇒ [확인] ⇒ [전송]을 클릭하여 자동으로 전표를 생성시킨다.

② [회계]⇒[전표입력/장부]⇒[매입매출전표입력] 메뉴에 반영된 전표에서 '당좌예금' 거래처코드(시티은행)를 수정 입력한다.

거래유형	품명	공급가액	부가세	거래처	전자세금
51.과세	식탁세트외	10,200,000	1,020,000	㈜남부원목	1.전자입력
분개유형	(차) 상품	10,200,000	(대) 당좌예금(시티은행)		4,000,000
3.혼합	부가가치세대급금	1,020,000	외상매입금		7,220,000

(3) 8월 15일

[회계]⇒[전표입력/장부]⇒[매입매출전표입력]

거래유형	품명	공급가액	부가세	거래처	전자세금
57.카과	3LED TV	2,000,000	200,000	롯데마트	
분개유형	(차) 비품	2,000,000	(대) 미지급금		2,200,000
4.카드	부가가치세대급금	200,000	(국민카드)		

(4) 8월 25일

[회계]⇒[전표입력/장부]⇒[매입매출전표입력]

거래유형	품명	공급가액	부가세	거래처	전자세금
53.면세	토지	90,000,000		㈜한생	1.전자입력
분개유형	(차) 토지	95,000,000	(대) 당좌예금(시티은행)		70,000,000
3.혼합			미지급금		20,000,000
			현금		5,000,000

☞ 토지 취득시 외상인 경우 일반적인 상거래가 아니므로 미지급금 계정으로 회계처리 하며, 취득세 등은 취득시 부대비용으로 취득원가에 포함한다.

3. 일반전표입력

(1) 8월 7일

[회계]⇒[전표입력/장부]⇒[일반전표입력]

차변	건설중인자산	1,200,000	대변	보통예금(외환은행)	1,200,000

☞ 창고 신축을 위해 차입한 차입금에 대한 이자는 자본화(자산처리)가 가능하여 건설중인자산 계정으로 회계처리한다.

(2) 8월 10일

[회계]⇒[전표입력/장부]⇒[일반전표입력]

차변	보통예금(외환은행)	5,600,000	대변	단기대여금(한도물산(주))	5,000,000
				미수수익	200,000
				이자수익	400,000

☞ 이자수익 중 전년도에 미수수익을 계상한 경우 상계처리한다.

(3) 8월 20일

[회계]⇒[전표입력/장부]⇒[일반전표입력]

차변	교육훈련비	900,000	대변	예수금	29,700
				보통예금(외환은행)	870,300

(4) 8월 27일

① [회계]⇒[전표입력/장부]⇒[일반전표입력]

차변	당좌예금(시티은행)	29,650,000	대변	받을어음(진수가구(주))	30,000,000
	매출채권처분손실	350,000			

② [자금관리(F3)-받을어음관리] ⇒ 어음상태 : 2.할인, 어음번호란에서 F2 조회한 후 할인할 어음을 선택하고 할인기관(시티은행)을 입력한다.

● 받을어음 관리   삭제(F5)

어음상태	2 할인(전액)	어음번호	아자20011001	수취구분	1 자수	발행일	2025-06-30	만기일	2025-09-10
발행인	03001 진수가구(주)			지급은행	003 농협은행			지점	
배서인		할인기관	98002 시티은행(당좌예금)	지점		할인율(%)		어음종류	1 약속(일반)
지급거래처					* 수령된 어음을 타거래처에 지급하는 경우에 입력합니다.				

(5) 8월 31일

[회계]⇒[전표입력/장부]⇒[일반전표입력]

| 차변 | 보통예금(외환은행)
무형자산처분손실 | 4,200,000
800,000 | 대변 | 특허권 | 5,000,000 |

☞ 특허권은 무형자산으로 처분시 손실은 무형자산처분손실 계정으로 회계처리한다.

4. 결산작업

(1) 12월 31일

① [회계]⇒[부가가치세Ⅰ]⇒[부가가치세신고서] 10월~12월로 조회

② [회계]⇒[전표입력/장부]⇒[일반전표입력]

| 차변 | 부가가치세예수금 | 4,550,000 | 대변 | 부가가치세대급금
미지급세금 | 1,500,000
3,050,000 |

(2) ① [회계]⇒[결산/재무제표Ⅰ]⇒[합계잔액시산표] 메뉴에서 매출채권(외상매출금, 받을어음)을 조회한다.

대손충당금 설정액 : 매출채권 잔액×설정률−대손충당금 잔액

외상매출금 : (₩236,800,000×1%) − ₩800,000 = ₩1,568,000

받을어음 : (₩15,000,000×1%) − ₩50,000 = ₩100,000

② [회계]⇒[결산/재무제표Ⅰ]⇒[결산자료입력] 메뉴에서 5). 대손상각 해당계정과목 금액란에 설정액을 입력한다.

(3) 12월 31일

① [회계]⇒[전표입력/장부]⇒[합계잔액시산표] 메뉴에서 현금과부족 잔액(₩320,000)을 확인한다.

② [회계]⇒[전표입력/장부]⇒[일반전표입력]

| 차변 | 수도광열비
도서인쇄비
잡손실 | 180,000
120,000
20,000 | 대변 | 현금과부족 | 320,000 |

(4) ① [회계]⇒[고정자산등록]⇒[원가경비별감가상각명세서] 메뉴에서 [유형자산총괄]Tab과 [무형자산총괄] Tab의 당기상각비를 확인한다.(건물 ₩20,000,000, 차량운반구 ₩20,295,000, 비품 ₩120,000)

② [회계]⇒[결산/재무제표Ⅰ]⇒[결산자료입력] 메뉴에서 4). 감가상각비 해당계정과목 금액란에 감가상각비를 입력한다.

(5) 12월 31일

① [회계]⇒[전표입력/장부]⇒[합계잔액시산표] 메뉴에서 보험료 금액(₩1,200,000)을 확인한다.

② [회계]⇒[전표입력/장부]⇒[일반전표입력]

| 차변 | 선급비용 | 700,000 | 대변 | 보험료 | 700,000 |

☞ 선급비용 : ₩1,200,000×7/12=₩700,000

(6) ① [물류관리]⇒[재고관리]⇒[재고자산수불부] 메뉴에서 상단의 [기능모음(F11)]⇒ [평가방법]에서 재고자산평가방법을 선입선출법으로 선택하고 적용한 후 상단의 [마감]을 클릭해서 [마감] 또는 [일괄마감]을 체크 후 재고평가를 진행한다.

② [물류관리]⇒[재고관리]⇒[재고자산명세서] 메뉴에서 상품별 재고금액 ₩335,975,000을 확인한다.

③ [회계]⇒[결산/재무제표]⇒[결산자료입력] 메뉴에서 (10). 기말상품재고액(₩335,975,000)을 입력한다.

(7) 12월 31일

① [회계]⇒[전표입력/장부]⇒[일반전표입력]

차변	이자비용	1,600,000	대변	미지급비용	1,600,000

☞ 이자비용 : ₩40,000,000×12%×4/12=₩1,600,000

※ (2),(4),(6)항목은 반드시 상단의 [전표추가(F3)]를 클릭하여 [일반전표입력] 메뉴에 결산분개를 자동으로 생성시킨다.

② [회계]⇒[전표입력/장부]⇒[일반전표입력] 메뉴에서 12월 31일 결산분개를 확인한다.

5. 단답형 답안

(1) [회계]⇒[전표입력/장부]⇒[거래처원장 : 대변] : ₩5,000,000

(2) [물류관리]⇒[재고관리]⇒[재고자산수불부] : 1,305EA

(3) [회계]⇒[전표입력/장부]⇒[월계표 : 대변] : ₩30,000,000

(4) [회계]⇒[K-IFRS재무제표]⇒[K-IFRS재무상태표] : ₩100,000,000

(5) [회계]⇒ K-IFRS 재무제표⇒ K-IFRS 포괄손익계산서] : ₩1,670,000

(6) [물류관리]⇒[판매관리]⇒[품목별 판매현황] : 310EA

문제 02 원가회계

1. (1) 품목등록 오류 수정
   [물류관리]⇒[기준정보관리]⇒[품목등록]

[품목등록 화면 이미지 - 생략]

(2) 9월 23일 작업지시등록

① [물류관리]⇒[생산관리]⇒[생산(작업)지시서] : 지시일과 완료예정일을 입력 후 지시내용(품목명, 지시수량, 작업장 등)을 입력한다.

② 9월 23일 자재사용(출고)등록

[물류관리]⇒[생산관리]⇒[자재출고입력] : 생산지시번호란에서 코드도움(F2) 조회하여 사용할 자재의 출고수량과 작업장을 입력한다.

(3) 9월 30일 생산자료등록

[물류관리]⇒[생산관리]⇒[생산입고입력] : 생산지시번호란에서 코드도움(F2) 조회하여 제품의 생산량과 투입시간을 입력한다.

(4) 9월의 원가기준정보

① 노무비배부기준등록(총근무시간) [물류관리]⇒[원가관리(원가기준정보)]⇒[배부기준등록]⇒[노무비배분]Tab에서 상단의 [당월데이터 생성]을 클릭하여 노무비의 데이터를 재집계한 다음 총근무시간을 입력하면 임률은 자동으로 계산된다.

② 보조부문비배부기준등록

[보조부문배분]Tab에서 상단의 [보조부문 가져오기]를 클릭하여 보조부문의 데이터를 추가집계한 다음 보조부문비배분기준을 등록한다.

③ 작업진행률등록 [EDBDP : 65%]

상단의 [작업진행율등록] 또는 [물류관리]⇒[원가관리(원가기준정보)]⇒[작업진행율등록] 메뉴에서 진행률을 입력한다.

(5) 9월의 실제원가계산

[물류관리]⇒[원가관리(원가계산)]

1 기초재공품계산 : 전월에서 이월된 사항이 없다면 기초재공품은 표기되지 않는다.

2 직접재료비계산 : ❶ 상단의 [마감]을 눌러 [재고자산수불부]에서 원재료, 부재료에 대해서만 [일괄마감]을 하여 재고평가를 한다.

❷ [직접재료비계산]에서 다시 조회를 하면 자재의 단가와 금액이 자동으로 반영된다.
QDOR의 AL6061　재료비 : ₩12,300,000
　　　　BS　　　재료비 :　₩3,000,000
EDBDP의 AL5052 재료비 :　₩7,650,000

③ 직접노무비계산
④ 제조간접비계산 (제조부문비배부기준 : 투입시간)
제조간접비계산을 위해서는 제조간접비계산(부문별), 제조간접비계산(보조부문), 제조간접비계산(제조부문)을 차례로 실행해야 집계할 수 있다.
[제조간접비계산(부문별)]⇒[제조간접비계산(보조부문)]⇒[제조간접비계산(제조부문)]
⑤ [완성품원가조회] 제품별 단위당 원가를 계산 시 종합원가의 경우 1.평균법으로 계산하여 조회한다.
⑥ 원가반영작업 : [생산입고입력]을 실행하고 완성품원가조회에서 계산된 단위당 제조원가를 입력한다.
❶ QDOR의 생산단가 : ₩48,150
❷ EDBDP의 생산단가 : ₩29,864
☞ 단위당 제조원가를 생산단가에 입력할 경우 원미만은 버림으로 처리함을 주의한다.

(6) 원가계산을 마감한 후 제조원가명세서 조회
[물류관리]⇒[원가관리(원가계산)]⇒[결산자료입력]
① 결산일자를 1월~9월로 선택한 다음 [매출원가 및 경비선택]창에서 455.제품매출원가, 1.500번대, 제조를 입력한 후 [확인]한다.
② 상단의 [기능모음(F11)]⇒[기말재고반영]버튼을 눌러 원재료, 부재료, 재공품의 기말재고액을 반영하고 반드시 [전표추가(F3)]를 클릭하여 결산분개를 자동생성한다.
❶ 기말 원재료 재고액 : ₩8,250,000
❷ 기말 부재료 재고액 :　₩250,000
❸ 기말 재공품 재고액 : ₩2,298,182
③ [회계]⇒[전표/장부입력]⇒[일반전표입력] 자동생성분개를 확인한다.
④ [물류관리]⇒[원가관리(원가계산)]⇒[제조원가명세서]
당기 제품 제조원가 : ₩48,301,818
※ 프로그램 버전에 따라 ±1원의 차이가 발생할 수 있다.

제12회 실기시험 모의문제 정답 및 풀이

문제 01 재무회계

1. 기준정보입력
(1) [물류관리]⇒[기준정보관리]⇒[품목등록]⇒[전체]Tab에서 품목정보를 입력한다.

(2) [물류관리]⇒[기준정보관리]⇒[부서/사원등록] 메뉴에서 부서를 입력한다.

2. 매입매출전표입력

(1) 7월 2일

① [물류관리]⇒[판매관리]⇒[출고입력] 메뉴에서 처리구분을 21.건별과세, 거래처, 수금구분을 4.혼합으로 선택하고 상품을 입력한 다음 하단의 어음란(₩38,500,000)과 예금란(₩38,500,000)에 입력, 상단의 [전표추가] ⇒ [확인] ⇒ [전송]을 클릭하여 자동으로 전표를 생성시킨다.

② [회계]⇒[전표입력/장부]⇒[매입매출전표입력] 메뉴에 반영된 전표에서 '보통예금' 거래처코드(신한은행)를 수정 입력한다.

거래유형	품명	공급가액	부가세	거래처	전자세금
11.과세	바비인형외	70,000,000	7,000,000	청하장난감(주)	1.전자입력
분개유형	(차) 보통예금(신한은행)	38,500,000	(대) 상품매출		70,000,000
3.혼합	받을어음	38,500,000	부가가치세예수금		7,000,000

③ [자금관리(F3)-받을어음 관리] ⇒ 어음상태 : 1.보관, 어음종류: 6.전자, 어음번호, 만기일, 지급은행을 입력한다.

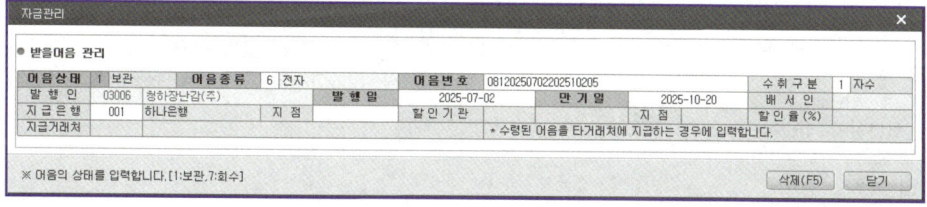

(2) 7월 5일

① [물류관리]⇒[구매관리]⇒[입고입력] 메뉴에서 처리구분을 21.건별과세, 거래처, 지급구분을 4.혼합으로 선택하고 상품을 입력한 다음 하단의 수표(당좌수표)란(₩3,775,000)과 예금란(₩2,000,000)에 입력, 상단의 [전표추가] ⇒ [확인] ⇒ [전송]을 클릭하여 자동으로 전표를 생성시킨다.

② [회계]⇒[전표입력/장부]⇒[매입매출전표입력] 메뉴에 반영된 전표에서 '보통예금'과 '당좌예금' 계정의 거래처코드를 수정 입력한다.

거래유형	품명	공급가액	부가세	거래처	전자세금
51.과세	마징가로봇 외	5,250,000	525,000	중기토이(주)	1.전자입력
분개유형	(차) 상품	5,250,000	(대) 당좌예금(시티은행)		3,775,000
3.혼합	부가가치세대급금	525,000	보통예금(신한은행)		2,000,000

☞ 당좌수표번호가 있는 경우 적요란에 수표번호를 입력하거나 어음책등록에서 등록된 당좌수표를 선택하여 입력할 수 있다.

(3) 7월 10일

　① [물류관리]⇒[판매관리]⇒[출고입력] 메뉴에서 처리구분을 27.건별카과, 신용카드거래처(기업카드)를 선택, 거래처, 수금구분을 3.카드로 선택하고 상품을 입력한 다음 하단의 카드란(₩5,500,000)에 입력 상단의 [전표추가] ⇒ [확인] ⇒ [전송]을 클릭하여 자동으로 전표를 생성시킨다.

　② [회계]⇒[전표입력/장부]⇒[매입매출전표입력]

거래유형	품명	공급가액	부가세	거래처	전자세금
17.카과	태권브이	5,000,000	500,000	정일토이(주)	
분개유형	(차) 외상매출금	5,500,000	(대) 상품매출		5,000,000
4.카드	(기업카드)		부가가치세예수금		500,000

(4) 7월 13일

　① [물류관리]⇒[구매관리]⇒[입고입력] 메뉴에서 처리구분을 27.건별카과, 거래처, 지급구분을 3.카드로 선택하고 상품을 입력한 다음 하단의 카드(₩660,000)에 입력, 상단의 [전표추가] ⇒ [확인] ⇒ [전송]을 클릭하여 자동으로 전표를 생성시킨다.

　② [회계]⇒[전표입력/장부]⇒[매입매출전표입력] 메뉴에 반영된 전표에서 분개란을 2.외상 또는 3.혼합으로 수정하고 '외상매입금' 거래처코드를 수정 입력한다.

거래유형	품명	공급가액	부가세	거래처	전자세금
57.카과	미미인형	600,000	60,000	평화토이(주)	
분개유형	(차) 상품	600,000	(대) 외상매입금(국민카드)		660,000
2.외상	부가가치세대급금	60,000			

☞ 상품을 카드로 구입한 경우 외상매입금 계정으로 회계처리하고 거래처는 카드사를 입력한다.

3. 일반전표입력

(1) 7월 6일

[회계]⇒[전표입력/장부]⇒[일반전표입력]

차변	당좌예금(시티은행)	9,290,000	대변	당기손익-공정가치측정금융자산 당기손익-공정가치측정금융자산처분이익	8,250,000 1,040,000

☞ 처분이익 : 150주×(₩62,000-₩55,000)-₩10,000=₩1,040,000

(2) 7월 20일

　① [회계]⇒[전표입력/장부]⇒[일반전표입력]

차변	당좌예금(시티은행) 수수료비용(831)	4,970,000 30,000	대변	받을어음(분홍토이(주))	5,000,000

　② [자금관리(F3)-받을어음 관리] ⇒ 어음상태 : 4.만기, 어음번호란에서 F2 조회하여 만기된 어음을 선택하여 입력한다.

받을어음 관리								삭제(F5)
어음상태	4 만기	어음번호	라자20114001	수취구분	1 자수	발행일	2025-04-30	만기일 2025-07-20
발행인	03003 분홍토이(주)			지급은행	002 국민은행			지점
배서인		할인기관		지점		할인율(%)		어음종류 1 약속(일반)
지급거래처				☞ 수령된 어음을 타거래처에 지급하는 경우에 입력합니다.				

(3) 7월 25일

　① [회계]⇒[전표입력/장부]⇒[합계잔액시산표] 메뉴에서 토지의 장부가액(₩50,000,000)을 확인한다.

② [회계]⇒[전표입력/장부]⇒[일반전표입력]

차변	당좌예금(시티은행)	50,000,000	대변	토지	50,000,000
	미수금(청담건설(주))	10,000,000		유형자산처분이익	10,000,000

☞ 신규 거래처등록 : 거래처코드란에서 '+' 버튼 또는 '00000'를 입력한 후 거래처내용을 입력한다.

(4) 7월 26일

[회계]⇒[전표입력/장부]⇒[일반전표입력]

차변	미지급금(현대자동차)	1,500,000	대변	보통예금(신한은행)	1,500,000

☞ 차량 구입시 할부금은 미지급금 계정으로 처리하였다가 납부시 차변 계정으로 반제처리한다.

(5) 7월 31일

[회계]⇒[전표입력/장부]⇒[일반전표입력]

차변	차량유지비	360,000	대변	미지급금(국민카드)	878,000
	세금과공과	123,000			
	복리후생비	265,000			
	광고선전비	130,000			

4. 결산작업

(1) ① [회계]⇒[고정자산등록]⇒[원가경비별감가상각명세서] 메뉴에서 [유형자산총괄]Tab과 [무형자산총괄]Tab의 당기상각비를 확인한다.(건물 ₩14,500,000, 차량운반구 ₩10,358,868, 비품 ₩180,000)

② [회계]⇒[결산/재무제표I]⇒[결산자료입력] 메뉴에서 4). 감가상각비 해당계정과목 금액란에 감가상각비를 입력한다.

(2) ① [회계]⇒[결산/재무제표Ⅰ]⇒[합계잔액시산표] 메뉴에서 매출채권(외상매출금, 받을어음)을 조회한다.

   대손충당금 설정액 : 매출채권 잔액×설정률−대손충당금 잔액

   외상매출금 : (₩197,929,320 × 1%) − ₩500,0000 = ₩1,479,293

   받을어음   : (₩48,500,000 × 1%) − ₩300,000 =   ₩185,000

② [회계]⇒[결산/재무제표I]⇒[결산자료입력] 메뉴에서 5). 대손상각 해당계정과목 금액란에 설정액을 입력한다.

(3) ① [물류관리]⇒[재고관리]⇒[재고자산수불부] 메뉴에서 상단의 [기능모음(F11)]⇒ [평가방법]에서 재고 자산평가방법을 선입선출법으로 선택하고 적용한 후 상단의 [마감]을 클릭해서 [마감] 또는 [일괄마감]을 체크 후 재고평가를 진행한다.

② [물류관리]⇒[재고관리]⇒[재고자산명세서] 메뉴에서 상품별 재고금액 ₩161,950,000을 확인한다.

③ [회계]⇒[결산/재무제표I]⇒[결산자료입력] 메뉴에서 (10). 기말상품재고액(₩161,950,000)을 입력한다.

(4) ① [회계]⇒[결산/재무제표I]⇒[합계잔액시산표] 메뉴에서 퇴직급여부채 잔액이 없음을 확인한다.
② [회계]⇒[결산/재무제표I]⇒[결산자료입력] 2). 퇴직급여(전입액)란에 ₩20,000,000을 입력한다.

(5) 12월 31일
① [회계]⇒[전표입력/장부]⇒[합계잔액시산표] 메뉴에서 정기예금 금액(₩20,000,000)을 확인한다.
② [회계]⇒[전표입력/장부]⇒[일반전표입력]

차변	미수수익	1,000,000	대변	이자수익	1,000,000

☞ 이자수익 : ₩20,000,000×10%×6/12=₩1,000,000

(6) 12월 31일
① [회계]⇒[전표입력/장부]⇒[합계잔액시산표] 메뉴에서 기타포괄손익-공정가치측정금융자산 금액(₩11,000,000)과 기타포괄손익-공정가치측정금융자산평가이익 금액(₩1,000,000)을 확인한다.
② [회계]⇒[결산/재무제표]⇒[일반전표입력]

차변	기타포괄손익-공정가치측정금융자산평가이익	500,000	대변	기타포괄손익-공정가치측정금융자산(비유동)	500,000

☞ · 공정가액 ₩10,500,000 - 장부가액 ₩11,000,000 = ₩-500,000(평가손실)
· 평가손실이 있는 경우 기타포괄손익-공정가치측정금융자산평가이익이 있는 경우 먼저 상계처리한다.

(7) 12월 31일
① [회계]⇒[전표입력/장부]⇒[일반전표입력]

차변	이자비용	540,000	대변	미지급비용 사채할인발행차금	500,000 40,000

☞ 사채할인발행차금 : (₩4,500,000(장부가액)×12%)-(₩5,000,000(액면가액)×10%)=₩40,000

※ (1),(2),(3),(4) 항목은 반드시 상단의 [전표추가(F3)]를 클릭하여 [일반전표입력]메뉴에 결산분개를 자동으로 생성시킨다.
② [회계]⇒[전표입력/장부]⇒[일반전표입력] 메뉴에서 12월 31일 결산분개를 확인한다.

5. 단답형 답안

(1) [회계]⇒[전표입력/장부]⇒[거래처원장] : ₩45,000,000

(2) [물류관리]⇒[재고관리]⇒[재고자산수불부] : 1,550EA

(3) [회계]⇒[전표입력/장부]⇒[일/월계표 : 차변] : ₩48,500,000

(4) [회계]⇒[K-IFRS재무제표]⇒[K-IFRS재무상태표] : ₩192,640,120
☞ 2025년 유동부채(₩290,892,120)-2024년 유동부채(₩98,252,000)=증가액(₩192,640,120)

(5) [회계]⇒[K-IFRS재무제표]⇒[K-IFRS포괄손익계산서] : ₩57,261,161

(6) [회계]⇒[전표입력/장부]⇒[거래처원장] : ₩55,350,000

☞ 미지급한 외상대금은 외상매입금 계정의 잔액이다.

문제 02 원가회계

1. (1) 10월 15일 작업지시등록
   ① [물류관리]⇒[기준정보관리]⇒[품목등록] 메뉴에서 제품 PRT의 17.원가구분을 1.종합으로 선택하여 품목을 수정한다.
   ② [물류관리]⇒[생산관리]⇒[생산(작업)지시서] : 지시일과 완료예정일을 입력 후 지시내용(품목명, 지시수량, 작업장 등)을 입력한다.
   ③ 10월 15일 자재사용(출고)등록
   [물류관리]⇒[생산관리]⇒[자재출고입력] : 생산지시번호란에서 코드도움(F2) 조회하여 사용할 자재의 출고수량과 작업장을 입력한다.

(2) 10월 31일 생산자료등록
   [물류관리]⇒[생산관리]⇒[생산입고입력] : 생산지시번호란에서 코드도움(F2) 조회하여 제품의 생산량과 투입시간을 입력한다.

(3) 10월의 원가기준정보
   ① 노무비배부기준등록(총근무시간) [물류관리]⇒[원가관리(원가기준정보)]⇒[배부기준등록]⇒[노무비배분]Tab에서 상단의 [당월 데이터 생성]을 클릭하여 노무비의 데이터를 재집계한 다음 총근무시간을 입력하면 임률은 자동으로 계산된다.
   ② 보조부문비배부기준등록
   [보조부문배분]Tab에서 상단의 [보조부문 가져오기]를 클릭하여 보조부문의 데이터를 추가집계한 다음 보조부문비배분기준을 등록한다.
   ③ 작업진행률등록 [PRT : 80%]
   상단의 [작업진행율등록] 또는 [물류관리]⇒[원가관리(원가기준정보)]⇒[작업진행율등록] 메뉴에서 진행률을 입력한다.

(4) 10월의 실제원가계산
   [물류관리]→[원가관리(원가계산)]
   1 기초재공품계산 : 전월에서 이월된 사항이 없다면 기초재공품은 표기되지 않는다.
   2 직접재료비계산 : ❶ 상단의 [마감]을 눌러 [재고자산수불부]에서 원재료, 부재료에 대해서만 [일괄마감]을 하여 재고평가를 한다.
   ❷ [직접재료비계산]에서 다시 조회를 하면 자재의 단가와 금액이 자동으로 반영된다.
   QJK의 ASL   재료비 : ₩15,500,000
   PRT의 ETT   재료비 : ₩17,500,000
   BUK   재료비 : ₩5,600,000

③ 직접노무비계산

④ 제조간접비계산 (제조부문비배부기준 : 투입시간)

제조간접비계산을 위해서는 제조간접비계산(부문별), 제조간접비계산(보조부문), 제조간접비계산(제조부문)을 차례로 실행해야 집계할 수 있다.

[제조간접비계산(부문별)]⇒[제조간접비계산(보조부문)]⇒[제조간접비계산(제조부문)]

⑤ [완성품원가조회] 제품별 단위당 원가를 계산시 종합원가의 경우 1.평균법으로 계산하여 조회한다.

⑥ 원가반영작업 : [생산입고입력]을 실행하고 완성품원가조회에서 계산된 단위당 제조원가를 입력한다.

❶ QJK의 생산단가 : ₩84,550

❷ PRT의 생산단가 : ₩58,191

(5) 원가계산을 마감한 후 제조원가명세서 조회

[물류관리]⇒[원가관리(원가계산)]⇒[결산자료입력]

① 결산일자를 1월~10월로 선택한 다음 [매출원가 및 경비선택]창에서 455.제품매출원가, 1.500번대, 제조를 입력한 후 [확인]한다.

② 상단의 [기능모음(F11)]⇒[기말재고반영]버튼을 눌러 원재료, 부재료, 재공품의 기말재고액을 반영하고 반드시 [전표추가(F3)]를 클릭하여 결산분개를 자동생성한다.

❶ 기말 원재료 재고액 : ₩34,500,000

❷ 기말 부재료 재고액 :   ₩0

❸ 기말 재공품 재고액 :   ₩5,315,294

③ [회계]⇒[전표/장부입력]⇒[일반전표입력] 자동생성분개를 확인한다.

④ [물류관리]⇒[원가관리(원가계산)]⇒[제조원가명세서]

당기 제품 제조원가 : ₩68,734,706

※ 프로그램 버전에 따라 ±1원의 차이가 발생할 수 있다.

제13회 실기시험 모의문제 정답 및 풀이

문제 01 재무회계

1. 기준정보입력

(1) [회계]⇒[기초정보관리]⇒[거래처등록]⇒[일반]Tab에서 거래처를 입력한다.

(2) [물류관리]⇒[기준정보관리]⇒[품목등록]⇒[전체]Tab에서 품목정보를 입력한다.

2. 매입매출전표입력

(1) 12월 13일

① [물류관리]⇒[판매관리]⇒[출고입력] 메뉴에서 처리구분을 21.건별과세, 거래처, 수금구분을 4.혼합으로 선택하고 상품을 입력한 다음 하단의 현금란(₩550,000), 어음란(₩30,000,000)과 외상란(₩3,000,000)에 입력, 상단의 [전표추가] ⇒ [확인] ⇒ [전송]을 클릭하여 자동으로 전표를 생성시킨다.

② [회계]⇒[전표입력/장부]⇒[매입매출전표입력]

거래유형	품명	공급가액	부가세	거래처	전자세금
11.과세	남성구두 외	30,500,000	3,050,000	창제신발(주)	1.전자입력
분개유형	(차) 현금	550,000	(대) 상품매출		30,500,000
	외상매출금	3,000,000	부가가치세예수금		3,050,000
3.혼합	받을어음	30,000,000			

③ [자금관리(F3)-받을어음 관리] ⇒ 어음상태 : 1.보관, 어음종류: 6.전자, 어음번호, 만기일, 지급은행]을 입력한다.

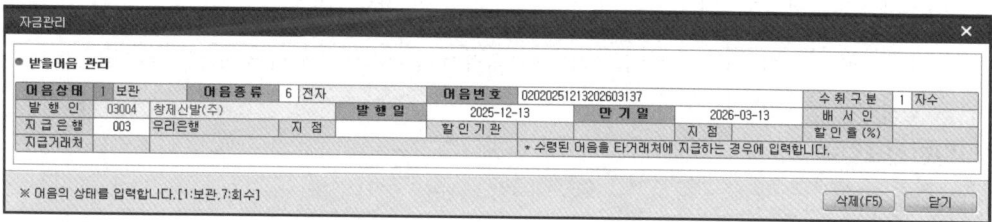

(2) 12월 16일

① [물류관리]⇒[구매관리]⇒[입고입력] 메뉴에서 처리구분을 21.건별과세, 거래처, 지급구분을 4.혼합으로 선택하고 상품을 입력한 다음 하단의 어음란(₩7,000,000)과 외상란(₩1,635,000)에 입력, 상단의 [전표추가] ⇒ [확인] ⇒ [전송]을 클릭하여 자동으로 전표를 생성시킨다.

② [회계]⇒[전표입력/장부]⇒[매입매출전표입력]

거래유형	품명	공급가액	부가세	거래처	전자세금
51.과세	웨딩슈즈 외	7,850,000	785,000	명성신발(주)	1.전자입력
분개유형	(차) 상품	7,850,000	(대) 외상매입금		1,635,000
3.혼합	부가가치세대급금	785,000	지급어음		7,000,000

③ [자금관리(F3)-지급어음관리] ⇒ 어음상태 : 2.발행, 어음번호란에서 F2 조회한 후 발행할 어음을 선택하여 만기일을 입력한다.

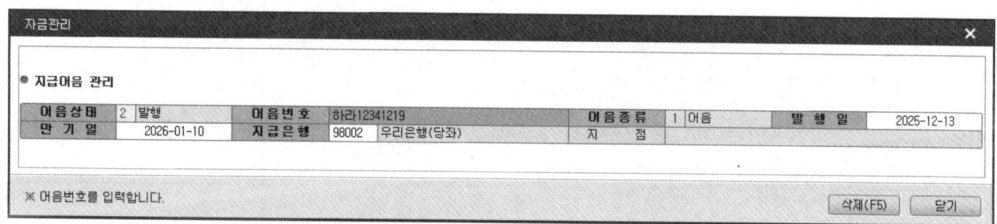

(3) 12월 17일

① [물류관리]⇒[판매관리]⇒[출고입력] 메뉴에서 처리구분을 212.건별현과, 거래처, 수금구분을 4.혼합로 선택하고 상품을 입력한 다음 하단의 예금란(₩2,145,000)에 입력, 상단의 [전표추가] ⇒ [확인] ⇒ [전송]을 클릭하여 자동으로 전표를 생성시킨다.

② [회계]⇒[전표입력/장부]⇒[매입매출전표입력] 메뉴에 반영된 전표에서 '보통예금' 거래처코드(하나은행)를 수정 입력한다.

거래유형	품명	공급가액	부가세	거래처	전자세금
22.현과	남성구두외	1,950,000	195,000	김병조	
분개유형	(차) 보통예금	2,145,000	(대) 상품매출		1,950,000
3.혼합	(하나은행)		부가가치세예수금		195,000

(4) 12월 19일

[회계]⇒[전표입력/장부]⇒[매입매출전표입력]

거래유형	품명	공급가액	부가세	거래처	전자세금
61.현과	수리비	55,000	5,500	주은상사	
분개유형	(차) 수선비	55,000	(대) 현금		60,500
1.현금	부가가치세대급금	5,500			

☞ 부가가치세가 분리된 현금영수증을 수취한 경우 유형 61.현과매입을 선택하고 수리비를 비용으로 처리하는 경우 수선비 계정으로 처리한다.

3. 일반전표입력

(1) 2월 22일

[회계]⇒[전표입력/장부]⇒[일반전표입력]

차변	이월이익잉여금	31,000,000	대변	이익준비금	1,000,000
				미지급배당금	10,000,000
				미교부주식배당금	20,000,000

☞ 이월이익잉여금이 주주총회에서 처분 확정된 경우 현금배당은 미지급배당금 계정, 주식배당은 미교부주식배당금 계정으로 처리하였다가 지급이 결정되면 차변 계정에서 반제처리한다.

(2) 12월 20일

[회계]⇒[전표입력/장부]⇒[일반전표입력]

차변	대손충당금(109)	500,000	대변	외상매출금(동해물산(주))	10,000,000
	대손상각비(835)	9,500,000			

☞ · [거래처원장]을 조회하여 외상매출금 잔액(₩10,000,000)과 [합계잔액시산표]상 대손충당금 잔액(₩500,000)을 확인한다.
· 매출처의 파산으로 대손처리시 대손충당금 잔액을 먼저 상계처리하고 나머지는 당기 비용인 대손상각비 계정으로 회계처리한다.

(3) 12월 23일

[회계]⇒[전표입력/장부]⇒[일반전표입력]

차변	외상매입금(한짝두짝(주))	3,300,000	대변	당좌예금(우리은행)	3,301,000
	수수료비용(831)	1,000			

(4) 12월 24일

[회계]⇒[전표입력/장부]⇒[일반전표입력]

차변	퇴직급여(806)	2,500,000	대변	예수금 퇴직연금운용자산(우리은행) 현금	93,500 1,700,000 706,500

☞ 퇴직연금 확정급여(DB)형에 가입된 종업원이 퇴직시 일시에 수령하는 경우 퇴직연금운용자산 계정을 먼저 상계처리한다.

(5) 12월 26일

[회계]⇒[전표입력/장부]⇒[일반전표입력]

차변	자기주식	32,500,000	대변	보통예금(하나은행)	32,500,000

☞ 자기주식(₩32,500,000)=5,000주×매입가 ₩6,500

4. 결산작업

(1) ① [회계]⇒[결산/재무제표Ⅰ]⇒[합계잔액시산표] 메뉴에서 매출채권(외상매출금, 받을어음)을 조회한다.

　　　대손충당금 설정액 : 매출채권 잔액×설정률 − 대손충당금 잔액

　　　외상매출금 : (₩97,190,000×1%) − ₩0 = ₩971,900

　　　받을어음 　: (₩36,350,000×1%) − ₩0 = ₩363,500

② [회계]⇒[결산/재무제표Ⅰ]⇒[결산자료입력] 메뉴에서 5). 대손상각 해당계정과목 금액란에 설정액을 입력한다.

(2) ① [회계]⇒[고정자산등록]⇒[원가경비별감가상각명세서] 메뉴에서 [유형자산총괄]Tab과 [무형자산총괄]Tab의 당기상각비를 확인한다.(건물 ₩15,000,000, 비품 ₩120,000)

② [회계]⇒[결산/재무제표Ⅰ]⇒[결산자료입력] 메뉴에서 4). 감가상각비 해당계정과목 금액란에 감가상각비를 입력한다.

(3) ① [물류관리]⇒[재고관리]⇒[재고자산수불부] 메뉴에서 상단의 [기능모음(F11)]⇒ [평가방법]에서 재고자산평가방법을 선입선출법으로 선택하고 적용한 후 상단의 [마감]을 클릭해서 [마감] 또는 [일괄마감]을 체크 후 재고평가를 진행한다.

② [물류관리]⇒[재고관리]⇒[재고자산명세서] 메뉴에서 상품별 재고금액 ₩31,872,500을 확인한다.

③ [회계]⇒[결산/재무제표Ⅰ]⇒[결산자료입력] 메뉴에서 (10). 기말상품재고액(₩31,872,500)을 입력한다.

(4) 12월 31일

① [회계]⇒[전표입력/장부]⇒[합계잔액시산표] 메뉴에서 선급비용 잔액(₩600,000)을 확인한다.

② [회계]⇒[전표입력/장부]⇒[일반전표입력]

차변	보험료	400,000	대변	선급비용	400,000

☞ 경과분 : ₩600,000×8/12=₩400,000

(5) 12월 31일

[회계]⇒[전표입력/장부]⇒[일반전표입력]

| 차변 | 수수료비용 | 300,000 | 대변 | 보통예금(하나은행) | 300,000 |

(6) 12월 31일
① [회계]⇒[전표입력/장부]⇒[합계잔액시산표] 메뉴에서 선납세금 계정의 금액(₩0)을 먼저 확인한다
② [회계]⇒[결산/재무제표]⇒[결산자료입력] 메뉴에서 2). 법인세 계상(₩3,500,000)을 입력한다.

(7) 12월 31일
① [회계]⇒[전표입력/장부]⇒[일반전표입력]

| 차변 | 이자비용 | 820,000 | 대변 | 미지급비용 | 820,000 |

※ (1),(2),(3),(6)항목은 반드시 상단의 [전표추가(F3)]를 클릭하여 [일반전표입력] 메뉴에 결산분개를 자동으로 생성시킨다.
② [회계]⇒[전표입력/장부]⇒[일반전표입력] 메뉴에서 12월 31일 결산분개를 확인한다.

5. 단답형 답안

(1) [회계]⇒[전표/입력장부]⇒[계정별원장] 또는 [일/월계표] : ₩5,000,000

(2) [회계]⇒[전표/입력장부]⇒[일/월계표] : ₩2,500,000

(3) [물류관리]⇒[재고관리]⇒[재고자산수불부] : 500개

(4) [회계]⇒[결산/재무제표]⇒[손익계산서] : ₩500,000

(5) [회계]⇒[K-IFRS재무제표]⇒[K-IFRS포괄손익계산서] : ₩88,850,000

(6) [회계]⇒[K-IFRS재무제표]⇒[K-IFRS재무상태표] : ₩7,540,000

문제 02 원가회계

1. (1) 10월 11일 작업지시등록
① [물류관리]⇒[기준정보관리]⇒[품목등록] 메뉴에서 갑제품의 17.원가구분을 0.개별로 선택하여 품목을 수정한다.
☞ 품목등록 수정
② [물류관리]⇒[생산관리]⇒[생산(작업)지시서] : 지시일과 완료예정일을 입력 후 지시내용(품목명, 지시수량, 작업장 등)을 입력한다.
③ 10월 11일 자재사용(출고)등록
[물류관리]⇒[생산관리]⇒[자재출고입력] : 생산지시번호란에서 코드도움(F2) 조회하여 사용할 자재의 출고수량과 작업장을 입력한다.

(2) 10월 31일 생산자료등록

[물류관리]⇒[생산관리]⇒[생산입고입력] : 생산지시번호란에서 코드도움(F2) 조회하여 제품의 생산량과 투입시간을 입력한다.

(3) 10월의 원가기준정보

① 노무비배부기준등록(총근무시간)

[물류관리]⇒[원가관리(원가기준정보)]⇒[배부기준등록]⇒[노무비배분]Tab에서 상단의 [당월데이터 생성]을 클릭하여 노무비의 데이터를 재집계한 다음 총근무시간을 입력하면 임률은 자동으로 계산된다.

② 보조부문비배부기준등록

[보조부문배분]Tab에서 상단의 [보조부문 가져오기]를 클릭하여 보조부문의 데이터를 추가집계한 다음 보조부문비배분기준을 등록한다.

③ 작업진행률등록 [을제품 : 90%]

상단의 [작업진행율등록] 또는 [물류관리]⇒[원가관리(원가기준정보)]⇒[작업진행율등록] 메뉴에서 진행률을 입력한다.

(4) 10월의 실제원가계산

[물류관리]⇒[원가관리(원가계산)]

1 기초재공품계산 : 전월에서 이월된 사항이 없다면 기초재공품은 표기되지 않는다.

2 직접재료비계산 : ❶ 상단의 [마감]을 눌러 [재고자산수불부]에서 원재료, 부재료에 대해서만 [일괄마감]을 하여 재고평가를 한다.

❷ [직접재료비계산]에서 다시 조회를 하면 자재의 단가와 금액이 자동으로 반영된다.

갑제품의 자재X   재료비 : ₩25,750,000
을제품의 자재Y   재료비 : ₩24,500,000
부자재B   재료비 : ₩7,200,000

3 직접노무비계산

4 제조간접비계산(제조부문비배부기준 : 투입시간)

제조간접비계산을 위해서는 제조간접비계산(부문별), 제조간접비계산(보조부문), 제조간접비계산(제조부문)을 차례로 실행해야 집계될 수 있다.

[제조간접비계산(부문별)]⇒[제조간접비계산(보조부문)]⇒[제조간접비계산(제조부문)]

5 [완성품원가조회] 제품별 단위당 원가를 계산시 종합원가의 경우 1.평균법으로 계산하여 조회한다.

6 원가반영작업 : [생산입고입력]을 실행하고 완성품원가조회에서 계산된 단위당 제조원가를 입력한다.

❶ 갑제품의 생산단가 : ₩88,733
❷ 을제품의 생산단가 : ₩76,540

(5) 원가계산을 마감한 후 제조원가명세서 조회

[물류관리]⇒[원가관리(원가계산)]⇒[결산자료입력]

① 결산일자를 1월~10월로 선택한 다음 [매출원가 및 경비선택]창에서 455.제품매출원가, 1.500번대, 제조를 입력한 후 [확인]한다.

② 상단의 [기능모음(F11)]⇒[기말재고반영]버튼을 눌러 원재료, 부재료, 재공품의 기말재고액을 반영하고 반드시 [전표추가(F3)]를 클릭하여 결산분개를 자동생성한다.

❶ 기말 원재료 재고액 : ₩17,250,000
❷ 기말 부재료 재고액 :   ₩800,000
❸ 기말 재공품 재고액 : ₩14,481,717

③ [회계]⇒[전표/장부입력]⇒[일반전표입력]자동생성분개를 확인한다.

④ [물류관리]⇒[원가관리(원가계산)]⇒[제조원가명세서]

당기 제품 제조원가 : ₩106,818,283

※ 프로그램 버전에 따라 ±1원의 차이가 발생할 수 있다.

제14회 실기시험 모의문제 정답 및 풀이

문제 01 재무회계

1. 기준정보입력

(1) [회계]⇒[기초정보관리]⇒[거래처등록]⇒[일반]Tab에서 거래처를 입력한다.
(2) [물류관리]⇒[기준정보관리]⇒[부서/사원등록] 메뉴에서 부서를 입력한다.

2. 매입매출전표입력

(1) 10월 13일

① [물류관리]⇒[판매관리]⇒[출고입력] 메뉴에서 처리구분을 21.건별과세, 거래처, 수금구분을 4.혼합으로 선택하고 상품을 입력한 다음 하단의 어음란(₩44,000,000)에 입력, 상단의 [전표추가] ⇒ [확인] ⇒ [전송]을 클릭하여 자동으로 전표를 생성시킨다.

② [회계]⇒[전표입력/장부]⇒[매입매출전표입력]

거래유형	품명	공급가액	부가세	거래처	전자세금
11.과세	포켓노트외	40,000,000	4,000,000	문구닷컴(주)	1.전자입력
분개유형	(차) 받을어음	20,000,000	(대) 상품매출		40,000,000
3.혼합	지급어음	24,000,000	부가가치세예수금		4,000,000

③ [자금관리(F3)-받을어음 관리] ⇒ 어음상태 : 1.보관, 어음종류: 1.약속, 어음번호, 만기일, 지급은행을 입력한다.

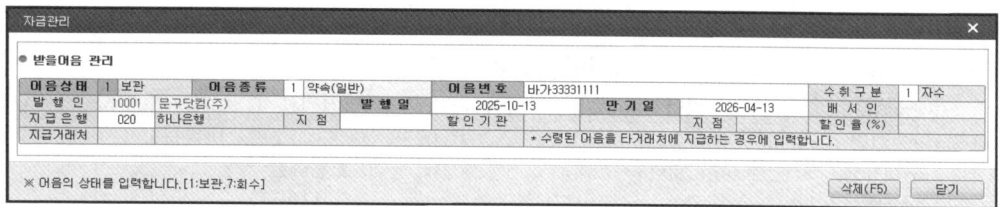

④ [자금관리(F3)]-지급어음관리] ⇒ 어음상태 : 3.결제, 어음번호란에서 F2 조회한 후 어음을 선택하여 입력한다.

(2) 10월 15일

① [물류관리]⇒[판매관리]⇒[출고입력] 메뉴에서 처리구분을 212.건별현과, 거래처, 수금구분을 1.현금로 선택하고 상품을 입력한 다음 상단의 [전표추가] ⇒ [확인] ⇒ [전송]을 클릭하여 자동으로 전표를 생성시킨다.

② [회계]⇒[전표입력/장부]⇒[매입매출전표입력]

거래유형	품명	공급가액	부가세	거래처	전자세금
22.현과	포켓노트	200,000	20,000	박정민	
분개유형	(차) 현금	220,000	(대) 상품매출		200,000
1.현금			부가가치세예수금		20,000

(3) 10월 20일

① [물류관리]⇒[구매관리]⇒[입고입력] 메뉴에서 처리구분을 21.건별과세, 거래처, 지급구분을 4.혼합으로 선택하고 상품을 입력한 다음 하단의 어음란(₩36,500,000)과 외상란(₩13,000,000)에 입력, 상단의 [전표추가] ⇒ [확인] ⇒ [전송]을 클릭하여 자동으로 전표를 생성시킨다.

② [회계]⇒[전표입력/장부]⇒[매입매출전표입력] 메뉴에 반영된 전표에서 '지급어음'을 '받을어음', 거래처코드(한백상사(주))로 수정 입력한다.

거래유형	품명	공급가액	부가세	거래처	전자세금
51.과세	파워레이저 범핑카 외	45,000,000	4,500,000	선우완구(주)	1.전자입력
분개유형	(차) 상품	45,000,000	(대) 외상매입금		13,000,000
3.혼합	부가가치세대급금	4,500,000	받을어음(한백상사(주))		36,500,000

③ [자금관리(F3)-받을어음 관리] ⇒ 어음상태 : 3.배서, 어음번호란에서 F2 조회한 후 어음을 선택하여 입력하고 지급거래처란에 선우완구(주)를 입력한다.

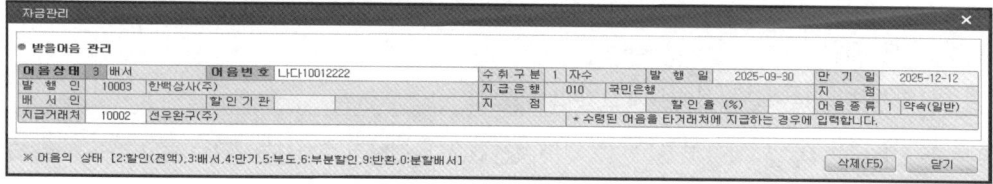

(4) 10월 22일

[회계]⇒[전표입력/장부]⇒[매입매출전표입력]

거래유형	품명	공급가액	부가세	거래처	전자세금
62.현면	회계실무서	80,000		바른문고	
분개유형	(차) 접대비(기업업무추진비)	80,000	(대) 보통예금		80,000
3.혼합			(하나은행)		

3. 일반전표입력

(1) 10월 17일

[회계]⇒[전표입력/장부]⇒[일반전표입력]

차변	현금	65,000	대변	현금과부족	65,000

(2) 11월 19일

[회계]⇒[전표입력/장부]⇒[일반전표입력]

차변	보통예금(하나은행)	1,000,000	대변	대손충당금(109)	1,000,000

☞ 전기 또는 당기의 대손처리 하였던 매출채권을 회수하는 경우 대손충당금 계정으로 회계처리한다.

(3) 11월 22일

① [회계]⇒[전표입력/장부]⇒[일반전표입력]

차변	매출채권처분손실 당좌예금(하나은행)	400,000 23,600,000	대변	받을어음(문구아울렛(주))	24,000,000

☞ 할인료 계산 : (₩24,000,000×10%)×2/12=₩400,000

② [자금관리(F3)]-받을어음관리] ⇒ 어음상태 : 2.할인, 어음번호란에서 F2 조회한 후 할인할 어음을 선택한 다음 할인기관(하나은행), 할인율(10%)을 입력한다.

● 받을어음 관리 — 삭제(F5)
어음상태 2 할인(전액) 어음번호 LNH10105544 수취구분 1 자수 발행일 2025-07-22 만기일 2026-01-20
발행인 30001 문구아울렛(주) 지급은행 030 외환은행 지점
배서인 할인기관 98002 하나은행(당좌) 지점 할인율(%) 어음종류 1 약속(일반)
지급거래처 * 수령된 어음을 타거래처에 지급하는 경우에 입력합니다.

(4) 11월 26일

[회계]⇒[전표입력/장부]⇒[일반전표입력]

차변	보통예금(하나은행) 당기손익-공정가치측정금융자산처분손실	34,985,000 5,015,000	대변	당기손익-공정가치측정금융자산	40,000,000

☞ · [합계잔액시산표]상 당기손익-공정가치측정금융자산 1,000주, @₩40,000을 확인한다.
· 처분가액(1,000주×₩35,000)-장부가액(₩40,000,000)-거래수수료(₩15,000)=처분손실(₩-5,015,000)

(5) 12월 10일

[회계]⇒[전표입력/장부]⇒[일반전표입력]

차변	기부금	1,500,000	대변	미지급금(삼성카드)	1,500,000

4. 결산작업

(1) ① [회계]⇒[결산/재무제표Ⅰ]⇒[합계잔액시산표] 메뉴에서 매출채권(외상매출금, 받을어음)을 조회한다.

　　대손충당금 설정액 : 매출채권 잔액×설정률-대손충당금 잔액
　　　외상매출금 : (₩54,700,000 × 2%) - ₩1,050,000 = ₩44,000
　　　받을어음　 : (₩53,000,000 × 2%) -　　　　₩0 = ₩1,060,000

② [회계]⇒[결산/재무제표Ⅰ]⇒[결산자료입력] 메뉴에서 5). 대손상각 해당계정과목 금액란에 설정액을 입력한다.

(2) ① [회계]⇒[고장자산등록]⇒[원가경비별감가상각명세서] 메뉴에서 [유형자산총괄]Tab과 [무형자산총괄]Tab의 당기상각비를 확인한다.(비품 ₩676,500)

② [회계]⇒[결산/재무제표Ⅰ]⇒[결산자료입력] 메뉴에서 4). 감가상각비 해당계정과목 금액란에 감가상각비를 입력한다.

(3) ① [물류관리]⇒[재고관리]⇒[재고자산수불부] 메뉴에서 상단의 [기능모음(F11)]⇒ [평가방법]에서 재고자산평가방법을 선입선출법으로 선택하고 적용한 후 상단의 [마감]을 클릭해서 [마감] 또는 [일괄마감]을 체크 후 재고평가를 진행한다.

② [물류관리]⇒[재고관리]⇒[재고자산명세서] 메뉴에서 상품별 재고금액 ₩92,600,000을 확인한다.

③ [회계]⇒[결산/재무제표Ⅰ]⇒[결산자료입력] 메뉴에서 (10). 기말상품재고액 (₩92,600,000)을 입력한다.

(4) 12월 31일

[회계]⇒[전표입력/장부]⇒[일반전표입력]

차변	현금과부족	65,000	대변	이자수익 잡이익	45,000 20,000

☞ [합계잔액시산표] 메뉴에서 현금과부족 계정 잔액(₩-65,000)을 확인한다.

(5) 12월 31일

[회계]⇒[전표입력/장부]⇒[일반전표입력]

차변	임대료(904)	800,000	대변	선수수익	800,000

(6) 12월 31일

[회계]⇒[전표입력/장부]⇒[일반전표입력]

차변	종업원급여	3,000,000	대변	미지급비용	3,000,000

(7) 12월 31일

① [회계]⇒[전표입력/장부]⇒[합계잔액시산표] 메뉴에서 기타포괄손익-공정가치측정 금융자산(비유동) 잔액(₩5,000,000)과 평가이익 잔액이 없음을 확인한다.

② [회계]⇒[전표입력/장부]⇒[일반전표입력]

| 차변 | 기타포괄손익-공정가치측정 금융자산평가손실 | 1,000,000 | 대변 | 기타포괄손익-공정가치측정 금융자산(비유동) | 1,000,000 |

☞ 공정가치 ₩4,000,000-장부가액 ₩5,000,000=₩-1,000,000(평가손실)

※ (1),(2),(3),(5)항목은 반드시 상단의 [전표추가(F3)]]를 클릭하여 [일반전표입력] 메뉴에 결산분개를 자동으로 생성시킨다.

③ [회계]⇒[전표입력/장부]⇒[일반전표입력] 메뉴에서 12월 31일 결산분개를 확인한다.

5. 단답형 답안

(1) [회계]⇒[부가가치세Ⅰ]⇒[부가가치세신고서]⇒[10월~12월] : ₩270,000

(2) [물류관리]⇒[재고관리]⇒[재고자산명세서] : 3,730EA

(3) [회계]⇒[전표/입력장부]⇒[거래처원장] : ₩17,300,000

(4) [물류관리]⇒[판매관리]⇒[품목별 판매현황] : 1,760EA

(5) [회계]⇒[K-IFRS재무제표]⇒[K-IFRS포괄손익계산서] : ₩95,000

(6) [회계]⇒[K-IFRS재무제표]⇒[K-IFRS재무상태표] : ₩204,823,500

문제 02 원가회계

1. (1) 11월 17일 작업지시등록

① [물류관리]⇒[기준정보관리]⇒[품목등록] 메뉴에서 17.원가구분을 제품#101은 0.개별, 제품#102은 1.종합으로 수정 등록한다.

☞ 품목등록 수정

② [물류관리]⇒[생산관리]⇒[생산(작업)지시서] : 지시일과 완료예정일을 입력 후 지시내용(품목명, 지시수량, 작업장 등)을 입력한다.

③ 11월 17일 자재사용(출고)등록

[물류관리]⇒[생산관리]⇒[자재출고입력] : 생산지시번호란에서 코드도움(F2) 조회하여 사용할 자재의 출고수량과 작업장을 입력한다.

(2) 11월 30일 생산자료등록

[물류관리]⇒[생산관리]⇒[생산입고입력] : 생산지시번호란에서 코드도움(F2) 조회하여 제품의 생산량과 투입시간을 입력한다.

(3) 11월의 원가기준정보

① 노무비배부기준등록(총근무시간)

[물류관리]⇒[원가관리(원가기준정보)]⇒[배부기준등록]⇒[노무비배분]Tab에서 상단의 [당월데이터 생성]을 클릭하여 노무비의 데이터를 재집계한 다음 총근무시간을 입력하면 임률은 자동으로 계산된다.

② 보조부문비배부기준등록

[보조부문배분]Tab에서 상단의 [보조부문 가져오기]를 클릭하여 보조부문의 데이터를 추가집계한 다음 보조부문비배분기준을 등록한다.

③ 작업진행률등록 [제품#102 : 75%]

상단의 [작업진행율등록] 또는 [물류관리]⇒[원가관리(원가기준정보)]⇒[작업진행율등록] 메뉴에서 진행률을 입력한다.

(4) 11월의 실제원가계산

[물류관리]⇒[원가관리(원가계산)]

① 기초재공품계산 : 전월에서 이월된 사항이 없다면 기초재공품은 표기되지 않는다.

② 직접재료비계산 : ❶ 상단의 [마감]을 눌러 [재고자산수불부]에서 원재료, 부재료에 대해서만 [일괄마감]을 하여 재고평가를 한다.

❷ [직접재료비계산]에서 다시 조회를 하면 자재의 단가와 금액이 자동으로 반영된다.

제품#101의	자재Q	재료비 :	₩18,000,000
	부자재B	재료비 :	₩3,600,000
제품#102의	자재P	재료비 :	₩17,500,000
	부자재B	재료비 :	₩5,600,000

③ 직접노무비계산

④ 제조간접비계산 (제조부문비배부기준 : 투입시간)

제조간접비계산을 위해서는 제조간접비계산(부문별), 제조간접비계산(보조부문), 제조간접비계산(제조부문)을 차례로 실행해야 집계할 수 있다.

[제조간접비계산(부문별)]⇒[제조간접비계산(보조부문)]⇒[제조간접비계산(제조부문)]

⑤ [완성품원가조회] 제품별 단위당 원가를 계산 시 종합원가의 경우 1.평균법으로 계산하여 조회한다.

⑥ 원가반영작업 : [생산입고입력]을 실행하고 완성품원가조회에서 계산된 단위당 제조원가를 입력한다.

❶ 제품#101의 생산단가 : ₩91,844

❷ 제품#102의 생산단가 : ₩61,800

(5) 원가계산을 마감한 후 제조원가명세서 조회

[물류관리]⇒[원가관리(원가계산)]⇒[결산자료입력]

① 결산일자를 1월~11월로 선택한 다음 [매출원가 및 경비선택]창에서 455.제품매출원가, 1.500번대, 제조를 입력한 후 [확인]한다.

② 상단의 [기능모음(F11)]⇒[기말재고반영]버튼을 눌러 원재료, 부재료, 재공품의 기말재고액을 반영하고 반드시 [전표추가(F3)]를 클릭하여 결산분개를 자동생성한다.

❶ 기말 원재료 재고액 : ₩32,000,000

❷ 기말 부재료 재고액 : ₩6,800,000

❸ 기말 재공품 재고액 : ₩10,920,000

3 [회계]⇒[전표/장부입력]⇒[일반전표입력] 자동생성분개를 확인한다.

4 [물류관리]⇒[원가관리(원가계산)]⇒[제조원가명세서]

당기 제품 제조원가 : ₩72,230,000

※ 프로그램 버전에 따라 ±1원의 차이가 발생할 수 있다.

제15회 실기시험 모의문제 정답 및 풀이

문제 01 재무회계

1. 기준정보입력

(1) [회계]⇒[기초정보관리]⇒[거래처등록]⇒[일반]Tab에서 거래처를 입력한다.

(2) [물류관리]⇒[기준정보관리]⇒[부서/사원등록] 메뉴에서 부서를 입력한다.

2. 매입매출전표입력

(1) 5월 8일

① [물류관리]⇒[구매관리]⇒[입고입력] 메뉴에서 처리구분을 21.건별과세, 거래처, 지급구분을 4.혼합으로 선택하고 상품을 입력한 다음 하단의 어음란(₩5,000,000)과 외상란(₩8,200,000)에 입력, 상단의 [전표추가] ⇒ [확인] ⇒ [전송]을 클릭하여 자동으로 전표를 생성시킨다.

② [회계]⇒[전표입력/장부]⇒[매입매출전표입력]

거래유형	품명	공급가액	부가세	거래처	전자세금
51.과세	아기드레스 외	12,000,000	1,200,000	상계의류(주)	1.전자입력
분개유형	(차) 상품	12,000,000	(대) 외상매입금		8,200,000
3.혼합	부가가치세대급금	1,200,000	지급어음		5,000,000

③ [자금관리(F3)-지급어음관리] ⇒ 어음상태 : 2.발행, 어음 번호란에서 F2 조회한 후 어음을 선택하여 만기일을 입력한다.

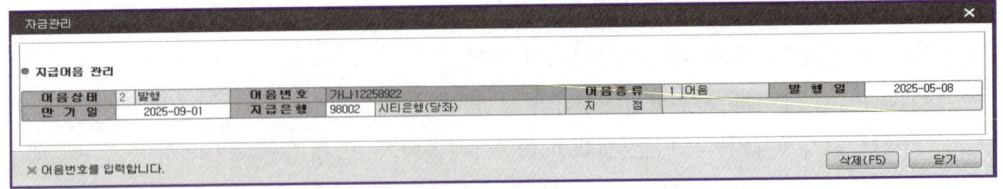

(2) 5월 20일

① [물류관리]⇒[판매관리]⇒[출고입력] 메뉴에서 처리구분을 21.건별과세, 거래처, 수금구분을 4.혼합으로 선택하고 상품을 입력한 다음 하단의 현금란(₩1,800,000)과 외상란(₩18,000,000)에 입력, 상단의 [전표추가] ⇒ [확인] ⇒ [전송]을 클릭하여 자동으로 전표를 생성시킨다.

② [회계]⇒[전표입력/장부]⇒[매입매출전표입력] 메뉴에서 반영된 전표를 확인하여 차변 현금 계정의 금액(₩1,550,000)을 수정하고, 운반비 계정은 추가로 입력한다.

거래유형	품명	공급가액	부가세	거래처	전자세금
11.과세	남아바지외	18,000,000	1,800,000	청하패션(주)	1.전자입력
분개유형	(차) 현금	1,550,000	(대) 상품매출		18,000,000
3.혼합	외상매출금	18,000,000	부가가치세예수금		1,800,000
	운반비	250,000			

(3) 5월 22일

[회계]⇒[전표입력/장부]⇒[매입매출전표입력](복수거래)

거래유형	품명	공급가액	부가세	거래처	전자세금
53.면세	쌀외*	350,000		영등포마트	
분개유형	(차) 복리후생비	350,000	(대) 미지급금		350,000
3.혼합					

☞ *상단의 [복수거래]키를 이용하여 품목명을 입력한다.

(4) 6월 22일

[회계]⇒[전표입력/장부]⇒[매입매출전표입력]

거래유형	품명	공급가액	부가세	거래처	전자세금
57.카과	회식비	1,300,000	130,000	은미홍	
분개유형	(차) 복리후생비	1,300,000	(대) 미지급금		1,430,000
4.카드	부가가치세대급금	130,000	(국민카드)		

3. 일반전표입력

(1) 5월 3일

[회계]⇒[전표입력/장부]⇒[일반전표입력]

차변	가지급금(윤청원)	500,000	대변	현금	500,000

(2) 5월 6일

[회계]⇒[전표입력/장부]⇒[일반전표입력]

차변	당기손익-공정가치측정금융자산	1,300,000	대변	보통예금(신한은행)	1,350,000
	수수료비용(946)	50,000			

☞ 당기손익-공정가치측정금융자산 매입시 거래수수료는 영업외비용인 수수료비용 계정으로 회계처리한다.

(3) 5월 9일

[회계]⇒[전표입력/장부]⇒[일반전표입력]

차변	임차료	175,000	대변	보통예금(국민은행)	175,000

(4) 5월 10일

[회계]⇒[전표입력/장부]⇒[일반전표입력]

차변	보통주자본금	50,000,000	대변	보통예금(신한은행)	45,000,000
				감자차익	5,000,000

☞ 10,000주×(액면가액 ₩5,000-매입가액 ₩4,500)=₩5,000,000(감자차익)

(5) 5월 25일

[회계]⇒[전표입력/장부]⇒[일반전표입력]

차변	기부금 차량유지비 복리후생비 세금과공과	500,000 150,000 180,000 32,000	대변	현금	862,000

4. 결산작업

(1) 12월 31일

① [회계]⇒[전표입력/장부]⇒[합계잔액시산표] 메뉴에서 당좌예금 계정의 금액(₩-5,000,0000)을 확인하여 단기차입금 계정으로 대체한다.

② [회계]⇒[전표입력/장부]⇒[일반전표입력]

차변	당좌예금(시티은행)	5,000,000	대변	단기차입금(시티은행)	5,000,000

(2) 12월 31일

① [회계]⇒[전표입력/장부]⇒[합계잔액시산표] 메뉴에서 정기예금 금액(₩20,000,000)과 [거래처등록]⇒[금융]Tab에서 정기예금의 이율(연 6%)과 기간(2024년 5월 1일~2025년 4월 30일)을 확인한다.

② [회계]⇒[전표입력/장부]⇒[일반전표입력]

차변	미수수익	800,000	대변	이자수익	800,000

☞ 미수수익 계산 : ₩20,000,000×6%×8/12=₩800,000

(3) 12월31일

[회계]⇒[전표입력/장부]⇒[일반전표입력]

차변	선급비용	91,800	대변	이자비용	91,800

(4) 12월 31일

[회계]⇒[전표입력/장부]⇒[일반전표입력]

차변	외화환산손실	6,000,000	대변	단기대여금(미얀마상사)	6,000,000

☞ 외화환산손실계산 : ₩30,000,000-($20,000×₩1,200)=₩6,000,000

(5) ① [회계]⇒[결산/재무제표Ⅰ]⇒[합계잔액시산표] 메뉴에서 매출채권(외상매출금, 받을어음)을 조회한다.

대손충당금 설정액 : 매출채권 잔액×설정률-대손충당금 잔액

외상매출금 : (₩192,329,320 × 1%) - ₩500,0000 = ₩1,423,293

받을어음 : (₩10,000,000 × 1%) -   ₩0 =   ₩100,000

② [회계]⇒[결산/재무제표Ⅰ]⇒[결산자료입력] 메뉴에서 5). 대손상각 해당계정과목 금액란에 설정액을 입력한다.

(6) ① [회계]⇒[고정자산등록]⇒[원가경비별감가상각명세서] 메뉴에서 [유형자산총괄]Tab과 [무형자산총괄]Tab의 당기상각비를 확인한다.(건물 ₩14,500,000, 차량운반구 ₩10,358,868, 비품 ₩750,000)

② [회계]⇒[결산/재무제표Ⅰ]⇒[결산자료입력] 메뉴에서 4). 감가상각비 해당계정과목 금액란에 감가상각비를 입력한다.

(7) ① [물류관리]⇒[재고관리]⇒[재고자산수불부] 메뉴에서 상단의 [기능모음(F11)]⇒ [평가방법]에서 재고자산평가방법을 선입선출법으로 선택하고 적용한 후 상단의 [마감]을 클릭해서 [마감] 또는 [일괄마감]을 체크 후 재고평가를 진행한다.

② [물류관리]⇒[재고관리]⇒[재고자산명세서] 메뉴에서 상품별 재고금액 ₩178,850,000을 확인한다.

③ [회계]⇒[결산/재무제표Ⅰ]⇒[결산자료입력] 메뉴에서 (10). 기말상품재고액(₩178,850,000)을 입력한다.

※ (5),(6),(7)항목은 반드시 상단의 [전표추가(F3)]를 클릭하여 [일반전표입력] 메뉴에 결산분개를 자동으로 생성시킨다.

④ [회계]⇒[전표입력/장부]⇒[일반전표입력] 메뉴에서 12월 31일 결산분개를 확인한다.

5. 단답형 답안

(1) [물류관리]⇒[판매관리]⇒[거래처별 판매현황] : ₩35,000,000

(2) [회계]⇒[전표입력/장부]⇒[일/월계표] : ₩81,015,000

(3) [물류관리]⇒[구매관리]⇒[거래처별 구매현황] : 600개

(4) [회계]⇒[K-IFRS재무제표]⇒[K-IFRS재무상태표] : ₩44,300,000

(5) [회계]⇒[전표입력/장부]⇒[계정별원장] 또는 [일/월계표] : ₩31,850,000

(6) [회계]⇒[K-IFRS재무제표]⇒[K-IFRS포괄손익계산서] : ₩1,008,839

문제 02 원가회계

1. (1) 12월 12일 작업지시등록

① [물류관리]⇒[기준정보관리]⇒[품목등록] 메뉴에서 17.원가구분을 제품#101은 0.개별, 제품#102 은 1.종합으로 수정 등록한다.

☞ 품목등록 수정

② [물류관리]⇒[생산관리]⇒[생산(작업)지시서] : 지시일과 완료예정일을 입력 후 지시내용(품목명, 지시수량, 작업장 등)을 입력한다.

③ 12월 12일 자재사용(출고)등록

[물류관리]⇒[생산관리]⇒[자재출고입력] : 생산지시번호란에서 코드도움(F2) 조회하여 사용할 자재의 출고수량과 작업장을 입력한다.

(2) 12월 31일 생산자료등록

[물류관리]⇒[생산관리]⇒[생산입고입력] : 생산지시번호란에서 코드도움(F2) 조회하여 제품의 생산량과 투입시간을 입력한다.

(3) 12월의 원가기준정보

① 노무비배부기준등록(총근무시간)

[물류관리]⇒[원가관리(원가기준정보)]⇒[배부기준등록]⇒[노무비배분]Tab에서 상단의[당월데이터 생성]을 클릭하여 노무비의 데이터를 재집계한 다음 총근무시간을 입력하면 임률은 자동으로 계산된다.

② 보조부문비배부기준등록

[보조부문배분]Tab에서 상단의 [보조부문 가져오기]를 클릭하여 보조부문의 데이터를 추가집계한 다음 보조부문비배분기준을 등록한다.

③ 작업진행률등록 [제품#102 : 90%]

상단의 [작업진행율등록] 또는 [물류관리]⇒[원가관리(원가기준정보)]⇒[작업진행율등록] 메뉴에서 진행률을 입력한다.

(4) 12월의 실제원가계산

[물류관리]⇒[원가관리(원가계산)]

1 기초재공품계산 : 전월에서 이월된 사항이 없다면 기초재공품은 표기되지 않는다.

2 직접재료비계산 : ❶ 상단의 [마감]을 눌러 [재고자산수불부]에서 원재료, 부재료에 대해서만 [일괄마감]을 하여 재고평가를 한다.

❷ [직접재료비계산]에서 다시 조회를 하면 자재의 단가와 금액이 자동으로 반영된다.

제품#101의	자재X	재료비 : ₩25,750,000
	부자재B	재료비 : ₩6,000,000
제품#102의	자재Y	재료비 : ₩22,250,000
	부자재B	재료비 : ₩8,000,000

3 직접노무비계산

4 제조간접비계산 (제조부문비배부기준 : 투입시간)

제조간접비계산을 위해서는 제조간접비계산(부문별), 제조간접비계산(보조부문), 제조간접비계산(제조부문)을 차례로 실행해야 집계할 수 있다.

[제조간접비계산(부문별)]⇒[제조간접비계산(보조부문)]⇒[제조간접비계산(제조부문)]

5 [완성품원가조회] 제품별 단위당 원가를 계산 시 종합원가의 경우 1.평균법으로 계산하여 조회한다.

6 원가반영작업 : [생산입고입력]을 실행하고 완성품원가조회에서 계산된 단위당 제조원가를 입력한다.

❶ 제품#101의 생산단가 : ₩91,425

❷ 제품#102의 생산단가 : ₩85,223

(5) 원가계산을 마감한 후 제조원가명세서 조회

[물류관리]⇒[원가관리(원가계산)]⇒[결산자료입력]

① 결산일자를 1월~12월로 선택한 다음 [매출원가 및 경비선택]창에서 455.제품매출원가, 1.500번대, 제조를 입력한 후 [확인]한다.

② 상단의 [기능모음(F11)]⇒[기말재고반영]버튼을 눌러 원재료, 부재료, 재공품의 기말재고액을 반영하고 반드시 [전표추가(F3)]를 클릭하여 결산분개를 자동생성한다.

❶ 기말 원재료 재고액 : ₩22,500,000
❷ 기말 부재료 재고액 : ₩1,000,000
❸ 기말 재공품 재고액 : ₩12,038,924

③ [회계]⇒[전표/장부입력]⇒[일반전표입력] 자동생성분개를 확인한다.

④ [물류관리]⇒[원가관리(원가계산)]⇒[제조원가명세서]

당기 제품 제조원가 : ₩114,511,076

※ 프로그램 버전에 따라 ±1원의 차이가 발생할 수 있다.

Memo

저자

저 자 | 홍윤표

약 력 | 호서대학교 글로벌창업대학원 석사
호서대학교 벤처대학원 박사수료
동양미래대학교 경영학부 유통마케팅학과 교수

저 서 | 전산회계운용사(실기) 2·3급 (나눔클래스)
FAT 회계실무 1·2급(나눔클래스)
TAT 세무실무 2급(나눔클래스)
NCS 세무실무(나눔클래스)
NCS 회계실무(나눔클래스)
ERP 정보관리사 생산2급(나눔클래스)
ERP 정보관리사 물류2급(나눔클래스)
ERP 정보관리사 회계2급(나눔클래스)
ERP 정보관리사 인사2급(나눔클래스)

2025 NEW sPLUS 전산회계운용사 2급 (실기)   가격 19,000원

5판발행 2025년 1월 15일	주 소 서울시 성북구 오패산로 38 2층(하월곡동)
저 자 홍윤표	홈페이지 www.nanumclass.com
발 행 인 김상길	전 화 02-911-2722
발 행 처 나눔클래스	팩 스 02-911-2723
편 집 ㈜서울멀티넷	ISBN 979-11-91475-87-6
등 록 제2021-000008호	2025@나눔클래스

파본은 구입하신 서점이나 출판사에서 교환해 드립니다.

나눔클래스는 정확한 지식과 정보를 독자분들께 제공하고자 최선의 노력을 다하고 있습니다. 본서가 모든 경우에 완벽성을 갖는 것은 아니므로 주의를 기울이시고 필요한 경우 전문가와 사전 논의를 하시기 바랍니다. 본서의 수록내용은 특정사안에 대한 구체적인 의견 제시가 될 수 없으므로 본서의 적용결과에 대해서 책임지지 않습니다.